모두를 위한

소프트웨어와 인공지능 개정판

Software and
Artificial Intelligence
for **E**veryone

모두를 위한 **소프트웨어와 인공지능**

초판 1쇄 2022년 3월 15일
개정판 1쇄 2025년 4월 22일
지은이 조행래, 윤종희, 서영석, 박영덕
펴낸이 최외출
펴낸곳 영남대학교 출판부
출판등록 1975년 9월 5일 경산 제16-1호
주소 경북 경산시 대학로 280
전화 053)810-1802~4 **팩스** 053)810-4722
홈페이지 book.yu.ac.kr
ISBN 978-89-7581-498-3 93560

모두를 위한

소프트웨어와 인공지능 개정판

Software and
Artificial Intelligence
for Everyone

조행래 윤종희 서영석 박영덕 지음

영남대학교 출판부

머리말

4차 산업혁명의 발전으로 다양한 산업 분야와 소프트웨어 기술의 융합이 이루어지고 있다. 그 결과로 소프트웨어와 인공지능 기술은 컴퓨터공학 전공자의 전유물이 아니라 모든 사회 구성원들이 필수적으로 갖추어야 하는 기초소양으로 인식되고 있다. 이러한 사회적 요구에 따라 대학에서도 비전공자를 포함한 전교생에게 소프트웨어 기초교육을 강화하고 있으며, 정부의 소프트웨어 인력양성 정책과 맞물려 많은 대학에서 전교생 소프트웨어 교육을 필수로 하는 실정이다.

본 교재는 인문계열이나 사회계열 혹은 예체능 계열 등 소프트웨어와의 관련성이 높지 않은 전공 학생들을 대상으로 소프트웨어와 인공지능 교과목을 강의할 때 사용할 수 있도록 집필되었다. 교재는 아래와 같은 여섯 개의 장으로 구성된다.

1장과 2장에서는 소프트웨어와 알고리즘의 개념을 설명하고, 파이썬 언어의 소개와 이를 이용하여 간단한 프로그래밍 실습을 할 수 있도록 한다. 파이썬은 전 세계적으로 가장 활발히 사용되는 프로그래밍 언어로, 데이터분석이나 인공지능의 전문적인 도구를 사용하기 위해 반드시 익혀야 하는 기술이다. 본 교재에서는 다양한 실습 예제들을 제시하여, 독자들이 파이썬 프로그래밍과 컴퓨팅 사고에 익숙해질 수 있도록 하였다.

3장에서는 데이터분석의 개념과 필요성, 그리고 데이터분석 절차를 설명한다. 그리고 데이터분석 도구로 가장 널리 사용되는 Microsoft 사의 엑셀(Excel)에서 제공하는 다양한 데이터분석 기능들을 살펴보고, 데이터 시각화와 추세선을 이용한 값의 예측, 그리고 결측값 처리 등을 설명한다.

4장에서는 OpenAI에서 개발한 인공지능 챗봇인 ChatGPT에 대해 설명한다. ChatGPT의 주요 개념과 함께 질문하기, 번역하기, 문서 요약 등 ChatGPT의 기본 사용법을 소개한다. 또한 ChatGPT를 이용하여 작문하는 방법 및 엑셀 작업을 수행하는 방법, 그리고 ChatGPT를 이용하여 프로그래밍하는 방법 등에 대해 설명한다.

5장에서는 기계학습의 개념과 대표적인 기계학습 알고리즘들을 설명한다. 그리고 구글에서 제공하는 Teachable Machine의 기계학습 모델과 기계학습 절차를 소개하고, 이를 이용하여 영상이나 음성을 인식하는 시스템을 쉽게 구축할 수 있는 실습 예제들을 추가하였다.

마지막으로 6장에서는 인공지능과 신경망, 그리고 딥러닝의 개념과 알고리즘들을 설명한다. 그리고 인공신경망을 실습할 수 있는 도구로 오렌지(Orange)를 소개하고, 이를 이용한 데이터 예측과 데이터 분류 작업의 실습 예제들을 소개한다. 대부분의 실습 예제들이 직관적인 사용자 인터페이스와 최소한의 프로그래밍으로 구성되어 있어, 비전공자도 쉽게 이해할 수 있을 것으로 생각한다.

알파고의 등장 이후로 인공지능에 대한 사회적인 관심이 급증하고 있다. 그러나 비전공자라고 스스로 생각하는 많은 사람이 신기술에 대한 막연한 두려움으로 이를 배우고 익히기를 꺼린다. 컴퓨터공학을 전공한 저자들의 입장에서는 참으로 안타까운 일이다. 아무쪼록 본 교재가 이러한 두려움을 해소하여, 독자들이 소프트웨어와 인공지능의 진수를 익혀서 자신의 전공 분야에 마음껏 활용할 수 있게 되기를 바란다.

끝으로 이 책이 완성되기까지 도움을 주신 많은 분들과 영남대학교 언론출판문화원 여러분들에게 감사를 드린다.

2025년 3월

저자 일동

차례

Chapter 1
파이썬 기초

Chapter 2
파이썬 자료구조와 함수

Chapter 3
데이터 분석

Chapter 4
ChatGPT

Chapter 5
기계학습

Chapter 6
인공지능

부록

1 Chapter 파이썬 기초

학습목표

- 하드웨어와 소프트웨어의 의미와 차이점을 이해한다.
- 다양한 소프트웨어의 종류와 특징을 이해한다.
- 파이썬 언어의 특징과 장단점을 이해하고, 파이썬을 설치할 수 있다.
- Jupyter Notebook의 메뉴 구성과 사용 방법을 이해한다.
- 변수의 개념을 이해하고 다양한 연산에 활용할 수 있다.
- 알고리즘의 개념을 이해하고, 조건 구조와 반복 구조를 적용한 파이썬 프로그램을 작성할 수 있다.

1.1 소프트웨어 소개

컴퓨터 시스템은 기본적으로 **하드웨어**(hardware)와 **소프트웨어**(software)로 구성되어 있다. 하드웨어는 전자회로와 다양한 물리적인 부품(장치)들로 이루어지며, 소프트웨어는 하드웨어를 작동하게 만드는 프로그램을 의미한다. 하드웨어의 예로 키보드, 모니터, 마우스, 프린터, 메모리, CPU 등을 들 수 있으며, 윈도우나 파워포인트, 한글 등은 대표적인 소프트웨어의 예이다.

소프트웨어는 흔히 **컴퓨터 프로그램**(computer program)과 동일한 개념으로 사용되는데, 음악회나 식순 프로그램과 같이 작업의 진행 순서를 논리적으로 나열한 것을 의미한다. 이때 프로그램을 구성하는 단위 작업들을 **명령어**(instruction)라고 한다. 결국 프로그램이란 명령어들을 순서대로 나열해 놓은 것이라고 정의할 수 있다. 프로그램과 연관되어 많이 사용하는 단어로 프로그래밍(programming)과 프로그래머(programmer)를 들 수 있는데, 프로그래밍이란 프로그램을 작성하는 행위를 의미하며, 프로그래머는 프로그램을 작성하는 사람으로 정의할 수 있다. 그림 1.1은 컴퓨터 프로그램의 예로 Microsoft 사의 Visual Studio Code로 작성한 프로그램을 예로 나타내며, 이와 유사한 개념으로 식순도 같이 표현하고 있다.

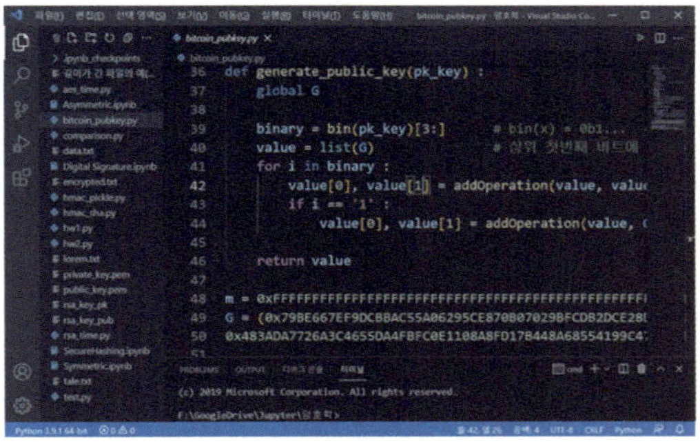

| 컴퓨터 프로그램 |

항목	시간	내용
식전 행사	18:00-18:10	입장 및 장내 정리
	18:10-18:20	신기술 추진 사업단 총회
공식 행사	18:20-18:25	내빈 소개
	18:25-18:30	대표이사 인사
	18:30-18:35	후원회장 축사
	18:35-18:40	신임임원 소개
	18:40-19:00	시상 및 포토타임
식사	18:50-20:00	식사 시작
식후 행사	20:00-21:00	사내 합창단 음악회
	21:00-	행사 종료

| 식순 : 작업의 진행과정을 나열 |

그림 1.1 프로그램의 예

1.1.1 소프트웨어의 종류

소프트웨어는 사용 목적과 활용 분야에 따라 시스템 소프트웨어와 응용 소프트웨어로 나뉜다. **시스템 소프트웨어(system software)**는 컴퓨터를 효율적으로 관리하며, 사용자가 쉽게 컴퓨터를 사용할 수 있도록 도와주는 프로그램이다. 대표적인 시스템 소프트웨어로는 운영체제와 데이터베이스 관리시스템, 그리고 컴파일러 등을 들 수 있다. 특히 **운영체제(operating system)**는 사용자가 컴퓨터 하드웨어의 동작 과정을 모르고도 컴퓨터를 쉽게 사용할 수 있도록 도와주며, 동시에 여러 종류의 컴퓨터 하드웨어들(CPU나 메모리, 하드 디스크, 입출력 장치 등)을 효율적으로 관리하는 역할을 담당한다. 대표적인 운영체제로는 윈도우즈와 리눅스 등을 들 수 있다.

응용 소프트웨어(application software)는 운영체제 위에서 동작하며, 특정 응용 분야에 사용하기 위하여 개발된 소프트웨어를 의미한다. 시스템 소프트웨어는 다양한 응용 분야에 활용되어 범용(general purpose) 소프트웨어라고 할 수 있는 반면에, 응용 소프트웨어는 사용 목적이 구체적이다. 예를 들면, “아래 한글”로 대표되는 워드프로세서(word-processor) 소프트웨어는 문서를 작성, 편집, 저장하고 인쇄하는 것이 주요 목적이며, Microsoft 사의 “엑셀”로 대표되는 스프레드시트(spreadsheet)

소프트웨어는 수치계산이나 통계, 도표와 같은 작업들을 효율적으로 할 수 있는 프로그램을 의미한다. 또한 Microsoft 사의 "파워포인트"와 같은 프레젠테이션(presentation) 소프트웨어는 상대방에게 다양한 정보를 전달하기 위한 발표 자료 등을 만들 때 주로 사용된다.

안드로이드나 아이폰과 같은 스마트 폰에서 동작하는 응용 소프트웨어를 특별히 어플리케이션(application), 어플 또는 **앱(app)**이라고 한다. PC나 노트북과 달리 스마트 폰은 이동성이 있는 하드웨어이며, 카메라나 GPS와 같은 센서(sensor)들이 부착되어 있다. 이러한 센서와 이동성을 결합하여 지도/내비게이션, SNS, 엔터테인먼트 등 다양한 분야에 스마트 폰을 활용하기 위한 앱들이 많이 소개되고 있다. 최근 들어 스마트 폰을 이용하는 사용자들이 컴퓨터 사용자보다 많아짐에 따라 스마트 폰을 이용한 응용 소프트웨어가 PC를 이용한 응용 소프트웨어보다 훨씬 많이 배포되고 있다.

스마트 폰에서 사용하는 운영체제의 종류는 크게 Google의 **안드로이드(Android)**와 Apple의 **iOS**로 나뉜다. 그에 따라 앱의 배포 방식도 안드로이드 앱은 Google Play를 이용하며, iOS 앱은 App Store를 거쳐야 한다. 2024년을 기준으로 Google Play에는 약 230만 개의 앱이 등록되어 있으며, App Store에는 200만 개의 앱이 등록되어 있다[1].

1.1.2 프로그래밍 언어

프로그래밍 언어는 프로그램을 작성할 때 사용하는 언어를 의미한다. 프로그래밍 언어는 형태와 기능에 따라 기계어와 어셈블리어, 그리고 고급언어로 나눌 수 있다. **기계어(machine language)**는 컴퓨터가 바로 이해할 수 있는 단 하나의 언어이며, 0과 1의 조합으로 이루어진다. 기계어는 하드웨어에 따라 달라지기 때문에 컴퓨터 하드웨어가 바뀌면 그 하드웨어에 맞는 기계어 프로그램을 다시 작성하여야 한다. 다음은 두 정수의 최대공약수를 구하는 기계어 프로그램의 예이다.

1) https://www.statista.com/statistics/276623/number-of-apps-available-in-leading-app-stores

```
1100100 0 1100100 1 10000100 0 1011010 0 1100100 10 1010011 0
```

그림 1.2 두 정수의 최대공약수를 구하는 기계어 프로그램의 예

기계어는 인간이 사용하기에는 너무 불편하고 오류가 발생하기 쉽다는 단점을 갖는다. 이러한 기계어의 문제점을 해결하기 위하여 **어셈블리어(assembly language)**는 기계어의 명령을 알기 쉬운 기호로 표시한다. 프로그래머는 어셈블리어를 사용함으로써 기계어보다 쉽게 프로그램을 작성할 수 있게 되었다. 그러나 컴퓨터는 어셈블리어를 이해할 수 없으므로, 프로그래머가 어셈블리어로 작성한 프로그램을 기계어로 번역하는 **어셈블러(assembler)**라는 프로그램이 필요하다. 다음은 두 정수의 최대공약수를 구하는 어셈블리어 프로그램의 예이다.

```
4      >>     0 LOAD_FAST             0 (a)
              2 LOAD_FAST             1 (b)
              4 COMPARE_OP            3 (!=)
              6 POP_JUMP_IF_FALSE     36

5             8 LOAD_FAST             0 (a)
             10 LOAD_FAST             1 (b)
             12 COMPARE_OP            4 (>)
             14 POP_JUMP_IF_FALSE     26

6            16 LOAD_FAST             0 (a)
             18 LOAD_FAST             1 (b)
             20 BINARY_SUBTRACT
             22 STORE_FAST            0 (a)
             24 JUMP_ABSOLUTE         0
...

  9     >>   36 LOAD_FAST             0 (a)
             38 RETURN_VALUE
```

그림 1.3 두 정수의 최대공약수를 구하는 어셈블리어 프로그램

어셈블리어는 기계어보다는 편하지만, 인간이 사용하기에는 여전히 불편하며 또한 특정 컴퓨터 하드웨어에 종속적이다. 인간이 사용하는 언어와 비슷한 모습으로 컴퓨터 프로그래밍을 가능하게 하는 언어가 **고급언어(High-level language)**다. 고급언어는 컴퓨터의 명령어 집합보다 훨씬 고수준으로, 컴퓨터 하드웨어에 무관하게 프로그램을 작성할 수 있다. 다음은 두 정수의 최대공약수를 구하는 스크래치 프로그램과 파이썬 프로그램이다.

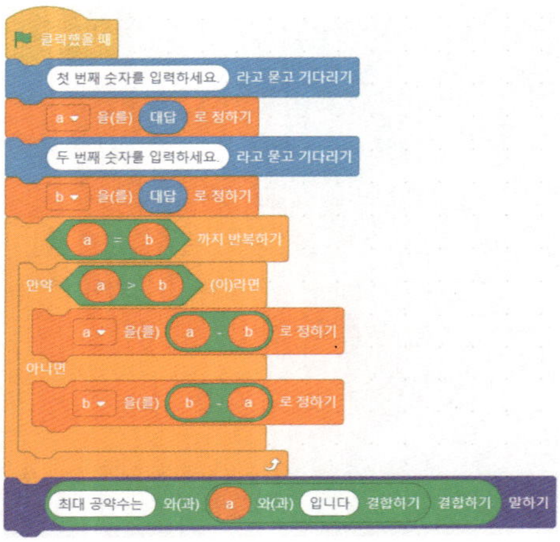

| 스크래치 프로그램 |

```
def gcd(a, b):
    while a != b :
       if a > b :
          a = a - b
       else :
          b = b - a
    return a
```

| 파이썬 프로그램 |

그림 1.4 두 정수의 최대공약수를 구하는 고급언어 프로그램

인간이 사용하기에는 고급언어가 가장 편리하지만, 컴퓨터는 이를 이해할 수 없다. 따라서 고급언어로 작성된 프로그램은 반드시 기계어로 번역한 후 컴퓨터에서 실행하여야 한다. 기계어로 번역하는 방법에 따라 컴파일러 언어와 인터프리터 언어로 나눌 수 있다. **컴파일러(compiler)** 언어는 전체 프로그램을 한꺼번에 번역하여 실행 가능한 기계어로 번역한 후 이를 저장한다. 이후 그 프로그램을 실행할 때마다 저장된 기계어 프로그램을 읽어 들여 실행한다. 이와는 달리 **인터프리터(interpreter)** 언어는 프로그램을 명령어 단위로 번역하여 실행하며, 기계어 프로그램을 별도로 저장하지는 않는다.

컴파일러 언어는 전체 프로그램을 한꺼번에 번역한 후 실행하는 언어를 의미하며, 한 번의 번역 후 여러 번의 빠른 실행을 할 수 있다는 장점이 있다. 그러나 프로그램 일부를 수정할 때도 전체를 다시 번역하여야 하므로 융통성이 떨어진다는 단점이 있다. 대표적인 컴파일러 언어로는 C와 C++, 그리고 자바 등을 들 수 있다.

인터프리터 언어는 스크립트 언어라고도 하며 명령어 단위로 한 행씩 번역하며 실행한다. 명령어 단위로 바로 실행되기 때문에 프로그램 개발이 상대적으로 쉽고, 오류가 발생할 때 이를 확인하기도 쉽다. 그러나 같은 프로그램을 매번 실행할 때마다 번역 과정을 거쳐야 하므로 실행 시간이 늦어진다는 단점을 갖는다. 대표적인 인터프리터 언어로는 스크래치와 파이썬, 그리고 자바스크립트 등을 들 수 있다.

1.2 파이썬(Python) 소개와 설치

파이썬은 1991년에 Guido van Rossum에 의해 개발된 프로그래밍 언어이다. 파이썬은 배우기 쉽고, 풍부한 내장 라이브러리와 확장 패키지를 제공하여 다양한 응용 분야에 사용되고 있다. 파이썬의 주요 특징은 다음과 같다.

- 영어와 유사한 **매우 쉬운 문법 구조**로 전문 개발자가 아닌 초보자도 배우기 쉽고 사용하기 쉽다. 또한 들여쓰기(indentation)로 블록을 구분해서 프로그램을 읽기 쉽다.
- 융통성 있는 **인터프리터 언어**로 프로그램을 작성하고 명령어 단위로 바로 실행할 수 있다. 오류가 발생할 경우, 오류가 난 명령어에서 실행을 멈추므로 디버깅이 쉽다.
- 파이썬은 **생산성이 높은 언어**이다. 리스트(list), 사전(dictionary), 튜플(tuple), 집합(set), 문자열(string) 등 고수준의 자료구조를 제공하며, 다양한 라이브러리를 지원하여 개발자들이 원하는 프로그램을 손쉽게 작성할 수 있도록 한다. 또한 문법이 단순하여 파이썬 언어를 배우는 시간도 단축할 수 있다.
- 파이썬은 윈도우와 리눅스, Mac OS 등 다양한 운영체제에서 실행된다. 즉, **운**

영체제에 독립적이며 다른 운영체제 간에 코드 이식이 쉽다.

- 파이썬은 오픈소스 기반의 언어로 **무료로 사용**할 수 있다. 또한 파이썬 언어의 소스 코드를 다운로드 받은 후, 필요에 따라 수정하고 배포하는 것이 가능하다.
- 파이썬 패키지 인덱스(Python package index: PyPi)를 통하여 **다양한 외장 라이브러리를 지원**한다. 2025년 1월 기준으로 600,000개 이상의 파이썬 라이브러리 프로젝트가 등록되어 있고, 그 결과로 6,400,000개 이상의 결과물이 공개되어 파이썬 프로그래밍을 할 때 활용할 수 있다[2].

파이썬의 개방형 구조로 인하여 다양한 오픈소스 모듈들이 개발되어 있고, 이들을 이용하여 응용 프로그램을 개발할 수 있다. 파이썬의 대표적인 응용 분야와 관련된 파이썬 모듈은 다음과 같다.

- 행렬 연산이나 수치 해석 등에 활용되는 과학 계산 모듈 - numpy, scipy
- 데이터 분석 및 가공 등에 활용되는 통계 모듈 - pandas
- 그래프 작성에 사용되는 시각화 모듈 - matplotlib, seaborn
- 기계 학습과 인공지능 개발에 활용되는 모듈 - scikit-learn, tensorflow, keras
- 웹 응용 개발에 활용되는 모듈 - Flask, Django
- HTML 문서 처리 - BeautifulSoup
- 게임 프로그래밍을 위하여 활용되는 모듈 - PyGame, Pyglet, PyOpenGL
- 암호화 및 정보보안에 필요한 모듈 - cryptography, pyOpenSSL
- 데이터베이스 관련 응용에 활용되는 모듈 - SQLAlchemy, PyMySQL
- 그래픽 사용자 인터페이스(GUI) 개발에 활용되는 모듈 - tkinter, pyQT, wxPython
- 인간이 사용하는 언어(자연언어) 처리에 활용되는 모듈 - nltk

2) https://pypi.org

프로그래밍 교육을 위해 많이 사용되는 언어로 스크래치(Scratch)와 파이썬을 들 수 있다. 두 언어 모두 배우기 쉽다는 장점이 있으며, 특히 스크래치는 시각적인 블록과 다양한 멀티미디어 기능들을 제공하여 어린이를 포함한 초보자에게 컴퓨팅 사고(computational thinking)를 가르치기가 매우 좋다. 이런 관점에서 많은 대학 교재에서 스크래치 언어를 비전공자용 프로그래밍 언어로 채택하고 있다. 그러나 스크래치는 **교육용 언어**라는 특징으로 인해 활용도가 제한적이라는 단점이 있다. 즉, 100여 개의 한정된 블록을 조합하는 방식으로 프로그래밍을 하므로, 블록으로 제공하지 않는 기능들은 개발자가 직접 개발해야 한다.

이와는 달리 파이썬은 **범용(general purpose)의 프로그래밍 언어**로 대부분의 컴퓨터 응용 분야를 개발할 수 있다. 또한 기존의 C나 Java와 같은 컴파일러 방식의 범용 프로그래밍 언어와는 달리 인터프리터 언어로 배우기 쉽고 프로그램 개발의 생산성이 높다. 특히 최근 들어 대부분의 기계 학습이나 인공지능 도구들이 파이썬 기반의 인터페이스를 지원하고 있어 관련 응용을 개발하기 위하여 배워야 하는 필수적인 언어로 인식되고 있다. 아래 그림 1.5에 1부터 100까지의 합을 출력하는 스크래치 프로그램과 파이썬 프로그램의 예를 나타낸다.

| 스크래치 프로그램의 예 |

```
sum = 0
for x in range(1, 101):
    sum = sum + x
print(sum)
```

| 파이썬 프로그램의 예 |

그림 1.5 스크래치 프로그램과 파이썬 프로그램의 비교

1.2.1 파이썬 설치하기

파이썬을 설치하는 방법은 파이썬 공식 사이트에서 제공되는 파이썬 설치 파일을 활용하거나, 혹은 Anaconda 배포판에 포함된 파이썬을 사용하는 것이다. 파이썬 공식 웹 사이트는 https://www.python.org이고, 2024년 현재 최신 버전은 파이썬 3.13이다.

본 교재에서는 파이썬을 별도로 설치하지 않고, **Anaconda 배포판**을 이용하여 파이썬을 설치하도록 한다. Anaconda는 파이썬 기본 패키지에 각종 수학/과학 모듈들을 묶어서 같이 설치하는 배포 버전이다. 즉, Anaconda 하나만 설치하면 파이썬부터 파이썬 프로그래밍에 필요한 도구와 많이 사용되는 모듈들까지 한꺼번에 설치할 수 있다.

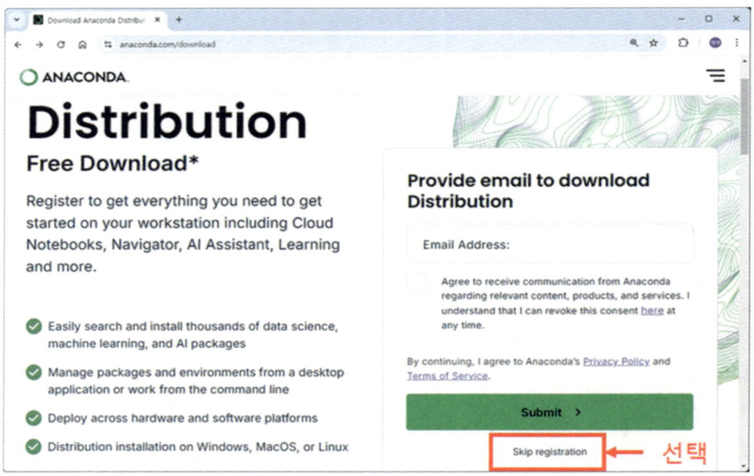

그림 1.6 Anaconda 설치 화면

① https://www.anaconda.com/download 사이트에 접속해서 그림 1.6과 같이 [Skip registration]을 선택한다. 만약 Anaconda 제품이나 서비스에 대한 이메일을 받고 싶으면 Email Address를 입력한 후, [Submit] 버튼을 선택한다. 버

튼을 선택하면 그림 1.7과 같이 자신의 운영체제에 따른 설치 파일을 다운로드 받을 수 있다.

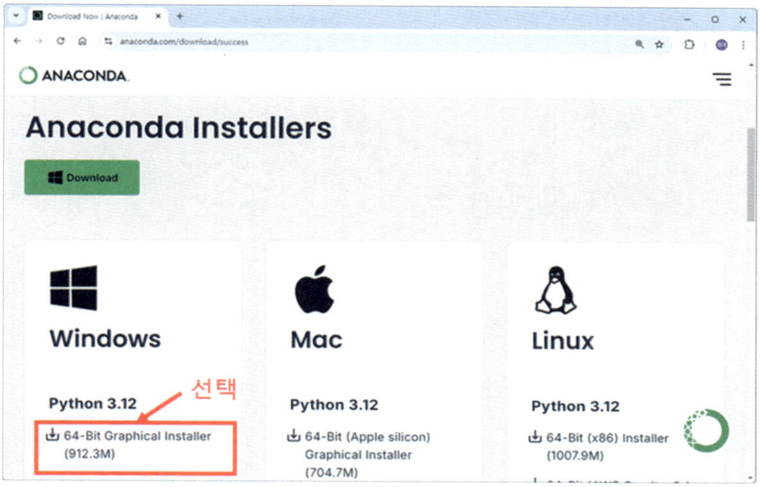

그림 1.7 윈도우 운영체제에서 Anaconda 설치 파일 다운로드

② Anaconda 설치는 웹을 이용해서 진행되므로 독자들이 설치하는 시점에는 웹 페이지가 다소 변경될 수도 있다. 설치 웹 페이지의 디자인이나 구성이 변경되더라도 동작 방식은 대동소이할 것으로 예상되므로, 당황할 필요 없이 웹 페이지 내용에 따라 침착하게 대응하면 된다.

③ Anaconda 설치 파일을 정상적으로 다운로드한 후, 설치 파일을 실행한다. 그림 1.8과 같이 첫 번째 설치 화면이 나오면 [Next] 버튼을 클릭해서 다음 단계로 진행한다. 라이선스의 동의 여부를 묻는 화면에서 [I Agree] 버튼을 선택한다. 설치 유형을 묻는 단계에서는 [Just me]를 선택한 후 [Next] 버튼을 클릭하면 된다. 나머지 화면에서 Anaconda가 설치될 폴더와 추가 옵션 선택 화면이 나오는데, 수정 사항이 없으면 [Next]와 [Install] 버튼을 각각 클릭하면 된다.

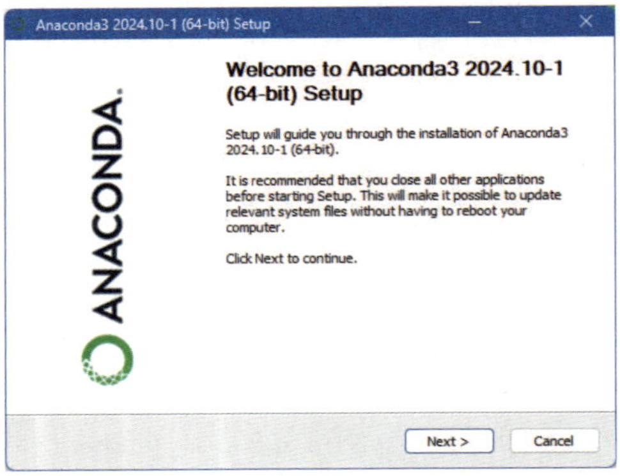

그림 1.8 Anaconda 설치화면

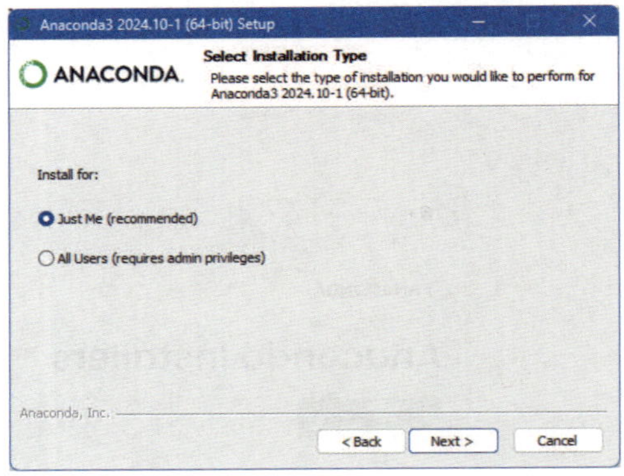

그림 1.9 Anaconda 설치화면 2

④ 설치가 완료된 후 윈도우의 시작 버튼을 클릭하면 아래 그림과 같이 "Anaconda (anaconda3)" 그룹이 설치되어 있는 것을 확인할 수 있다.

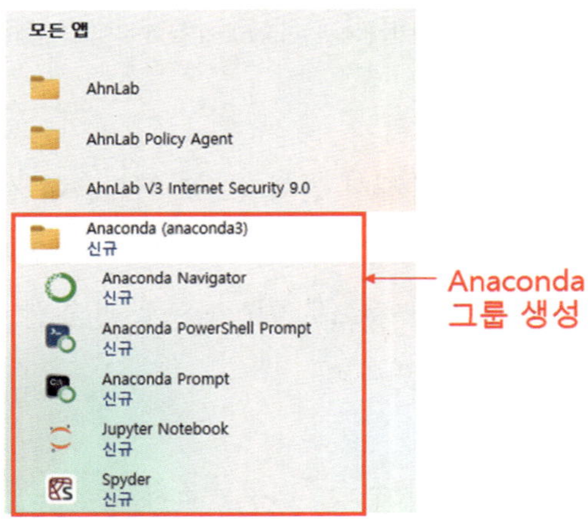

그림 1.10 Anaconda 설치 후 생성된 Anaconda 그룹

⑤ 위의 그림에서 [Anaconda Prompt] 버튼을 클릭해보자. 명령 창이 나타나는데, 이 창이 바로 Anaconda 콘솔(console) 창으로 추가적인 파이썬 모듈을 설치하거나, 혹은 명령줄에서 파이썬을 실행할 때 사용한다. 기본 모드로

Anaconda를 설치하였다면 커서는 "(base) C:₩Users₩사용자 이름>" 형태로 나올 것이다. 아래와 같이 명령어를 입력해보자. 그 결과로 현재 설치된 파이썬 버전(파이썬 3.12.7)이 출력된다.

```
(base) C:Users\user> python -V
python 3.12.7
```

⑥ Anaconda prompt에서 python 명령을 입력한 후, 아래와 같이 간단한 파이썬 프로그램을 작성해보자. ">>>" 커서에서 파이썬 명령어를 입력하면 된다.

```
(base) C:\Users\user> python
Python 3.12.7 | packaged by Anaconda, Inc. | (main, Oct  4
2024, 13:17:27) [MSC v.1929 64 bit (AMD64)] on win32
Type "help", "copyright", "credits" or "license" for more
information.
>>> radius = 3
>>> pi = 3.14159
>>> print(pi * radius ** 2)
28.27431
>>> quit()
```

1.3 Jupyter Notebook

그래픽 사용자 인터페이스(Graphical User Interface: GUI)를 지원하는 개발 환경을 사용함으로써 파이썬 프로그램을 편리하게 작성할 수 있다. Jupyter Notebook은 웹 브라우저에서 파이썬 프로그램을 작성하고, 실행 결과를 확인할 수 있는 오픈소스 기반의 웹 응용 프로그램이다. 파이썬으로 작성한 여러 개의 코드와 실행 결과를 하나의 문서처럼 관리할 수 있으며, 데이터 분석을 위해 여러 종류의 모듈을 불러온 후 일부 코드의 실행 결과를 확인할 수 있다. 또한, 사용자가 작성한 서식 있는 텍스트와 시각화, 수학 공식 등을 포함할 수 있다.

Anaconda 배포판으로 설치할 경우, Jupyter Notebook은 포함되어 있으므로 추가로 설치할 필요가 없다. Jupyter Notebook을 실행하는 가장 간단한 방법은 그림 1.10의 Anaconda 그룹에 포함된 “Jupyter Notebook” 아이콘을 클릭하는 것이다. 다른 방법으로는 Anaconda prompt에서 "jupyter notebook" 명령을 직접 실행하는 것도 가능하다.

아이콘을 클릭하면 제목 줄에 "Jupyter Notebook"으로 된 명령 창이 나타난 후, 웹 브라우저에 Jupyter 화면이 나타난다(화면의 주소는 http://localhost:8888/tree로 되어 있다). 명령 창은 Jupyter Notebook을 실행하는 동안 계속 켜두어야 한다. 그림 1.11과 같이 브라우저에서 파이썬 프로그램을 저장할 폴더를 선택한 후, 오른쪽에 있는 "New → Python 3"을 클릭하여 새로운 파이썬 노트북을 생성한다.[3)]

3) 브라우저에 나타나는 초기 폴더는 “C:₩Users₩사용자 폴더”로 초기화되어 있고, 이를 변경하기 위해서는 아래와 같은 작업이 필요하다.

- Jupyter Notebook 아이콘을 선택한 뒤, 오른쪽 마우스 버튼을 클릭한 후 “자세히→파일 위치 열기” 선택
- 윈도우 창에서 Jupyter Notebook 아이콘을 선택한 후, 오른쪽 마우스 버튼을 클릭하여 “속성” 성택
- 대상에서 %USERPROFILE%을 원하는 폴더 이름(예: “C:₩workspace”)으로 변경

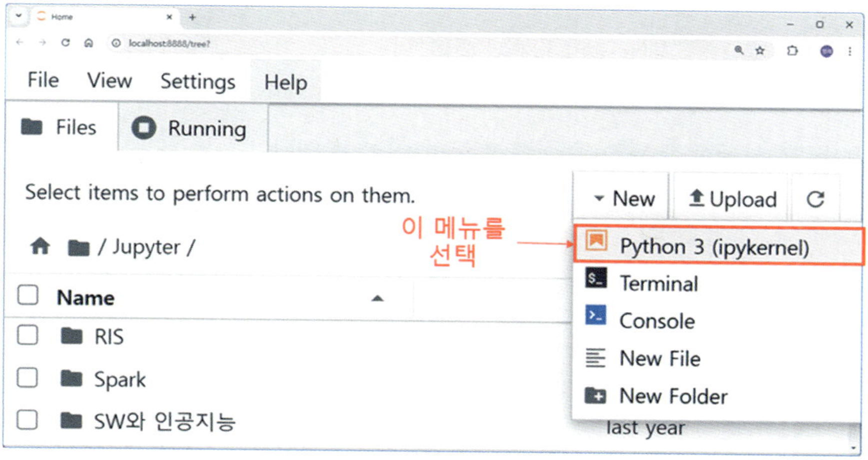

그림 1.11 Jupyter Notebook의 실행 방법

노트북을 생성하면 새로운 탭이 브라우저에 생성되며 그림 1.12와 같은 창이 나타난다. 노트북의 화면 구성은 매우 직관적이지만, 이해를 돕기 위해서 간단히 주요 기능들을 설명하도록 한다.

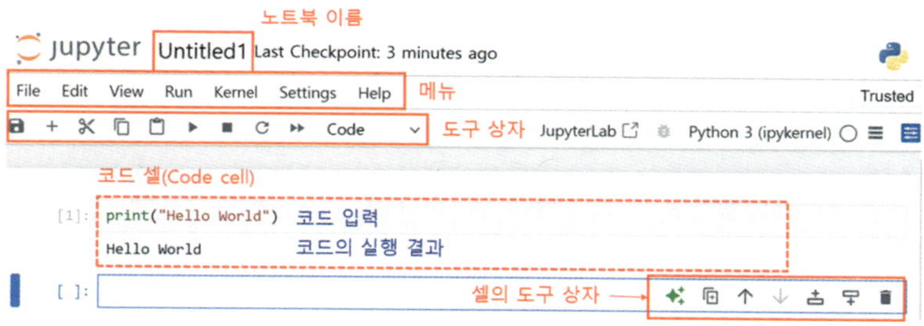

그림 1.12 Jupyter Notebook의 화면 구성

- 위쪽에 노트북의 이름이 나타난다. 초깃값은 "Untitled"로 시작하며, 이름을 클릭하면 노트북 이름을 변경하는 창이 나타나고 여기에 새로운 이름을 입력하면 노트북 이름이 변경된다. 노트북의 파일 확장자는 "ipynb"(ipython notebook)이다.

• 노트북 이름 아래쪽에 메뉴 바(Menu bar)가 위치하는데, 각 메뉴를 선택하면 아래쪽으로 세부 메뉴들이 다시 나타난다.

• 메뉴 바 아래에 도구 상자(Tool bar)가 위치한다. Jupyter Notebook을 사용할 때 자주 사용하게 되는 도구들을 모아 놓은 곳이다. 각 도구의 용도는 표 1.1에서 설명한다.

표 1.1 Jupyter Notebook의 도구 상자

아이콘	설명
	현재 사용 중인 노트북을 저장할 때 사용
	새로운 코드 셀(cell)을 현재 셀 아래에 추가하라는 명령
	선택한 셀을 각각 잘라내기, 복사, 붙여넣기 하라는 명령
	현재 선택한 셀을 실행하고, 아래에 새로운 셀 추가 (ALT+ENTER)
	커널 중단, 커널 재실행, 커널과 노트북 재실행 하라는 명령

도구 상자 다음부터는 실제 프로그램 코드나 일반 텍스트, 혹은 제목 등을 입력할 때 사용하는 **셀(cell)**이 나타난다. 도구 상자의 마지막 부분에 "Code"라고 표시된 곳이 있는데, 이는 현재 셀이 프로그램 코드를 입력하도록 설정되어 있다는 의미이다. 이 셀에 그림 1.12과 같이 **print("Hello World!")** 라는 문장을 입력하고 ALT 키와 Enter 키를 동시에 눌러보자. 그 결과로 print 명령이 실행되고, 셀 밑에 **Hello World!**가 출력되며 다시 새로운 셀이 생성되는 것을 알 수 있다. 각 셀에는 그림 1.13과 같이 셀에서 사용할 수 있는 도구들이 셀의 오른쪽에 표시된다.

그림 1.13 셀에서 사용할 수 있는 도구 상자

도구 아이콘에 마우스를 위치시키면 도구에 대한 설명이 나타나므로 도구의 역할을 쉽게 이해할 수 있다. 첫 번째 아이콘은 Anaconda assistant를 실행시키며, 나머지 아이콘은 셀을 중복하거나 셀의 위치 변경, 혹은 새로운 셀 추가와 셀 삭제 등의 기능을 한다.

그림 1.12의 두 번째 셀에 커서를 둔 상태에서 도구 상자의 "Code"를 클릭하여 "Markdown"으로 변경해보자. Markdown은 프로그램 코드가 아닌 일반 문장에 다양한 스타일을 적용할 때 사용하는 문법이다. Markdown으로 변경한 후, 두 번째 셀에 **# 제목입니다** 라는 문장을 입력하고 ALT와 Enter 키를 동시에 누르면, 그 결과로 "제목입니다"라는 문장이 멋있게 변했음을 알 수 있다.

여기까지 진행한 후 도구를 눌러 **노트북을 저장**하자. 그리고 노트북 이름을 "FirstNotebook"으로 변경한 후, File 메뉴의 "Close and Halt" 메뉴를 선택하여 노트북을 닫는다. Jupyter Notebook의 폴더 화면에서 방금 저장한 FirstNotebook.ipynb 파일이 보이는지 확인하자. 만약 파일이 보이면 그 파일을 클릭하여 조금 전에 작업한 내용이 그대로 남아 있는지 확인하자.

Jupyter Notebook을 종료하기 위해서는 Jupyter Notebook의 “File” 메뉴에서 Shutdown 메뉴를 선택하면 된다. 그러면 이때까지 실행되고 있던 Jupyter Notebook 명령 창이 사라지는 것을 알 수 있다. 이후 노트북을 다시 실행하기 위해서는 처음부터 과정을 반복하여야 한다.

1.3.1 파이썬을 계산기로 활용(실습)

산술 연산(+, -, *, /, //, %)을 이용하여 파이썬을 계산기로 활용하는 예제이다. 다음 절에서 변수와 연산자에 대해서 자세하게 설명하겠지만, 우선 Jupyter Notebook을 이용하여 파이썬을 익숙하게 사용하기 위한 실습 과정이라고 생각하자. 노트북의 셀에 간단한 수식을 입력하고 실행하면 그 결과를 즉시 확인할 수 있다. 수식에는 아래와 같은 연산 기호들을 사용한다.

- + : 더하기, - : 빼기, * : 곱하기
- / : 나누기 (나누기의 결과는 소수점으로 출력)
- // : 정수 나누기로 몫을 출력한다.
- % : 정수 나누기에 대해 나머지를 출력한다.
- 수식 뒤에 # 표시가 된 부분이 있는데, 이는 주석(comment)으로 프로그램 코드에 대한 설명을 추가할 때 사용한다.

```
[1]: 2 + 3
5
[2]: 50 - 5 * 8
10

[3]: (50 - 5 * 8) / 2    # 실수 나누기의 결과는 실수로 표시
5.0
[4]: 19 / 3              # 실수 나누기
6.333333333333333
[5]: 19 // 3             # 정수 나누기: 몫을 계산한다.
6
[6]: 19 % 3              # 나머지
1
[7]: 4 * 3.25 - 1        # 정수와 실수가 섞인 식의 결과는 실수
12.0
```

- 거듭제곱(**) 연산을 이용하는 예제들이다.

```
[1]: 4 ** 2              # 4^2
16
[2]: 2 ** 10             # 2^10
1024
```

• 변수는 수식의 값을 저장할 때 사용되는데, 등호(=)를 이용하여 변수에 값을 저장하는 예제들이다.

```
[1]: radius = 3
[2]: pi = 3.14159
[3]: area = pi * radius ** 2
[4]: area                         # print(area)로도 출력 가능
     28.27431
```

1.3.2 Jupyter Notebook 실습

Jupyter Notebook을 제대로 사용할 수 있는지를 확인하기 위해 다음 과정을 차례대로 수행해보라.

• 노트북을 실행한 후, 새로운 파이썬 노트북을 생성하라.
• 노트북의 이름을 "MyPython"으로 변경하라.
• print 문을 이용하여 자신의 이름을 출력해보라.
• 2를 5번 곱한 결과를 출력해보라.
• 수식 5 - (3 - 1)의 계산 결과를 출력해보라.
• 10을 2로 나눈 결과와 곱한 결과를 각각 출력해보라.
• 자르기와 붙여넣기 등의 도구를 이용하여 셀들의 위치를 변경하고, 재실행하라.
• MyPython 노트북을 종료하고, 다시 실행하라.
• 마지막 위치에 커서를 위치시킨 후, ✚ 도구를 이용하여 셀을 추가하라. 그리고 그 셀에 Hello World! 를 입력한 후 ALT+Enter를 눌러 실행 결과를 확인하라. 오류가 발생할 경우, 오류 메시지를 확인해보자. 만약 셀에 숫자 5를 입력하고 ALT+Enter를 누르면 실행 결과가 어떻게 되는가? 셀에 Hello만 입력하고 실행하면 어떻게 되는가? 다양한 실행 결과가 나타나는 원인이 무엇인지 각자 생각해보자.

1.4 파이썬의 기초 문법

1.4.1 변수

변수(variable)란 프로그램에서 값이나 연산의 결과 등을 저장하는 곳이다. 사용자가 입력한 값을 변수에 저장할 수 있으며, 계산의 중간 결과나 최종 결과를 저장할 수도 있다. 아래 예에서는 변수 x에 정수 10을 저장한다.

```
[1]: x = 10
```

위의 셀 [1]은 하나의 파이썬 **문장**(statement)을 나타낸다. 각 문장은 컴퓨터가 수행해야 하는 하나의 작업을 의미하는데, 앞의 문장은 이름이 x인 변수를 생성하고 대입 연산자 '='를 이용하여 변수 x에 값을 지정하라는 의미이다. 파이썬에서는 문장이 대부분 한 줄로 끝나지만, 한 문장이 여러 줄에 걸쳐서 나타날 수 있다. 다음 문장은 변수 y에 5라는 값을 대입하라는 문장이다.

```
[2]: y = 5
```

이제 아래와 같이 변수 x와 y의 값을 수식에 사용할 수 있다.

```
[3]: x + y
     15
```

셀 [3]에서 '+' 기호는 더하기 연산자를 나타낸다. 종종 수식의 결과를 저장한 후, 나중에 사용할 필요가 있다. 아래 문장은 x와 y의 합을 total 변수에 저장한 후, 이 변수의 값을 출력한다.

```
[4]: total = x + y
[5]: total
     15
```

파이썬에서 변수 이름을 만드는 규칙은 다음과 같다.

- 변수 이름의 첫 번째 문자는 영문자(A-Za-z)나 밑줄(_) 문자이다.
- 변수 이름의 그 이후 문자는 영문자, 밑줄, 그리고 숫자를 사용할 수 있다. 주의할 점은 변수 이름에는 공백이 포함될 수 없다는 것이다. 예를 들면 "Hello"는 변수 이름으로 사용할 수 있지만, "Hello World"는 사용할 수 없다.
- 변수 이름은 대소문자를 구분한다. 즉, age, Age, AGE는 모두 다른 변수를 나타낸다.
- 한글 이름도 변수 이름으로 사용할 수 있다.

```
[6]: 차이 = x - y
     차이
```

```
5
```

- 아래에 나타나는 "사용이 예약된 단어들"(reserved words)은 변수 이름으로 사용할 수 없다.

```
['False', 'None', 'True', 'and', 'as', 'assert',
'async', 'await', 'break', 'class', 'continue',
'def', 'del', 'elif', 'else', 'except', 'finally',
'for', 'from', 'global', 'if', 'import', 'in',
'is', 'lambda', 'nonlocal', 'not', 'or', 'pass',
'raise', 'return', 'try', 'while', 'with',
'yield']
```

1.4.2 자료형

자료형(data type)이란 컴퓨터로 표현할 수 있는 데이터의 종류를 의미한다. 파이썬은 다양한 형태의 정보를 저장할 수 있는 내장 자료형(built-in data types)을 제공한다. 물론 필요할 경우, 사용자가 추가로 자신의 자료형(user-defined data types)을 만들어 사용할 수 있다. 표 1.2에 파이썬이 제공하는 주요 자료형들을 나타낸다.

표 1.2 파이썬이 제공하는 주요 자료형

자료형	설명	예
int	정수를 표현하는 자료형	123, -123, 0
float	실수를 표현하는 자료형	3.14159, -2.7
str	문자열을 표현하는 자료형 큰 따옴표(" ")나 작은따옴표(' ')를 사용	"Korea", '123', '안녕'
bool	참(True)과 거짓(False)을 표현하는 자료형	True, False
list	순서가 있는 데이터의 집합을 표현. 내용 변경이 가능	[1, 2, 2, 3, 5]
tuple	순서가 있는 데이터의 집합을 표현. 내용 변경이 불가능	(1, 2, 2, 3, 5)
set	집합을 표현. 중복이 되지 않으며, 데이터의 순서가 없음. 내용 변경 가능	{1, 2, 3, 5}
dict	(키:값)의 쌍을 저장할 때 사용. 데이터의 순서가 없으며 내용 변경 가능	{'철수':90, '영희':95}

list와 tuple, set과 dict 등은 여러 개의 데이터를 저장할 때 사용하는 자료형으로 2장에서 자세히 설명하도록 하며, 이번 장에서는 int, float, str 자료형에 대해 살펴본다.

파이썬의 변수에는 정수와 실수, 그리고 문자열을 자유롭게 저장할 수 있다. 이때 각 변수에 저장된 값의 자료형을 알기 위해서 **type()** 함수를 사용하면 된다.

```
[1]: s = "What a wonderful world!"
     type(s)

     str
```

또한, **int(), float(), str()** 등의 함수를 사용하여 자료형을 다른 자료형으로 변경할 수도 있다. 이때 함수의 입력값이 변경될 자료형과 맞지 않으면 오류가 발생할 수 있으니 주의해야 한다. 표 1.3에 자료형 변경의 예를 나타내었다.

문자열(string)은 작은따옴표(' ')나 큰 따옴표(" ")로 묶은 문자(character)들을 의미한다. C나 Java의 경우에는 'A'와 "A"를 구분하여 전자는 하나의 문자, 후자는 여러 개의 문자로 구성된 문자열로 사용하지만, 파이썬의 경우에는 모두 같은 문자열로 간주한다.

표 1.3 자료형의 변경

문장	실행 결과	설명
• x = int(1) • y = int(2.6) • z = int("3") • er = int("3.2")	• x에 1이 할당 • y에 2가 할당 • z에 3이 할당 ※ 오류 발생	• 정수를 정수로 변경 • 실수를 정수로 변경 • 문자열을 정수로 변경 ← 3.2는 정수가 아니므로 오류
• x = float(1) • y = float(2.6) • z = float("3") • er = float("hello")	• x에 1.0이 할당 • y에 2.6이 할당 • z에 3.0이 할당 ※ 오류 발생	• 정수를 실수로 변경 • 실수를 실수로 변경 • 문자열을 실수로 변경 ← hello는 실수가 아니므로 오류
• x = str(1) • y = str(2.6) • z = str("3")	• x에 '1'이 할당 • y에 '2.6'이 할당 • z에 '3'이 할당	• 정수를 문자열로 변경 • 실수를 문자열로 변경 • 문자를 문자열로 변경

따옴표를 포함하고 있는 문자열을 표현할 때는 다소 주의가 필요하다. 예를 들면, 아래와 같이 You're를 포함하고 있는 문자열을 작은따옴표로 묶게 되면, 문자열이 끝나는 지점이 불분명해져서 오류가 발생한다. 이럴 때는 문자열에 포함된 따옴표와 다른 따옴표로 문자열을 묶어야 한다.

```
[2]: print('You're a good man')
```

```
SyntaxError: invalid syntax
```

```
[3]: print("You're a good man")
```

```
You're a good man
```

만약 문자열에 작은따옴표와 큰따옴표가 모두 포함되어 있다면, 아래 예와 같이 같은 따옴표 3개로 문자열을 묶는 방법도 가능하다.

```
[4]: print("""문자열에 "큰따옴표"와 '작은따옴표'가 같이 있음""")
```

```
문자열에 "큰따옴표"와 '작은따옴표'가 같이 있음
```

1.4.3 산술 연산자

많은 프로그램에서 사칙연산과 같은 **수식(expression)**을 포함하고 있고, 산술 연산자는 수식을 표현할 때 사용하는 연산자이다. 파이썬에서 사용하고 있는 산술 연산자를 표 2.4에 정리한다. 연산자의 의미는 일반적으로 인간이 사용하는 기호와 유사하나, 피연산자의 자료형에 따라 의미가 조금 달라질 수 있으니 주의해야 한다.

표 1.4 산술 연산자

연산자	피연산자에 따른 연산자의 의미	실행의 예
+	int와 float: 두 수를 더하기 str: 두 개의 문자열을 연결하기	5 + 3 → 8 "My" + "Name" → "MyName"
-	int와 float: 두 수를 빼기	5 - 3 → 2
*	int와 float: 두 수를 곱하기 str: 문자열을 여러 번 반복하기	5 * 3 → 15 "Hello" * 3 → "HelloHelloHello"
**	int와 float: 거듭제곱을 구하기	2 ** 4 → 16 (= 24)
/	int와 float: 실수 나누기	5 / 3 → 1.6666666666666667
//	int와 float: 정수 몫 구하기	5 // 3 → 1
%	int와 float: 정수 나머지 구하기	5 % 3 → 2

나누기 연산자(/, //, %)의 경우에는 **0으로 나누면 오류가 발생**하니 주의해야 한다.

```
[1]: 5 / 0
     ZeroDivisionError: division by zero
```

괄호를 포함한 수식의 경우에는 괄호 안의 수식을 먼저 처리한다. 예를 들면, 아래 두 수식에서 괄호의 유무에 따라 실행 결과가 달라진다는 것에 주의하자.

```
[2]: 10 * (2 + 3)
```

50

```
[3]: 10 * 2 + 3
```

23

여러 개의 연산자로 구성된 수식의 경우, **연산자의 우선순위**에 따라 실행 결과가 결정된다. 파이썬에서 제공되는 연산자의 우선순위는 다음과 같이 정리할 수 있다.

- **괄호를 포함한 수식을 먼저 계산**한다. 괄호가 여러 개 중첩되었을 때 가장 안쪽의 괄호부터 먼저 계산한다. 예를 들면, (5 / (2 + 3)) 수식에서 2 + 3부터 먼저 계산한다.
- 다음으로 **거듭제곱 연산을 계산**한다. 거듭제곱 연산자가 여러 개 중첩되었을 때 오른쪽 연산자부터 먼저 계산한다. 예를 들면, 4 ** 3 ** 2 수식은 3 ** 2를 먼저 계산한 후 ($3^2 = 9$), 4 ** 9를 계산한다.
- 다음으로 **곱하기와 나누기, 나머지 연산을 계산**한다. 이들 연산자는 우선순위가 동일하며, 여러 개의 곱하기/나누기/나머지 연산들이 중첩되었을 때 왼쪽 연산자부터 먼저 계산한다. 예를 들면, 4 * 3 // 2 수식은 ((4 * 3) // 2)의 순서로 처리되며, 결과는 6이다.
- 마지막으로 **더하기와 빼기 연산을 계산**한다. 이들 연산자는 우선순위가 동일하며, 여러 개의 더하기와 빼기 연산들이 중첩되었을 때 왼쪽 연산자부터 먼저 계산한다. 예를 들면, 4 - 3 - 2 수식은 ((4 - 3) - 2)의 순서로 처리되며, 결과는 -1이다.

정수로 구성된 수식의 경우, / 연산자를 제외하고는 결과값의 자료형은 항상 정수(int)이다. / 연산자의 경우에는 항상 실수값(float)을 생성한다. 실수로 구성된 수식의 경우에는 결과값은 항상 실수이다. **정수와 실수가 섞여 있는 경우** 결과값은 항상 실수이다.

```
[4]: type(10 * 2 + 3)
```
```
int
```
```
[5]: type(3.14159 * 3.2 ** 2.0)
```
```
float
```
```
[6]: type(4.2 // 2)
```
```
float
```

1.4.4 주석과 대입문

주석(comment)은 프로그램을 설명하는 내용이나 참고 사항 등을 프로그램 내에 기술할 때 사용한다. 주석은 "#"기호로 시작하며, # 후에 나오는 내용은 주석으로 취급하여 프로그램 실행에 영향을 미치지 않는다.

```
[1]: # 이 줄은 전체가 주석입니다.
[2]: result = 3 + 2 ** 4      # 여기서부터 주석입니다.
```

앞에서 설명했듯이 "=" 연산자는 변수에 값을 대입할 때 사용하는 대입 연산자이다. **대입문**(assignment statement)이란 = 연산자 오른쪽의 값이나 수식의 결과를 왼쪽 변수에 대입하는 문장을 의미한다. 변수의 자료형은 대입하는 값에 의해 결정된다.

```
[3]: x = 1            # 값을 변수에 대입하는 경우
[4]: y = x + 1        # 수식을 변수에 대입하는 경우. y 값은 2가 된다.
```

그러나 아래와 같이 = 연산자의 왼쪽과 오른쪽을 바꾸어 사용하면 오류가 발생한다. 반드시 **= 연산자 왼쪽에 변수 이름**을 두어야 한다.

```
[5]: 1 + 1 = a
```
```
SyntaxError: cannot assign to operator
```

여러 개의 변수에 값을 대입하는 문장은 아래와 같이 다양하게 표현할 수 있다.

```
[6]:  x = 1            # 두 개의 문장으로 x와 y에 값을 대입하는 방법
      y = 2            # 가장 쉬운 방법이며, 많이 사용된다.
[7]:  x, y = 1, 2      # 변수와 값을 ,로 구분하여 여러 개를 동시에 대입
[8]:  x = 1; y = 2     # 세미콜론(;)으로 두 개의 문장을 한 줄에 작성
[9]:  x, y = y, x      # 변수 x와 y의 값을 교환하는 문장
[10]: x = y = 3        # 변수 x와 y에 같은 값을 대입하는 문장
```

변수가 이미 있을 때 새 값을 할당하면 기존의 값을 잃어버리고 새로운 값으로 변경된다.

```
[11]: x = 2                  # 변수에 정수를 대입
[12]: type(x)                # 자료형을 확인
      int
[13]: x = "Hello"            # 동일한 변수에 다른 자료형을 대입
[14]: type(x)                # 자료형을 확인
      str
```

1.4.5 키보드 입력

파이썬의 input() 함수는 사용자가 키보드에 입력한 데이터를 읽어 들여 변수에 할당할 때 사용한다. input() 함수를 사용하는 문법은 다음과 같다.

```
<변수 이름> = input(<prompt 문자열>)
```

<prompt 문자열>은 사용자의 입력을 기다릴 때 출력되는 문자열이다. 파이썬은 input() 함수가 실행되면 "prompt 문자열"을 출력한 후 사용자가 키보드 입력을 한

후 Enter 키를 누를 때까지 대기한다. 사용자가 어떤 내용을 입력하든 **문자열로 변수에 저장**된다.

```
[1]:  name = input("이름을 입력하세요: ")
      이름을 입력하세요: 홍길동
[2]:  name
      '홍길동'
```

위의 예에서 "이름을 입력하세요: "가 prompt 문자열이며, 1번 셀을 실행시키면 prompt 문자열이 출력된 상태에서 사용자의 키보드 입력을 기다린다. 사용자가 **홍길동**이라는 데이터를 입력하면 name 변수에 문자열의 형태로 저장된다. 만약 사용자가 '**홍길동**'을 입력한다면 작은따옴표도 데이터로 인식하여 변수에 같이 저장된다.

```
[3]:  name = input("이름을 입력하세요: ")
      이름을 입력하세요: '홍길동'
[4]:  name
      "'홍길동'"
```

input() 함수가 문자열을 변수에 저장하므로 숫자를 입력할 때 주의가 필요하다. 셀 5와 6의 예를 살펴보자.

```
[5]:  x = input("첫번째 수를 입력하세요: ")
      첫번째 수를 입력하세요: 5
[6]:  y = input("두번째 수를 입력하세요: ")
      두번째 수를 입력하세요: 4
[7]:  x + y
      '54'
```

input() 함수가 문자열을 반환하므로 변수 x에는 "5", 변수 y에는 "4"가 저장되고, 두 변수의 합을 구할 때 **문자열의 덧셈이 적용**되어 두 개의 문자열을 연결한 "54"가 출력된다. 정수 덧셈을 원할 때는 이러한 결과가 다소 당황스러울 수 있다.

input() 함수의 결과를 문자열이 아닌 다른 자료형으로 변환하기를 원한다면 앞의 1.4.2 절에서 설명한 int()와 float() 함수를 쓸 수 있다.

[8]:
```
x = input("정수를 입력하세요: ")
```
정수를 입력하세요: 5

[9]:
```
x = int(x)
```
[10]:
```
x
```
5

즉, 셀 9와 같이 input()의 결과를 받은 변수의 자료형을 int 형으로 변환하면 된다. 물론 이 프로그램은 사용자가 정수 형태의 문자열을 입력하는 경우에만 정상적으로 동작한다. 셀 8과 셀 9를 아래와 같이 한 문장으로 표현하는 것도 가능하다.

[11]:
```
y = int(input("또 다른 정수를 입력하세요: "))
```
또 다른 정수를 입력하세요: 4

[12]:
```
x + y
```
9

위의 셀 5, 6과 같이 여러 개의 데이터를 입력받을 경우 input() 함수를 여러 번 작성하여야 한다. 그러나 프로그램 길이를 줄이기 위하여 **input().split()** 함수를 이용함으로써 여러 개의 데이터를 하나의 문장으로 입력받을 수 있다. 여기에서 split()는 str 자료형에 적용 가능한 함수인데, 하나의 문자열을 공백을 기준으로 여러 개의 문자열로 나누는 기능을 한다. 아래 예를 살펴보자.

In[13]:
```
x, y = input("남학생과 여학생의 수를 입력하세요: ").split()
print("남학생의 수: ", x)
print("여학생의 수: ", y)
```

```
남학생과 여학생의 수를 입력하세요: 10 20
남학생의 수: 10
여학생의 수: 20
```

두 개의 데이터를 공백으로 구분하여 입력하면, 처음에 입력한 "10"이 x에 저장되고 그 다음으로 입력한 "20"이 y에 저장된다. 단, split() **함수도 문자열을 반환**하므로 x와 y에 저장되는 데이터는 모두 문자열이다.

여러 개의 정수를 입력받는 방법은 반복문을 이용하는 것이다. 반복문은 1.7절과 1.8절에서 자세히 설명하겠지만, 연습 문제 등을 풀 때 여러 개의 정수를 입력받는 경우가 필요하므로 간단히 입력받는 예제만 소개한다. 예제에서 사용된 리스트에 대한 설명은 2장에서 하겠지만, 독자들 스스로 이해하려고 노력해보자.

[14]:
```
a, b, c = [ int(x) for x in input('정수 3개를 입력: ').split() ]
```

```
정수 3개를 입력: 10 20 30
```

[15]:
```
a + b + c
```

```
60
```

1.4.6 화면에 출력하기

화면에 데이터를 출력할 때 가장 많이 사용하는 함수는 print()이다. 물론 변수 이름이나 수식을 셀의 맨 앞에 적어서 그 결과를 바로 출력할 수도 있지만, print() 함수를 사용함으로써 여러 개의 변숫값을 동시에 출력할 수도 있고, 혹은 다양한 출력 메시지와 함께 출력하는 것도 가능하다. print() 함수를 사용하는 문법은 다음과 같다.

```
print(데이터1, 데이터2, ..., 데이터n)
```

print() 함수는 콤마(,)로 구분된 여러 개의 데이터를 차례대로 화면에 출력한다. 이때 각 데이터는 수식, 문자열, 혹은 변수일 수 있다. 각각의 데이터를 출력할 때마다 공백 한 개가 추가된다. 아래 예는 문자열과 수식을 섞어서 사용자가 보기 편하게 출력한 것이다.

[1]:
```
print("더하기의 결과는", 5+3, "입니다.")
print("5 / 3 =", 5/3)
```
```
더하기의 결과는 8  입니다.
5 / 3 = 1.6666666666666667
```

위의 예에서 나타나듯이 print() 문의 결과를 출력한 후, 자동으로 줄 바꿈 처리를 하여 다음 print() 문의 결과가 새로운 줄에서 시작하도록 한다. 그러나 때에 따라 두 개의 **print() 문의 결과를 한 줄에 이어서 출력**할 필요가 있고, 이를 위해서는 앞의 print() 문의 마지막에 end = " "이란 명령을 추가하면 된다. 아래 예를 살펴보고, 차이점을 확인하자.

[2]:
```
print("더하기의 결과는", 5+3, "입니다.", end = " ")
print("5 / 3 =", 5/3)
```
```
더하기의 결과는 8 입니다. 5 / 3 = 1.6666666666666667
```

비슷한 방식으로 sep = "구분자" 명령을 추가하면 데이터를 출력할 때 공백이 아닌 다른 구분자로 구분하여 출력할 수 있다.

[3]:
```
print(1, 2, 3, 4, 5)              # 공백으로 구분하여 출력
print(1, 2, 3, 4, 5, sep=", ")    # ,와 공백으로 구분하여 출력
print(1, 2, 3, 4, 5, sep="")      # 공백없이 붙여서 출력
```
```
1 2 3 4 5
1, 2, 3, 4, 5
12345
```

기본적인 print() 함수는 수식의 값을 그대로 출력하므로 출력 형태를 정리하기 위해서는 좀 더 세련된 방법이 필요하다. 예를 들면, 앞의 셀 2에서 5 / 3의 결과로 소수점 아래로 아주 많은 수가 출력되는데, 이를 소수점 둘째 자리까지만 출력할 필요도 있다. 이런 것을 **포맷지정 출력(formatted output)**이라고 한다. 파이썬에서는 아래와 같은 다양한 포맷 지정 출력 방식을 지정한다.

- % 연산자를 이용한 포맷 지정
- format() 함수를 이용
- f-string을 이용

(1) % 연산자를 이용한 포맷 지정

% 연산자를 이용한 포맷지정 방식은 문자열 안에 서식 문자(%d, %f, %s 등)를 지정하고, % 연산자 이후에 괄호로 출력될 데이터를 두는 방식이다. 출력 데이터가 정수이면 %d, 실수이면 %f, 문자열이면 %s를 사용하며, 출력할 자릿수와 실수의 정밀도 등을 서식 문자와 같이 표현한다. 예를 들면, %3d는 정수를 세 자리로 표시하라는 것이고, %.2f는 실수를 소수점 아래 둘째 자리까지 표시하라는 의미이다.

```
In [4]: x = 31
        print("%s: 정수 = %5d, 실수 = %.2f" % ("출력"*3, x, 8/3))
```

```
출력출력출력: 정수 =    31, 실수 = 2.67
```

위의 예와 같이 % 연산자가 여러 개 있을 경우, 서식 문자와 값은 순서대로 대응된다. 즉, `%s`에는 `"출력"*3`의 결과가 대응되고, `%5d`에는 `x`의 값이 출력된다. `%.2f`에는 `8/3`의 계산 결과가 출력된다.

출력할 내용이 복잡할 경우 % 연산자 방식은 가독성이 떨어져 빈번한 오류의 원인이 되므로 파이썬 3에서는 이 방식을 권장하지 않는다.

(2) format() 함수를 이용

format() 함수는 문자열(str)에 정의된 함수로 중괄호 { }안에 서식을 지정하고, format() 함수의 입력 인자로 출력할 값을 둔다.

```
[5]: x, y = 31, 8/3
     print("{0}: 정수 = {1:5d}, 실수 = {2:.2f}".format("출력", x, y))
     출력: 정수 =    31, 실수 = 2.67
```

중괄호 안에 숫자는 format() 함수의 인자 중에서 몇 번째 값에 해당하는지를 표시한다. 예를 들면, {0}은 첫 번째 인자를 그 자리에 표시하라는 것이고, {1:5d}는 두 번째 인자를 5자리 정수로 출력하라는 의미이다. {2:.2f}는 세 번째 인자를 소수점 이하 2자리만 출력하라는 뜻이다. 중괄호 안에 숫자를 생략할 수 있는데, 이럴 때는 % 연산자와 마찬가지로 format() 함수의 인자와 순서대로 대응하면 된다.

```
[6]: x, y = 31, 8/3
     print("{}: 정수 = {:5d}, 실수 = {:.2f}".format("출력", x, y))
     출력: 정수 =    31, 실수 = 2.67
```

아래 예는 2의 제곱근을 출력하는 문장으로 중괄호 안에 숫자가 없는 명령도 실행 결과가 같음을 알 수 있다.

```
[7]: print('sqrt({0}) = {1:.5f}'.format(2, 2**0.5))
     sqrt(2) = 1.41421
[8]: print('sqrt({}) = {:.5f}'.format(2, 2**0.5))
     sqrt(2) = 1.41421
```

(3) f-string을 이용

마지막 포맷 지정 방식은 **f-string**을 이용하는 것이다. 단, 이 기능은 파이썬 3.6 이상의 버전에서만 사용할 수 있다. f-string이란 f로 시작되는 문자열로 문자열 안의 중괄호에 출력할 변수나 수식을 바로 입력하면 된다.

[9]:
```
x = 31
msg = "포맷지정 출력"
print(f'{msg}: 정수 = {x:5d}, 실수 = {8/3:.2f}')
```

```
포맷지정 출력: 정수 =    31, 실수 = 2.67
```

위의 예에서 f-string은 **f'문자열 {변수나 수식} 또 다른 문자열 {변수나 수식}...'**의 형태를 보인다는 것을 알 수 있다. 중괄호에는 msg나 x와 같은 변수 이름이 들어갈 수 있고, 8/3과 같은 수식이 입력될 수도 있다. 또한, 서식 문자는 % 연산자나 format() 함수와 같이 5d, .2f 등을 사용할 수 있다.

지금까지 배운 세 가지 포맷 지정 방식으로 구성한 아래 3개의 print() 문장들이 모두 같은 내용을 출력하는 것을 확인하자.

[10]:
```
name = '홍길동'
age = 21
print('%s의 나이는 %d세 입니다' % (name, age))
print('{}의 나이는 {}세 입니다'.format(name, age))
print(f'{name}의 나이는 {age}세 입니다')
```

```
홍길동의 나이는 21세 입니다
홍길동의 나이는 21세 입니다
홍길동의 나이는 21세 입니다
```

1.4.7 예제 프로그램

(1) 섭씨온도를 입력받아 화씨온도를 출력

섭씨온도를 입력받아, 화씨온도를 출력하는 프로그램을 작성하자. 섭씨온도가 C, 화씨온도가 F라고 할 때, 두 온도를 변환하는 식은 $F = \frac{9}{5} \times C + 32$이다.

- **문제 풀이**: input 함수를 이용하여 섭씨온도를 입력받아 변수 C에 저장한다. 실수가 입력될 수 있으므로 input 함수의 결과를 float()로 변경한다. 화씨온도를 계산하여 변수 F에 저장하고, f-string을 이용하여 출력한다.

[1]:
```
C = float(input("섭씨 온도를 입력하세요: "))
F = 9 / 5 * C + 32
print(f"섭씨 {C}도는 화씨 {F}도 입니다.")
```
```
섭씨 온도를 입력하세요: 21.3
섭씨 21.3도는 화씨 70.34도 입니다.
```

(2) 반지름을 입력받아 원의 면적과 구의 부피 계산하기

반지름을 입력받아 원의 면적과 구의 부피를 출력하라. 단, 원주율 π는 3.14159로 가정한다. 반지름이 r인 원의 면적은 πr^2이고, 반지름이 r인 구의 부피는 $\frac{4}{3}\pi r^3$이다.

- **문제 풀이**: 원주율은 변수 pi에 저장하고, input 함수를 이용하여 반지름을 입력받아 변수 r에 저장한다. 실수가 입력될 수 있으므로 input 함수의 결과를 float()로 변경한다. r의 제곱은 r ** 2의 연산으로 구하고, r의 세제곱은 r ** 3으로 구한다. 그리고 면적과 부피를 계산하여 변수 area와 volume에 각각 저장

한다. 결과를 출력할 때 소수점 이하 수들이 너무 많이 출력되지 않도록 area와 volume 변수의 출력 형태를 조정한다.

[2]:
```
pi = 3.14159
r = float(input("반지름을 입력하세요: "))
area = pi * r ** 2
volume = 4 / 3 * pi * r ** 3
print(f"반지름이 {r}인 원의 면적 = {area:.5f}")
print(f"반지름이 {r}인 구의 부피 = {volume:.5f}")
```

```
반지름을 입력하세요: 3.1
반지름이 3.1인 원의 면적 = 30.19068
반지름이 3.1인 구의 부피 = 124.78814
```

(3) 문자를 여러 번 출력하기

문자와 숫자를 입력받은 다음, 문자를 숫자만큼 반복해서 출력하라. 예를 들어, $와 7을 입력하면, $$$$$$$와 같이 $가 7번 출력된다.

- 문제 풀이: input().split() 함수를 이용하여 문자와 숫자를 동시에 입력받아, 변수 ch와 n에 저장한다. split()의 결과 자료형은 str이므로 n을 정수로 변환하자. 다음으로 ch를 n번 출력하기 위해서 * 연산자를 사용한다.

[3]:
```
ch, n = input("문자와 숫자를 입력하세요: ").split()
n = int(n)
print(ch * n)
```

```
문자와 숫자를 입력하세요: $ 7
$$$$$$$
```

1.5 알고리즘

알고리즘(algorithm)이란 주어진 문제를 풀기 위하여 명령어들을 순서대로 나열한 것을 의미한다. 예를 들면, 라면을 먹기 위하여 (1) 자신이 좋아하는 라면을 사고, (2) 냄비에 물을 500ml 넣고 거품이 날 때까지 끓인 후, (3) 라면과 수프를 함께 넣고, (4) 다시 3분간 더 끓이면, (5) 맛있게 끓인 라면을 먹을 수 있다. 이 예에서 라면을 먹기 위한 알고리즘은 다섯 개의 명령어들로 구성되며, 이 명령어들이 주어진 순서대로 수행되어야지 우리가 원하는 맛있는 라면을 만들 수 있다. 만약 단계 2와 단계 3의 순서를 바꾸면 퍼져서 맛이 없는 라면을 만들 수 있다. **제어문(control statement)**이란 원하는 결과를 얻기 위해 명령어들의 순서를 정의하는 역할을 한다. 이번 장에서는 파이썬에서 제공하는 다양한 제어문들을 살펴보도록 한다.

일반적으로 알고리즘이 만족해야 하는 조건은 다음과 같이 요약할 수 있다.

- **입력(Input)**: 0 혹은 그 이상의 입력이 존재하여야 한다. 앞의 라면 알고리즘의 예에서 단계 1이 입력을 나타낸다고 할 수 있다.
- **출력(Output)**: 적어도 하나 이상의 결과물을 출력하여야 한다. 라면 알고리즘에서는 단계 5가 출력을 나타낸다. 입력과 출력은 단계로 표시하지 않고, 알고리즘의 시작 부분에 별도로 표시하기도 한다.
- **명확성(Definiteness)**: 알고리즘을 구성하는 모든 명령어의 의미는 명확하여야 하며, 애매모호해서는 안 된다. 라면 알고리즘의 단계 2부터 단계 4까지 명령어들의 의미는 명확하여 오해의 여지가 없다.
- **유한성(Finiteness)**: 알고리즘은 한정된 수의 명령어들을 실행한 후 종료하여야 한다. 즉, 무한히 반복되는 명령어들의 집합은 알고리즘으로 볼 수 없다. 라면 알고리즘은 입력과 출력 단계를 포함하여 모두 다섯 개의 명령어(단계)들로 구성되므로 유한하다.
- **유효성/실행가능성(Effectiveness)**: 모든 명령어는 실행 가능하여야 한다. 라면 알고리즘의 다섯 개 명령어들은 모두 실행할 수 있다.

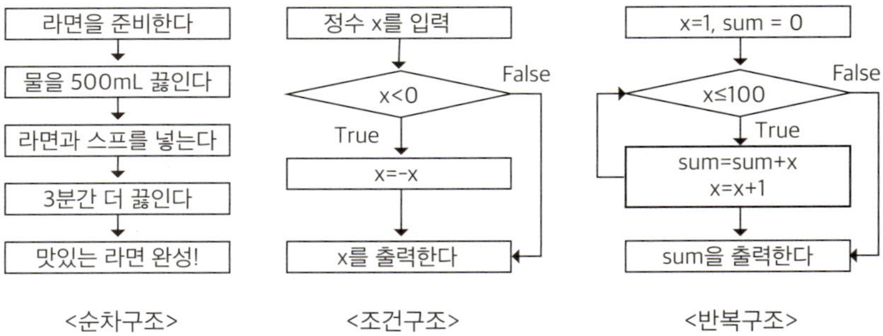

그림 1.14 알고리즘의 세 가지 구조

그림 1.14에 나타나는 것과 같이 알고리즘의 명령어들은 세 가지 구조로 구성될 수 있다. **순차 구조**는 명령어들이 차례대로 하나씩 실행되는 구조를 의미한다. 앞의 라면 조리 알고리즘은 순차 구조를 갖는다고 할 수 있다. **조건 구조**는 여러 가지 명령 중에서 조건에 따라 하나를 선택하여 실행하는 구조다. 예를 들면, “매운 것을 좋아하면” 고춧가루를 추가로 넣고, “아니면” 그냥 끓이는 식이다. 마지막으로 **반복 구조**는 주어진 명령들을 여러 번 실행하는 구조다. 예를 들면, “앞의 라면 끓이기를 10번 반복하라”와 같은 알고리즘을 들 수 있다.

알고리즘은 다양한 방법으로 작성할 수 있다. 가장 쉬운 방법은 라면 알고리즘과 같이 사람이 사용하는 언어로 작성하는 것이다. 이를 **의사 코드(pseudo code)**라고 한다. 혹은 그림으로 알고리즘을 표시하기도 하는데, 장난감 비행기의 제작 순서를 표시하는 그림이나 혹은 DIY 가구의 제작도 등이 이에 해당한다고 볼 수 있다.

프로그램의 알고리즘을 기술할 때 많이 사용하는 방식이 **흐름도(flowchart)**를 이용하는 것이다. 흐름도는 명령어를 사각형으로, 선택은 마름모, 그리고 명령어들 사이의 흐름은 화살표로 표시한 것이다. 흐름도의 몇 가지 사례가 그림 1.14에 나타난다. 그림에서 조건 구조는 입력받은 수의 절댓값을 출력하는 알고리즘이며, 반복 구조는 1부터 100까지 정수들의 합을 계산하여 출력하는 알고리즘이다.

파이썬을 이용하여 알고리즘의 세 가지 구조를 모두 구현할 수 있다. 조건 구조와 반복 구조는 다음 절에서 차례로 설명하고, 이번 절에서는 파이썬을 이용하여 순차 구조를 표현하는 방법에 대해 살펴보자.

순차 구조는 명령을 하나씩 차례대로 실행하는 구조다. 모든 논리의 기본이라고 할 수 있으며, 순차 구조의 알고리즘으로 풀 수 있는 간단한 문제들도 매우 많다. 그림 1.15는 흐름도로 표현한 순차 구조의 기본형과 순차 구조로 구성된 파이썬 프로그램의 예를 나타낸다.

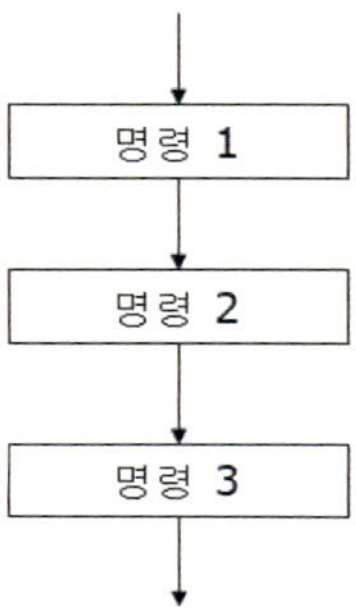

<순차 구조의 기본형>

```
pi = 3.14159
r = float(input("반지름을 입력하세요: "))
area = pi * r ** 2
volume = 4 / 3 * pi * r ** 3
   print(f"반지름이 {r}인 원의 면적 = {area:.5f}")
   print(f"반지름이 {r}인 구의 부피 = {volume:.5f}")
```

<순차 구조로 구성된 파이썬 프로그램의 예>

그림 1.15 순차 구조의 기본형과 파이썬 프로그램의 예

그림 1.15의 파이썬 프로그램은 1.4.7절의 (2)번 문제에서 풀어본 원의 면적과 구의 부피를 구하는 프로그램이다. 모든 명령이 차례대로 실행되는 순차 구조로 구성되어 있다. 즉, 입력받은 반지름값과 상관없이 원의 면적과 구의 부피를 차례대로 계산한 후 그 결과를 차례대로 출력한다.

1.6 조건 구조

파이썬은 알고리즘을 구성하는 세 가지 구조, 즉 순차 구조와 조건 구조, 그리고 반복 구조를 표현할 수 있다. 교육용 언어인 스크래치가 제한적인 연산들과 조건/반복 구조를 지원하는 것과 달리 파이썬은 범용 프로그래밍 언어로 훨씬 다양한 유형의 조건/반복 구조를 지원한다. 이번 절에서는 파이썬의 조건 구조에 관해 설명하며, 반복 구조는 다음 절에서 설명한다.

1.6.1 관계 연산자와 논리 연산자

조건 구조와 반복 구조의 경우, 흐름도에서 마름모로 표시되는 선택 기호가 항상 포함된다. 선택 기호는 특정 조건에 대한 참(True), 거짓(False) 여부를 판단하고, 그 결과에 따라 다른 명령이 실행된다. 이렇게 선택 기호에서 사용되는 파이썬 연산자가 관계 연산자와 논리 연산자이다.

관계 연산자(relational operator)는 두 개의 데이터를 비교할 때 사용되며, 관계 연산자의 결과값은 bool 자료형으로 수식의 결과가 참이면 True 값을 갖고, 거짓이면 False 값을 갖는다. 파이썬에서는 모두 여섯 개의 관계 연산자를 제공하는데, 표 1.5에 이들을 설명한다.

표 1.5 관계 연산자

연산자	의미	결과
A == B	A와 B가 같은가?	3 == 5 → False
A != B	A와 B가 다른가?	3 != 5 → True
A > B	A가 B보다 큰가?	3 > 5 → False
A < B	A가 B보다 작은가?	3 < 5 → True
A >= B	A가 B보다 크거나 같은가?	3 >= 5 → False
A <= B	A가 B보다 작거나 같은가?	3 <= 5 → True

관계 연산자 "=="는 변수에 값을 대입하는 대입 연산자 =와 혼동하기 쉬우니 주의하기를 바란다. 아래에 관계 연산자를 이용한 몇 가지 예제가 나타난다.

[1]:
```
a = 3          # 대입 연산자
a == 3         # 관계 연산자
```
```
True
```

```
[2]: a < 3          # 관계 연산자의 결과값은 True나 False
```
```
False
```

관계 연산자는 문자열의 크기 비교에도 사용할 수 있다. 단, 문자열의 비교는 사전순이다. 즉, 사전에서 앞에 나오는 문자열이 뒤에 나오는 문자열보다 크기가 작다.

```
[3]: 'flower' >= 'fly'   # flower는 fly보다 사전에 먼저 나오므로 작다.
```
```
False
```

파이썬에서 True와 False가 피연산자로 사용될 경우, 각각 정수 1과 0의 값을 갖는다. 또한 bool() 함수는 0이 아닌 값을 인자로 받으면 True를 반환하고, 0은 False로 변환한다. 이 규칙은 실수와 문자열에도 같이 적용된다.

```
[4]: True + 1
```
```
2
```
```
[5]: False == 0
```
```
True
```
```
[6]: bool(2)
```
```
True
```
```
[7]: print(f"bool(0.1) = {bool(0.1)}, bool(0.0) = {bool(0.0)}")
     print(f"bool('ab') = {bool('ab')}, bool('') = {bool('')}")
```
```
bool(0.1) = True, bool(0.0) = False
bool('ab') = True, bool('') = False
```

논리 연산자(logical operator)는 여러 개의 조건을 조합하여 전체적으로 참인지, 거짓인지를 파악할 때 사용한다. 파이썬에서는 and, or, not의 세 가지 논리 연산자를 지원하는데, 표 1.6에서 이들을 설명한다.

표 1.6 관계 연산자

연산자	의미	결과	
A and B	A 와 B가 모두 True일 때에만 True	2 < 5 and 2 > 3	→ False
A or B	A 와 B 중에서 하나라도 True이면 True	2 < 5 or 2 > 3	→ True
not A	A가 True이면 False, A가 False이면 True	not (2 < 5)	→ False

논리 연산자와 관계 연산자, 그리고 산술 연산자를 조합한 사례들을 아래에 나타낸다.

```
[8]: x, y = 100, 200
     (x % 5 == 0) and (y % 7 == 0)   # x는 5의 배수, y는 7의 배수인가?
     False
[9]: (x % 5 == 0) or (y % 7 == 0)
     True
[10]: not (y % 7 == 0)               # y가 7의 배수가 아닌지를 검사
     True
```

1.4.3절에서 산술 연산자들의 우선순위에 관해 설명하였는데, **논리 연산자와 관계 연산자들의 우선순위**는 다음과 같다.

- 산술 연산자의 우선순위가 가장 높고, 다음으로 관계 연산자의 우선순위가 높다. 논리 연산자의 우선순위는 가장 낮다. 따라서 위 셀 8에서 10까지의 예제에서 괄호 연산자를 제거해도 실행 결과는 모두 같다.
- 관계 연산자 간의 우선순위는 모두 같으며, 논리 연산자의 경우에는 not 연산자의 우선순위가 가장 높고, 다음으로 and 연산자, 우선순위가 가장 낮은 연산자는 or 연산자이다.

1.6.2 if 문

조건 구조를 위한 기본적인 문장은 **if 문**이다. if 문은 조건식과 조건식이 참일 때 실행되는 문장을 포함한다. 만약 조건식이 거짓인 경우에도 실행할 문장이 있으면 **if-else 문**을 사용한다. 조건 구조의 두 가지 기본형과 이를 구현한 파이썬의 if 문 문법을 그림 1.16에 나타낸다.

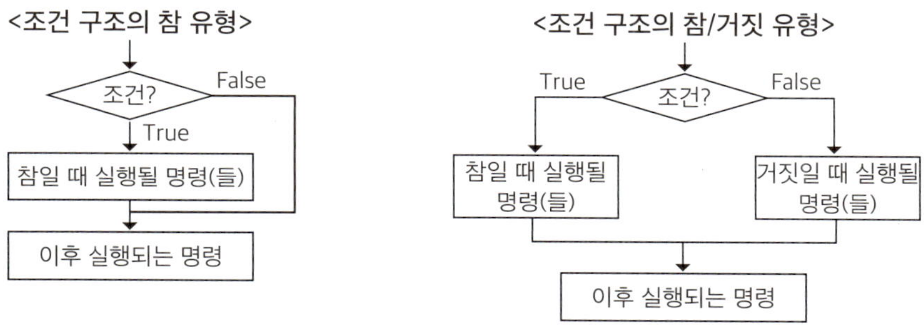


```
if 조건식 :
    조건이 참일 경우 실행될 명령 1
    조건이 참일 경우 실행될 명령 2
    ...
```

```
if 조건식 :
    조건이 참일 경우 실행될 명령들
else :
    조건이 거짓일 경우 실행될 명령들
```

그림 1.16 조건 구조의 기본형

조건식은 관계 연산자나 논리 연산자 등이 사용된 수식이며, 조건식이 참이면 if 문의 콜론(:) 기호 아래에 들여쓰기(indentation) 된 하나 이상의 문장들이 실행된다. 반대로 조건식이 거짓이면, else 절이 있을 때는 else 문의 콜론(:) 기호 아래에 들여쓰기 된 하나 이상의 문장들이 실행된다.

그림 1.17과 1.18은 두 수를 입력받아 큰 수를 출력하는 프로그램을 나타내고 있다.

```
first = int(input("첫 번째 수는? "))
second = int(input("두 번째 수는? "))
if first < second:
    first = second
print(f"큰 수는 {second}")
```

그림 1.17 참 유형의 조건 구조를 갖는 파이썬 프로그램

```
first = int(input("첫 번째 수는? "))
second = int(input("두 번째 수는? "))
if first < second:
    print(f" 큰 수는 {second}")
else:
    print(f" 큰 수는 {first}")
```

그림 1.18 참/거짓 유형의 조건 구조를 갖는 파이썬 프로그램

그림 1.17의 프로그램에서는 first에 항상 큰 값을 저장한다. 첫 번째로 입력한 수가 변수 first에 저장되어 있었지만, 이 값이 두 번째로 입력한 수보다 작다면 first의 값이 second의 값으로 변경된다. 그 결과로 첫 번째로 입력한 수는 더 이상 프로그램에서 저장하지 않으므로, 만약 이후에 첫 번째로 입력된 값을 계속 사용할 필요가 있다면 프로그램을 수정하여야 한다. 그림 1.18은 참/거짓 유형을 사용하여 큰 수를 출력하는 프로그램이다. 이 프로그램에서는 큰 수를 출력한 후에도 first와 second 변수에 두 수가 계속 저장되어 있다.

if 문의 조건식이 참일 경우 실행되는 문장들은 조건식 다음의 콜론(:) 기호 아래에 들여쓰기로 같은 위치에 작성하여야 한다. 이렇게 같은 들여쓰기로 묶인 문장들을 **블록(block)**이라고 한다. if 문의 문장이 들여쓰기가 되지 않거나, 같은 블록에 속하는 문장들의 들여쓰기가 다를 경우 아래와 같이 오류가 발생한다.

```
[1]: if age < 19 :
     print("미성년자 입니다!")        # 들여쓰기를 하지 않은 경우
     IndentationError: expected an indented block
[2]: if number % 2 == 0 :
       print("2로 나누어 떨어지는 수 입니다.")
         print("그러므로 짝수입니다.") # 문장들의 들여쓰기가 다를 경우
     IndentationError: unexpected indent
```

if-else 문에서 if 문의 조건식이 거짓일 경우 else 절에 조건식을 추가하여 또 다른 조건을 추가로 검사할 수 있다. 이때 사용하는 명령어가 **elif 문**으로 else-if의 줄임말이다. 여러 개의 elif 절을 이용하여 다양한 조건을 검사할 수 있으며, if-elif-else 문의 문법과 흐름도는 그림 1.19와 같다.

<if-elif-else 문의 문법>

```
if 조건1 :
    조건1이 참일 경우 실행
elif 조건2 :
    조건1은 거짓.
    조건2가 참일 경우 실행
elif 조건3 :
    조건1과 2는 거짓.
    조건3이 참일 경우 실행
    ...
elif 조건n :
    조건 n-1까지 거짓.
    조건n이 참일 경우 실행
else :
    모든 조건이 거짓일 경우 실행
```

<흐름도>

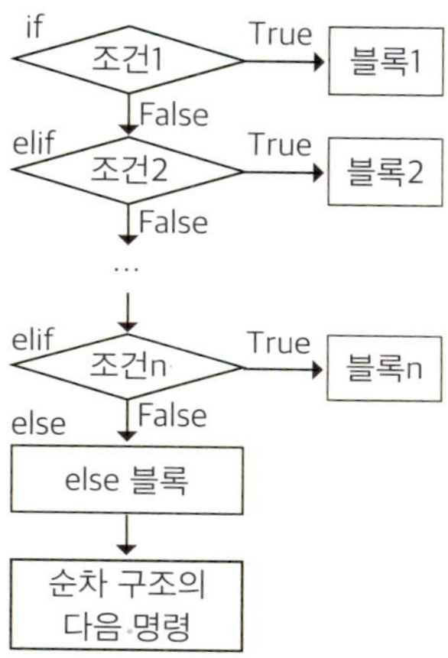

그림 1.19 if-elif-else 문의 문법과 흐름도

if-elif-else 문을 이용한 프로그램의 예제가 아래에 나온다. 성적을 입력받은 후, 여러 가지 조건을 검사하여 그 성적에 해당하는 학점을 출력하는 것을 알 수 있다.

[3]:
```
grade = int(input("성적을 입력하세요: "))
if grade >= 90 :
    print(f"{grade}점은 A 학점입니다.")
elif grade >= 80 :
    print(f"{grade}점은 B 학점입니다.")
elif grade >= 70 :
    print(f"{grade}점은 C 학점입니다.")
```

```
else :
    print("열심히 공부합시다.")
print("항상 실행되는 문장입니다.")
```

```
성적을 입력하세요: 85
85점은 B 학점입니다.
항상 실행되는 문장입니다.
```

```
성적을 입력하세요: 65
열심히 공부합시다.
항상 실행되는 문장입니다.
```

1.6.3 예제 프로그램

(1) 큰 수에서 작은 수 빼기

두 개의 정수를 입력받아 큰 수에서 작은 수를 뺀 차를 출력하라. 예를 들어 10과 30이 입력되면, 20을 출력한다. 40과 10이 입력되면 30을 출력하면 된다.

- **문제 풀이**: input 함수를 이용하여 first와 second 변수에 정수를 입력한 다음, if-else 문을 이용하여 first가 second보다 크거나 같은 경우에는 first - second를 출력하고, 그렇지 않으면 second - first를 출력하면 된다.

[1]:

```
first = int(input("첫 번째 정수를 입력하세요: "))
second = int(input("두 번째 정수를 입력하세요: "))
if first >= second:
    print(f"두 수의 차는 {first-second}입니다.")
else:
    print(f"두 수의 차는 {second-first}입니다.")
```

```
첫 번째 정수를 입력하세요: 10
```

```
두 번째 정수를 입력하세요: 30
두 수의 차는 20입니다.
```

```
첫 번째 정수를 입력하세요: 40
두 번째 정수를 입력하세요: 10
두 수의 차는 30입니다.
```

(2) 놀이 기구를 탈 수 있나요?

놀이 기구를 타기 위해서는 나이가 12세 이상, 키가 140cm 이상 되어야 한다. 나이와 키를 입력받은 후, 놀이 기구를 탈 수 있는지를 출력하라.

- **문제 풀이:** input 함수를 이용하여 나이와 키를 age와 height에 저장하고, if-else 문을 이용하여 age와 height가 모두 조건을 만족하는 경우와 그렇지 않은 경우로 나누어 결과를 출력한다.

[2]:
```
age = int(input("나이를 입력하세요: "))
height = int(input("키를 cm 단위로 입력하세요: "))
if age >= 12 and height >= 140:
    print("놀이 기구를 탈 수 있습니다~~")
else:
    print("놀이 기구를 탈 수 없습니다!!")
```

```
나이를 입력하세요: 15
키를 cm 단위로 입력하세요: 160
놀이 기구를 탈 수 있습니다~~
```

```
나이를 입력하세요: 11
키를 cm 단위로 입력하세요: 150
놀이 기구를 탈 수 없습니다!!
```

(3) 세 개의 수 중에 가장 큰 수를 출력하기

A, B, C 세 개의 변수에 1부터 100 사이의 난수를 저장한 후 가장 큰 수를 출력하는 프로그램을 작성해보자. 세 개의 수 중에서 가장 큰 수를 찾는 알고리즘이 그림 1.20에 나타난다.

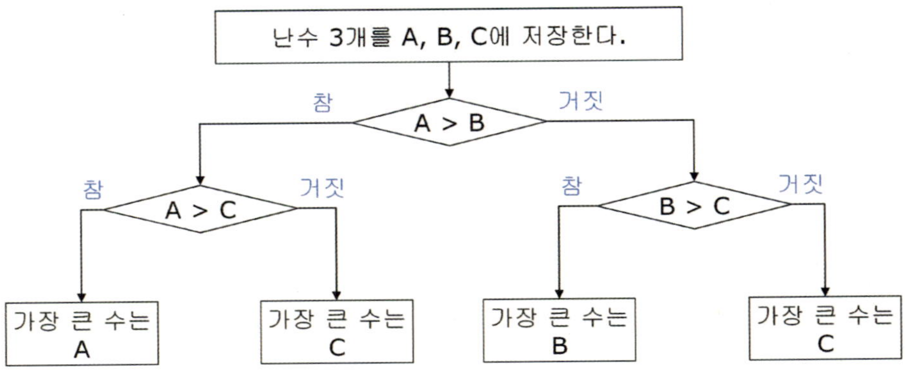

그림 1.20 while 문의 문법과 흐름도

먼저 A와 B를 비교한다. A가 B보다 크다면 A와 C를 다시 비교한다. 만약 A가 크다면 A가 가장 큰 수가 되며, C가 크다면 C가 가장 큰 수가 된다. A와 B의 비교에서 B가 크다면 B와 C를 비교한다. B가 크다면 B가 가장 큰 수가 되며, C가 크다면 C가 가장 큰 수가 된다.

그림 1.20의 알고리즘을 파이썬으로 프로그램하기 위해서 어떤 조건 구조의 유형을 사용할지를 결정하여야 한다. 각 조건에 대해 참과 거짓인 경우가 모두 존재하므로 참/거짓 유형을 선택하는 것이 타당한 것으로 보인다. 또 A > B 조건에 대해 참, 거짓과 관계없이 다른 조건을 포함하므로, 참/거짓 유형의 조건 구조가 중복되는 형태로 프로그램을 구성해야 한다. 여기까지의 설명을 바탕으로 각자 프로그램을 작성해보고, 그 결과를 이후에 소개하는 프로그램과 비교해보자. 다시 한번 강조하지만, 프로그래밍은 눈으로 하는 것이 아니라 손으로 하는 것이다. 직접 프로그램을 작성하

고 오류를 수정하는 과정에서만 프로그래밍 실력이 향상된다.

파이썬에서 난수 생성은 random 모듈을 먼저 import한 다음, random.randint(start, stop) 함수를 이용하면 start와 stop 사이의 정수 중에서 임의의 수가 반환된다.

```
import random # 파이썬에서 난수 생성을 위하여 먼저 random 모듈을 import
A = random.randint(1, 100) # 1부터 100 사이의 난수를 생성하여 A에 저장
```

- **문제 풀이:** 난수 세 개를 생성하여 변수 A, B, C에 저장한다. 그림 1.20의 알고리즘을 구현하기 위하여 if-else 절 안에 다시 if-else 절을 포함해 모두 네 가지 경우를 검사한다. if-else가 중첩될 경우, 각 조건에 해당하는 명령들은 들여쓰기가 같다는 것을 확인하라.

[3]:
```
import random
A = random.randint(1, 100)
B = random.randint(1, 100)
C = random.randint(1, 100)
print(f"생성된 세 개의 난수는 {A}, {B}, {C}입니다.")
if A > B:
    if A > C:
        print(f"가장 큰 수는 {A}입니다.")
    else:
        print(f"가장 큰 수는 {C}입니다.")
else:
    if B > C:
        print(f"가장 큰 수는 {B}입니다.")
    else:
        print(f"가장 큰 수는 {C}입니다.")
```

```
생성된 세 개의 난수는 49, 99, 93입니다.
```

```
가장 큰 수는 99입니다.
```

(4) SW와 인공지능 과목의 성적 계산하기

SW와 인공지능 과목의 성적을 두 번의 퀴즈와 한 번의 시험으로 평가한다고 가정하자. 퀴즈는 각각 25점 만점이며, 시험은 50점 만점으로 총점은 100점이다. 이 과목을 통과하기 위해서는 퀴즈 점수와 시험 점수의 합이 60점 이상이 되어야 한다. 또한, 퀴즈 점수와는 무관하게 시험 점수가 30점 미만이면 역시 이 과목을 통과하지 못하고, 다음 학기에 재수강하여야 한다. 두 번의 퀴즈 점수와 시험 점수를 입력받은 후, 통과 조건을 만족하지 못하면 "실패"를 출력하고, 아니면 점수의 합에 따라 다음과 같이 출력하라. 점수의 합이 90점 이상이면 "탁월", 80점 이상 90점 미만이면 "우수", 60점 이상 80점 미만이면 "양호"를 출력한다. 이 문제를 풀기 위하여 결정해야 할 내용은 다음과 같다.

- 점수를 입력받는 방법과 이들을 저장할 변수
- 두 가지 실패의 조건을 어떻게 검사할까?
- 통과한 경우, 점수 합에 따라 다양한 메시지를 출력하는 방법

문제 풀이

- 점수를 입력받는 방법과 이들을 저장할 변수

[1]:
```
# 두 개의 퀴즈와 시험 점수를 정수로 입력받아 3개의 변수에 저장하자
quiz1 = int(input("첫번째 퀴즈 점수를 입력하세요: "))
quiz2 = int(input("두번째 퀴즈 점수를 입력하세요: "))
exam = int(input("시험 점수를 입력하세요: "))
```

• 두 가지 실패의 조건을 어떻게 검사할까?

[2]:
```
total = quiz1 + quiz2 + exam
if exam < 30 or total < 60 :  # 시험이 30점 미만 "또는"
    print("실패")             # 총점이 60점 미만이면 실패
```

• 통과한 경우, 점수 합에 따라 다양한 메시지를 출력하는 방법

[3]:
```
# elif와 else 문으로 통과한 이후의 다양한 경우를 고려
elif total >= 90 :
    print("탁월")
elif total >= 80 :
    print("우수")
else :
    print("양호")
```

1.7 반복 구조 - while 문

반복 구조란 말뜻 그대로 명령을 반복적으로 실행하는 구조를 의미한다. 예를 들면, 특정 주제에 관한 기사를 찾기 위해서는 저장된 모든 기사에 대해 주제어를 포함하는지를 반복적으로 검사하여야 한다. 혹은 체력 강화를 위하여 운동을 반복적으로 하는 것도 반복 구조에 해당한다.

반복 구조는 횟수 지정형 반복 구조와 조건 지정형 반복 구조의 두 가지 유형으로 나뉜다. **횟수 지정형** 반복 구조는 정해진 횟수 동안 명령을 반복하는 구조다. 예를 들면, "윗몸 일으키기를 **30회 실시**하라"와 같은 경우다. 이때 횟수는 30이고 반복될 명

령어는 윗몸 일으키기다. 이와는 달리 **조건 지향형** 반복 구조는 조건을 만족하면 명령을 계속 반복하고, 조건을 위반하면 반복을 멈추는 구조다. 예를 들면, **"숨이 차지 않으면** 윗몸 일으키기를 반복하라"와 같은 경우다.

파이썬에서 반복 구조는 while 문이나 for 문을 이용하여 구현한다. while 문은 조건 지정형 반복 구조와 유사한 방식으로 동작하며, for 문은 횟수 지정형 반복 구조를 포함한 훨씬 강력한 기능을 제공한다.

1.7.1 while 문의 문법

while 문은 조건식이 참인 동안에 하나 혹은 여러 개의 명령어가 반복해서 실행되도록 한다. while 문의 문법과 흐름도는 다음과 같다. while 문은 조건식이 참(True)인 동안에 콜론(:) 다음의 명령을 실행한다. 즉, **조건식의 결과가 True이면 내부 블록이 실행**되고, 조건식의 결과가 False가 되면 반복을 마치고 while 문 다음 명령이 실행된다.

<while 문의 문법>

```
while 조건식 :
    반복하여 실행할 명령(들)
while 문이 끝나면 실행되는 명령
```

<흐름도>

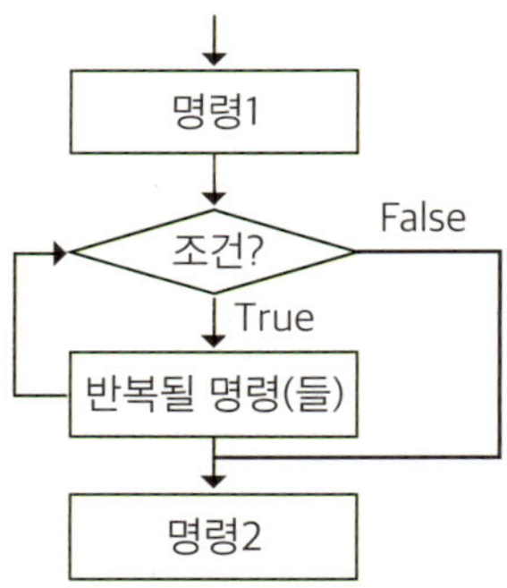

그림 1.21 while 문의 문법과 흐름도

1부터 100까지 합을 구하는 파이썬 프로그램이 그림 1.22에 나타난다. 그림 1.22의 프로그램은 while 문을 사용하는 전형적인 패턴을 나타낸다. 즉, (1) 변수의 초깃

값을 설정하고(x = 1), (2) 반복이 끝나는 조건을 정한 후(x <= 100), (3) 반복을 수행하면서 변수의 값을 변화시켜(x = x + 1) 끝나는 조건으로 접근하도록 구성하는 패턴이다.

```
sum = 0
x = 1
while x <= 100:
    sum = sum + x
    x = x + 1
print(sum)
```

그림 1.22 조건 지정형 반복 구조를 이용한 파이썬 프로그램

다음은 양의 정수 n을 입력받은 다음, 1부터 n까지 정수의 합을 구하는 프로그램이다. 역시 x를 1로 초기화하고, x가 n보다 작거나 같을 때까지 x의 값을 1씩 증가시키면서 sum 변수에 더하여 전체 합을 구해나가는 것을 알 수 있다.

```
[1]: n = int(input("양의 정수를 입력하세요: "))
     x = 1                              # 변수의 초기값
     sum = 0
     while x <= n :                     #반복의 종료 조건
         sum = sum + x
         x = x + 1                      # 변수의 값 증가
     print(f"1부터 {n}까지 정수의 합 = {sum}")
     양의 정수를 입력하세요: 100
     1부터 100까지 정수의 합 = 5050
```

다음 셀 2부터 셀 4의 프로그램들은 셀 1의 더하기 프로그램을 변형한 것들이다. while 문을 이용하는 프로그램의 패턴은 거의 비슷한 것을 알 수 있다.

[2]:
```
x = 1                           # 변수의 초기값
sum = 0
while x <= 100 :                # 반복의 종료 조건
    sum = sum + x
    x = x + 2                   # 변수의 값 증가
print(f"1부터 100까지 홀수의 합 = {sum}")
```

```
1부터 100까지 홀수의 합 = 2500
```

[3]:
```
x = 2                           # 변수의 초기값
factorial = 1
while x <= 10 :                 # 반복의 종료 조건
    factorial = factorial * x
    x = x + 1                   # 변수의 값 증가
print(f"10 factorial = {factorial}")
```

```
10 factorial = 3628800
```

[4]:
```
n = int(input("양의 정수를 입력하세요: "))
x = 0.0                         # 변수의 초기값
while x <= n :                  # 반복의 종료 조건
    y = x ** 2 - 4 * x + 3      # 2차 함수의 값을 계산
    print(f"x = {x}, y = {y:.2f}")
    x = x + 0.5                 # 변수의 값 증가
```

```
양의 정수를 입력하세요: 1
x = 0.0, y = 3.00
x = 0.5, y = 1.25
x = 1.0, y = 0.00
```

1.7.2 break, continue, else 문

while 문에 포함된 명령들은 조건식이 참인 동안에 반복 실행된다. 그러나 조건식이 거짓이 되기 전에 반복문을 탈출하거나, 혹은 일부 명령들은 건너뛰고 반복을 계속하는 등 좀 더 정교하게 반복의 구조를 구성할 필요가 있다. 이럴 때 사용하는 명령

어가 break와 continue 문이다.

break 문은 반복 조건식의 참/거짓 여부와 관계없이 반복문을 탈출할 때 사용된다. 다음은 break 문을 사용하는 예제 프로그램이다. while의 조건식은 num 변수의 값이 10보다 작을 때까지 반복하도록 설정되어 있지만, while 문 내에서 num이 5의 배수이면 반복문을 탈출하도록 break 문을 두고 있다. 그 결과로 num이 5가 되면 while 문이 종료된다.

[1]:
```
num = 1
while num < 10 :
    if num % 5 == 0 :
        break          # num이 5의 배수이면 반복문을 탈출
    num = num + 1
print("{}에서 반복문이 종료되었습니다.".format(num))
```

```
5에서 반복문이 종료되었습니다.
```

위의 예에서 break 문을 사용하지 않고 while 문의 조건식을 변경하는 것도 가능하다. 즉, `while num < 10 and num % 5 != 0 :` 으로 조건식을 수정하면 break 문을 사용할 필요가 없다. 마찬가지로 break 문을 사용하는 대부분은 while 문의 조건식으로 대체할 수 있다. 그러나 **break 문을 사용함으로써 while 문의 조건식이 간단해지고, 프로그램의 가독성이 좋아진다**. 즉, 프로그램을 이해하기가 쉬워진다.

다음의 예를 살펴보자. 사용자에게 양의 정수를 여러 개 입력하게 하고, 음수를 입력하면 그때까지 입력한 양의 정수들의 합을 출력하는 프로그램이다.

[2]:
```
sum = 0
number = int(input("정수를 입력하세요. 음수면 종료합니다: "))
while number >= 0 :
    sum = sum + number
    number = int(input("정수를 입력하세요. 음수면 종료합니다: "))
```

```
print("양의 정수의 합 =", sum)
```

```
정수를 입력하세요. 음수면 종료합니다: 10
정수를 입력하세요. 음수면 종료합니다: 5
정수를 입력하세요. 음수면 종료합니다: 2
정수를 입력하세요. 음수면 종료합니다: -1
양의 정수의 합 = 17
```

while 문의 조건식이 사용자가 입력한 수가 양수인지를 검사하므로 while 문을 실행하기 전에 정수를 입력하는 명령이 실행되어야 하며, 또한 while 문 내에서도 **같은 입력 문장이 중복**됨을 알 수 있다. 이를 break 문으로 대체하면 다음과 같다.

[3]:

```
sum = 0
while True :
    number = int(input("정수를 입력하세요. 음수면 종료합니다: "))
    if number < 0 :
        break
    sum = sum + number
print("양의 정수의 합 =", sum)
```

셀 3에서는 while 문의 조건식이 True이므로 항상 반복문을 수행한다. 따라서 while 문 이전에 정수를 입력하는 명령어를 둘 필요가 없다. 대신에 반복문 안에서 정수를 입력한 다음, 음수가 입력되면 반복문을 탈출하는 break 문이 필요하다. 셀 2와 비교할 때 number를 입력하는 명령을 한 번만 사용하고 있다는 것을 알 수 있고, 이를 가능하게 하는 것이 바로 break 문이다.

continue 문은 현재 수행 중인 반복의 나머지 명령을 중단하고 다음 반복을 강제로 시작하게 한다. 다음 예제는 1부터 10 사이의 정수 중에서 3의 배수를 제외한 정수만 출력하는 프로그램이다. num이 3의 배수일 경우에는 continue 문이 실행되고, 그 결과로 다음 명령인 print 문이 실행되지 않는다는 것을 알 수 있다.

```
[4]: num = 0
     while num < 10 :
         num = num + 1
         if num % 3 == 0 :
             continue              # 3의 배수는 출력하지 않음
         print(num, end = " ")
     print("\n반복문이 종료되었습니다.") # \n은 한 줄을 띄우라는 명령
```

```
1 2 4 5 7 8 10
반복문이 종료되었습니다.
```

만약 num = num + 1을 아래와 같이 print 문 다음으로 옮기고 실행하면 어떻게 될지를 생각해보자.

```
[5]: num = 0
     while num < 10 :
         if num % 3 == 0 :
             continue              # 3의 배수는 출력하지 않음
         print(num, end = " ")
         num = num + 1
     print("\n반복문이 종료되었습니다.")# \n은 한 줄을 띄우라는 명령
```

큰 문제가 없을 것도 같지만, 실행해보면 프로그램이 끝나지 않고 무한히 반복되는 것을 알 수 있다. 그 이유는 num이 0이므로 num % 3이 0이고, continue 문이 실행되어 num이 증가하지 않은 상태로 while 문의 조건식을 다시 검사하기 때문이다. 결국, 조건식 검사 → 3의 배수 검사 → continue 명령만 무한히 반복하여 실행한다. 이를 **무한 루프(infinite loop)**라고 하며, 프로그램을 개발할 때 절대로 범해서는 안 되는 오류이다.

if 문과 유사하게 파이썬에서는 **while 문에도 else 절을 사용**할 수 있다. while 문의 else 절은 while의 조건식이 거짓일 경우, 즉 마지막 반복이 수행되고 난 다음에 실

행될 문장을 포함한다.

[6]:
```
num = 1
while num < 5 :
    print(num, end = " ")
    num = num + 1
else :
    print("\nnum이 5가 되어 반복문을 종료합니다.")
```

```
1 2 3 4
num이 5가 되어 반복문을 종료합니다.
```

사실 위의 예제만 봐서는 while 문에 else 절이 필요한지 불명확하다. 굳이 else 절을 쓰지 않더라도 while 문의 바깥에 print 문장을 작성하면 실행 결과는 같을 것이기 때문이다.

else 절이 효과를 발휘하는 경우는 break 문과 함께 사용할 때이다. break 문에 의해 while 문을 탈출할 때는 else 절이 호출되지 않는다! 따라서 else 절에는 while 문의 조건식이 거짓일 경우에 실행될 명령을 추가하고, break 문과 연동함으로써 고급 프로그램을 작성할 수 있다. 아래 예를 살펴보자.

[7]:
```
num = 0
while num < 3 :
    passwd = input("암호를 입력하세요: ")
    if passwd == "1234" :
        print("환영합니다. 주인님...")
        break
    num = num + 1
else :
    print("암호 입력 횟수를 초과하였습니다")
```

```
암호를 입력하세요: 1345
```

```
암호를 입력하세요: 2345
암호를 입력하세요: 5678
암호 입력 횟수를 초과하였습니다
---------------------------------
암호를 입력하세요: 1345
암호를 입력하세요: 1234
환영합니다. 주인님...
```

사용자가 입력한 암호를 검사하는 프로그램으로 3번 안에 암호(1234)를 맞추면 break 문에 의해 환영 메시지를 출력하고 반복문을 종료한다. 그렇지 않고, 3번의 암호 입력이 모두 잘못되었으면 while 문의 조건식이 거짓이 되고 else 절이 실행되어 오류 메시지를 출력한다. 만약 `print("암호 입력 횟수를 초과하였습니다")` 명령을 else 절이 아닌 while의 외부 명령으로 작성한다면 break 문에 의해 while 문을 탈출하는 때도 실행되므로 잘못된 프로그램이 될 것이다.

while 문과 함께 반복문의 흐름을 제어하는 break, continue, else 문에 관해 설명하였고, 그림 1.23에 이들의 실행 흐름을 요약한다. 정리하면 **break 문**은 별도의 조건에 의해 while 문을 탈출할 때 사용하며, **continue 문**은 반복문의 나머지 명령을 실행하지 않고 다음 반복 단계를 실행할 때 사용한다. 그리고 **else 문**은 while 문의 반복이 끝나서 조건식이 거짓일 때 실행된다.

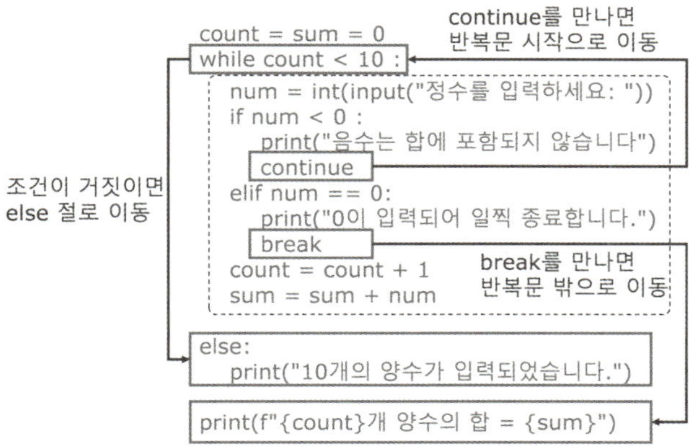

그림 1.23 while 문의 실행 흐름도

1.7.3 예제 프로그램

(1) 구구단 출력

2부터 9사이의 정수를 입력받아 구구단을 출력하라. 예를 들어 5를 입력하면 5*1부터 5*9까지 5단을 출력하면 된다.

[1]:
```
dan = int(input("2부터 9사이의 정수를 입력: "))
x = 1
while x <= 9 :
    print(f"{dan} * {x} = {dan * x}")
    x = x + 1
```

```
2부터 9사이의 정수를 입력: 5
5 * 1 = 5
5 * 2 = 10
... (이하 생략)
```

(2) 여러 명의 학생 성적을 입력받고, 평균 점수를 말하기

학생의 수를 정확히 모른다고 가정하자. -1이 입력될 때까지 학생들의 성적을 입력받은 다음, 그때까지 입력된 성적의 평균을 출력하라.

- **문제 풀이:** while의 조건을 True로 두어 무조건 반복을 실행하게 한다. 반복 구조 안에서 성적을 입력받아 -1이 아니면 sum 변수에 합하고, -1이면 반복을 탈출한다. num 변수는 반복마다 1씩 증가시켜 입력된 학생 수를 저장한다. 평균은 sum / num의 식으로 구할 수 있으며, num이 0일 경우에는 성적이 입력되지 않았다는 메시지를 출력한다.

[2]:

```
num = sum = grade = 0
while True :
    grade = int(input("성적을 입력하세요. 종료는 -1: "))
    if grade == -1 :
        break
    sum = sum + grade
    num = num + 1
if num > 0 :
    print(f"평균 = {sum/num:.2f}")
else :
    print("성적이 입력되지 않았습니다.")
```

```
성적을 입력하세요. 종료는 -1: 88
성적을 입력하세요. 종료는 -1: 96
성적을 입력하세요. 종료는 -1: 63
성적을 입력하세요. 종료는 -1: -1
평균 = 82.33
```

(3) 홀짝 게임

프로그램은 1과 2중에 하나를 난수로 생성한다. 사용자는 "홀"이라고 생각하면 1, 아니면 2를 입력하고, 프로그램은 사용자가 입력한 수와 난수가 같은지를 검사해서 그 결과를 출력하면 된다. 이 게임을 5번 반복하는데, 모두 맞추면 **홀짝 게임의 왕!!**이라는 메시지를 출력하고, 아니면 정답 횟수를 출력한다.

- **문제 풀이:** 게임을 5번 수행해야 하므로 x의 초깃값은 1이고, while 문의 조건은 x <= 5이다. 그리고 반복마다 x를 1씩 증가시킨다. 정답의 수를 기억하기 위하여 변수 answer를 사용하고, random.randint(1, 2)를 사용하여 1 또는 2를 무작위로 생성하여 변수 computer에 저장한다. 사용자 입력은 변수 user에 저장

하고, computer와 user가 같으면 answer 값을 1 증가시킨다. 반복이 끝난 후, answer 값에 따라 메시지 내용을 달리 출력한다.

[3]:
```
import random
x = 1
answer = 0
while x <= 5:
    computer = random.randint(1, 2)
    user = int(input("홀이면 1, 짝이면 2를 입력: "))
    if computer == user:
        answer = answer + 1
        print("맞습니다.")
    else:
        print("틀렸습니다.")
    x = x + 1
if answer == 5:
    print("홀짝 게임의 왕!!")
else:
    print(f"정답의 수 = {answer}")
```

1.8 반복 구조 - for 문

1.8.1 for 문의 문법

for 문은 while 문과 함께 반복 구조를 구현할 때 사용하는 대표적인 문법이다. while 문은 조건식이 참인 동안에 반복을 수행하지만, for 문은 **여러 개의 데이터에 대해 동일한 명령을 반복**할 때 사용한다. 이를 위해 2장에서 설명할 list나 tuple, str과 같이 여러 개의 데이터를 저장하는 **시퀀스(sequence) 자료형**들이 for 문과 함께 사용된다. 시퀀스 자료형의 예를 아래에 요약한다.

- list: [항목 1, 항목 2, …] 형태로 저장되며, 항목의 수정도 가능하다.
  - 예: l1 = [10, 20, 30, 40], l2 = ["철수", "영희", "민수"], l3 = [2.1, 3, "A"]
- tuple: (항목 1, 항목 2, …) 형태로 저장되며, 항목의 내용은 변경할 수 없다.
  - 예: t1 = ("사과", "바나나", "체리"), t2 = (1, 2, 3, 4), t3 = (1, 2, "Hello")
- string: ' '나 " "로 묶인 문자들의 모임으로 시퀀스의 일종이다.

2장에서 자세히 설명하겠지만, 시퀀스 자료형에 포함된 개별 항목을 참조하기 위해서는 0부터 시작되는 항목의 위치를 이용한다. 이를 시퀀스의 **인덱싱(indexing)**이라고 한다. 예를 들면, A가 4개의 항목 [10, 20, 30, 40]으로 구성된 리스트라고 하자. 그러면 첫 번째 항목은 A[0]로 참조하며, 그 값은 당연히 10이다. A[1]에는 20, A[2]에는 30과 같은 방식으로 개별 항목을 참조할 수 있다. 문자열도 인덱싱을 지원할 수 있다. 예를 들면 문자열 s = “Hello”라고 가정하자. 그러면 s[0]에는 문자 H, s[1]에는 문자 e가 저장된다. 시퀀스 인덱싱에 대한 예제 프로그램이 아래에 나타난다.

[1]:
```
A = [10, 20, 30, 40]                       # A는 리스트
print(f"A[0] = {A[0]}, A[2] = {A[2]}")  # A[0]와 A[2] 출력
A[2] = -30                                 # A[2]의 값을 변경
print("A =", A)                            # 변경된 리스트를 출력
A[0] = 10, A[2] = 30
A = [10, 20, -30, 40]
```

[2]:
```
s = "HELLO WORLD"
print(f"s[0] = {s[0]}, s[3] = {s[3]}, s[-1] = {s[-1]}")
s[0] = H, s[3] = L, s[-1] = D
```

셀 1은 리스트에 대한 인덱싱의 예를 나타내고 있다. 참고로 리스트는 수정이 가능한 자료형이므로 A[2] = -30과 같이 인덱싱을 이용하여 항목의 값을 변경할 수 있다. 셀 2는 문자열의 항목들을 인덱싱으로 출력하는 예를 나타낸다. s[-1]과 같이 색

인 -1은 제일 마지막 항목을 가리킬 때 사용한다. s[-2]는 마지막에서 두 번째 항목을 가리키는 식이다. 그리고 문자열은 수정 불가능한 자료형이므로 s[2] = “K”와 같이 항목을 변경하려고 하면 오류가 발생하니 주의해야 한다.

for 문의 문법과 흐름도가 그림 1.24에 나타난다. 시퀀스에 포함되는 항목을 하나씩 변수에 할당하면서 for 문의 내부 블록을 실행하는 방식이다. if나 while과 마찬가지로 내부 블록은 콜론(:) 다음에 같은 길이의 들여쓰기로 작성하여야 한다.

<for 문의 문법>

```
for 변수 in 시퀀스 :
    반복하여 실행할 명령(들)
for 문이 끝나면 실행되는 명령
```

<흐름도>

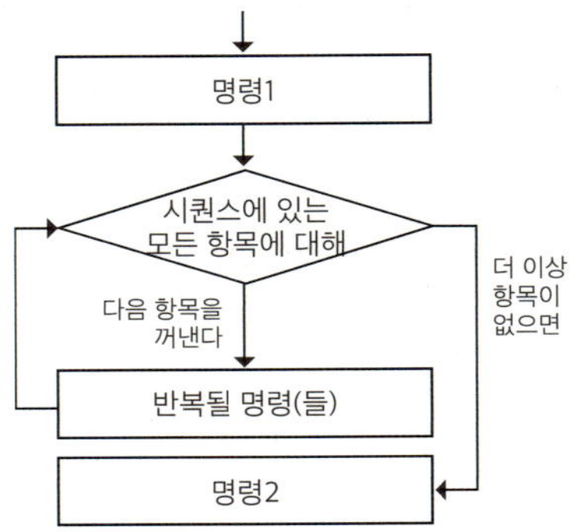

그림 1.24 for 문의 문법과 흐름도

for 문을 이용한 프로그램의 예제가 셀 3부터 나타난다. 셀 3의 예제는 리스트에 저장된 정수들을 차례대로 더해서 변수 total에 저장한 후 그 값을 출력한다. 반복이 수행될 때마다 변수 x에 리스트의 항목이 10부터 40까지 차례대로 할당된다. 셀 4의 예제에서는 세 개의 문자열을 항목으로 갖는 튜플에 대해 각 문자열 항목과 그 항목의 길이를 같이 출력하고 있다. len(문자열) 함수는 문자열의 길이를 출력하는 함수이다.

[3]:
```
total = 0
for x in [10, 20, 30, 40] :
    total = total + x
print("항목들의 합 =", total)
```

```
항목들의 합 = 100
```

[4]:
```
for animal in ("원숭이", "사자", "바다코끼리") :
    print(animal, len(animal))
```

```
원숭이 3
사자 2
바다코끼리 5
```

[5]:
```
for ch in "Wonderful World" :
    if ch == "e" or ch == "o" :
        continue
    print(ch, end = " ")
```

```
W n d r f u l   W r l d
```

셀 5의 예제는 시퀀스로 문자열을 사용하는 for 문을 나타낸다. 변수 ch에는 문자열 "Wonderful World"의 문자가 W부터 d까지 차례대로 할당되면서 ch와 공백 하나를 차례대로 출력한다. 만약 ch가 e거나 o이면 continue 문에 의해 print() 문이 실행되지 않고 다음 문자로 넘어간다.

1.8.2 range 자료형

range는 연속된 수들로 구성된 시퀀스 자료형이다. 일반적으로 아래와 같은 range 클래스의 생성자 형태로 for 문과 함께 많이 사용한다.

- **range(stop)** : 0부터 stop – 1까지 연속된 정수로 구성된 range 객체 생성
- **range(start, stop)** : start부터 stop – 1까지 연속된 정수로 구성된 range 객체 생성
- **range(start, stop, step)** : start부터 stop – 1까지 step간큼 떨어진 정수로 구성된 range 객체 생성. step이 음수이면 start부터 stop + 1까지 고려.

다음은 range 생성자에 대한 예제 프로그램이다. 모두 list() 함수를 이용하여 range 객체를 리스트로 변환하여 출력하고 있다.

```
[6]:  list(range(10))             # 0부터 9까지 연속된 정수
      [0, 1, 2, 3, 4, 5, 6, 7, 8, 9]

[7]:  list(range(2, 11))          # 2부터 10까지 연속된 정수
      [2, 3, 4, 5, 6, 7, 8, 9, 10]

[8]:  list(range(5, 40, 5))       # 5부터 39까지 5씩 떨어진 정수
      [5, 10, 15, 20, 25, 30, 35]

[9]:  list(range(0, -10, -1))     # 0부터 -9까지 -1씩 떨어진 정수
      [0, -1, -2, -3, -4, -5, -6, -7, -8, -9]

[10]: list(range(11, 1))          # 11부터 1까지 1씩 떨어진 정수
      []
```

아래 예제는 range와 for 문을 연동한 프로그램이다. 셀 11의 프로그램은 0부터 10까지의 짝수를 출력하고 있으며, 셀 12의 프로그램은 1부터 입력받은 수까지의 합을 계산하여 출력하고 있다. range 생성자는 연속된 수를 자동 생성하므로, 이를 for 문에 사용할 경우 while 문과 같이 연속된 수를 생성하기 위해 변수의 값을 1씩 증가하는 명령이 필요 없다는 것을 알 수 있다.

```
[11]: for x in range(0, 11, 2) :
          print(x, end = " ")
      0 2 4 6 8 10

[12]: n = int(input("양의 정수를 입력하세요: "))
      sum = 0
      for x in range(1, n+1):
          sum = sum + x
      print(f"1부터 {n}까지의 합 = {sum}")
```

```
양의 정수를 입력하세요: 100
1부터 100까지의 합 = 5050
```

for 문과 range 생성자를 이용하여 횟수 지정형 반복 구조를 구현할 수 있다. 셀 13은 1부터 100까지 난수 10개를 생성하여 리스트 A에 저장하는 파이썬 프로그램을 나타낸다. 파이썬에서 `A = []` 명령으로 리스트 A가 생성되고, A.append(y) 명령으로 변수 y의 값이 A의 마지막 항목으로 저장된다. 리스트에 대한 자세한 설명은 2장을 참조하기를 바란다.

[13]:
```
import random

A = []
for x in range(10):
    y = random.randint(1,100)
    A.append(y)
print(A)
```

1.8.3 break, continue, else, in

while 문과 마찬가지로 for 문에서도 **break**와 **continue, else** 절을 같이 사용할 수 있다. break 절은 시퀀스의 나머지 항목들을 처리하지 않고 반복문을 탈출하며, continue 절은 현재 항목의 나머지 명령을 뛰어넘고 다음 항목을 실행한다. else 절은 시퀀스의 모든 항목을 처리한 후 실행된다. break 절에 의해 for 문을 탈출할 때는 else 절이 실행되지 않는다. for 문과 continue, break, else 절의 관계가 그림 1.25에 나타난다.

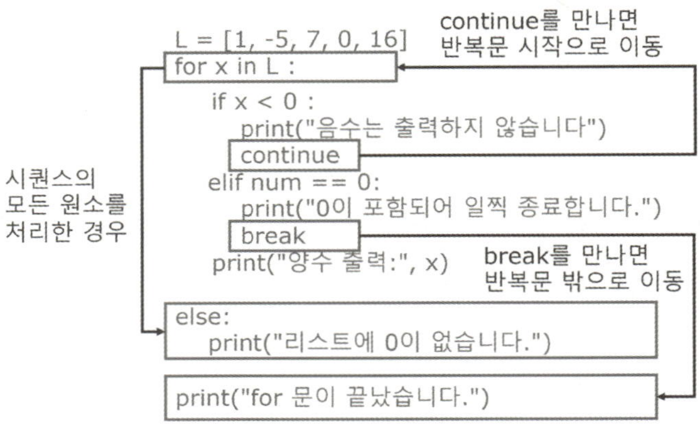

그림 1.25 for 문의 실행 흐름도

for 문과 break, 그리고 range를 이용하여 사용자가 입력한 암호가 맞는지 검사하는 프로그램이 아래에 나타난다. 1.7.2절에서 while 문으로 구현한 프로그램과 비교할 때, range 문을 사용함으로써 프로그램이 조금 단순해진 것을 알 수 있다.

[14]:
```
for num in range(3) :
    passwd = input("암호를 입력하세요: ")
    if passwd == "1234" :
        print("환영합니다. 주인님...")
        break
else :
    print("암호 입력 횟수를 초과하였습니다")
```

for 문에서 사용되는 in 연산자는 not in 연산자와 함께 시퀀스에 특정 원소가 포함되어 있는지를 확인할 때 사용한다. in 연산자의 경우, 시퀀스에 특정 항목이 존재하면 True 값을 반환하고, 없을 때는 False 값을 반환한다. not in 연산자는 in 연산자와 반대로 동작한다. 다음은 in과 not in 연산자를 사용하는 예제 프로그램이다.

[15]:
```
A = (1, 2, 3, 4, 5)
print(f"2 in A = {2 in A}, 3 not in A = {3 not in A}")
```

```
2 in A = True, 3 not in A = False
```

[16]:
```
ch = input("알파벳을 입력하세요: ")
if ch in "aeiouAEIOU" :
    print("모음입니다.")
else :
    print("자음입니다.")
```

```
알파벳을 입력하세요: A
모음입니다.
```

셀 15의 프로그램에서는 튜플 A에 2와 3이 포함되는지를 검사하여 그 결과를 True, False로 출력하고 있다. 셀 16은 알파벳 문자를 입력받은 다음, in 연산자를 이용하여 그 문자가 모음 문자열에 포함되어 있으면 모음이라고 출력하고, 아니면 자음이라고 출력한다. in 연산자를 이용하여 문자열이나 튜플 등의 시퀀스에 특정 항목이 포함되어 있는지를 쉽게 검사할 수 있다.

1.8.4 중첩 반복문

중첩 반복문(nested loop)은 반복문 안에 또 다른 반복문이 존재하는 문장을 의미한다. 이때 바깥에 있는 반복문을 **외부 반복문**이라고 하고, 안쪽에 있는 반복문을 **내부 반복문**이라고 한다. 외부 반복문이 한번 반복할 때마다 내부 반복문 전체를 새로 실행한다. 그림 1.26에 while 문을 이용한 중첩 반복문이 나타난다.

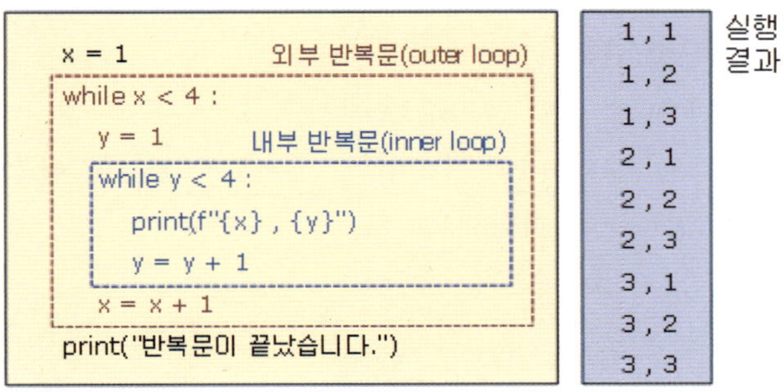

그림 1.26 중첩 반복문의 예

위의 그림에서 x의 값이 1부터 3까지 변하는 단계마다 y의 값이 1부터 3까지 변하는 과정이 반복된다. 그 결과 내부 반복문의 print() 문은 모두 9번 실행된다. 또한, 위의 예에서 외부 반복문과 내부 반복문이 모두 while 문으로 구성되어 있지만, 이들을 for 문으로 변경할 수도 있고, 때에 따라서는 외부 반복문과 내부 반복문에 while 문과 for 문을 같이 사용할 수도 있다. 물론 내부 반복문 안에 다시 내부 반복문을 가지는 것도 가능하다. 이 경우에는 3단계로 중첩 반복문이 구성된다. 이러한 중첩의 단계는 얼마든지 깊어질 수 있다.

1.8.5 예제 프로그램

(1) 구구단 출력 - 단 번호를 입력

정수를 입력받아, 구구단 중 입력된 수의 단 값을 출력하자. 단, 입력받은 정수의 값이 2부터 9 사이의 수일 경우에만 값을 출력한다.

- **문제 풀이:** 입력받은 수가 2와 9 사이에 있는지 검사하기 위하여 if 문을 사용한다. 그 사이에 있다면 for 문을 이용하여 9개의 곱하기 연산을 수행하고, 결과를 출력한다.

[1]:
```
dan = int(input("양의 정수를 입력하세요: "))
if dan >= 2 and dan <= 9 :
    print(f"{dan}단:")
    for x in range(1, 10) :
        print(f"{dan} * {x} = {dan*x}")
```

```
양의 정수를 입력하세요: 7
7단:
7 * 1 = 7
7 * 2 = 14
```

```
7 * 3 = 21
... (이하 생략)
```

(2) 구구단 출력 - 2단부터 9단까지 모든 단을 출력

문제 (1)의 프로그램을 개선하여 2단부터 9단까지 모두 출력하도록 한다.

- **문제 풀이:** dan을 입력받지 않고 외부 반복문에서 dan의 값을 2부터 9까지 증가시키도록 하자. 그러면 if 문도 필요가 없어진다.

[2]:

```
for dan in range(2, 10) :
    print(f"{dan}단:")
    for x in range(1, 10) :
        print(f"{dan} * {x} = {dan*x}")
```

```
2단:
2 * 1 = 2
2 * 2 = 4
2 * 3 = 6
... (2단 생략)
3단:
3 * 1 = 3
3 * 2 = 6
... (이하 생략)
```

(3) 삼각형 출력하기

반복문을 연습할 때 많이 사용하는 예제는 print 문을 이용하여 도형을 그리는 것이다. 양의 정수 n을 입력받아 왼쪽 열에 있는 삼각형 그림을 그리는 파이썬 프로그램이 표 1.7에 나타난다.

표 1.7 다양한 삼각형을 출력하는 파이썬 프로그램

삼각형(n=5)	파이썬 프로그램
* ** *** **** *****	n = int(input("양의 정수를 입력: ")) for x in range(1, n+1) : print('*' * x)
***** **** *** ** *	n = int(input("양의 정수를 입력: ")) for x in range(n, 0, -1) : print('*' * x)

*
   **
  ***
 ****
*****
	n = int(input("양의 정수를 입력: "))
	for x in range(1, n+1):
	    print(' ' * (n-x), end = "")
	    print('*' * x)

(4) 난수가 저장된 리스트에서 짝수와 홀수의 개수 출력하기

append() 함수를 이용하여 리스트에 항목을 추가할 수 있다. 1부터 100 사이의 난수 10개를 생성하여 리스트에 추가하고 리스트의 내용을 출력한다. 그리고 리스트에서 짝수와 홀수의 개수를 출력하는 프로그램을 작성해보자.

- **문제 풀이**: random 모듈을 import하고, random.randint(1, 100) 함수를 이용하여 1부터 100 사이의 난수를 생성한다. A = [] 명령으로 새로운 리스트 A를 생성한 후 for 문에서 A.append() 함수를 이용하여 난수 10개를 A에 추가한다. print 문의 입력으로 리스트 이름을 주면 리스트에 저장된 모든 항목을 출력할 수 있다. A에 저장된 짝수와 홀수의 개수를 세기 위하여 변수 even과 odd를 생성하고 초기값은 0으로 둔다. 다시 for 문을 이용하여 A의 모든 항목을 검사하는데 항목이 짝수이면 even의 값을 1 증가하고, 홀수이면 odd의 값을 1 증가한

다. for 문을 마친 후 even과 odd의 값을 출력하면 리스트에 저장된 홀수와 짝수의 개수가 출력된다.

[3]:
```
import random
A = []
for x in range(10):
    A.append(random.randint(1, 100))# 난수 생성
print("생성된 리스트의 내용 =", A)
even = odd = 0              # 짝수와 홀수의 개수를 저장하는 변수
for x in A:
    if x % 2 == 0:
        even = even + 1    # 짝수면 even의 값을 1 증가
    else:
        odd = odd + 1      # 홀수면 odd의 값을 1 증가
print(f"짝수의 수 = {even}, 홀수의 수 = {odd}")
```

```
생성된 리스트의 내용 = [31, 36, 84, 7, 26, 92, 2, 26, 97, 67]
짝수의 수 = 6, 홀수의 수 = 4
```

연습문제

1. 다음 중 파이썬 언어의 특징과 가장 거리가 먼 것은 무엇인가?

   ① 영어와 유사한 매우 쉬운 문법 구조

   ② 생산성이 뛰어나 빠른 개발이 가능

   ③ 라이브러리가 풍부

   ④ 하드웨어 제어 기능이 우수

   ⑤ 다양한 운영체제 지원

2. 다음 중 파이썬 변수의 이름으로 잘못된 것을 모두 고르시오.

   ① while ② a123 ③ _private ④ age$ ⑤ My Name

3. 다음 중 오류가 발생하지 않는 문장을 모두 선택하시오.

   ① z = int("4.2")

   ② 10 = a

   ③ x = str(3.0)

   ④ x = "홍길동"
   print("내 이름은 " + x)

   ⑤ x = "3 + 1 = "
   y = 4
   print(x + y)

4. 다음 중 관계 연산자가 아닌 것은 무엇인가?

① > ② < ③ != ④ = ⑤ >=

5. 다음은 입력받은 연도가 윤년인지를 판단하는 프로그램이다. (가)에 들어갈 내용은 무엇인가?

```
year = int(input("연도를 입력: "))
if year % 400 == 0 :
    print("윤년입니다.")
elif (가) :
    print("윤년입니다.")
else :
    print("윤년이 아닙니다.")
```

① year % 4 == 0 or year % 100 != 0

② year % 4 != 0 or year % 100 == 0

③ year % 4 == 0 and year % 100 == 0

④ year % 4 == 0 and year % 100 != 0

6. 아래 수식의 결과는 얼마인가?

① 2 + 2 + 2 / 3

② (2 + 2 + 2) / 3

③ 2 // 3 + 2 // 3 + 2 // 3

④ 2 + 2 * 3 // 2

⑤ (2 + 2) * 3 // 2

⑥ (2 + 2) * (3 // 2)

7. 다음 프로그램의 실행 결과는 무엇인가?

1)

```
x = 2
y = 3
print(2 - x * x + y ** x)
```

2)

```
x = "파이썬"
y = "프로그래밍"
print((x + y) * 3)
```

3)

```
x = 100
y = 200
print(f"100 + 200 = {x + y}")
```

4)

```
x = "100"
y = "200"
print(f"100 + 200 = {x + y}")
```

5)

```
for i in range(5, 20, 3) :
    print(i)
```

6)

```
for i in range(0, -10, -1) :
    print(i, end = " ")
```

7)

```
n = 12345
sum = 0
while n > 0 :
    sum = sum * 10 + n % 10
    n = n // 10
print(sum)
```

8)

```
for x in range(5) :
    if x == 3 :
        break
    print(x, end = " ")
else:
    print("else 절")
```

8. 다음 프로그램에서 출력되지 않는 수들을 모두 선택하시오.

```
for number in range(10) :
    if number % 3 == 0 or number % 5 == 2 :
        continue
    print(number)
```

① 1 ② 4 ③ 6 ④ 7 ⑤ 9

프로그래밍 문제

(1) 파이썬의 기초 문법

1. '*'나 '+' 연산자를 이용하여 다음 문자열을 출력하는 프로그램을 작성하시오.
   1) '좋아요'를 10번 반복한 문자열
   2) 'G'와 'd'사이에 'o'가 20개인 문자열
   3) 변수 x에 문자열 '아름다운'을 저장하고, 변수 y에 문자열 '우리나라'를 저장한 후, x와 y를 이용하여 '아름다운 우리나라'를 5번 반복한 문자열

2. $x = -2,\ y = 5$ 일 때, 다음 식의 값을 구하는 프로그램을 작성하시오.

   1) $2x - 5y$　　2) $-\dfrac{3}{x} + \dfrac{y}{3}$　　3) $x^y - 2xy$　　4) $\dfrac{3x + y}{x - 2y}$

3. "평"을 입력받아 제곱미터(m^2)를 출력하는 프로그램을 작성하자. 1평은 $3.3m^2$이다.

```
[1]: 평을 입력하세요: 32
     32평은 105.6제곱미터 입니다.
```

4. 자정(0시 0분 0초)부터 경과 시간을 초 단위로 입력받자. 이를 이용하여 아래와 같이 현재 시각을 시/분/초로 표시하라. 1분은 60초, 1시간은 3600초라는 관계를 이용하자.

```
[2]: 자정부터 경과 시간을 초 단위로 입력 : 53457
     현재 시각 = 14시 50분 57초
```

5. 양의 정수 x와 y를 입력받은 다음, xy + xx + yy를 출력하시오. 예를 들면, x는 10, y는 20이라면, xy는 1020, xx는 1010, yy는 2020이다. 이들을 모두 더하여 4050을 출력하면 된다.

[3]:
```
양의 정수 x와 y를 입력하세요: 10 20
```
```
1020 + 1010 + 2020 = 4050
```

6. 자판기에서 잔돈을 거슬러주는 프로그램을 작성해보자. 사용자가 투입한 금액과 사용자가 선택한 상품의 가격을 입력받는다. 그 후, 사용자에게 거스름돈을 내어주어야 하는데, 동전의 수가 최소가 되도록 해야 한다. 동전의 종류는 500원, 100원, 50원, 10원의 네 종류가 있다고 가정하자.

[4]:
```
투입한 금액을 입력하세요: 2000
선택한 상품의 가격을 입력하세요: 1120
```
```
거스름돈 = 880원
동전의 수: 500원 1개, 100원 3개, 50원 1개, 10원 3개
```

7. 두 점의 좌표 (x1, y1)과 (x2, y2)를 입력받은 다음, 두 점 사이의 거리를 구하라. (x1, y1)과 (x2, y2) 사이의 거리 = $\sqrt{(x2-x1)^2+(y2-y1)^2}$ 으로 정의된다. 제곱근을 구하기 위해서는 math 패키지를 임포트한 후, math.sqrt() 함수를 아래와 같이 사용하면 된다.

[5]:
```
import math                    # math 패키지를 임포트
print(math.sqrt(4))
```
```
2.0
```

8. 4자리의 정수를 입력받은 후, 나누기 연산자와 나머지 연산자를 활용하여 각 자릿수의 합을 출력하는 프로그램을 작성하라.

[6] :
```
네 자리 정수를 입력하세요: 1234
각 자릿수의 합 = 10
```

(2) 조건 구조

9. 은행 통장의 비밀번호는 4자리 숫자여야 한다. 새르운 통장의 비밀번호를 등록받은 다음, 4자리 숫자인지 검사하는 프로그램을 작성하라.

[1] :
```
새로운 비밀번호를 등록하세요: 123
오류 발생: 4자리 수가 아닙니다.
```

10. 삼각형의 내각의 합은 180이다. 사용자로부터 세 개의 양수를 입력받아, 삼각형의 내각이 될 수 있는지(즉, 합이 180인지)를 확인하여 출력하는 프로그램을 작성하라..

[2] :
```
세 개의 양수를 입력하세요: 45 45 90
삼각형의 내각이 될 수 있습니다~~
```

[3] :
```
세 개의 양수를 입력하세요: 90 90 90
삼각형의 내각이 될 수 없습니다!!
```

11. 주택청약에서 1순위가 되기 위해서는 주택 면적별 예치금액이 아래 조건을 만족하여야 한다. 주택 면적과 지역, 그리고 예치금을 입력받은 후, 1순위 조건을 만족하는지를 출력하라.

주택 면적 \ 지역	서울, 부산	기타 지역
100m² 미만	6,000,000 이상	4,000,000 이상
100m² 이상	10,000,000 이상	7,000,000 이상

```
[4]:  면적과 지역, 예치금을 입력하세요: 120 서울 8000000
      1순위가 아닙니다!
```

12. 장학금은 성적과 봉사 시간을 기준으로 아래의 조건을 순차적으로 적용하여 지급한다. 학생의 성적과 봉사 시간을 입력받아, 장학금 지급 내용을 출력하는 프로그램을 작성하시오.

1) 성적이 4.0 이상이고, 봉사 시간이 20시간 이상: 전면 장학금
2) 성적이 3.7 이상이며, 봉사 시간이 10시간 이상: 50% 장학금
3) 그 외 성적이 4.0 이상이거나 봉사 시간이 20시간 이상: 30% 장학금
4) 그 외의 경우: 장학금 지급 대상이 아님

13. 룰렛 게임은 0부터 36까지의 숫자를 적은 구멍 뚫린 원반을 돌리면서 구슬을 굴리다가 멈추었을 때, 구슬이 들어간 구멍의 색이나 숫자로 이기고 지는 것을 결정하는 게임이다. 구멍의 색은 아래와 같다. 사용자로부터 구멍의 번호를 입력받은 후, 구멍의 색을 출력하는 프로그램을 작성하라. 단, 사용자가 입력한 구멍의 번호가 0~36 사이의 정수가 아닐 경우, 오류 메시지를 출력한다.

1) 0번은 초록색이다.

2) 1번부터 10번까지의 구멍 중에서 홀수는 빨강색이고, 짝수는 검정색이다.

3) 11번부터 18번까지의 구멍 중에서 홀수는 검정색이고, 짝수는 빨강색이다.

4) 19번부터 28번까지의 구멍 중에서 홀수는 빨강색이고, 짝수는 검정색이다.

5) 29번부터 36번까지의 구멍 중에서 홀수는 검정색이고, 짝수는 빨강색이다.

14. 파이썬에서 random 모듈은 무작위로 수를 생성할 때 사용하며, 게임 등을 개발할 때 많이 사용되므로 알아두면 편리하다. "import random" 명령을 수행하여 random 모듈을 불러드린 후, 아래와 같은 함수들을 사용할 수 있다.

함수	설명
random()	0에서 1사이의 실수를 생성 (1은 포함하지 않는다) 예: random.random()
randrange()	지정된 범위 내 임의의 정수를 반환 예: random.randrange(0, 10, 2) # 0이상 10미만의 2의 배수를 반환
randint(a, b)	a≤N≤b 사이의 정수 N을 반환 예: random.randint(1, 3) # 1이상 3이하의 임의의 정수를 반환
shuffle(seq)	seq 리스트의 원소를 무작위로 섞는다. 예: mylist = [1,2,3,4,5] random.shuffle(mylist) mylist # 항목들이 섞여있는 것을 확인
choice(seq)	seq 시퀀스의 임의의 원소를 선택한다 예: random.choice(mylist) # 리스트의 항목 중에서 임의의 항목을 선택

random 모듈을 이용하여 "가위/바위/보" 게임을 만들어 보자. 가위를 1, 바위를 2, 보를 3이라고 정한 후, randint() 함수에서 1, 2, 3 중에 하나의 값을 생성하여 저장한다. 이후 사용자로부터 가위(1), 바위(2), 보(3) 중의 하나의 값을 입력받은 후, 저장한 값과 비교하여 가위/바위/보 규칙에 따라 사용자나 프로그램이 이기는 경우, 혹은 비기는 경우 등을 출력하라.

15. 문제 14의 random 모듈을 이용하여 숫자 맞추기 게임을 만들어 보자. 프로그램은 1에서 100 사이의 수를 생성한 다음 저장한다. 사용자는 여러 번의 질문으로 이 수를 맞추어야 하는데, 매 질문에서 사용자가 생각하는 수를 입력하고, 프로그램은 저장하고 있는 수가 클 경우에는 "입력한 수보다 큰 수입니다"를 출력하며, 저장한 수가 작을 경우에는 "입력한 수보다 작은 수입니다"를 출력한다. 그리고 입력한 수와 저장한 수가 같을 경우에는 "정답입니다. 시도 횟수는 ??번 입니다."를 출력한다. 이때 ??에는 사용자가 입력한 횟수를 출력하여 몇 번 만에 정답을 맞혔는지를 표시하자. 단, 사용자가 -1을 입력하면, 게임을 포기하는 것으로 간주하고, 그냥 정답을 출력한다.

(3) 반복 구조

16. 양수 n을 입력받아, 다음 수식을 계산하여 출력하라.
    - 1부터 n까지 짝수의 합
    - 1부터 n까지 역수의 합: 1 + 1/2 + 1/3 + ... + 1/n

17. 소수(prime number)란 1과 자기 자신을 제외하고는 약수가 없는 정수를 의미한다. 사용자로부터 두 수를 입력받아 두 수 사이에 존재하는 모든 소수를 출력하시오.

18. 피타고라스의 수란 $a^2 + b^2 = c^2$을 만족하는 세 수를 의미한다. 예를 들면, (3, 4, 5)는 피타고라스의 수이다. $1 \leq a \leq b \leq c \leq 100$ 의 범위에 포함되는 모든 피타고라스의 수들을 출력하시오.

19. 정수 371은 각 자릿수의 세제곱을 더한 값과 같다. 즉, $371 = 3^3 + 7^3 + 1^3$이다. 이러한 수를 암스트롱의 수라고 한다. 세 자리 정수 중에서 암스트롱의 수를 모두 찾아 출력하시오.

20. 양의 정수 n을 입력받아 다음 도형을 출력하시오.

n = 7을 입력한 경우

1) n * n의 사각형을 출력

```
*******
*******
*******
*******
*******
*******
*******
```

2) 역삼각형을 출력

```
*******
 ******
  *****
   ****
    ***
     **
      *
```

21. 2부터 10 사이의 정수 n을 입력받은 후, 1부터 n^2까지의 연속된 수를 아래와 같이 행의 순서와 열의 순서로 각각 출력하라. 예를 들면, n이 5일 때 출력 방식은 아래와 같다.

1) 행 순서로 출력

```
1부터 10 사이의 정수 입력: 5
 1  2  3  4  5
 6  7  8  9 10
11 12 13 14 15
16 17 18 19 20
21 22 23 24 25
```

2) 열 순서로 출력

```
1부터 10 사이의 정수 입력: 5
1  6 11 16 21
2  7 12 17 22
3  8 13 18 23
4  9 14 19 24
5 10 15 20 25
```

22. 홀수 n을 입력받아 다음 도형을 출력하시오.

n = 11을 입력한 경우

1) '*'로 구성된 정삼각형을 출력

```
          *
         * * *
       * * * * *
     * * * * * * *
   * * * * * * * * *
 * * * * * * * * * * *
```

2) 연속된 숫자로 구성된 정삼각형을 출력

```
          1
         2 3 4
       5 6 7 8 9
     0 1 2 3 4 5 6
   7 8 9 0 1 2 3 4 5
 6 7 8 9 0 1 2 3 4 5 6
```

참고 문헌

1. https://docs.python.org/3, Python documentation
2. https://www.anaconda.com, Anaconda home page.
3. https://docs.anaconda.com/anaconda/install, Installing Anaconda Distribution
4. K. A. Lambert, Fundamentals of PYTHON First Programs - 2nd ed. Cengage.
5. 이강성, 파이썬 3 바이블, 프리렉
6. 천인국, 어서와 파이썬은 처음이지!, 인피니티북스
7. 천인국, 파워 유저를 위한 파이썬 EXPRESS, 생능출판사
8. 김진일, 윤장혁, 창의적 문제 해결을 위한 파이썬 프로그래밍, 연두에디션

2 Chapter 파이썬 자료구조와 함수

학습목표

- 파이썬에 기본 제공되는 다양한 자료형(리스트, 튜플, 집합, 사전, 문자열)에 대해서 학습한다.
- 리스트를 생성하고 다양한 연산을 수행할 수 있다.
- 리스트와 유사한 튜플을 생성하고 다양한 연산을 수행할 수 있다.
- 키와 값의 쌍으로 저장되는 사전 자료형을 활용할 수 있다.
- 문자열을 다양하게 다룰 수 있다.
- 파일 입출력을 사용할 수 있다.
- 함수의 개념과 작성 방법 및 호출 방법에 대해 설명할 수 있다.
- 내장 함수와 모듈을 사용할 수 있다.

2.1 리스트(List) 자료형

리스트는 파이썬의 가장 대표적인 컴파운드 자료형(compound data type)이다. 여기서 컴파운드형 자료형이란 여러 종류의 데이터가 뭉쳐진 형태의 자료형을 말한다. 즉, 숫자나 문자열, 불리언값 등을 모두 하나의 컴파운드형 자료형에 저장할 수 있다. 그중 대표적인 리스트를 활용해 우리는 여러 가지 값들을 순서대로 저장할 수 있다. 리스트는 대괄호[ ]를 사용해서 만들 수 있고 리스트 안의 값들을 항목(item) 또는 요소(element)라고 부른다.

간단한 리스트의 예들을 살펴보자.

먼저 각 항목들이 정수값인 리스트의 예다.

- [100, 200, 300, 400]

그리고, 이번에는 문자열을 아이템으로 가진 리스트의 예다.

- ['한국', '미국', '영국', '일본', '중국']

마지막으로, 각 아이템의 타입이 여러 종류(정수, 문자열, 실수)인 리스트다.

- [100, '한국', '미국', 300, -1.23]

본 예에서와 같이 파이썬의 리스트는 다른 프로그래밍 언어의 배열처럼 한가지 타입의 값들만 들어갈 수 있는 것이 아니라, 여러 타입의 값들을 저장할 수 있어, 다양한 종류의 데이터를 한꺼번에 다루는 것을 쉽게 도와준다. 하지만, 대부분은 같은 타입의 값들을 리스트에 저장한다. 꼭 필요한 경우가 아니면 같은 타입의 데이터를 저장하는 것이 프로그램의 가독성과 안정성 등을 높일 수 있기 때문이다.

이제 본격적으로 리스트의 아이템들을 다루는 다양한 방법에 대해 살펴보자. 먼저, 리스트안의 각 항목값을 읽어오는 방법을 알아보자. 리스트에 저장되어 있는 아이템들은 저장된 위치를 인덱스라는 정수 값으로 지정할 수 있다. 즉, 리스트에 저장된 값(아이템)들은 각 고유의 인덱스 숫자(이후 인덱스라고 줄여서 사용하겠다)를 가진다. 인덱스는 리스트 안에 데이터가 저장된 순서를 뜻하며, 0부터 시작한다. 1부터 시작이 아니고 0부터 시작한다는 것을 잘 기억하기 바란다. 초보 프로그래머의 경우 많이 실수 하는 부분이 바로 시작 인덱스를 1로 착각하는 것이다. 인덱스를 사용한 예제를 살펴보자. 먼저 네 가지 아이템을 가지고 있는 testList를 하나 만들다. 순서에 따라 각 아이템들의 인덱스는 0, 1, 2, 3 이 된다.

```
In [1]: testList = [10, 20, '한국', '미국']
```

인덱스를 사용해 각 아이템들의 값을 확인해보자. 리스트 이름 다음에 대괄호를 적고 인덱스 번호를 주면 해당 아이템 값을 확인할 수 있다.

```
In [2]: testList[0]
10
In [3]: testList[1]
```

```
20
```

```
In [4]: testList[2]
```

```
'한국'
```

```
In [5]: testList[3]
```

```
'미국'
```

다음으로 리스트 안의 아이템 값을 변경해 보자. 이번에도 인덱스를 사용해 특정 아이템을 지정한 후 그 아이템에 새로운 값을 대입하면 된다. 간단한 예제들을 살펴보자.

```
In [7]: testList[3] = 30
        testList[3]
```

```
30
```

3번 인덱스의 값을 30으로 변경하는 예제이다.

```
In [8]: testList[0] = '중국'
        testList[0]
```

```
'중국'
```

0번 인덱스의 값을 '중국'으로 변경하는 예제다. 단, 주의해야 할 점은, 리스트가 가진 값의 개수를 초과하는 인덱스를 사용할 수 없다는 것이다. 즉 아래와 같이 인덱스 4번에 값을 넣는 것은 불가능하다. (에러가 발생한다.)

```
In [8]: testList[4] = 10
```

```
---------------------------------------------------------------------------
IndexError                Traceback (most recent call last)
  <ipython-input-2-edd9aa795771> in <module>
```

```
----> 1 testList[4] = 10
IndexError: list assignment index out of range
```

이번에는 리스트 인덱스의 특징을 살펴보자. 리스트에서는 음수 값의 인덱스를 사용할 수 있다. 음수 값은 리스트를 맨 마지막 값부터 인덱싱한다. 즉, -1은 리스트의 맨 마지막을 뜻하는 인덱스다.

```
In [9]: testList = [1,2,3,4,5]
        testList[-1]
```

```
5
```

```
In [10]: testList[-4]
```

```
2
```

이번에는 중첩 리스트를 만들어 보자. 중첩 리스트는 리스트 안에 또 다른 리스트를 하나의 아이템으로 저장할 수 있다. 이는 다른 프로그래밍 언어의 다차원 배열과 비슷하다고 생각할 수 있다. 아래와 같이 동작한다.

```
In [11]: scores = [ [100,90,80], [20,30,40], [40,50,60]]
         scores[1]
```

```
[20, 30, 40]
```

```
In [12]: scores[1][1]
```

```
30
```

이미 만들어져 있는 리스트의 일부분만 사용해서 새로운 리스트를 만들어야 하는 경우가 자주 있다. 파이썬에서 이를 슬라이싱(slicing)이라 부른다. 슬라이싱이란 리스트처럼 연속적인 객체들에 범위를 지정해 선택한 아이템들을 가져오는 방법이다.

먼저, 리스트 중 일부분만 포함한 부분 리스트를 만드는 예제를 살펴보자. 아래 예제를 통해서 리스트의 하나의 아이템을 인덱스를 사용해서 선택하는 것과 슬라이싱을 사용해서 선택하는 것의 차이를 알 수 있다.

In [11]:
```
testList = [1,2,3,4,5]
testList[3]
```

```
4
```

In [12]:
```
testList[1:3]
```

```
[2,3]
```

testList[3]이라는 명령은 3이라는 인덱스로 리스트 중 하나의 아이템을 지칭한다는 것을 이전 예제를 통해 확인했다. 이 경우는 부분 리스트가 아닌 하나의 아이템 값을 선택할 수 있다.

testList[1:3]이라는 명령은 위 예제의 결과에서 볼 수 있듯이 인덱스 1부터 시작해서 인덱스 3 앞까지의 부분 리스트를 선택한다. 그러면 이 슬라이싱을 사용하는 방법을 알아보자.

슬라이싱 문법과 각각의 특징은 아래와 같다.

리스트 이름 [시작 인덱스:끝 인덱스]

- 해당 리스트의 시작 인덱스부터 끝 인덱스까지의 부분 리스트를 지칭
- 단, 끝 인덱스의 값은 포함하지 않는다.
- 시작 인덱스를 생략하면 처음부터를 뜻하며
- 끝 인덱스를 생략하면 끝까지를 의미한다.
- 둘 다 생략하면 전체 리스트를 의미한다.

그러면 이제 다양한 슬라이싱 예제들을 함께 보면서, 슬라이싱 기법을 목적에 맞춰서 사용할 수 있는 방법을 학습해 보자.

In [13]:
```
testList = [0,1,2,3,4,5]
```

```
# 앞쪽 3개의 아이템을 가진 부분 리스트 선택하기
testList[:3]
```

[0, 1, 2]

In [14]:
```
# 2번 인덱스부터 마지막 아이템까지 부분 리스트 선택하기
testList[2:]
```

[2, 3, 4, 5]

In [15]:
```
#처음부터 끝까지 선택하기 (원래 리스트와 같다.)
testList[:]
```

[0, 1, 2, 3, 4, 5]

많은 경우 리스트 길이를 고려해서 프로그램을 작성해야 한다. 리스트 길이란 리스트 안에 있는 아이템의 개수를 의미하며 파이썬에 기본 제공되는 빌트인 함수인 len()를 사용하면 손쉽게 확인할 수 있다.

In [16]:
```
len(testList)
```

6

다시 한번 리스트 값을 변경하는 아래 예제를 살펴보자. 인덱스를 사용한 값의 변경 방법은 이전과 같다. 이번 예제에서는 음수 값을 인덱스로 사용해 값을 변경하는 예제도 살펴보겠다. 때때로 리스트의 마지막 값이나 마지막 바로 앞의 값을 변경해야 하는 경우 음수 인덱스를 유용하게 사용할 수 있다. 즉, 리스트의 끝부터 위치를 지정해서 값을 선택하는 것이 편리한 경우에 자주 활용된다.

In [17]:
```
testList = [0,1,2,3,4,5]
testList[1] = 100
testList
```

[0, 100, 2, 3, 4, 5]

In [18]:
```
testList[-1] = 1000
testList
```

```
[0, 100, 2, 3, 4, 1000]
```

이번에는 여러 개의 리스트를 연결해 하나의 리스트로 만들어보자. + 연산자를 통해 두 개의 리스트를 연결하는 것이 가능하다. 즉, 리스트 자료형에 대한 + 연산은 두 리스트를 합치는 것을 의미한다.

In [19]:
```
[ 'a','b','c'] + ['e','f','g']
```
```
['a','b','c','e','f','g']
```

좀 더 재미있는 리스트 연산은 * 연산자로 원하는 만큼 리스트를 반복해서 연결할 수 있다.

In [20]:
```
[ 'a','b','c'] * 2
```
```
['a','b','c','a','b','c']
```

이번에는 특정 인덱스에 있는 아이템 값을 삭제하는 방법을 살펴보자. 파이썬에서는 두 가지 방법으로 리스트의 특정 인덱스에 있는 아이템을 삭제하거나, 특정한 값을 가진 아이템을 삭제할 수 있다.

특정 인덱스의 값을 삭제하는 첫 번째 방법은 del 명령어를 사용하는 것이다. 아래는 1번 인덱스의 값을 삭제하는 예제다. 1번 인덱스에 저장되어 있던 10이 삭제된 것을 알 수 있다.

In [21]:
```
testList = [0, 10, 20, 30, 40, 50]
del testList[1]
testList
```
```
[0, 20, 30, 40, 50]
```

이번에는 특정 값을 가진 아이템을 remove( ) 함수를 사용해서 삭제해보자. 아래는 값이 30인 아이템을 삭제하는 예제다.

In [22]:
```
testList = [0, 10, 20, 30, 40, 50]
testList.remove(30)
testList
```

```
[0, 10, 20, 40, 50]
```

프로그램을 개발하다 보면 이미 만들어진 리스트에 새로운 아이템을 추가하는 경우가 자주 있다. 파이썬에서는 여러 가지 방법으로 리스트에 새로운 값을 추가하는 방법을 제공하고 있다. 우리는 가장 자주 사용되는 두 가지 방법을 알아보도록 하자. 첫 번째 방법은 기존 리스트의 끝에 새로운 값을 추가하는 방법이고, 두 번째 방법은 특정 인덱스 위치에 새로운 값을 추가하는 방법이다.

새로운 아이템을 기존 리스트 끝에 추가하기 위해서는 append( ) 함수를 사용한다. 아래는 새로운 값 100을 기존 리스트 testList 끝에 추가하는 예제다.

In [23]:
```
testList = [0, 10, 20, 30, 40, 50]
testList.append(100)
testList
```

```
[0, 10, 20, 30, 40, 50, 100]
```

이번에는 새로운 아이템을 기존 리스트의 특정 인덱스에 추가해보자. 이를 위해서는 insert( ) 함수를 사용한다. 새로운 값 100을 기존 리스트의 인덱스 1번에 추가하는 예제다.

In [24]:
```
testList = [0, 10, 20, 30, 40, 50]
testList.insert(1, 100)
testList
```

```
[0, 100, 10, 20, 30, 40, 50]
```

리스트의 아이템 값들은 만들어진 순서에 따라 저장된다. 경우에 따라 이 값들을 특정 기준에 따라 정렬해야 할 필요가 있다. 예를 들어, 성적을 저장하고 있는 리스트가 있다고 가정해보면 이 리스트를 내림차순으로 정렬한다면 0번째 인덱스에 가장 높은 점수가 저장될 것이고 마지막 인덱스에는 가장 낮은 점수가 저장될 것이다. 리스트의 아이템들을 정렬하는 방법을 살펴보자. 파이썬 내장 sort( ) 함수는 리스트 안의 아이템 값들을 오름차순으로 정렬한다. 아래는 sort()를 사용하는 오름차순 정렬 예제다.

In [25]:
```
testList = [5, -1, 3, 2]
testList.sort()
testList
```
```
[-1, 2, 3, 5]
```

만약, 앞에서 예제로 설명한 성적처리의 경우처럼 내림차순으로 정렬하기를 원할 때 sort( ) 함수의 reverse 파라미터값을 True로 설정하면 된다. 아래는 sort(reverse = True)를 사용하는 내림차순 정렬 예제다.

In [25]:
```
testList = [5, -1, 3, 2]
testList.sort(reverse=True)
testList
```
```
[5, 3, 2, -1]
```

특정 값이 리스트에 포함되어 있는지 아닌지를 확인할 수도 있다. in과 not in 연산자를 사용하면 쉽게 특정 값의 존재 여부를 알 수 있다. 아래 예제를 통해서 이 기능을 살펴보자.

In [26]:
```
testList = [5, -1, 3, 2]
5 in testList
```
```
True
```

In [27]:
```
4 in testList
```
```
False
```
In [28]:
```
4 not in testList
```
```
True
```

2.2 튜플(Tuple) 자료형

튜플은 리스트와 비슷하게 여러 개의 요소로 이루어진 자료구조다. 기능의 대부분이 리스트와 비슷하지만, 아래와 같은 몇 가지 차이가 있다.

- 리스트는 [ ]로 아이템을 둘러싼다.
- 튜플은 ( )로 아이템을 둘러싼다.
- 리스트는 아이템을 변경(생성, 수정, 삭제)하는 것이 가능하다.
- 하지만, 튜플은 아이템을 변경할 수 없는 자료형이다.

여기서 가장 중요한 차이점은 튜플은 저장된 값을 변경할 수 없다는 점이다. 본 교재의 과정은 기초 파이썬을 다루기 때문에 이것의 중요성들을 다루기는 힘들지만, 중급/고급 파이썬을 배울 경우에는 Mutable 데이터형과 Immutable 데이터형에 대해서 자세히 공부해 보면 조금 더 깊이 이해할 수 있다.

그러면 이제 다양한 종류의 튜플을 만들어 보자. 먼저, 아래와 같이 데이터를 포함하지 않은 빈 튜플을 만들 수 있다.

In [29]:
```
t = ()
```

아이템이 하나인 튜플을 만들어보자. 아이템이 하나일 때는 반드시 끝에 ,를 붙여야 한다.

```
In [30]: t = (1,)
```

```
In [31]: t = (5,)
         t
```

```
(5, )
```

```
In [32]: type(t)
```

```
tuple
```

만약에 아래와 같이 ,를 붙이지 않으면 단순한 정수값이 되는 것을 알 수 있다.

```
In [33]: t = (5)
         t
```

```
5
```

```
In [34]: type(t)
```

```
int
```

이번에는 아이템이 여러 개인 튜플을 만드는 예제를 살펴보자.

```
In [35]: t = (5,7,9)
         t
```

```
(5, 7, 9)
```

```
In [36]: t = 5,7,9
         t
```

```
(5, 7, 9)
```

위의 두 가지 명령은 파이썬 내부에서 동일하게 동작한다. 즉, 튜플을 만들 때 괄호를 생략해도 된다는 것이다. (이것을 튜플의 패킹이라고 부른다.)

서두에서 비교한 것과 같이 튜플 다루기는 리스트와 거의 같은 방법을 사용할 수 있다. 다만, 튜플은 값을 수정할 수 없는 자료형이기 때문에 값을 변경하거나 삭제하는 것은 불가능하다.

아래는 인덱스로 튜플의 아이템 값을 확인하는 예제다. 앞서 언급한 것처럼 리스트에서의 예제와 같다는 것을 알 수 있다.

```
In [37]: t = (5,7,9)
         t[2]

         9
```

이번에는 아이템 변경을 시도해 보자. 미리 설명한 것과 같이 튜플은 아이템을 변경하는 것이 불가능하다. 실제로 변경을 시도하면 아러의 예제처럼 TypeError가 발생한다.

```
In [38]: t[2] = 10
         -----------------------------------------------------------
         -----------------
         TypeError                 Traceback (most recent call last)
         <ipython-input-4-82312e814937> in <module>
          ----> 1 t[2]=10
          TypeError: 'tuple' object does not support item assignment
```

튜플 길이를 확인하는 방법은 리스트와 마찬가지로 len( ) 함수로 튜플에 포함된 아이템의 개수를 알 수 있다.

```
In [39]: len(t)

         3
```

리스트의 슬라이싱과 동일하게 튜플에서도 슬라이싱이 가능하다.

In [40]:
```
t  = (1,3,5,7,9,11,13,15)
t[:5]
```

(1, 3, 5, 7, 9)

In [41]:
```
t[4:]
```

(9, 11, 13, 15)

In [42]:
```
t[2:5]
```

(5, 7, 9)

+ 연산자로 두 개의 튜플을 하나의 튜플로 아래와 같이 결합할 수 있다. 단, 여기서 명심해야 할 것은 기존 튜플이 변경되는 것이 아닌 기존 튜플이 합쳐진 새로운 튜플이 만들어진다는 것이다. 즉, 튜플의 불변성에는 이상이 없다는 것이다.

In [43]:
```
t1 = 1,2,3,4
t2 = 5,6,7,8,9
t3 = t1 + t2
t3
```

(1, 2, 3, 4, 5, 6, 7, 8, 9)

앞에서 잠시 언급한 튜플의 패킹에 대해서 살펴보도록 하자. 파이썬 프로그래밍 개발에서 자주 사용되는 방법이니 잘 이해하기를 바란다.

튜플 패킹(packing)이란 괄호 없이 ,로 구분된 데이터를 자동으로 하나의 튜플로 묶어주는 것을 말한다. 이미 앞에서 본 예제를 통해 다시 한번 패킹이 사용된 코드를 살펴보자. 1, 2, 3 으로 입력한 값이 실제로는 (1, 2, 3) 튜플 형태로 저장된다는 것을 알 수 있다.

In [44]:
```
t = 1,2,3
t
```

```
(1, 2, 3)
```

튜플 패킹의 반대 과정을 튜플 언패킹(unpacking)이라고 한다. 즉, 튜플의 각 요소를 여러 변수에 할당하는 것을 말한다. 아래 예제를 보면 쉽게 이 과정을 이해할 수 있다.

```
In [45]: a, b, c = t
         a
```

```
1
```

```
In [46]: b
```

```
2
```

```
In [47]: c
```

```
3
```

튜플의 패킹, 언패킹을 활용하면 한 번에 여러 변수의 값을 설정할 수 있다. 2.7 장에서 배울 함수의 리턴값으로 여러 값을 넘겨줄 때도 바로 튜플의 패킹과 언패킹이 사용된다. 여러값을 한번에 편리하게 다룰 수 있게 해 코딩을 쉽게 해준다. 아래의 예제는 바로 이런 튜플의 패킹과 언패킹을 동시에 사용해 a, b, c, d 변수 값을 설정하는 것을 보여준다.

```
In [48]: a, b, c, d = 1, '영남대', [1, 2, 3], 10.5
         a
```

```
1
```

```
In [49]: b
```

```
'영남대'
```

```
In [50]: c
```

```
[1, 2, 3]
```

```
In [51]: d
```

```
10.5
```

이번에는 튜플에서 사용할 수 있는 몇 가지 메소드들(튜플에 포함된 함수들)을 살펴보자. 대부분 리스트에서도 사용할 수 있다.

index( ) 함수는 주어진 매개변수의 값과 일치하는 첫 번째 요소 인덱스를 반환한다. 만약 없으면 ValueError가 발생된다. t.index(4)의 경우 튜플에 저장된 아이템 중 4 값을 가진 첫 번째 인덱스인 3을 리턴해주고, t.index(5)의 경우에는 주어진 튜플에는 5값이 없기 때문에 ValueError가 발생한다.

```
In [52]: t = ( 1, 2, 3, 4, 1, 2, 3, 4)
         t.index(4)

         3

In [53]: t.index(5)

         ---------------------------------------------------------------------------
         ValueError                    Traceback (most recent call last)
          <ipython-input-7-3bc0374a84de> in <module>
         ----> 1 t.index(5)

         ValueError: tuple.index(x): x not in tuple
```

index( )와 비슷하지만 조금 다른 count( ) 함수도 있다. 이 함수를 통해서는 매개변수의 값과 일치하는 아이템의 개수를 알 수 있다. 만약, 하나도 없으면 0이 된다. 간단히 아래 예제를 통해서 사용법을 알아보자.

```
In [54]: t.count(4)

         2

In [55]: t.count(5)

         0
```

2.3 집합(Set) 자료형

수학 시간에 배운 집합에 관련된 기능을 쉽게 사용할 수 있도록 만들어진 자료형이다. 집합은 다음과 같은 특징을 가진다.

- 집합에는 중복된 데이터가 존재하지 않는다.
- 집합 내의 아이템들은 리스트나 튜플과 다르게 순서가 없다.
- 그렇기 때문에 리스트처럼 인덱스를 사용해 아이템에 접근할 수는 없다.

먼저 집합 자료형을 생성하는 방법을 살펴보자. 빈 집합은 아래와 같이 생성할 수 있다.

In [56]:
```
s = set()
```

보통은 아래와 같이 리스트나 튜플을 이용해 집합을 생성한다. 여기서 확인할 수 있는 것은 중복된 값들은 집합에서는 하나만 포함된다는 것이다.

In [57]:
```
s = set([1,2,3,4,1,2,3)
s
```
```
{ 1, 2, 3, 4 }
```

특이한 것은 문자열을 이용한 집합 생성도 가능하다는 점이다. 문자열을 이루고 있는 문자들로 구성된 집합이 만들어지며, 순서는 관계없다. 이것이 가능한 것은 파이썬에서 문자열을 문자들의 리스트로 다루기 때문이다.

In [58]:
```
s = set("안녕하세요")
s
```
```
{'녕', '세', '안', '요', '하'}
```

아래 예제에서 볼 수 있듯이, 집합은 순서가 없으므로 리스트나 튜플처럼 인덱스로 원하는 각 요소에 접근할 수는 없다.

```
In [59]: s = set([1,2,3,4,5])
         s[0]

---------------------------------------------------------------------------
TypeError          Traceback (most recent call last)
<ipython-input-65-c9c96910e542> in <module>
----> 1 s[0]
TypeError: 'set' object is not subscriptable
```

그러면 집합에 저장된 아이템을 인덱스로 접근하려면 집합을 리스트나 튜플로 형태를 변환한 후 가능하다. 아래 예제에서처럼 list() 함수를 사용하면 집합을 리스트로 변경할 수 있다.

```
In [58]: l = list(s)
         l[0]

1
```

지금부터는 집합 연산을 살펴보자. 수학 시간에 배운 다양한 집합 연산이 가능하며, |, &, - 와 같은 연산자를 사용하는 방법과 파이썬에서 제공하는 함수를 사용하는 방법이 있다.

합집합을 구하는 방법은 | 연산자를 사용하거나, union() 함수를 사용할 수 있다. 사용법은 아래의 예제에서 확인할 수 있다. 합집합의 결과는 두 집합에 포함된 모든 아이템을 가진 집합을 만들게 된다. 당연히 중복되는 아이템이 있을 경우는 한 번만 포함된다.

```
In [59]: s1 = set([1,3,5,7,9,11,12])
```

```
s2 = set([2,4,6,8,10,11,12])
s1 | s2
```

```
{1, 2, 3, 4, 5, 6, 7, 8, 9, 10, 11, 12}
```

In [60]:
```
s1.union(s2)
```

```
{1, 2, 3, 4, 5, 6, 7, 8, 9, 10, 11, 12}
```

교집합은 & 연산자와 intersection() 함수를 사용해서 구할 수 있고, 주어진 두 집합에 모두 포함된 아이템들로만 새로운 집합을 만들게 된다.

In [61]:
```
s1 & s2
```

```
{11, 12}
```

In [62]:
```
s1.intersection(s2)
```

```
{11, 12}
```

차집합의 경우는 합집합이나 교집합과 다르게 피연산자인 집합의 순서가 중요하다. - 연산자와 difference( ) 함수를 통해 구할 수 있고, 아래 예제를 통해서 피연산자의 순서에 따른 다른 결과를 확인할 수 있다.

In [63]:
```
s1 - s2
```

```
{1, 3, 5, 7, 9}
```

In [64]:
```
s1.difference(s2)
```

```
{1, 3, 5, 7, 9}
```

In [65]:
```
s2 - s1
```

```
{2, 4, 6, 8, 10}
```

In [66]:
```
s2.difference(s1)
```

```
{2, 4, 6, 8, 10}
```

집합에서 사용 가능한 몇 가지 메소드들을 살펴보자. add( ) 함수를 사용하면 아래 예제에서와 같이 집합에 원소 하나를 추가할 수 있다.

In [67]:
```
s1 = set([1, 3, 5, 7, 9, 11, 12])
s1.add(13)
s1
```

```
{1, 3, 5, 7, 9, 11, 12, 13}
```

update( ) 함수는 집합에 원소 아이템 여러 개를 추가할 때 사용한다. 아래 예제처럼 리스트 형태로 새롭게 추가할 값을 update로 넘겨주면 기존 집합에 새로운 아이템들이 추가된다.

In [68]:
```
s1.update([20,30,40])
s1
```

```
{1, 3, 5, 7, 9, 11, 12, 13, 20, 30, 40}
```

remove( ) 함수는 집합에서 특정 값을 제거할 때 사용한다.

In [69]:
```
s1.remove(13)
s1
```

```
{1, 3, 5, 7, 9, 11, 12, 20, 30, 40}
```

2.4 사전(Dictionary) 자료형

사전(Dictionary) 자료형은 앞서 살펴본 리스트, 튜플과는 다르게 인덱스로 키(key)를 사용한다. 키는 정수는 물론, 실수, 문자열등 다양한 타입을 사용할 수 있다. 이미 배운 것과 같이 리스트에서는 인덱스는 정수값이고 항상 0부터 시작했다. 사전형에서는 이런 제약 조건이 없이 원하는 형태로 인덱스를 지정할 수 있다는 것이 가장 장점이다.

사전형의 예제를 살펴보자. 아래는 영어 단어를 키로 하고 한글 단어를 값(value)으로 저장하는 예제다. 키와 값은 : 으로 구분하고 키:값 형태로 사용한다.

```
In [70]: myDic = { "apple":"사과", "dog":"개", "cat":"고양이"}
```

사전형안에 원하는 아이템 값을 선택하는 방법은 키를 인덱스로 사용하면 된다. 인덱스가 정수값이 아니라는 것만 제외하면 리스트나 튜플에서 사용한 방법과 유사하다. 사전형에 없는 키를 사용할 때는 keyError가 발생한다.

```
In [71]: myDic = { "apple":"사과", "dog":"개", "cat":"고양이"}
         myDic["apple"]
         사과
In [72]: myDic["cat"]
         고양이
In [73]: myDic["lion"]
         keyError: "lion"
```

경우에 따라서는 값만 별도로 추출해서 사용할 경우가 있다. values( ) 함수를 사용하면 사전형이 가진 값들을 리스트로 반환한다.

In [74]:
```
myDic = { "apple":"사과", "dog":"개", "cat":"고양이"}
myDic.values()
```

```
["사과", "개", "고양이"]
```

이렇게 추출된 value들의 리스트에서 반복문을 사용해 저장된 값들을 하나씩 탐색할 수 있다.

In [75]:
```
for value in myDic.values():
    print(value)
```

```
사과
개
고양이
```

또한 경우에 따라서는 사전형에 저장된 키만 추출해 리스트로 다룰 수 있다. 이를 위해 keys() 함수를 사용한다. keys( ) 함수는 사전형이 가진 key를 리스트로 반환한다.

In [76]:
```
myDic = { "apple":"사과", "dog":"개", "cat":"고양이"}
myDic.keys()
```

```
['cat','apple','dog']
```

이 또한 당연히 반복문을 사용해 그 값들을 손쉽게 사용할 수 있다.

In [77]:
```
for key in myDic.keys():
    print(key)
```

```
cat
apple
dog
```

items( ) 함수를 사용하면 Dictionary 안의 key, value 값을 여러 개의 튜플로 리턴한다.

In [78]:
```
myDic = { "apple":"사과", "dog":"개", "cat":"고양이"}
myDic.items()
```
```
("apple":"사과"), ("dog":"개"), ("cat":"고양이")
```

반복문을 사용해서 이 항목들을 탐색할 수 있다.

In [79]:
```
for item in myDic.items():
    print(item)
```
```
("apple":"사과")
("dog":"개")
("cat":"고양이")
```

사전형에 특정 키나 값이 포함되어 있는지 확인하는 것도 리스트와 유사하게 처리할 수 있다. 먼저 특정 키가 존재하는지 확인하는 방법을 살펴보자. keys( ) 함수를 사용해 키의 리스트를 만들어 in 또는 not in 연산자를 사용해 확인하는 방법이 있다.

In [80]:
```
"cat" in myDic.keys()
```
```
True
```

In [81]:
```
"lion" in myDic.keys()
```
```
False
```

또 다른 방법은 아래 예제와 같이 사전형 데이터 타입에 직접 in 연산자를 사용해 특정 키가 존재하는지 확인하는 것이다. 이 방법이 더 단순하므로 보통 키의 포함 여부를 확인할 때 자주 사용된다.

In [82]:
```
"cat" in myDic
```
```
True
```

In [83]:
```
"lion" in myDic
```
```
False
```

이번에는 키가 아니라 특정 값의 존재 여부를 확인하는 방법을 알아보자. 앞에서 잠시 살펴본 것과 같이 파이썬에서 기본 제공하는 values( ) 함수로 값의 리스트를 만들고, 이렇게 만들어진 리스트에 in 연산자를 사용해 특정 값의 존재 여부를 확인할 수 있다.

In [84]:
```
"사과" in myDic.values()
```
```
True
```

In [85]:
```
"사자" in myDic.values()
```
```
False
```

앞의 예제에서 살펴본 것과 같이 인덱스로 사용한 키가 없을 경우 keyError가 발생한다. 물론 예외처리를 사용해 이런 때를 대비할 수도 있지만, get( ) 함수를 사용해 특정 키가 없을 경우를 대비해 대체할 기본값을 미리 지정할 수 있다.

In [84]:
```
myDic = { "apple":"사과", "dog":"개", "cat":"고양이"}
myDic["lion"]
```
```
keyError: "lion"
```

In [85]:
```
myDic.get("lion", "없음")
```
```
없음
```

get( ) 함수의 사용법을 살펴보자.

get(key, default_value)

키가 사전형에 포함되어 있으면, 그 값을 찾아 리턴하고, 없다면 default_value 를 반환한다. 미리 키가 존재하는지 확인하지 않아도 되어 편리하다. 위의 예제에서는 lion 이라는 키가 존재하지 않기 때문에 get() 함수를 사용하면 없음 이 출력됨을 알 수 있다.

특정한 key의 value를 변경하는 방법은 리스트처럼 단순히 인덱스로 선택 후 새로운 value를 설정하면 된다.

In [86]:
```
myDic = { "apple":"사과", "dog":"개", "cat":"고양이"}
myDic["dog"] = "강아지"
myDic
```

```
{ "apple":"사과", "dog":"강아지", "cat":"고양이"}
```

이번에는 setdefault( ) 함수에 대해서도 알아보자. 이 함수는 dictionary에 있는 특정 key의 value값을 첫 번째 설정한 값으로 계속 사용하기를 원할 때 사용한다. 즉, key: value 쌍이 처음으로 저장될 때는 setdefault에서 정한 값으로 설정되지만, 이미 key가 존재하고 그 value가 있다면, 기존 값을 유지한다. 즉, 기존 값이 있을 때 그 값을 그대로 사용하고 싶을 때 유용한 기능이다.

In [87]:
```
myDic = { "apple":"사과", "dog":"개", "cat":"고양이"}
myDic.setdefault("lion","사자")
myDic.setdefault("dog","강아지")
myDic
```

```
{ "apple":"사과", "dog":"개", "cat":"고양이","lion":"사자" }
```

2.5 문자열

빅데이터, 기계학습 또는 인공지능 등 여러 분야에서 문자열에 대한 처리가 필요하다. 파이썬은 문자열을 아주 쉽게 다룰 수 있는 다양한 기능을 제공한다.

먼저, 문자열을 만드는 다양한 방법들을 자세히 살펴보자. 한 줄 문자열 생성을 생성하는 방법은 아래와 같이 두 가지 방법이 있다.

첫 번째 방법은 대부분의 프로그래밍 언어에서 사용하는 큰 따옴표 " " 로 문자열을 표현하는 것이다. 간단한 예제는 아래와 같다. 여기서 주목해서 볼 점은 문자열을 만들 때 큰따옴표를 사용했지만 실제 변수에는 작은 따옴표로 저장된 것을 알 수 있다. 사실 파이썬에서는 문자열을 만들 때 큰 따옴표와 작은 따옴표를 구분하지 않는다.

In [88]:
```
str1 = "문자열입니다"
str1
```
```
'문자열입니다'
```

아래처럼 작은 따옴표로 문자열을 만들 수 있고 위의 예제와 같은 결과인 것을 알 수 있다.

In [89]:
```
str1 = '문자열입니다'
str1
```
```
'문자열입니다'
```

다시 정리하면, C나 자바 등의 프로그래밍 언어와는 다르게 파이썬에서는 큰따옴표와 작은따옴표의 차이가 없다. 즉, 다른 언어에서처럼 작은따옴표는 문자를 표현하고 큰따옴표는 문자열 표현하는 것으로 구분하지 않는다. 다시 말해, 파이썬에서는 문자와 문자열을 구분하지 않는다.

이렇게 문자열을 표현하는 두 가지 방법을 동시에 지원하기 때문에 큰따옴표 안에서는 작은따옴표를 작은따옴표 안에서는 큰따옴표를 자유롭게 사용할 수 있다. 아래 예제에서 이 상황을 자세하게 살펴볼 수 있다.

In [90]:
```
str1 = '큰따옴표 사용 가능 "자유롭게" 가능'
str1
```

'큰따옴표 사용 가능 "자유롭게" 가능'

In [91]:
```
str1 = "작은 따옴표 사용 가능 '자유롭게' 가능"
str1
```

"작은 따옴표 사용 가능 '자유롭게' 가능"

파이썬에서는 다른 프로그래밍 언어에는 잘 없는 기능인 여러 줄로 구성된 문자열을 쉽게 생성하는 방법을 제공한다. 큰따옴표 3개(""") 또는 작은따옴표 3개(''')를 사용해 여러 줄의 문자열을 나열하는 방법으로 만들 수 있다. 아래 예제와 같이 자동으로 문장과 문장 사이에 newline(₩n) 기호를 추가한다.

In [92]:
```
str1 = '''
안녕하세요!
영남대학교에 오신 것을 환영합니다.
반갑습니다.
'''
```

'\n안녕하세요!\n영남대학교에 오신 것을 환영합니다.\n반갑습니다!!!\n'

두 문자열을 합치는 것은 리스트를 합치는 것과 같은 방법인 + 연산자로 두 문자열을 결합할 수 있다.

In [93]:
```
str1 = '안녕'
str2 = '하세요'
str3 = str1 + str2
str3
```

'안녕하세요'

리스트나 튜플과 같은 방법으로 문자열도 슬라이싱을 통해 부분 문자열을 추출할 수 있다. 앞서 잠시 설명했지만 문자열은 문자들의 리스트로 생각하면 이해하기 편하다.

In [94]:
```
str3[:2]
```

'안녕'

In [95]:
```
str3[2:]
```
'하세요'

In [96]:
```
str3[2:4]
```
'하세'

In [97]:
```
str3[2]
```
'하'

당연히 리스트나 튜플에서처럼 슬라이싱을 뒤쪽에서 앞으로 하는 것도 가능하다. 그러면 이런 방법을 사용해서 문자열을 뒤집어 보자. 즉 abc를 cba 형태로 만들어보자. 그리고 문자열의 특정위치부터 뒤에서 앞으로 부분 문자열을 구하는 예제도 살펴보자.

In [98]:
```
str3 = '안녕하세요'
#문자열을 뒤집는다.
str3[::-1]
```
'요세하녕안'

In [99]:
```
# 3번 인덱스부터 0번 인덱스 앞까지 즉 1번 인덱스까지 문자열을 역순으로 추출한다.
str3[3:0:-1]
```
'세하녕'

In [100]:
```
#2칸씩 건너띄면서 문자열을 추출한다.
 str3[::2]
```
'안하요'

다른 자료형과 같이 in 을 활용해 원하는 문자나 부분 문자열이 포함되었는지 확인하는 것도 가능하다. '안녕'이라는 문자열이 str3에 있는지 확인하는 예제는 아래와 같다.

In [101]:
```
'안녕' in str3
```
True

이번에는 문자열을 특정 기본 데이터 타입, 즉 정수형, 실수형 등으로 변경하는 방법을 살펴보겠다. 이 기능은 실제로 프로그램을 작성할 때 매우 자주 사용되는 기능이다. 사용자에게 입력받은 문자열을 숫자 값으로 변경해 연산하거나 파일이나 네트워크로부터 전송받은 데이터도 연산을 위해서 원하는 타입으로 변경해줘야만 한다.

- int() : 문자열을 정수값으로 변경한다.
  int('1234') → 1234
- float() : 문자열을 실수값으로 변경한다.
  float('12.34') → 12.34
- complex() : 문자열을 복소수로 변경한다.
  complex('3+6j') → (3+6j)

반대로 이번에는 다양한 타입의 값들 예를 들면 실수로 된 값을 문자열로 변경하는 예제를 살펴보자.

- str() : 다양한 숫자 자료형을 문자열로 변경한다.
  str(12.34) → '12.34'

이번에는 문자열에서 사용되는 유용한 함수들을 살펴보자. 먼저 find( )함수다. 이 함수는 매개변수로 주어진 문자열의 위치를 앞에서부터 찾아서 인덱스를 알려준다. 만약에 없으면 -1을 반환한다. 또 rfind( )함수는 find( )와 같은 기능을 하지만 문자열 끝부터 앞쪽으로 찾는다. 아래 예제에서 find('학')의 경우 문자열 앞쪽에서부터 검색을 시작해서 10번 인덱스에 있는 '학'을 발견하고 그 결과를 알려준다. 즉 '영남대학교'에 포함된 '학'을 찾은 것이다. 이와 다르게 rfind('학') 함수는 문자열 끝에서부터 '학'을 검색하고 이번에는 '컴퓨터공학과'에 포함된 '학'이 먼저 검색되고 그 인덱스인 17이 결과값으로 나오는 것을 알 수 있다.

```
In [102]: str1 = '안녕하세요, 영남대학교 컴퓨터공학과입니다. 만나서 반갑습니다.'
          str.find('학')
```

```
10
```

```
In [103]: str1.rfind('학')
```

```
17
```

또한 특정한 문자열로 시작되는지, 또는 끝나는지도 쉽게 판단할 수 있는데 이때 사용하는 함수가 바로 startswith( )와 endswith( ) 함수다. 아래 사용 예제를 보면 동작을 쉽게 이해할 수 있다.

```
In [104]: str1.startwith('안녕하')
```

```
True
```

```
In [105]: str1.endwith('습니다.')
```

```
True
```

문자열에서 특정 문자열을 찾아 다른 문자열로 대체하는 것도 가능한데 이 기능은 replace( ) 함수가 제공한다. 이 함수는 아래 예제에서처럼 일치하는 문자열을 모두 찾아 변경해준다.

```
In [106]: str1.replace('영남대학교', '영대')
```

```
'안녕하세요, 영대 컴퓨터공학과입니다. 만나서 반갑습니다.'
```

```
In [107]: str1.replace('학', '흑')
```

```
'안녕하세요, 영남대흑교 컴퓨터공흑과입니다. 만나서 반갑습니다.'
```

사용자로부터 문자열을 직접 입력받거나, 크롤링을 통해 수집한 문자열에는 앞뒤로 불필요한 공백 문자가 포함된 경우가 많다. 이런 불필요한 공백 문자를 효과적으로 제거하는 방법도 당연히 파이썬에서 제공한다. strip() 함수는 아래 예제에서와 같이 문자열 양쪽에 있는 공백 문자 제거한다.

```
In [108]: '          안녕        '.strip()
```
```
'안녕'
```

또한 문자열이 알파벳(영어, 한글등)으로 구성되어 있는지 아니면 숫자로만 이루어졌는지 아니면 특수문자 없이 알파벳과 숫자로만 이루어졌는지를 판단할 수 있는 함수도 있다. isalpha( ) 함수는 알파벳만으로 구성된 문자열인지 확인한다. 아래 예제에서처럼 한글과 같은 다국어도 알파벳으로 처리된다. isnumeric( ) 함수는 문자열이 수로만 이루어졌는지 확인한다. 마지막으로 isalnum( ) 함수는 문자열이 알파벳과 수로만 이루어졌는지 확인한다. 아래 예제들을 통해서 사용법을 간단히 알아보자.

```
In [109]: '안녕'.isalpha()
```
```
True
```
```
In [110]: 'youn1234'.isnumeric()
```
```
False
```
```
In [111]: 'youn1234'.isalnum()
```
```
True
```

문자열의 모든 문자를 소문자로 변경하거나 대문자로 변경하는 lower( ), upper( ) 함수도 제공된다. 이런 함수들은 입력값을 대소문자 구분 없이 처리할 때 유용하게 사용할 수 있다.

```
In [112]: 'Computer'.lower()
```
```
'computer'
```
```
In [113]: 'Computer'.upper()
```
```
'COMPUTER'
```

split( ) 함수는 문자열을 주어진 기준 문자로 구분해서 부분 문자열의 리스트를 만든다. 특히 여러 가지 자료를 수집할 때 자주 활용되기 때문에 잘 기억해 두면 유용하다. 아래 예제는 콤마로 구분되어 하나의 문자열로 저장된 데이터를 리스트로 구분해주는 예제다.

In [114]:
```
str = '이름,홍길동,주소,경산시,전화번호,0538102550'
str
```

```
'이름,홍길동,주소,경산시,전화번호,0538102550'
```

In [115]:
```
str.split(',')
```

```
['이름','홍길동','주소','경산시','전화번호','0538102550']
```

2.6 파일 입출력

파이썬으로 데이터를 다루다 보면 이미 만들어진 자료들을 읽어와서 분석하거나, 최종 분석된 내용을 파일로 저장해서 보관할 필요가 있다. 이번 장에서는 파이썬에서 파일을 읽고 쓰는 방법에 대해서 배워보겠다.

파일을 읽고 쓰는 작업을 보통 파일 입출력이라고 하고, 파일 입출력을 수행하기 위해서는 가장 먼저 특정 파일을 지정해서 열기 작업부터 시작해야한다. 파일 열기(open)는 어떤 파일을 열 것인지에 대한 파일 경로와 읽을 것인지 쓸 것인지에 따른 열기 모드를 지정하면 된다. 문법은 다음과 같다.

- **파일 객체 이름** = open(경로, 열기 모드)
- **파일 객체 이름** : open을 한 후 실제로 파일 입출력을 지원할 객체
- **경로** : 파일 이름과 경로명
- **열기 모드** : r(read, 읽기), w(write, 쓰기), a(append,추가)

다음은 test.txt라는 파일을 쓰기모드로 열어 testFile로 저장하는 예제다.

In [116]:
```
testFile = open('test.txt', 'w')
```

이제는 이렇게 연 파일에다 여러 가지 정보들을 저장해보자. write( ) 함수를 통해 간단하게 파일에 데이터를 쓸수 있다. write( ) 함수는 파일에 해당 문자열을 저장 한 후 저장한 문자의 개수를 리턴한다.

In [117]:
```
testFile.write('영남대학교')
testFile.write('컴퓨터공학과')
```

6

위 예제에서는 '영남대학교'와 '컴퓨터공학과' 두 개의 문자열을 파일에 쓰고, 마지막에 쓴 '컴퓨터공학과'의 글자 수인 6이 결과로 리턴된 것을 확인 할 수 있다.

파일을 다 사용하고 나면 반드시 닫아(close)줘야 한다. 다음과 같이 위의 파일을 닫으면 시스템에 더 이상 이 파일을 사용하지 않는다고 알려주게 되고 다른 프로그램에서 그 파일을 사용할 수 있다. 또한 현재 파일 버퍼에 저장된 일부 내용도 파일에 실제로 저장된다. 이부분은 참고로 알아두면 되겠다.

In [118]:
```
testFile.close()
```

파일을 닫고 난 후 우리가 새롭게 만든 'test.txt'파일을 확인해 보면 다음과 같이 내용이 저장되어 있다.

test.txt 파일 내용

```
영남대학교컴퓨터공학과
```

우리는 앞에서 write( ) 함수를 두 번 사용해서 '영남대학교'와 '컴퓨터공학과'를 각각 저장하였다. 위의 파일 내용에서 확인 할 수 있듯이 write( ) 함수는 줄바꿈 문자를 추가하지 않고 write( )에 인자로 넘겨준 문자열을 차례대로 저장한다는 것을 알 수 있다.

자 그러면 이제 간단하게 파일에서 데이터를 읽어와 보자. 데이터를 읽어 올 때도 쓸 때와 마찬가지로 읽기 모드로 파일 열기를 먼저 한 후 read( ) 함수를 통해 전체 내용을 간단하게 읽어 올 수 있다. 다음 예제에서 그 결과를 살펴보자.

In [119]:
```
testFile = open('test.txt', 'r')
line = testFile.read()
testFile.close()
print(line)
```
```
영남대학교컴퓨터공학과
```

위 예제에서 확인 할 수 있듯이 read( ) 함수는 파일에서 문자열을 읽어 문자열로 리턴을 해준다. 물론 파이썬에는 read( ) 함수 이외에도 readline( ), readlines( ) 등의 함수도 자주 사용된다. 몇가지 예제을 통해 이 함수들의 차이점을 이해하고 적절한 사용법을 배워보자.

이를 위해 먼저 다음과 같은 내용을 'test2.txt' 파일을 먼저 만들어보자.

test2.txt 파일 내용

```
영남대학교
소프트웨어와인공지능
유형1
유형2
유형3
컴퓨터공학과
```

먼저 이 파일을 read( ) 함수를 통해서 읽어오는 예제와 그 결과다.

In [120]:
```
testFile = open('test2.txt', 'r')
line = testFile.read()
testFile.close()
print(line)
```

영남대학교
소프트웨어와인공지능
유형1
유형2
유형3
컴퓨터공학과

위 예제에서 확인 할 수 있듯이 read( ) 함수는 파일 전체 내용 모두를 한번에 읽어와 문자열로 리턴해준다. 그래서 파일의 내용을 한번에 읽어 올 경우 매우 유용하게 사용할 수 있다. 다만, 파일 용량이 매우 큰 경우 한번에 다 읽어오기가 힘든 경우도 있어 이 경우 다른 방법을 찾아봐야 한다.

이제 두 번째 함수인 readline( )을 한번 살펴 보자.

In [121]:
```
testFile = open('test2.txt', 'r')
line = testFile.readline()
testFile.close()
print(line)
```

영남대학교

위 결과처럼 readline( )은 파일에서 한 줄씩 차례로 읽어온다. 그래서 한번만 호출한 경우 첫 번째 라인만 가져와 출력한 것을 확인할 수 있다. 그렇다면 이 readline( )을 사용해 전체 파일의 내용을 다 읽어오는 예제를 살펴보자.

In [122]:
```
testFile = open('test2.txt', 'r')
while True:
    line = testFile.readline()
```

```
    if line == '':
        break
    print(line)
testFile.close()
```

영남대학교

소프트웨어와인공지능

유형1

유형2

유형3

컴퓨터공학과

위 예제의 결과와 같이 readline( ) 함수는 파일의 끝에 도달하면 ""을 리턴한다. 그래서 이 값을 확인해서 무한 루프를 끝내는 방법으로 사용하면 된다. readline()은 각 파일의 한 줄씩을 차례로 읽어오면서 그 줄의 끝에 있는 '₩n'줄 바꿈 문자도 같이 가져오기 때문에 위와 같이 결과를 출력하면 각 행이 한 칸씩 더 띄워진 것을 알 수 있다. print( ) 함수가 자동으로 줄바꿈 문자를 끝에 추가하는데 여기에 파일에서 가져오는 줄바꿈 문자도 있어 두 번 줄바꿈한 결과인 것이다. 만약 이런 줄바꿈이 불편하다면 앞에서 배운 strip( ) 함수를 통해서 간단히 해결할 수 있다. 다음 예제에서 확인해 보자.

In [123]:
```
testFile = open('test2.txt', 'r')
while True:
    line = testFile.readline()
    if line == '':
        break
    print(line.strip())
testFile.close()
```

```
영남대학교
소프트웨어와인공지능
유형1
유형2
유형3
컴퓨터공학과
```

마지막으로 알아볼 함수는 readlines()다. readlines()는 파일의 모든 줄을 읽어서 각 줄을 리스트로 만들어 리턴해주는 함수다. 사용법과 결과를 다음 예제에서 살펴보자.

In [124]:
```
testFile = open('test2.txt', 'r')
lines = testFile.readlines()
for line in lines:
    print(line)
testFile.close()
```

```
영남대학교

소프트웨어와인공지능

유형1

유형2

유형3

컴퓨터공학과
```

지금까지 우리는 다양한 파이썬의 파일 입출력 방법에 대해서 살펴보았다. 파일 입출력을 마무리하기 전에 마지막으로 with 구문과 함께 open()하는 방법에 대해서 알아보자. 파이썬에서 with open() 구문은 파일을 열고 닫는 작업을 보다 안전하고 간결하게 처리하기 위해 사용된다. 이 구문은 컨텍스트 매니저(context manager)를 통해 파일을 열고, 블록을 벗어날 때 파일을 자동으로 닫아주는 기능을 제공한다. 이는 파일이 적절하게 닫히도록 보장하여 자원 누수를 방지하고, 코드의 가독성을 높이는 데 도움을 준다. 그래서 실제 대부분의 파이썬 코드에서 파일을 다룰 때 이 방법을 사용한다. 우리가 기존의 사용했던 방법과 파일을 open하는 것만 차이가 있기 때문에 쉽게 적용할 수 있다. 간단히 사용 예제를 비교해보자.

기존 방법

```
file = open('test.txt', 'r')
```

새로운 방법

```
with open('text.txt','r') as file:
```

위와 같이 with를 사용하면 블록이 생기고 그 블록 내에서 파일 입출력을 처리하면 된다. 아래는 마지막 예제를 with를 사용한 버전으로 수정해 본 것이다.

In [125]:
```
with open('test2.txt', 'r') as testFile:
        lines = testFile.readlines()
        for line in lines:
            print(line)
        testFile.close()
```

영남대학교

소프트웨어와인공지능

유형1

유형2

유형3

컴퓨터공학과

이상으로 파이썬에서 파일을 읽고 쓰는 방법에 대한 설명을 마무리하겠다.

2.7 함수

함수의 정의는 다음과 같다.

- 특정한 작업을 수행하는 코드의 모음에 이름을 붙인 것(일정한 작업을 수행하는 코드블럭)이다[1]. 반복적으로 계속 사용되는 코드들을 함수로 정의하여 사용한다.
- 함수는 작업에 필요한 데이터를 전달받을 수 있으며, 작업이 완료된 후에는 작업의 결과를 호출자에게 반환할 수 있다. 함수 내의 코드들을 실행하려면 함수를 호출(call)해야 하는데, 함수는 호출되기 전까지는 별도의 동작을 하지 않는다.

함수의 필요성은 다음과 같다.

- 프로그래밍을 하다 보면 똑같은 내용을 반복해서 작성하고 있는 것을 발견할 때가 종종 있다. 이렇게 반복되는 부분이 있을 경우 "반복적으로 사용되는 가치 있는 부분"을 하나로 묶어서 만들어두고, 필요할 경우 이를 반복 작성하지 말고 호출해서 활용하기만 하면 프로그래밍이 쉬워질 수 있다[2].
- 함수를 적절히 구성한다면 프로그램 안에서 중복된 코드를 제거할 수 있다.
- 복잡한 프로그래밍 작업을 더 간단한 작업들로 분해 가능하다.
- 한번 만들어두면 다른 프로그램에서도 재사용할 수 있다.
- 가독성이 증대되고 유지 보수도 쉬워진다.

1) 천인국, 파이썬 Express, 생능출판사, 2020.
2) https://mgyo.tistory.com/58

(예제)**함수를 사용하지 않은 코드와 사용한 코드 예제:** 다음 두 코드의 결과는 같다.

함수를 사용하지 않았을 경우	함수를 사용한 경우

sum = 0
for i in range(1,11):
    sum += i
print("Sum from 1 to 10 : ", sum)
 	
sum = 0
for i in range(20,38):
    sum += i
print("Sum from 20 to 37 : ", sum)
 	
sum = 0
for i in range(50,61):
    sum += i
print("Sum from 50 to 60 : ", sum)
	def sum(i1,i2):
	    result = 0
	    for i in range(i1,i2+1):
	        result += i
	    return result
	
	print("Sum from 1 to 10 : ", sum(1,10))
	print("Sum from 20 to 37 : ", sum(20,37))
	print("Sum from 50 to 60 : ", sum(50,60))

파이썬에서 함수는 def 키워드를 사용하여 정의되며, 다음과 같은 문법을 갖는다. 또한, 매개변수는 구현하는 내용에 따라 있을 수도 있고, 없을 수도 있다. 함수 선언을 위한 전체적인 구조는 다음과 같다.

```
def (함수이름)( 매개변수1, 매개변수 2) :
    문장 1
    문장 2
```

다음 예제는 "친구"라는 입력값을 받아서 출력하는 함수를 정의하고 이를 사용하는 예제다. 이 함수의 이름(함수 이름)은 say_hello이고 입력으로 1개의 값(name)을 매개변수로 받으며 결과값은 입력값(name)을 포함한 문장을 출력한다.

```
In [125]: def say_hello(name):
              print("안녕,", name);

          say_hello("친구")
```

```
안녕, 친구
```

다음은 두 개의 값을 입력으로 받아들여 이를 더한 값을 반환하는 함수를 정의하고 이를 사용하는 예다. 이 함수는 다음과 같이 풀이된다. 이 함수의 이름(함수 이름)은 sum이고 입력으로 2개의 값(a, b)을 받으며 결과값은 2개의 입력값(a, b)을 더한 값이다.

```
In [126]: def sum(a, b):
              s = a + b
              return s

          total = sum(4, 7)
          print(total)
```

```
11
```

위에서 확인할 수 있듯이, 함수는 들어온 입력값을 받아서 정의된 연산을 처리한 이후 결과값을 반환(return)한다. 즉, 입력값 -> 함수 -> 결과값의 순서다.

함수 호출(call)은 함수 안에 있는 코드들을 실행시키는 것을 의미한다. 함수를 정의한 이후, 함수를 호출하여야 해당 함수를 사용할 수 있다. 함수를 호출하면 다음 순서로 함수가 실행된다. 또한 정의된 함수는 여러번 호출이 가능하다.

(1) 괄호 속의 매개변수가 함수에 전달된다.
(2) 함수 몸체의 파이썬 코드가 위에서 아래로 차례대로 실행된다.
(3) 함수가 끝나면 함수 실행이 종료되고, 함수의 실행 결과가 반환(return)된다.

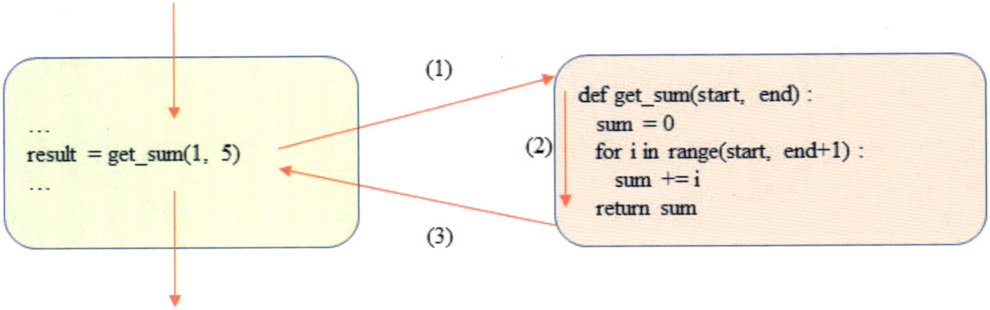

그림 2.1 함수 호출의 흐름

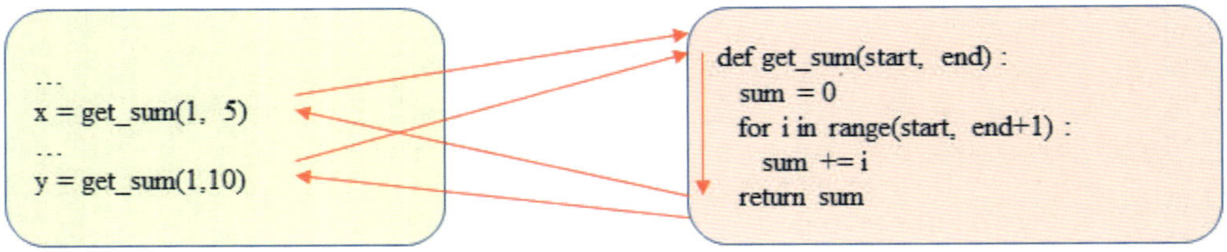

그림 2.2 같은 함수를 여러 번 호출할 경우의 흐름

함수의 인수와 매개변수의 정의는 다음과 같이 표현할 수 있다.

- **인수(argument)** : 호출 프로그램(caller)에 의하여 함수에 실제로 전달되는 값.
- **매개변수(parameter)** : 함수에 입력으로 전달된 값(인수)을 받는 변수.

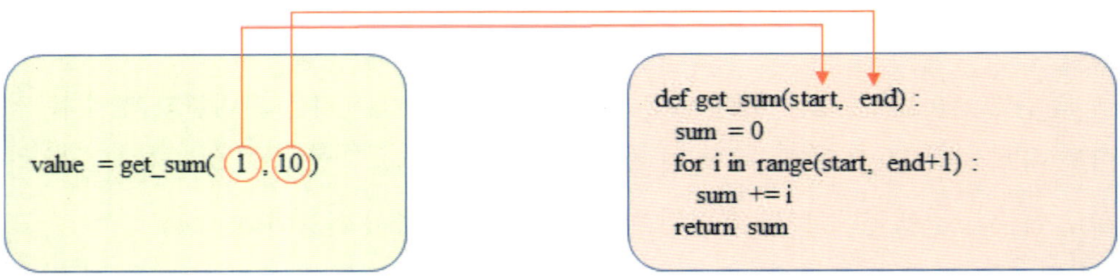

그림 2.3 인수와 매개변수와의 관계

그림 2.3에서 인수는 get_sum(1,10)의 호출에 사용된 1과 10이고, 매개변수는 함수의 입력값으로 전달된 1과 10을 할당하기 위한 start와 end 변수를 의미한다.

함수 인수의 종류는 크게 다음과 같은 형태로 구분한다.

- **디폴트 인수(default argument)** : 파이썬에서는 함수의 매개변수가 기본값을 가질 수 있다. 다음 예제와 같이 greet()라는 함수의 msg 매개변수가 "반갑습니다." 라는 기본값을 가지는 형태다.

In [127]:
```
def greet(name, msg="반갑습니다."):
   print("안녕", name + ', ' + msg)


greet("영희")
```
```
안녕 영희, 반갑습니다.
```

- **위치 인수(positional argument)** : 인수들의 위치 순서대로 값을 전달하는 방식이다. 함수를 구현한다면 일반적으로 사용되는 방법이다. 아래의 예제 코드를 한번 살펴보도록 하자. 함수를 정의하고 입력값으로 받을 매개변수가 네개라고 가정한다. 인수가 1, 2, 3, 4가 있으면 함수의 매개변수에 입력값으로 들어갈때에는 순서대로 들어간다. 즉, 1은 num1로, 2는 num2로, 3은 num3으로, 4는 num4로 입력된다. 그래서 연산 후 결과는 15가 도출되는 형태다. 만약에 인수의 순서가 3, 4, 1, 2 라고 하면, 3은 num1로, 4는 num2로, 1은 num3으로, 2는 num4로 들어가고, 함수안에서 연산은 (3+4)+(1*2)가 되어 반환값은 9가 도출된다. 이렇게 위치에 맞게 인수값이 매개변수 값으로 들어가게 된다.

In [128]:
```
def test_func(num1, num2, num3, num4):
     result= (num1+num2)+(num3*num4)
     return result

ex=test_func(1,2,3,4)
print(ex)
```
```
15
```

- **키워드 인수(keyword argument)** : 변수 이름에 매치하여 값을 전달하는 방식이다. 위치 인수의 경우에는 순서가 중요한 형태였다. 그러나, 키워드 인수의 경우에는 인수들의 순서가 중요하지 않다. "매개변수명=인수" 이렇게 키워드를 지정해주면 순서에 관계없이 키워드와 매칭되어 값이 할당될 수 있다. 키워드 인수 방식으로 매개변수값을 전달할 경우 다음과 같은 장점이 있다. (1) 키워드 인수는 매개변수 이름에 맞춰서 값을 함수에 전달하기에 위치가 바뀌어도 괜찮고, 잘못된 인수를 함수에 전달하는 실수를 사전에 예방할 수 있다. (2) 키워드를 사용하기에 어떠한 값을 함수의 매개변수로 넘기는지 명확하게 알 수 있어 가독성이 높아진다.

In [129]:
```
def test_func_keyword(num1, num2, num3, num4):
    result= (num1+num2)+(num3*num4)
    return result

ex=test_func_keyword(num1=1, num3=3, num4=4, num2=2)
print(ex)
```

```
15
```

위치 인수와 키워드 인수를 함께 사용할 경우에는 어떻게 될까? 위치인수와 키워드 인수를 함께 사용할 경우에는 다음처럼 위치 인수를 키워드 인수 앞에 사용한다. 만약 위치인수보다 키워드 인수가 먼저 나오면, 키워드 인수는 인수가 맞는 키워드에 들어가겠지만, 위치인수는 자신이 매개변수 어디에 들어가야 할지 모르게 된다. 따라서 이 경우에는 "SyntaxError: positional argument follows keyword argument"와 같은 오류가 발생한다.

In [130]:
```
def test_func(num1, num2, num3, num4):
    result= (num1+num2)+(num3*num4)
    return result
```

```
ex=test_func(1, 2, num4=4,num3=3)
print(ex)
```

```
15
```

```
In [131]: def test_func(num1, num2, num3, num4):
              result= (num1+num2)+(num3*num4)
              return result

          ex=test_func(num4=4,num3=3, 1, 2)
          print(ex)
```

```
  File "<ipython-input-2-50c3a11a5f8a>", line 5
    ex=test_func(num4=4,num3=3, 1, 2)
                               ^
SyntaxError: positional argument follows keyword
argument
```

함수의 반환(return)은 함수 내에서 명령어들을 실행한 결과값을 호출한 곳으로 돌려주는 작업을 의미한다. 아래 그림에서 get_sum( ) 함수 내부의 문장들을 실행하면 결과값은 sum이라는 변수에 할당된다. 그 이후, 마지막에 return sum 문장이 실행되면 처음 get_sum( ) 함수를 호출한 곳으로 다시 돌아오고 결과값이 이미 지정된 변수(아래 그림에서는 value)에 할당된다.

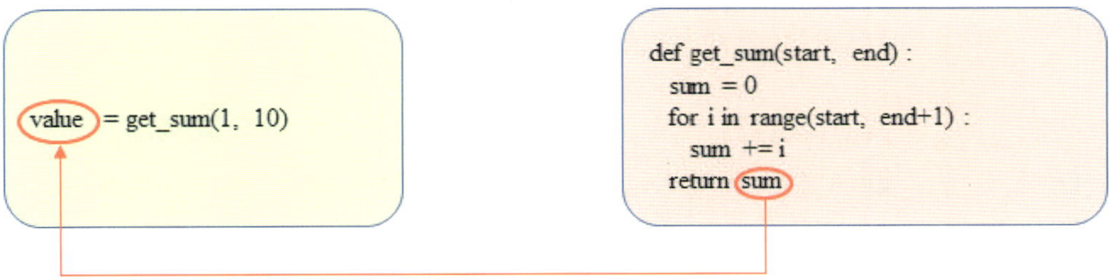

그림 2.4 함수 연산 후 결과값의 반환 흐름

함수의 반환(return) 시 하나의 값 뿐만 아니라 여러개의 값도 한번에 반환 가능함을 알아두자.

In [132]:
```
def check():
        return 1, 2, 3

a, b, c = check()
print(a, b, c)
```
```
1 2 3
```

프로그래밍 언어에서 일반적으로 사용하는 함수 인자 전달 방식은 “값에 의한 호출” 및 “참조에 의한 호출”의 2가지로 구분된다.

- **값에 의한 호출(Call by value)** : 값이 지정된 변수를 인자로 넘기는 것이 아니라 변수에 할당된 값만을 복사해서 함수의 인자로 넘기는 방식이다. 값에 의한 호출 방식은 다음과 같은 특징이 있다. 우선 호출한 부분의 변수 값은 변경되지 않는다. 또한, 함수 내에서 해당 인자를 조작하여 변경했다고 해도 원본 인자는 변하지 않는다. 그리고 함수 안의 인수값 변경 시 호출된 변수에 영향을 주지 않는다. int, float, str, tuple 등(immutable object)에 적용된다.

In [133]:
```
def modify1(s):
        s += “To You”

msg = “Happy Birthday”
print(“msg=”, msg)

modify1(msg)
print(“msg=”, msg)
```
```
msg= Happy Birthday
msg= Happy Birthday
```

위 예제 소스 코드를 살펴보자. msg라는 변수에 “Happy Birthday”라는 값이 할당된 후 print(“msg=”, msg) 문장을 통해 출력해보면 결과값으로 msg= Happy

Birthday를 확인할 수 있다. 다음 줄에서 modify1(msg)라는 함수를 호출하면 modify1 함수에 msg 인자값이 s라는 매개변수에 전달된다. 그 이후 modify1 함수 내에서 To You라는 문구가 추가되어 s는 Happy Birthday To You로 변경되지만, 함수가 종료되면 변경된 내용이 원본 msg 인자값에 영향을 주지 않는다. 따라서 modify1(msg) 문장 이후에 print("msg=", msg)를 실행하면 처음과 같이 변경되지 않는 Happy Birthday가 그대로 출력된다.

- **참조에 의한 호출 (Call by reference)** : 함수에서 변경한 내용이 호출한 부분에도 적용되는 형태의 방식이다. 참조에 의한 호출 방식은 다음과 같은 특징이 있다. 함수에 인수를 넘길 때 메모리 주소를 넘겨 함수 내에서 해당 인자를 조작하면 원본 인자의 주소 값으로 타고 들어가 해당 값 자체를 변경시킨다. 함수 안의 인수값 변경 시, 호출된 변수값도 변경된다. list, dict, set (mutable object)에 적용된다. 파이썬은 객체의 주소가 함수로 넘어간다는 뜻으로, 객체 호출(call by object reference) 로 명명되는 방식을 사용하기도 한다.

In [134]:
```
def modify2(li):
    li += [100, 200]

list = [1, 2, 3, 4, 5]
print(list)
modify2(list)
print(list)
```
```
[1, 2, 3, 4, 5]
[1, 2, 3, 4, 5, 100, 200]
```

위 예제 소스 코드를 살펴보자. list라는 변수에 [1, 2, 3, 4, 5] 라는 값이 할당된 후 print(list) 문장을 통해 출력해보면 [1, 2, 3, 4, 5]를 확인할 수 있다. 다음 줄에서 modify2(list)라는 함수를 호출하면 modify2 함수에 list 인자값이 li라는 매개변수에 전달된다. 여기서 li는 [1, 2, 3, 4, 5]가 된다. 이후 modify2 함수 내에서 li에 [100,

200]을 추가하면 li의 원본값(list) 자체가 [1, 2, 3, 4, 5]에서 [1, 2, 3, 4, 5, 100, 200]로 변경된다. 함수가 종료되면 변경된 내용이 원본 list 인자값 자체를 변경시키기 때문에 modify2(list) 문장 이후 print(list)를 실행하면 변경된 값인 [1, 2, 3, 4, 5, 100, 200]이 출력된다.

프로그래밍 수행 시 전체 코드 내에서 선언된 변수들의 사용 범위를 제어할 필요가 발생한다. 이러한 목적을 달성하기 위해 사용 범위에 따라 변수를 크게 지역변수와 전역변수로 구분하고 있다.

- **지역변수 (local variable)** : 함수내에서 선언되고 함수 내에서만 사용되는 변수를 의미한다. 지역변수는 다음과 같은 특징을 가진다. 함수가 실행되는 동안에만 존재하며, 함수가 호출되어 실행될 때 만들어지고, 함수의 실행이 끝나면 모두 삭제된다. 그리고, 지역변수는 그 변수가 속한 함수의 밖이나 다른 함수에서는 사용할 수 없다. 매개변수도 함수 안에 정의되므로 지역변수다. 다음 예제 코드에서 변수 s는 sub( ) 함수 내에서 정의되고 print(s)를 통해 출력되는 지역변수다.

In [135]:
```
def sub():
        s = “바나나가 좋음!”
        print(s)


sub()
```

바나나가 좋음!

- **전역변수 (global variable)** : 함수 밖에서 선언되고 프로그램 전체에서 사용되는 변수를 의미한다. 전역변수는 다음과 같은 특징을 가진다. 전역변수는 프로그램 어디서든 읽을 수 있다. 그리고, 함수 안에서는 전역변수에 새로운 값을 대입하는 것은 금지하고 있다(global 문을 사용하면 예외적으로 가능하기도 함). 다음 예제 코드에서 변수 s는 sub( ) 함수 밖에서 정의되었고, sub( ) 함수 내에서도 사용될 수 있는 전역변수다.

In [136]:
```
def sub():
        print(s)

s = "사과가 좋음!"
sub()
```
```
사과가 좋음!
```

지역변수와 전역변수 사용 범위에 대해 정확히 이해해 보도록 하자. 다음 예제를 실행해보면 오류가 발생한다. 왜 그럴까? 우리가 관심을 두어야 할 변수는 x와 t다. 프로그램이 가장 먼저 시작되는 지점은 6행의 x = 10이다. 그리고 7행에서 x는 test(x) 함수로 변수를 넘기게 된다. 그렇다면 함수 안에서 처음 만나는 2행 print(x)의 x는 어떤 변수일까? 이때의 x는 함수 안에서 재정의되지 않았으므로 함수를 호출한 메인 프로그램의 x = 10의 x를 뜻한다. 즉, 프로그램 전체에서 사용할 수 있는 전역 변수다.

함수 안의 t는 test(x) 함수의 x를 t로 치환하여 사용한다. 즉, 함수 안에서는 x를 따로 선언한 적은 없고, t를 선언하여 사용하는 것이다. 그리고 3행의 t = 20에 의해 t에 20이 할당되고, 실제로 4행 print("In Function:", t)문의 결과에 의해 In Function: 20이 화면에 출력되는 것으로 예상할 것이다. 하지만 함수가 종료되고 코드에 9행의 print("InMain:", t)가 실행되면 오류가 출력된다. 왜냐하면 t가 함수 안에서만 사용할 수 있는 지역변수이기 때문이다.

In [137]:
```
1  def test(t):
2      print(x)
3      t = 20
4      print("In Function:",t)
5
6  x=10
7  test(x)
8  print("In Main:",x)
9  print("In Main:",t)
```
```
10
```

```
In Function: 20
In Main: 10
---------------------------------------------------------------
NameError                                      Traceback (most
recent call last)
<ipython-input-48-553c6919d51d> in <module>
      7 test(x)
      8 print("In Main:",x)
----> 9 print("In Main:",t)

NameError: name 't' is not defined
```

전역변수와 지역변수의 확실한 이해를 위해 다른 예제를 하나 더 살펴보자. 다음 예제를 실행시 도출되는 결과에 대해 이해 해보자. 예제에서 변수 s는 함수 f()의 안에서도 사용되고 밖에서도 사용된다. s의 값은 어떻게 바뀔까? 프로그램이 시작되자마자 s에는 'I love you!'라는 값이 할당된다. 하지만 그 후, 함수 안으로 코드의 실행이 옮겨가 다시 s에 'I love this course!'값이 저장되고, 그 값이 먼저 출력된다.

그렇다면 함수 밖 변수 s의 값은 변경되었을까? 함수가 종료된 후 7행 print(s)의 실행 결과는 'I love you!'다. 왜 이런 일이 발생했을까? 함수 안과 밖의 s는 같은 이름을 가졌지만, 사실 다른 메모리 주소를 가진 전혀 다른 변수이기 때문이다. 따라서 함수 안의 s는 해당 함수가 실행되는 동안에만 메모리에 있다가 함수가 종료되는 순간 사라진다. 당연히 함수 밖 s와는 메모리 주소가 달라 서로 영향을 주지 않는다.

In [138]:
```
1  def f():
2      s = "I love this course!"
3      print(s)
4
5  s = "I love you!"
6  f()
7  print(s)
```

```
I love this course!
I love you!
```

파이썬에서는 자주 사용되는 함수를 내장함수(Built-in Functions)라는 이름으로 기본적으로 제공하고 있다[3]. 예를 들어, 절대값을 구하거나 원소의 개수를 세는 것과 같은 함수가 내장함수에 해당한다. 특정 목적의 프로그램을 처음부터 모두 구현할 수도 있지만, 그 전에 먼저 여러분이 만들려는 프로그램이 이미 만들어져 있는지 살펴볼 필요가 있다. 물론 공부를 위해서라면 누군가 만들어 놓은 프로그램을 또 만들어 볼 수도 있지만, 그런 목적이 아니라면 이미 만들어진 것을 다시 만드는 것은 불필요한 행동이 될 수도 있다. 그리고 이미 만들어진 프로그램은 테스트 과정을 많이 거쳤기 때문에 충분히 검증되어 있다는 장점이 있다. 따라서 무엇인가 새로운 프로그램을 만들기 전에는 이미 만들어진 것들, 그중에서도 특히 파이썬 배포본에 함께 들어 있는 파이썬 라이브러리를 살펴보는 것이 매우 중요하다고 할 수 있다.

파이썬에서 제공하는 내장함수의 목록은 다음과 같다.

https://docs.python.org/ko/3/library/functions.html

abs()	delattr()	hash()	memoryview()	set()
all()	dict()	help()	min()	setattr()
any()	dir()	hex()	next()	slice()
ascii()	divmod()	id()	object()	sorted()
bin()	enumerate()	input()	oct()	staticmethod()
bool()	eval()	int()	open()	str()
breakpoint()	exec()	isinstance()	ord()	sum()
bytearray()	filter()	issubclass()	pow()	super()
bytes()	float()	iter()	print()	tuple()
callable()	format()	len()	property()	type()
chr()	frozenset()	list()	range()	vars()
classmethod()	getattr()	locals()	repr()	zip()
compile()	globals()	map()	reversed()	_import_()
complex()	hasattr()	max()	round()	

대표적인 내장함수들에 대한 설명 및 예제는 다음과 같다.

3) 천인국, 파이썬 Express, 생능출판사, 2020.

• **abs()** : 어떤 숫자를 입력받았을 때, 그 숫자의 절대값을 돌려주는 함수다.

In [139]:
```
abs(-3)
```
```
3
```
In [140]:
```
abs(-1.2)
```
```
1.2
```

• **dir()** : dir은 객체가 자체적으로 가지고 있는 변수나 함수를 나타낸다. (다음은 리스트와 딕셔너리 객체 관련 함수(메서드)를 보여 주는 예제다).

In [141]:
```
dir([1, 2, 3])
```
```
['__add__',
 '__class__',
 '__contains__',
... ]
```
In [142]:
```
dir({'1':'a'})
```
```
['__class__',
 '__contains__',
 '__delattr__',
... ]
```

• **eval()** : eval(expression)은 실행 가능한 문자열(1+2, 'hi' + 'a' 같은 것)을 입력으로 받아 문자열을 실행한 결과값을 돌려주는 함수다. 보통 eval은 입력받은 문자열로 파이썬 함수나 클래스를 동적으로 실행하고 싶을 때 사용한다.

In [143]:
```
eval('1+2')
```
```
3
```
In [144]:
```
eval("'hi' + 'a'")
```
```
'hia'
```

• **float()** : 숫자 또는 문자열로부터 실수를 만들어 반환한다. 인자가 주어지지 않으면, 0.0을 반환한다.

In [145]:
```
float('1.23')
```
```
1.23
```

In [146]:
```
float('-12345\n')
```
```
-12345.0
```

In [147]:
```
float('1e-003')
```
```
0.001
```

In [148]:
```
float('+1E6')
```
```
1000000.0
```

• **max()** : max(iterable)는 인수로 반복 가능한 자료형인 리스트, 튜플, 문자열을 입력받아 그 최댓값을 돌려주는 함수다.

In [149]:
```
max([1, 2, 3])
```
```
3
```

In [150]:
```
max("python")
```
```
'y'
```

• **sorted()** : sorted(iterable)함수는 입력값을 정렬한 후 그 결과를 리스트로 돌려주는 함수다.

In [151]:
```
sorted([3, 1, 2])
```
```
[1, 2, 3]
```

In [152]:
```
sorted(['a', 'c', 'b'])
```
```
['a', 'b', 'c']
```

In [153]:
```
sorted("zero")
```
```
['e', 'o', 'r', 'z']
```
In [154]:
```
sorted((3, 2, 1))
```
```
[1, 2, 3]
```

파이썬에서 모듈(module)이란, 함수나 변수 또는 클래스들을 모아 놓은 파일을 의미한다. 프로그래밍에서 중요한 하나의 원칙은 이전에 개발된 코드를 적극적으로 재활용하자는 것이므로 모듈은 중요한 역할을 한다. 파이썬에서 제공하고 있는 모듈의 예로는 copy 모듈, keyword 모듈, random 모듈, os 모듈, sys 모듈, time 모듈, calendar 모듈 등이 있다.

일반적으로 많이 사용하는 모듈의 예로는 대표적으로 random 모듈이 있다. random 모듈 내에서 자주 활용되는 여러 함수들에 대해 살펴보자.

- random 모듈의 random() 함수는 0 이상 1 미만의 실수 중에서 난수값을 뽑아서 반환한다.

In [155]:
```
import random
random.random()
```
```
0.3040738485894817
```

- random 모듈의 uniform(a, b) 함수는 괄호 안 두 수인 a와 b 사이의 실수 중에서 난수값을 반환한다(범위: a이상, b이하).

In [156]:
```
import random
random.uniform(10, 30)
```
```
21.833239963969245
```

- random 모듈의 randint(a, b) 함수는 괄호 안 두 수인 a와 b 사이의 정수 중에

서 난수값을 반환한다(범위: a이상, b이하).

In [157]:
```
import random
random.randint(100, 200)
```
```
109
```

• random 모듈의 randrange(start, stop, step) 함수는 range(start, stop, step) 함수로 만들어지는 정수 중 난수값을 반환한다(범위: a이상, b미만).

In [158]:
```
import random
random.randrange(1, 15, 2)
```
```
13
```

• random 모듈의 shuffle() 함수는 함수 이름의 의미 그대로 리스트 자료를 무작위로 섞어주는 함수다(튜플, range, 문자열 불가능).

In [159]:
```
import random
abc = ['a', 'b', 'c', 'd', 'e']
random.shuffle(abc)
abc
```
```
['e', 'd', 'c', 'a', 'b']
```

• random 모듈의 choice() 함수는 매개변수로 시퀀스 타입(문자열, 튜플, 리스트)을 받은 후, 그중에서 무작위로 하나를 선택하여 반환한다.

In [160]:
```
import random
abc = ['e', 'd', 'a', 'c', 'b']
random.choice(abc)
```
```
'c'
```

- random 모듈의 sample(seq or set, 뽑을 개수) 함수는 입력으로 받은 시퀀스 타입(문자열, 튜플, 리스트) 또는 세트 타입 데이터에서 정한 개수만큼 무작위로 뽑아 반환한다.

In [161]:
```
import random
data = [1, 2, 3, 4, 'apple', 'banna']
random.sample(data, 3)
```

```
[1, 'apple', 2]
```

프로그래밍 실습

실습 1

리스트에 있는 모든 아이템의 합을 구하는 프로그램을 작성하시오.

실습 1의 문제 풀이

주어진 리스트가 list_a라고 할 때 아래와 같이 반복문을 사용해서 전체 합을 구할 수 있다.

```
sum = 0
for x in list_a:
        sum += x
```

실습 2

로또 번호 생성기를 만들어보자. (두 가지 버전으로 만든다.)

① 첫 번째는 아주 간단한 로또 번호 생성기로 1부터 45까지의 정수 난수값 6개를 출력한다.

(참고) 1부터 45까지 난수값을 생성하는 방법 : random.randint(1,45)

② 위의 간단한 로또 번호 생성기는 중복된 숫자가 나올 수 있다. 이를 개선해서 중복되지 않는 난수 6개를 생성해 로또번호를 추천해주는 프로그램을 작성하시오.

실습 2의 문제 풀이

○ 간단한 로또 번호 생성 코드

```
def lotto():
        for i in range(0,6):
                print(random.randint(1,45))
```

○ 문제점

- 중복된 숫자가 나올 수 있다!

○ 개선 방향

- 리스트를 활용해 기존과 동일한 숫자일 경우 다시 난수를 생성함.

○ 개선된 코드

```
import random

lottoNumber = []
while True:
   if len(lottoNumber) == 6:
     break
   newNumber = random.randint(1,45)
   if newNumber not in lottoNumber:
     print(newNumber)
     lottoNumber.append(newNumber)
```

○ 동작 설명

- 생성된 로또 번호를 lottoNumber 리스트에 저장한다.
- 단, 기존에 lottoNumber 리스트에 값이 있는지 확인 후 저장.
- lottoNumber 길이가 6이 될 때까지 무한 반복하며, 6이 되면 반복문을 break로 빠져 나온다.

실습 3

사칙연산을 할 수 있는 전자계산기를 만들어보자. 우선 두 수를 입력받아 사칙 연산을 수행하는 4개의 함수(add(), sub(), mul(), div())를 작성한다. 그리고 이들 함수를 이용하여 10+20*30이라는 수식을 계산하여 보자(단, 함수를 호출할 때 키워드 인수를 사용하여 호출해보자).

실습 3의 문제 풀이

a, b 값을 입력받아 add(), sub(), mul(), div( ) 함수를 구현한다. 이후 문제의 수식인 10+20*30을 계산하기 위해 mul()을 이용해 20과 30을 먼저 곱하여 결과를 도출하고, 그 결과값에 add()를 이용하여 10을 더해주는 방식으로 구현한다.

```
def add(a, b):
    return a + b
def sub(a, b):
    return a - b
def mul(a, b):
    return a * b
def div(a, b):
    return a / b

r1 = mul(a=20, b=30)
r2 = add(a=10, b=r1)
print(r2)
```

실습 4

random 모듈을 사용하여 동전 던지기 게임을 구현해보고자 한다. 먼저 사용자에게 동전 던지기를 수행할 것인지를 질문하고 yes를 입력하면 동전을 던져 동전의 앞면(head)과 뒷면(tail) 중 어떠한 결과가 도출되었는지 출력해준다. no를 입력하면 게임이 종료된다. 본 프로그램의 수행 결과는 다음과 같다.

```
동전 던지기를 계속하시겠습니까?( yes, no) yes
head
동전 던지기를 계속하시겠습니까?( yes, no) yes
head
동전 던지기를 계속하시겠습니까?( yes, no) yes
tail
동전 던지기를 계속하시겠습니까?( yes, no) yes
tail
동전 던지기를 계속하시겠습니까?( yes, no) yes
head
동전 던지기를 계속하시겠습니까?( yes, no) no
```

실습 4의 문제 풀이

사용자로부터 no를 입력받기 전까지 계속 무한 반복해야 하므로 while구문을 사용했을 시 while(True)형태로 구현한다. 이후 yes를 입력받으면 random.choice()를 활용하여 결과를 도출하고, no를 입력받으면 break를 통해 프로그램을 종료한다.

```
import random
myList = [ "head", "tail" ]

while (True):
   response = input("동전 던지기를 계속하시겠습니까?( yes, no) ");
```

```
if response == "yes":
   coin = random.choice(myList)
   print (coin)
else :
   break
```

실습 5

주어진 텍스트 파일에서 내용을 읽고, 각 단어의 빈도를 계산하여 출력하시오.

즉, 파일의 경로를 입력으로 받고 파일의 모든 내용을 한 줄씩 읽어와 각 줄에 있는 단어의 출현 빈도를 계산하여 사전 형태로 저장한다. 최종적으로 모든 줄을 다 읽고 나면 각 단어와 그 빈도를 출력한다.

실습 5의 문제 풀이

(예시코드)

```
def countWordFRQ(file_path):
    word_count = {}

    with open(file_path, 'r') as file:
        for line in file:
            words = line.strip().split()
            for word in words:
                word = word.lower()  # 대소문자 구분 없이 처리
                if word in word_count:
                    word_count[word] += 1
                else:
                    word_count[word] = 1
    for word, count in word_count.items():
        print(f"{word}: {count}")

file_path = 'sample.txt'  # 예제 파일 경로
count_word_frequency(file_path)
```

연습문제

1. 리스트 list_a = [1, 2, 3, 4]일 때 다음 각 코드의 출력 결과는 무엇인가?

   ① list_a[2]

   ② list_a[1:]

   ③ list_a[:2]

2. 리스트 끝에 새로운 아이템을 추가하는 함수는 무엇인가?

3. 리스트의 특정 아이템 값을 삭제하는 방법은 무엇인가?

4. 다음 이차원 리스트에 대해 각 코드의 출력 결과는 무엇인가?

```
list_b = [[ 1,2,3],
          [4,5,6],
          [7,8,9]]
```

   ① list_b[2]

   ② list_b[1][1]

   ③ list_b[2][:2]

5. 키와 값의 쌍으로 된 데이터를 저장하기에 적당한 자료형은 무엇인가?

   ① set ② list ③ tuple ④ dictionary ⑤ variable

6. 요소가 하나인 튜플을 만드는 방법으로 적절한 것은 무엇인가?

① t=[1 ② t={1} ③ t=(1) ④ t=(1,) ⑤ t=[1,]

7. 한번 만들어진 값을 변경할 수 없는 자료형은 무엇인가?

① set ② list ③ tuple ④ d ictionary ⑤ variable

8. 다음 코드의 결과는?

```
>>> myDic = { "apple":"사과", "dog":"개", "cat":"고양이"}
>>> myDic.setdefault('dog', '강아지')
>>> myDic.setdefault('peach', '복숭아')
>>> print(myDic.get('dog', '강지')
>>> print(myDic.get('melon', '멜론')
>>> print(myDic.get('peach', '복숭아')
```

① 강아지
멜론
복숭아

② 개
Error
복숭아

③ 개
멜론
복숭아

④ 강아지
melon
복숭아

9. 다음 프로그램의 실행 결과를 선택하시오.

```
def get_sum(start, end) :
    sum=0
    for i in range(start, end+1) :
      sum += i
    return sum

value = get_sum(1, 10)
print(value)
```

① 35 ② 40 ③ 45 ④ 50 ⑤ 55

10. 다음 코드에서 오류가 발생하는 이유를 설명해보시오.

```
In [142]: hello()
          def hello():
              print("Hi")
```

```
NameError                         Traceback (most recent
call last)
<ipython-input-21-cee80d3cd9fb> in <module>
----> 1 hello()
      2 def hello():
      3     print("Hi")

NameError: name 'hello' is nct defined
```

11. 다음 프로그램의 실행 결과를 선택하시오.

```
def message1():
    print("A")

def message2():
    print("B")
    message1()

message2()
```

① A
A ② A
B ③ B
A ④ AB ⑤ BA

12. 다음 프로그램의 실행 결과를 선택하시오.

```
def my_print (a, b) :
    print("왼쪽:", a)
    print("오른쪽:", b)

my_print(b=100, a=200)
```

① 왼쪽: 100
오른쪽: 100

② 왼쪽: 100
오른쪽: 200

③ 왼쪽: 200
오른쪽: 200

④ 왼쪽: 200
오른쪽: 100

⑤ 왼쪽: 100
오른쪽: 300

13. 다음 프로그램에서 호출되는 함수의 이름을 모두 나열한 것을 고르시오.

```
import math

print('수를 입력해 주세요')
number = int(input())

result = round(math.sqrt(number * math.pi))
print('계산 결과:', result)
```

① print(), input(), int()

② print(), input(), int(), round()

③ print(), input(), int(), round(), math.sqrt()

④ print(), round()

⑤ print(), int(), round()

14. 다음 프로그램의 실행 결과값을 정확히 나열한 것을 고르시오.

```
def total(a, b=5, c=10):
    print(a + b + c)

total(1)
total(1, 2)
total(1, 2, 3)
```

① 16, 16, 16　　② 16, 13, 6　　③ 16, 16, 6

④ 16, 13, 16　　⑤ 16, 13, 21

15. 재귀함수(recursive function)는 자기 자신을 다시 호출하는 함수를 의미한다. 다음 코드에서 factorial( ) 함수는 n을 매개변수로 받은 후 n ==1 이 아닐때까지 입력된 n과, n에서 1을 뺀 값을 입력값으로 하여 자신의 함수인 factorial()을 다시 호출하는 재귀함수다. 다음 프로그램의 실행 결과값을 선택하시오.

```
def factorial(n):
    if n == 1:
        return 1
    else:
        return n * factorial(n-1)

print(factorial(4))
```

① 1
② 2
③ 6
④ 24
⑤ 120

16. 다음 중 파일을 읽기 전용으로 열기 위한 올바른 모드는 무엇입니까?

① 'w'
② 'a'
③ 'r'
④ 'x'

17. 파일을 열 때 with open('file.txt', 'w') as file: 구문을 사용하는 주요 이점은 무엇입니까?

① 파일의 내용을 자동으로 백업합니다.

② 파일의 모든 내용을 자동으로 대문자로 변환합니다.

③ 블록을 벗어날 때 파일이 자동으로 닫힙니다.

④ 파일의 첫 번째 줄만 읽습니다.

18. 다음 코드의 출력은 무엇입니까?

```
with open('example.txt', 'w') as file:
    file.write("Hello, World!")

with open('example.txt', 'r') as file:
    content = file.read()

print(content)
```

① Hello, World!

② None

③ File not found

④ Error: File already open

프로그래밍 문제

1. 위의 로또 번호 생성기를 사용해 로또 게임기를 만들어보자.

○ 사용자로부터 1부터 45사이의 숫자 6개를 입력 받는다.

○ 로또 번호 생성기로 생성한 로또 번호와 비교해서 등수를 출력한다.

○ 등수

- 1등 : 6개 숫자 정답
- 2등 : 5개 숫자 정답
- 3등 : 4개 숫자 정답
- 4등 : 3개 숫자 정답
- 꽝 : 나머지

○ 결과 화면

```
숫자를 입력하세요:5
숫자를 입력하세요:8
숫자를 입력하세요:13
숫자를 입력하세요:17
숫자를 입력하세요:21
숫자를 입력하세요:23
꽝
로또 번호!!!
[5, 31, 23, 16, 18, 26]
```

2. 알파벳 빈도율 구하기

○ 소개

- 사용자로부터 문장을 입력 받고,
- 입력받은 문장에 포함된 알파벳의 출연 빈도율을 출력하시오.

○ 결과

```
문장을 입력하세요:Yeungnam University Computer Science
        Y:5.0%
        e:25.0%
        u:10.0%
        n:20.0%
        g:5.0%
        a:5.0%
        m:10.0%
         :15.0%
        U:5.0%
        i:15.0%
        v:5.0%
        r:10.0%
        s:5.0%
        t:10.0%
        y:5.0%
        C:5.0%
        o:5.0%
        p:5.0%
        S:5.0%
        c:10.0%
```

3. 회문검사기를 만들어 보자. 회문이란? 문자열을 뒤집어도 같은 문자열이 되는 것을 말한다. 사용자에게 문자열을 하나 입력 받아 회문인지 아닌지 판단하는 프로그램을 작성하시오.

예상결과)

단어을 입력하세요 : 기러기

회문입니다.

4. 다음처럼 하나의 문자열을 입력받아 문자열 끝에 ":D" 스마일 문자열을 이어 붙여 출력하는 print_with_smile 함수를 작성하시오.

```
In [1]: print_with_smile("안녕하세요")
```

```
안녕하세요:D
```

5. "Hello function" 문자열을 화면에 출력하는 print_func( ) 함수를 작성하고, 이 함수를 10번 호출하는 프로그램을 작성하시오.

6. 다음처럼 세 개의 숫자를 입력받아 가장 큰수를 출력하는 print_max 함수를 정의하시오. 단 if 문을 사용해서 수를 비교하라.

```
In [2]: print_max(16, 23, 79)
```

```
79
```

7. 다음처럼 두 개의 숫자를 입력받아 합, 차, 곱, 나눗셈을 출력하는 print_arithmetic_operations 함수를 작성하시오.

In [3]:
```
print_arithmetic_operation(6, 8)
```
```
6 + 8 = 14
6 - 8 = -2
6 * 8 = 48
6 / 8 = 0.75
```

8. 다음처럼 하나의 딕셔너리를 입력받아 딕셔너리의 key 값을 화면에 출력하는 print_keys 함수를 정의하시오.

In [4]:
```
print_keys ({"이름":"김영남", "나이":20, "성별":0})
```
```
이름
나이
성별
```

9. 다음처럼 하나의 리스트를 입력받아 짝수만 화면에 출력하는 print_even 함수를 정의하시오.

In [5]:
```
print_even ([31, 23, 12, 10, 13, 110, 15])
```
```
12
10
110
```

10. 숫자에 대해 제곱을 구하는 square( ) 함수를 정의하고, 이 함수를 이용해 다음과 같이 숫자를 콤마(,)로 구분해 입력하면 정의한 함수를 이용해 제곱 값을 출력하는 프로그램을 작성하시오.

```
In [6]: k = input()
        #,단위로 분류해서 리스트 만들기
        k = k.split(',')
        #리스트를 순회하며 제곱함수 호출
        for i in k:
          square(i)
```

```
3,4,5
square(3) => 9
square(4) => 16
square(5) => 25
```

11. 정렬된 숫자를 포함하고 있는 리스트 k에서 특정 숫자를 찾는 Check_for_existance( ) 함수를 정의하고, 이 함수를 이용해 임의의 숫자의 포함 여부를 출력하는 프로그램을 작성하시오.

```
In [7]: k = [2, 4, 6, 8, 10]
        print(k)
        Check_for_existence(k, 5)
        Check_for_existence(k, 10)
```

```
[2, 4, 6, 8, 10]
5 => False
10 => True
```

12. 인자로 전달된 숫자를 이용해 카운트다운하는 함수 countdown()을 정의하고, 이 함수를 이용하여 countdown(0), countdown(10)을 순서대로 실행하시오. 단, 0보다 작거나 같은 인자가 전달되었을 경우 "카운트다운을 하려면 0보다 큰 입력이 필요합니다."를 출력하시오.

In [8]:
```
countdown(0)
countdown(10)
```

```
카운트다운을 하려면 0보다 큰 입력이 필요합니다.
10
9
8
7
6
5
4
3
2
1
```

3 Chapter 데이터 분석[1)]

학습목표

- 데이터 분석의 개념과 필요성, 데이터 분석 절차를 설명할 수 있다.
- 셀 참조 방식과 데이터 분석을 위한 엑셀 함수의 사용법을 이해한다.
- 조건부 서식, 차트, 스파크라인을 이용하여 데이터를 시각화 할 수 있다.
- 추세선의 개념을 이해하고 이를 활용하여 값을 예측할 수 있다.
- 결측값의 개념을 이해하고 조건부 서식을 이용한 결측값 처리를 할 수 있다.
- 엑셀의 정렬 기능과 필터 기능을 사용할 수 있다.

3.1 데이터 분석 개요

우리는 수많은 종류의 데이터들이 끊임없이 생성되는 시대에 살고 있다. 매일 아침 확인하는 오늘의 날씨 데이터, 자신의 SNS에 업로드한 글, 어제 구매한 상품의 리뷰 정보, 운동 후 측정한 체지방 정보 등 우리의 일상생활 속에서 다양한 형태의 데이터가 끊임없이 생성된다. 이러한 데이터를 목적에 따라 수집하고 변환 및 처리하여 데이터 속에 숨겨진 유용한 정보를 도출해 내는 과정을 **데이터 분석(data analysis)**이라 한다.

오늘날 데이터 분석은 IT 분야뿐만 아니라 정치, 경제, 문화, 과학, 의료 분야 등 다양한 분야에 걸쳐 널리 사용되고 있으며, 그 중요성과 필요성이 날로 커지고 있다. 데이터 분석은 비즈니스 부문의 의사 결정을 더욱 효과적이고 과학적으로 할 수 있도록 도움을 준다. 특히, 데이터 분석을 통해 당면한 문제의 본질을 정확히 파악하고 문제해결을 위한 정확한 목적을 정의하는 것이 가능하다. 또한 데이터 분석을 통해 데이터 속에 숨겨진 새로운 정보를 찾아내고 미래를 예측하는 등 문제해결을 위한

1) 본 장에서 사용되는 엑셀 데이터는 https://bit.ly/SW_and_AI에서 다운로드 가능하다.

다양한 인사이트를 도출할 수 있다.

이러한 데이터 분석을 전문적으로 수행하는 사람을 데이터 분석가(data analyst)라 한다. 목적에 맞는 데이터를 수집하고 적절히 가공하여 그 가치를 높이고, 다각적이고 정확한 분석을 통해 문제 해결을 위한 솔루션을 도출해내는 전문가인 것이다. 데이터 분석가는 <U.S News>가 2024년 발표한 미국의 베스트 직업 순위의 8위에 선정될 정도로 최근 인기가 높다.

효과적인 데이터 분석을 위해서는 데이터가 매우 중요하다. 이를 위해 요구되는 데이터의 일반적인 특징을 정리하면 다음과 같다[1].

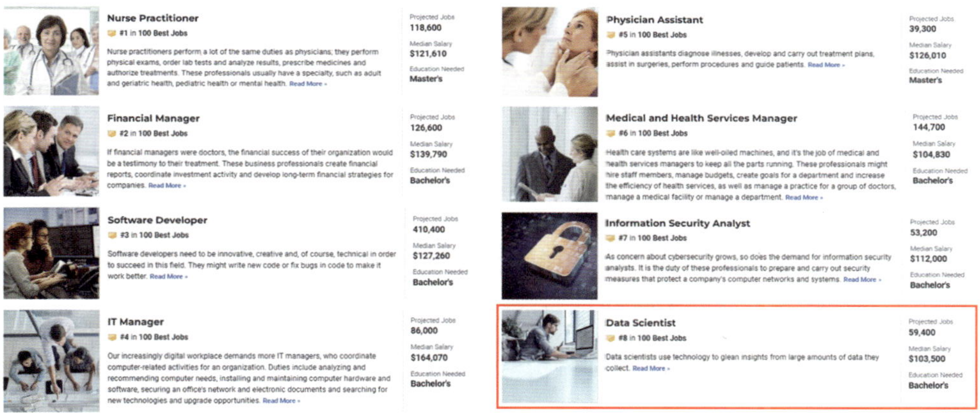

그림 3.1 2024년 미국의 베스트 직업 순위 (출처: usnews.com)

표 3.1 효과적인 데이터 분석을 위한 데이터의 특징

특징	설명
목적에 맞는 데이터	수집한 데이터는 분석 목적에 맞아야 한다. 예를 들어 환자의 정보를 토대로 건강상태를 분석하는 경우 환자의 독서량이나 성격 등의 정보는 분석 목적에 맞는 데이터라 할 수 없다.
정확한 값을 포함한 데이터	수집한 데이터가 정확한 값이어야 하며, 그 표현 형식이 일관되어야 한다. 예를 들어, 대구 지역의 연간 온도변화에 대해 5년 전에 측정한 데이터를 기준으로 하거나, 측정된 온도 데이터가 문자형으로 표현되어 있다면 데이터 분석과정이 복잡해지거나 분석 결과의 신뢰성이 낮아질 것이다.

연관성이 있는 충분한 양의 데이터	수집된 데이터의 양이 너무 적으면 한쪽으로 편향된 분석 결과가 도출될 수 있다. 반면 너무 많은 양의 데이터를 이용하게 되면 상대적으로 연관성이 낮은 데이터들이 분석에 포함되어 분석 결과의 신뢰도가 떨어질 수 있다.

3.1.1 역사 속 데이터 분석

병력과 세수 확인을 목적으로 BC 4000~3000년에 진행된 **<이집트의 인구조사>**는 인류 역사 상 데이터 분석의 시초라 할 수 있다. 우리나라의 예로는 세종 23년(1441)에 개발된 장영실의 **<측우기>**를 들 수 있다. 측우기는 강우량을 관측하기 위한 도구로 농업 활동에 참조하기 위해 개발된 것으로 알려져 있다. 또한 세수 확인을 위해 작성된 조선시대의 **<토지대장>** 역시 우리나라에서 진행되었던 데이터 분석의 대표적인 예라 할 수 있다. 1865년에 발표된 **<멘델의 유전법칙>** 역시 데이터 분석을 통해 새로운 지식을 발견해 낸 대표적인 예라 할 수 있다. 멘델은 1856년부터 1863년까지 수행된 7년간의 실험에서 일곱 가지 대립되는 유전형질을 선택하여 이를 잡종 교배할 경우 자식 세대에 발현되는 형질은 어떻게 되는지를 관찰하고 기록하였으며 누적된 관찰 데이터를 면밀히 분석하였다. 이를 통해 1865년에 발표된 <멘델의 유전법칙>을 정립하였다.

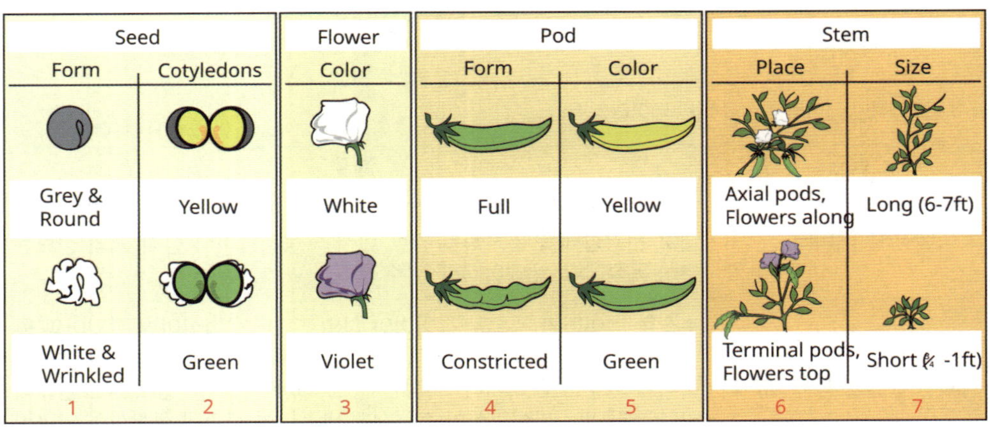

그림 3.2 멘델의 완두콩 실험 (출처: biolabkorea.com)

데이터 분석을 통해 문제를 해결한 또 다른 대표적인 예로 나이팅게일의 **<로즈 다이어그램, Rose diagram>**을 들 수 있다. 1854년 발발한 크림전쟁 기간 중 야전 병원에서 간호활동을 수행한 나이팅게일은 비위생적인 병원 환경에 따른 병사들의 2차 감염을 일으키고 이로 인한 사망자 수가 전장에서의 부상으로 인한 사망자 수보다 훨씬 높다는 사실을 확인하였다. 나이팅게일은 이 사실을 객관적으로 분석하기 위해 통일된 의무 기록 체계를 수립하고 병사의 입원, 부상, 질병, 사망 수치를 새로 만들어진 기록 체계에 따라 상세히 기록하였다. 특히, 통계학자였던 윌리엄 파르의 도표를 개선한 <로즈 다이어그램>을 만들어 2차 전염으로 인한 사망자 수가 부상으로 인한 사망자 수 보다 많다는 분석 결과를 직관적으로 보여주었다. 해당 보고서를 확인한 영국 정부는 야전 병원의 위생을 대폭 개선하기 위한 대대적인 조치를 취하였고 6개월 후 병사 환자의 사망률은 42%에서 2%로 급격히 낮아진 것으로 알려져 있다.

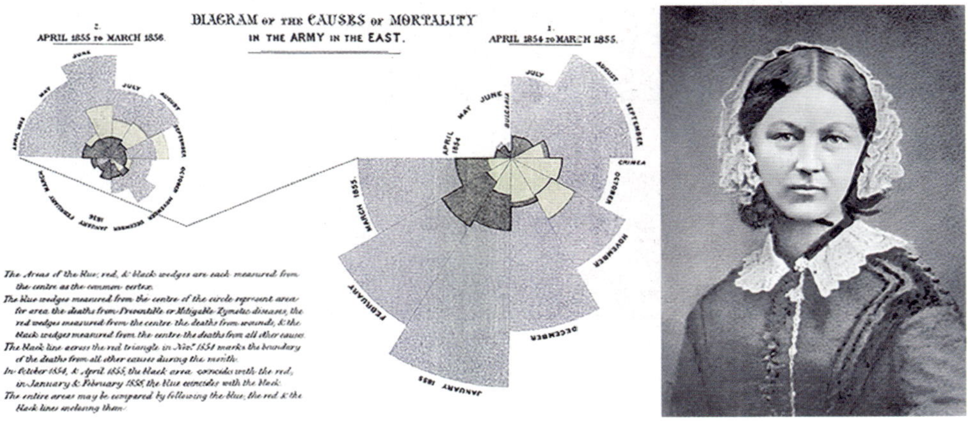

그림 3.3 나이팅게일의 로즈 다이어그램 (출처: 한국일보)

3.1.2 데이터 분석 사례

알파고 충격으로 대변되는 4차 산업혁명 시대가 도래하면서 데이터 분석의 가치와 그 중요성이 더욱 강조되고 있다. 특히 빅데이터라 불리는 대규모 데이터의 분석과 인공지능 기술이 결합된 새로운 형태의 서비스가 다양한 분야에 걸쳐 대거 등장하며 많은 주목을 받고 있다.

(1) 사용자 맞춤형 추천 서비스

유튜브, 넷플릭스, 멜론 등의 스트리밍 플랫폼은 **<사용자 맞춤형 추천 서비스>**를 제공하고 있다. 이러한 서비스는 사용자의 콘텐츠 시청 기록 정보를 다각도로 분석하여 사용자가 관심을 가질 가능성이 높은 콘텐츠들을 추천하는 알고리즘을 기반으로 구현된다.

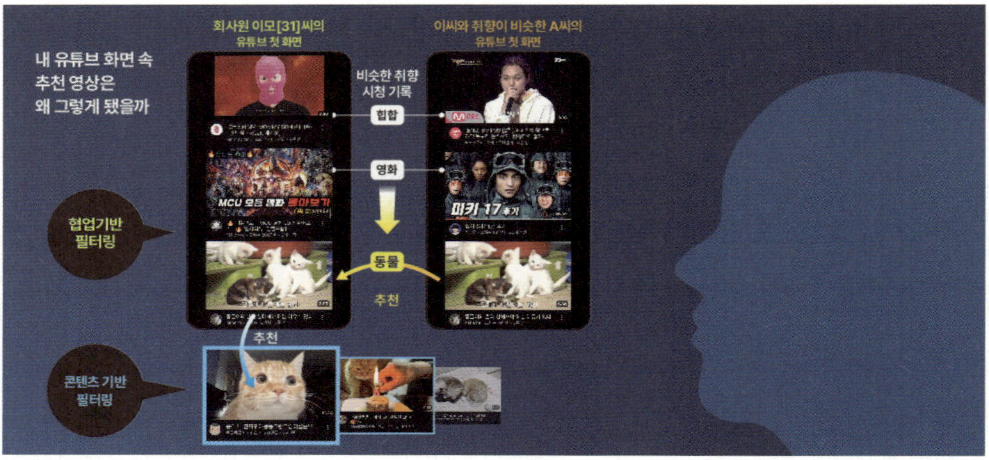

그림 3.4 유튜브 영상 추천 시스템 개념 (출처: 조선일보)

(2) 서울시 심야 버스 노선 최적화

서울시는 시민들의 교통카드 이용 정보, 휴대폰 통화량, 위치정보, 유동인구 정보 등의 빅 데이터 기반의 분석을 시행하였고, 이를 통해 심야버스의 수요를 예측, 기존 노선의 검증, 노선 보완, 배차 간격 등을 최적화하였다.

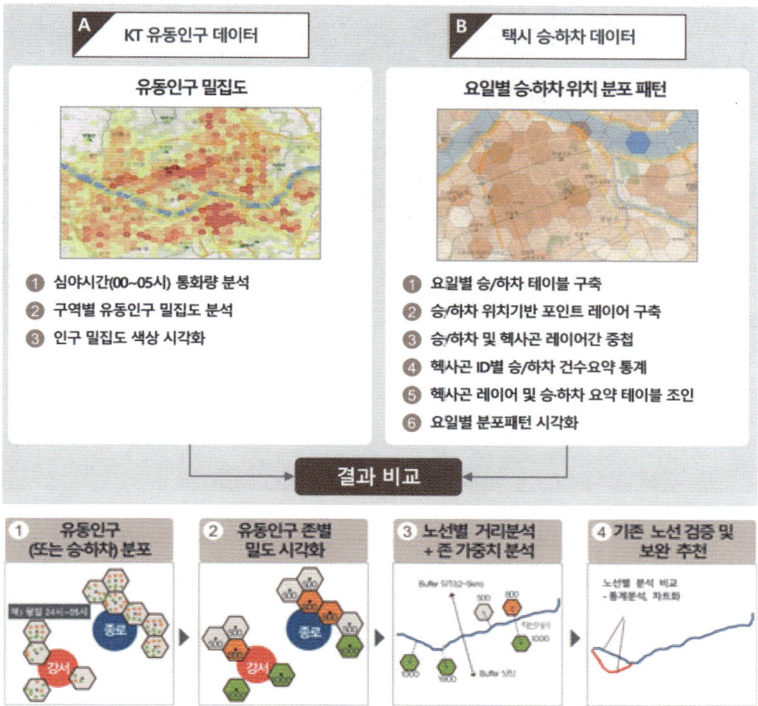

그림 3.5 심야버스 노선 최적화를 위한 데이터 분석 예 (출처: 서울특별시)

(3) 독일 축구 국가 대표팀의 전술 수립 솔루션

독일 축구 국가 대표팀은 SW 기업 SAP의 <Sports One> 솔루션을 기반으로 선수들의 움직임, 볼 소유시간, 컨디션 등의 데이터를 실시간으로 수집하고 분석하여 코칭 스태프의 전술 수립에 활용하였고, 이를 통해 2014 브라질 월드컵에서 우승컵을 거머쥘 수 있었다.

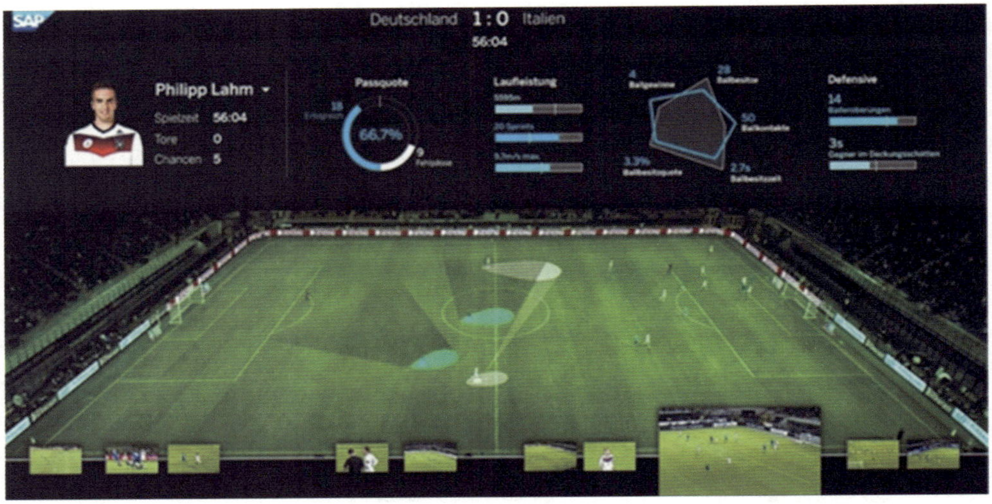

그림 3.6 SAP Sports One 솔루션 (출처: clarin.com)

(4) 아마존 결제 예측 배송 시스템

세계적인 전자상거래 시스템인 아마존은 평소 고객들의 상품 검색 기록, 위시 리스트, 어떤 아이템을 볼 때 얼마나 오래 머물러 있는지 등의 빅데이터 분석결과를 인공지능 기술과 결합하여 특정 고객이 미래에 주문할 가능성이 높은 상품을 예측하는 알고리즘을 개발하였다. 이를 기반으로 결제 예측 배송 시스템을 구축하였으며, 고객이 어떤 물건을 구매하기 전, 구매가 예상되는 물품을 예측하여 해당 물품을 고객과 가까운 물류창고에 미리 배송해 놓고, 고객이 그 물품을 주문하면 곧바로 배송해주는 서비스를 제공한다.

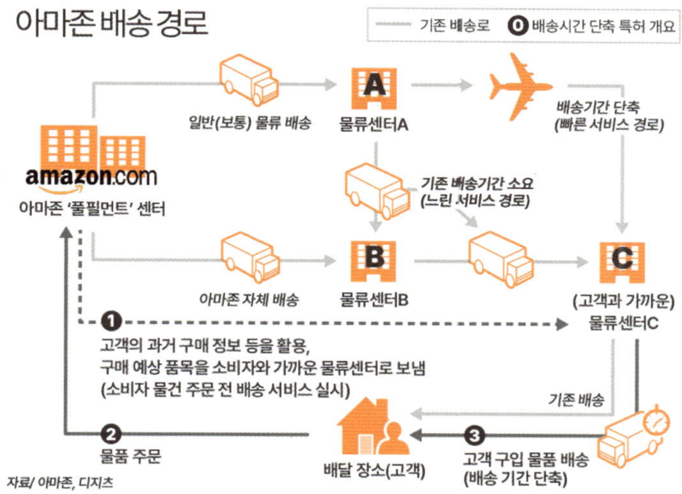

그림 3.7 아마존 결제 예측 시스템 개념도 (출처: 연합뉴스)

3.1.3 데이터 분석 과정

데이터 분석 절차는 ①문제 및 목적 정의 ②데이터 수집 ③데이터 전처리 ④데이터 분석 ⑤데이터 시각화로 구성된다. 물론 분석하고자 하는 데이터의 형태와 상황에 따라 그 과정이 약간씩 다를 수는 있다.

그림 3.8 데이터 분석과정

데이터 분석의 과정은 단계별로 완전히 데이터를 처리 후 다음 단계로 진행하는 것이 일반적이다. 하지만 단계별 진행을 하면서 문제점이 발생되면 이전 단계로 돌아가 부족한 점을 보완한 후 다음 단계를 다시 진행함으로써 데이터 분석 결과의 완성도를 높이는 것 역시 가능하다. 예를 들어 데이터 시각화 도중 처리되지 않은 중복 데이터나 결손 데이터가 발견될 경우 이전 단계로 돌아가 이들을 적절히 처리한 후 시각화 단계를 다시 수행하는 것이 바람직하다.

(1) 문제 및 목적 정의

데이터 분석의 첫 단계는 데이터 분석의 목적을 명확히 정의하는 것이다. 즉, 해결하고자 하는 문제가 무엇이고 분석의 최종 목적은 무엇인지를 명확하게 정의하는 것이라 할 수 있다. 이때, 보다 명확한 목적 정의를 위해서는 문제의 발생 배경과 요구사항 및 분석 범위가 함께 고려되어야 한다. 그 목적이 명확하지 않은 상태에서 진행된 데이터 분석은 완성도 높은 분석 결과를 기대하기 어렵고 때때로 문제를 더욱 복잡하게 만들 수도 있다. 반대로 데이터 분석의 목적이 정확히 정의되면 데이터 수집 단계에서 분석을 위한 접근 방법을 결정할 수 있고, 불필요한 작업을 최소화하여 데이터 분석이 보다 수월해질 수 있다.

(2) 데이터 수집

데이터 분석을 위한 목적이 명확히 정의되었다면 그 목적에 맞는 데이터를 수집해야 한다. 데이터 수집방법은 분석의 목적을 정의하는 과정에서 어느 정도 결정된다. 이전에 수집된 데이터를 활용하는 방법, 정부, 단체 등 공공기관에서 배포하는 데이터를 활용하는 방법, 유료로 제공되는 민간업체의 데이터를 활용하는 방법, 설문조사 등을 통해 직접 수집하는 방법, 분석 목적과 요구사항에 따라 다양한 수집방식을 택할 수 있다.

(3) 데이터 전처리

데이터 수집과정에서 확보된 데이터 셋(데이터들의 집합)이 분석하기 좋은 형태의 정보만을 포함하는 경우는 드물기 때문에 유용한 정보를 추출하기 위해서는 데이터 전처리 과정을 거쳐야 한다.

먼저 수집된 데이터 셋으로부터 해결하고자 하는 문제와 관련된 데이터 속성만을 추출해야 한다. 이 후 불필요하거나 중복된 데이터들을 제거하고, 결측값과 이상값 등을 적절히 처리하는 과정이 필요하다. 또한 필요에 따라, 수집된 데이터들의 형식과 규칙(실수, 문자, 소수점 이하 자리수, 유효값 범위 등)을 분석이 수월한 데이터 유형으로 변환하는 과정 역시 수행되어야 한다.

(4) 데이터 분석

데이터 전처리가 완료된 데이터 셋에 대해 실제 분석을 진행하는 단계이다. 정의된 문제와 목적에 따라 데이터의 대표값(평균, 최댓값, 최솟값 등)을 파악하고, 데이터 계산, 정렬, 분류, 비교 등의 작업과 다양한 통계적 추론 방법을 활용하여 데이터를 분석하고 미래값을 예측한다.

(5) 데이터 시각화

데이터 시각화는 데이터 분석 결과를 차트 등으로 도식화하여 표현함으로써 분석 결과를 한눈에 쉽게 파악할 수 있도록 시각적으로 표현하고 전달하는 과정을 의미한다. 이를 통해 데이터 속 여러 속성들 간 상관관계에 대한 통찰을 제공하며, 이를 통해 데이터의 변화 추이 역시 예상하는 것이 가능하다. 데이터 분석의 목적, 데이터 형태 및 특성 등에 따라 적합한 시각화 방법을 결정하는 것이 필요하다.

3.1.4 데이터 분석 도구

데이터 분석의 중요성과 필요성이 크게 강조되면서 다양한 종류의 데이터 분석 도구가 개발되었으며 대표적으로 SAS, SPSS 등의 통계 프로그램, 하둡(Hadoop), 스파크(Spark) 등 분산 처리 프레임워크와 R, 파이썬(Python), 엑셀(Excel)를 들 수 있다. 데이터 분석 도구를 선택할 때 고려해야 할 주요 사항은 다음과 같다.

표 3.2 데이터 분석도구 선택 시 고려사항

고려사항	설명
처리 성능	분석해야 할 데이터양에 따라 적합한 데이터 분석도구를 선택해야 한다.
데이터 구성	데이터의 형태는 매우 다양하기 때문에 데이터의 형태에 따라 그에 맞는 분석도구를 선택해야 한다. 수집된 데이터를 분석 목적에 부합하는 형태로 표현하고 변환하는데 제약이 적은 데이터 분석도구를 선택하는 것 역시 매우 중요하다.
분석 기법	데이터 분석의 목적과 수집된 데이터의 양에 따라 적합한 분석기법을 선택하고 이를 지원하는 데이터 분석도구를 선택해야 한다. 또한, 해당 데이터 분석도구에서 제공되는 연산기능, 통계 기법이 다양할수록 다각도의 분석이 가능하기 때문에 지원되는 통계, 분석기법의 종류 역시 고려해야할 사항이다.
시각화	데이터 분석의 목적에 따라 적합한 시각화 방법을 결정하고 이를 제공하는 데이터 분석도구를 선택해야 한다.

빅 데이터 분석에 특화된 하둡 및 스파크와 달리 R, 파이썬, 그리고 엑셀은 그 사용법이 상대적으로 간단하다는 장점이 있으며, 비교적 적은 양의 데이터를 분석할 때는 이들이 훌륭한 데이터 분석도구가 된다. 데이터 분석도구로서의 R, 파이썬, 엑셀의 특징을 정리하면 다음과 같다[1].

(1) R

R은 통계학자인 뉴질랜드 오클랜드대학의 로버트 젠틀맨(Robert Gentleman)이 개발한 오픈 소스 통계 프로그래밍 언어이다. 통계 목적의 다양한 연산의 사용과 출력이 용이하다는 장점이 있으며, 상대적으로 많은 통계 함수 패키지를 제공한다. 초보자를 위한 다양한 통계 소스를 제공하고 있다. 다른 프로그래밍 언어와 연계한 개발이 편리하다고 알려져 있으며, 다양한 시각화 기능을 제공한다.

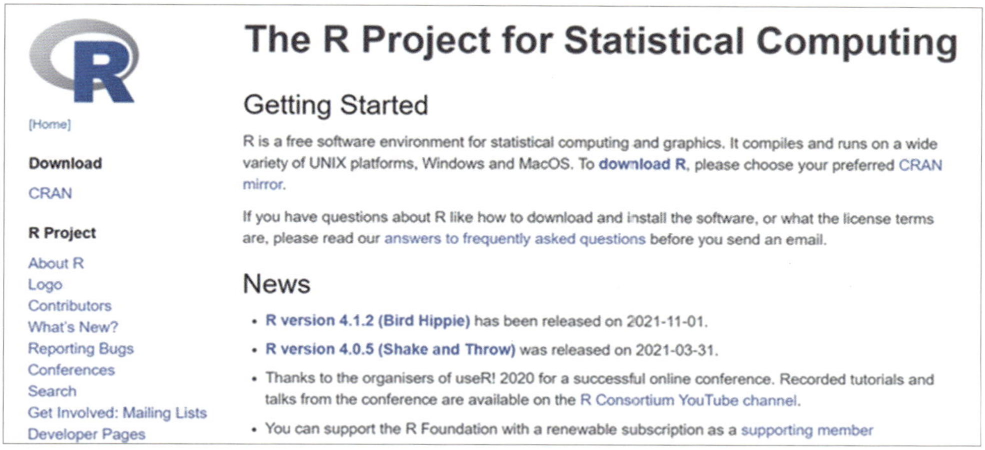

그림 3.9 R 공식 홈페이지 (www.r-project.org)

(2) 파이썬(Python)

본 교재에서도 다루고 있는 파이썬은 현재 전 세계에서 가장 인기있는 프로그래밍 언어라 할 수 있다. 간단하고 직관적인 문법구조를 갖고 있으며 풍부한 라이브러리와 확장 패키지를 제공한다는 장점이 있다. 통계 관련 라이브러리와 패키지가 통계에 특화된 R보다는 상대적으로 빈약하다고 알려져 있으나, 최근 통계 라이브러리가 대거 추가되는 등 계속해서 발전하고 있는 언어라 할 수 있다.

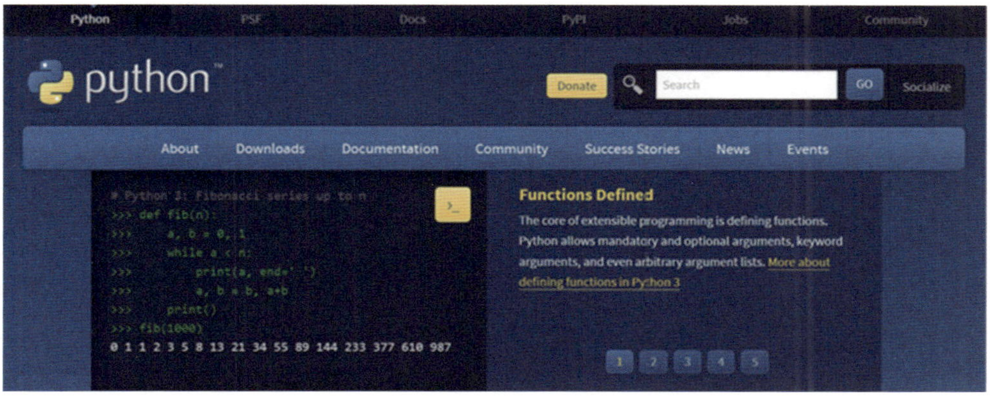

그림 3.10 파이썬 공식 홈페이지 (www.python.org)

(3) 엑셀(Excel)

엑셀은 Microsoft사에서 만든 계산용 스프레드시트 프로그램으로 계산이 많은 문서 작업에 특화된 기능을 제공한다. 엑셀은 통계 목적으로 만들어진 프로그램이 아니기 때문에 집계 및 통계 기법과 시각화 기법은 R에 비해 다소 제약이 있다. 하지만 다양한 함수를 비롯하여 차트 등의 시각화 도구 및 기본적인 분석 도구를 제공하며, 데이터 분석에 많이 사용되는 상관분석, 회귀분석 등 기본 통계 기법 역시 제공한다. 특히, R이나 파이썬과 달리 프로그래밍에 대한 지식 없이도 손쉬운 데이터 분석이 가능하다는 장점으로 인해 데이터 분석 입문자를 위한 최적의 분석 도구로 여겨지고 있다. 이러한 이유로 본 교재에서는 데이터 분석도구로 엑셀을 활용할 예정이다. 본 교재는 MS Office 16에 포함된 엑셀을 기준으로 작성되었다. 따라서 여러분들의 컴퓨터에 설치된 엑셀의 버전에 따라 엑셀 사용자 인터페이스의 디자인, 메뉴의 위치 등이 본 교재의 예제들과 다소 다를 수 있다. 하지만 제공되는 기능과 그 의미는 대동소이하므로 본인이 사용하는 엑셀 내 메뉴 등을 천천히 찾아보며 학습하길 바란다.

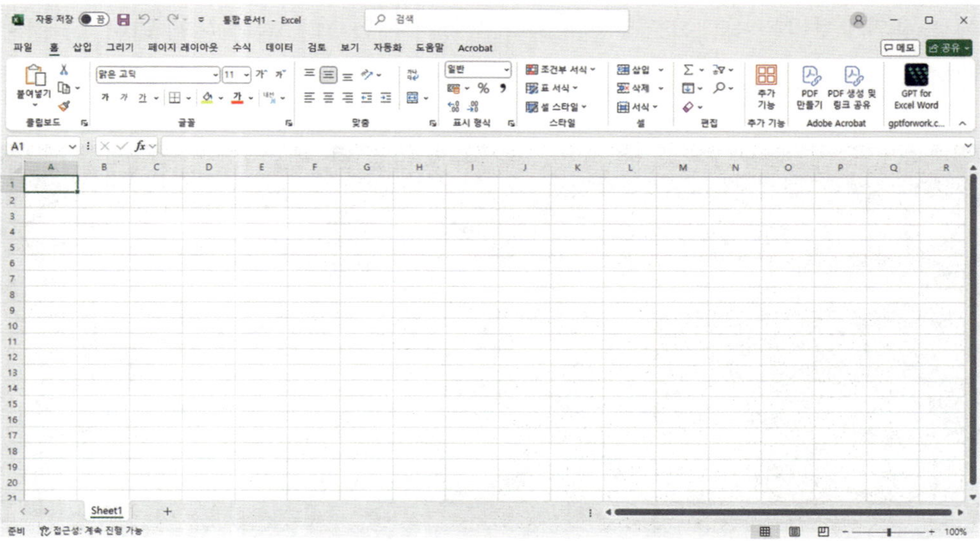

그림 3.11 엑셀 실행 화면

3.2 데이터 수집

데이터를 수집하여 활용하는 방법은 다음과 같이 크게 네 가지로 나눌 수 있다.

① 정부, 단체 등 공공기관에서 배포하는 공공 데이터를 활용

② 유료로 제공되는 민간업체의 데이터를 활용

③ 설문조사 등을 통해 직접 수집

④ 이전에 수집된 데이터를 활용

공공기관에서 제공하는 공공 데이터는 무료로 사용이 가능하며 데이터 분석의 학습용으로 매우 적합하다. 공공 데이터는 보통 공공기관 홈페이지에서 다운로드하여 활용할 수 있으며, 공공 데이터를 제공하는 대표적인 공공기관의 홈페이지를 정리하면 다음과 같다.

표 3.3 공공기관 홈페이지 주소

목록	설명	주소
브이월드	공간정보, 부동산, 3D지도 정보 제공	https://www.vworld.kr
국가통계포털	인구, 경제, 지역 등의 국가 통계 정보 제공	https://kosis.kr
식품안전나라	식품안전정보 제공 (식품회수, 판매중지, 검사부적합, 인허가 정보 등)	https://www.foodsafetykorea.go.kr
기상자료개방포털	기상, 해양, 황사, 레이더, 위성 관측 및 기후 통계분석 정보 제공	https://data.kma.go.kr
보건의료데이터개방시스템	병원, 요양기관, 질병, 진료, 진료비, 의약품, 환자표본 정보 제공	https://opendata.hira.or.kr
재정정보공개시스템	세입세출예산, 채권, 결산 등 재정통계, 보조금사업통계, 시각화자료 제공	https://www.openfiscaldata.go.kr
생필품가격정보	곡물, 정육, 가공품 등 생필품가격정보, 공공요금, 외식비 등 서비스 가격정보 제공	https://www.price.go.kr

수산정보포털	어업인, 학생, 연구원, 어업관련종사자, 수산관련기업 등 정보 제공	https://www.fips.go.kr
대기오염정보	지역별 실시간 대기정보, 대기질 예·경보, 측정자료 통계 정보 제공	https://www.airkorea.or.kr
교통사고분석시스템	보행자 무단횡단 사고다발 지역, 자전거 사고다발 지역, 교통사고 정보 등 제공	https://taas.koroad.or.kr
고속도로 공공데이터포털	고속도로 교통량, 통행속도, 통행료, 도로시설, 휴게소 현황 정보 제공	https://data.ex.co.kr
도서관 정보나루	국내 공공 도서관 정보 제공 (도서관 별 장서 및 대출빈도 등)	https://www.data4library.kr
경상북도 공공데이터 포털	교통, 보건, 환경 등 경상북도 관련 다양한 통계 정보 제공	https://gb.go.kr/Main/open_contents/section/data
대구광역시 공공데이터 포털	교통, 관광, 시설, 생활 등 대구광역시 관련 다양한 통계 데이터 제공	https://www.daegu.go.kr/index.do?menu_id=00000111

공공기관 홈페이지에서 제공하는 데이터들의 파일 형식은 XLSX, CSV, JSON, HTML 등이 있다. XLSX 파일 형식은 엑셀에서 바로 사용할 수 있는 반면, CSV, JSON, HTML 등의 파일 형식을 엑셀에서 사용하기 위해서는 데이터 변환 과정이 필요하다.

이번 장에서는 <기상자료개방포털> 사이트에서 공공데이터를 다운로드하여 수집하는 방법을 알아본다.

그림 3.12 기상자료개방포털 홈페이지 내 기온분석 메뉴 선택

단계 1) 기상자료개발포털(https://data.kma.go.kr/cmmn/main.do)에 접속하여 기후통계 분석 메뉴의 [기온분석]을 클릭한다.

그림 3.13 기상데이터 다운로드

단계 2) 검색 조건메뉴에 지역과 기간을 설정 후 [검색] 버튼을 클릭하여 데이터를 검색 후 [CSV] 버튼을 클릭하여 다운로드한다[2].

2) [Excel] 버튼을 클릭하면 엑셀에서 바로 사용가능한 파일 형식 (XLSX)로 다운받을 수 있다. 다만, CSV 파일 형식의 데이터만을 제공하는 공공 기관이 많기 때문에 본 교재에서는 학습을 위해 CSV 파일을 다운로드하여 실습한다.

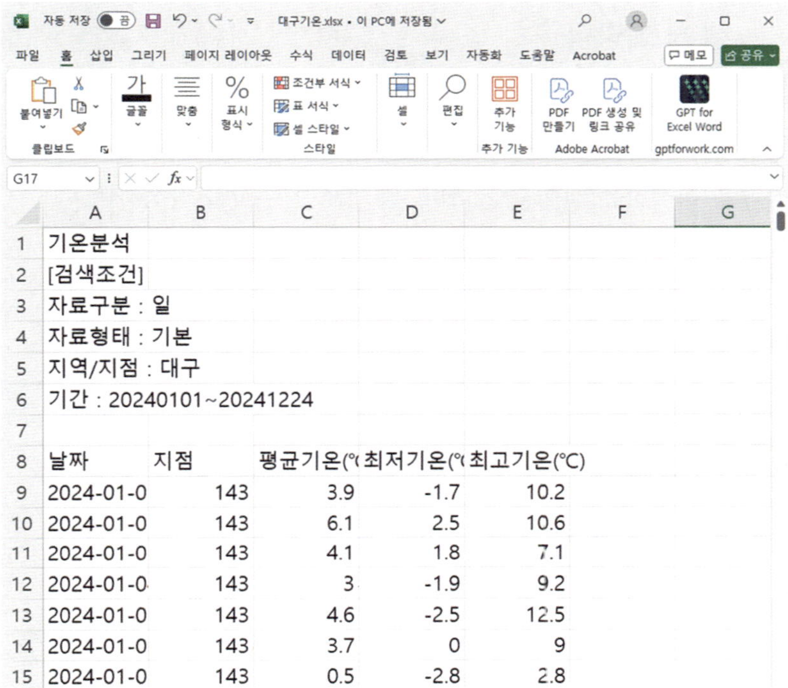

그림 3.14 최종 저장된 엑셀 파일

단계 3) 다운로드한 파일을 엑셀을 통해 오픈 후 메뉴의 [파일]→[다른 이름으로 저장] 순으로 클릭한다. 파일이름을 새롭게 지정하고 파일형식을 'Excel 통합문서(*.xlsx)'로 선택하여 저장한다.

3.3 셀 참조 방식

데이터 분석에서 넓은 데이터 범위에 수식을 빠르게 적용하기 위해서는 엑셀의 셀 참조 방식을 이해하는 것이 중요하다. 셀 참조란 수식을 작성하며 다른 셀을 참조하는 것을 의미하며 **상대 참조, 절대 참조, 혼합 참조**가 있다[1].

표 3.4 엑셀 셀 참조 방식

참조 방식	설명
상대 참조	엑셀에서 기본적으로 적용되는 참조 방식 수식이 복사될 때 참조하는 셀 주소가 상대적 위치로 변경
절대 참조	수식이 복사될 때 참조하는 셀 주소가 고정
혼합 참조	절대 참조와 상대 참조를 혼합하여 사용하는 방

3.3.1 상대 참조

상대 참조는 엑셀에서 기본적으로 적용되는 참조 방식으로, 셀에 입력된 수식이 다른 셀로 복사될 때 복사되는 위치에 따라 셀 주소도 함께 바뀐다. 예를 들어 그림 3.14와 같이 영남서점의 서적별 재고량을 계산한다고 가정해보자. "파워 포인트 기초"의 재고수량을 구하기 위해서 셀 D6에 입력되어 있는 입고수량에서 셀 E6에 입력되어 있는 판매량을 빼야한다. 이를 위해 셀 F6을 선택 후 수식 =D6-E6을 입력 후 엔터를 입력하자. 셀 F6에 그 결과가 계산되어 나타나는 것을 알 수 있다. 수식 입력 시 문장의 앞에 = 기호를 입력해야 한다는 사실을 주의하자.

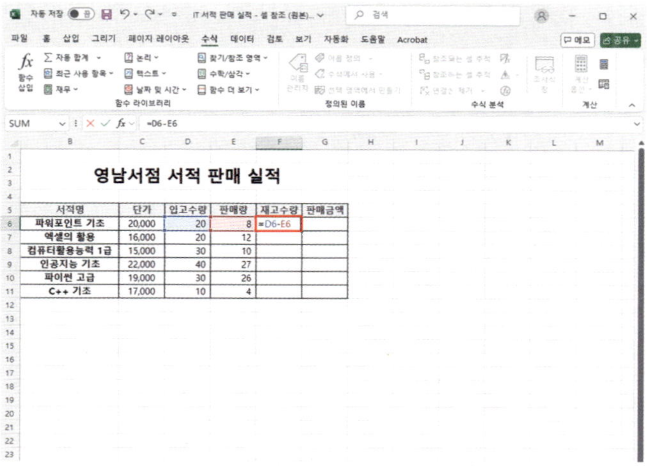

그림 3.15 영남서점 서적 판매 실적 정보

나머지 서적들의 재고수량은 어떻게 구해야 할까? 물론 각 서적별로 수식을 매번 입력하면 된다. 하지만 엑셀은 **채우기 핸들**이라는 편리한 방식을 제공한다. 재고수량이 계산되어있는 셀 F6의 오른쪽 하단 모서리를 클릭한 채로 셀 F11까지 드래그하자. 나머지 서적들의 재고수량 역시 자동으로 계산되는 것을 확인할 수 있다.

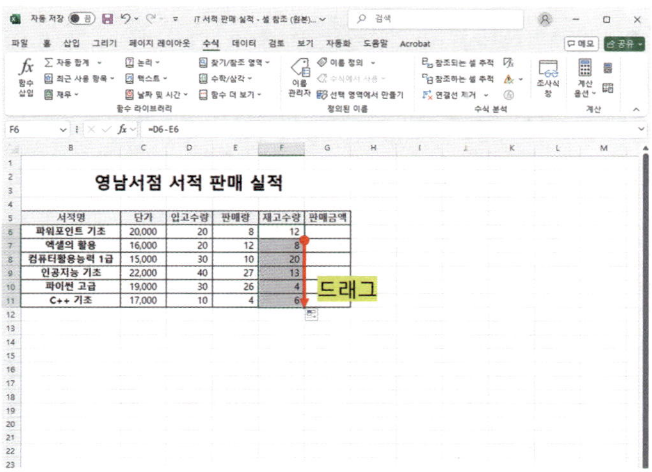

그림 3.16 상대 참조를 이용한 재고수량 계산

[수식]탭→[수식 표시](fx)를 클릭하여 각 셀에 자동으로 입력된 수식을 확인해 보자. 그림 3.17와 같이 셀 F7~F11에 입력된 수식들이 참조하는 셀 주소가 각 행에 맞게 변경된 것을 알 수 있다. 즉, 셀 F6에 입력된 수식이 다른 셀로 복사되는 과정에서 수식에서 참조된 셀 주소가 상대적인 주소로 변환되는 것이다.

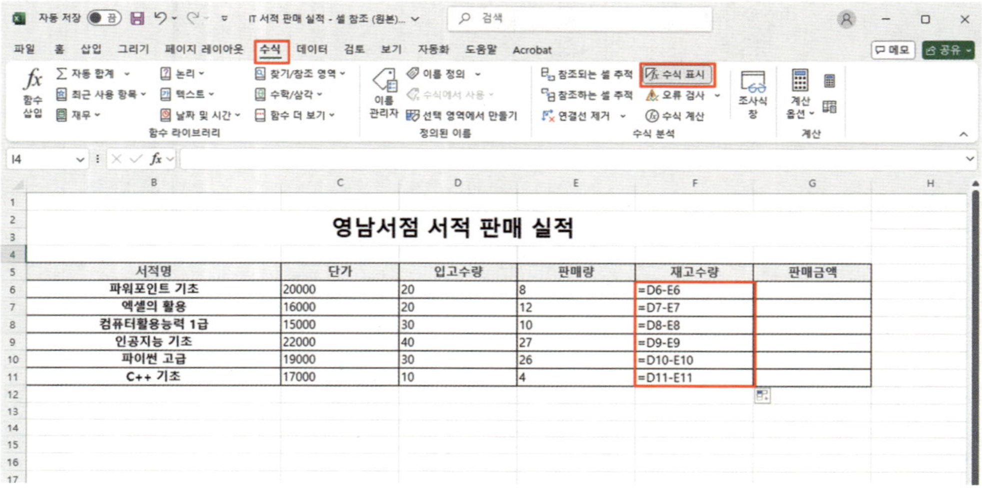

그림 3.17 자동 입력된 수식 확인

위 과정을 응용하여 그림 3.18과 같이 서적별 판매금액을 스스로 계산해보자.

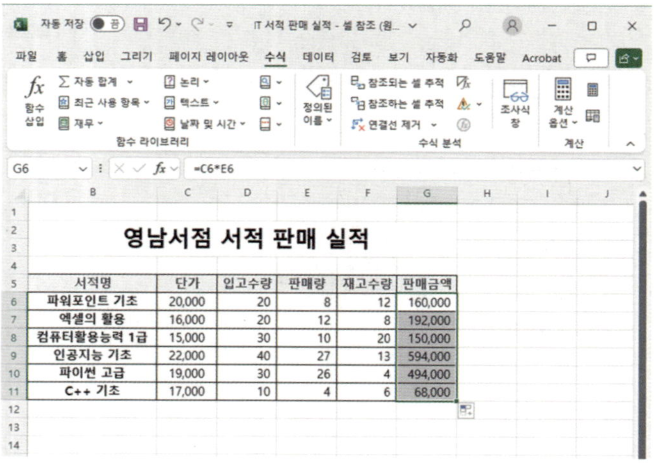

그림 3.18 상대 참조를 이용한 판매금액의 계산

3.3.2 절대 참조

절대 참조는 셀에 입력된 수식이 복사되더라도 수식에 사용된 셀 주소는 변경되지 않는 참조 방식이다. 절대 참조의 필요성을 이해하기 위해 그림 3.19의 예제를 살펴보자. 전체 판매금액 대비 각 서적의 판매금액의 비율을 계산하기 위해 셀 H6에 수식 =G6/G12을 입력 후 채우기 핸들을 이용해 셀 H12까지 수식을 복사했다고 가정하였다. 이 경우 셀 H6을 제외한 나머지 셀들의 계산결과는 #DIV/0이 되는 것을 알 수 있다[3]. 오류의 원인을 확인하기 위해 [수식]탭→[수식 표시]를 클릭하여 H열에 입력된 수식을 확인해 보자. 그림 3.20와 같이 알 수 있듯이 셀 H6을 제외한 나머지 셀들에 수식이 올바르지 않다는 것을 알 수 있다.

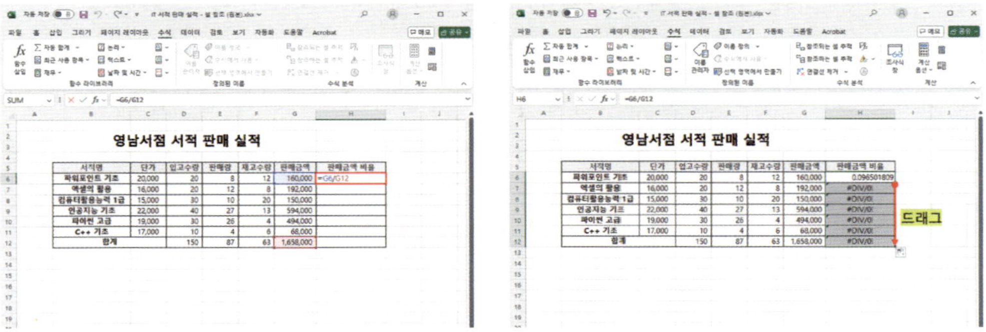

그림 3.19 상대 참조의 잘못된 사용 예

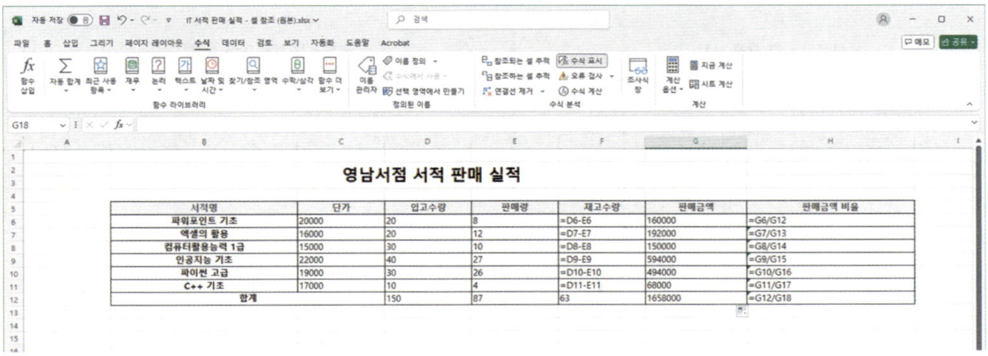

그림 3.20 상대 참조가 적용된 수식

3) #DIV/0은 어떠한 값을 0으로 나누려고 시도할 때 발생하는 오류이다.

엑셀에서는 수식이 복사될 때 기본적으로 상대 참조가 적용되기 때문에 셀 G7~G12을 각각 셀 G13~G18에 입력되어 있는 값으로 나누는 수식이 자동으로 적용된 것이다. 이처럼 수식이 다른 셀로 복사되더라도 참조하는 셀이 변하지 않아야할 때는 절대 참조방식을 사용해야 한다.

절대 참조 방식을 사용하려면 참조하는 셀 주소에 $기호를 지정해줘야 한다. 예를 들어, 수식 `=G6/$G$12`은 G열 12행을 고정한다는 의미이며, 수식이 다른 셀로 복사될 때 셀 G6를 참조하는 부분은 복사된 셀 위치에 따라 변경되지만 (상대 참조), 셀 G12를 참조하는 부분은 변경되지 않는다.

절대 참조를 이용하여 전체 판매금액 대비 각 서적의 판매금액의 비율을 계산해보자. 그림 3.21와 같이 셀 H6을 선택 후 수식 `=G6/$G$12`을 입력하여 "파워 포인트 기초"의 판매금액 비율을 계산한다. 이후 셀 H6의 채우기 핸들을 셀 H12까지 드래그하여 각 서적별 판매금액 비율 및 합계를 계산한다. 절대 참조를 사용하였기 때문에 정상적으로 계산되는 것을 확인할 수 있다. 앞선 예제에서와 같이 [수식]탭→[수식 표시]를 클릭하여 H열에 입력된 수식이 정상적으로 입력되었는지 여부 역시 확인해 보길 바란다.

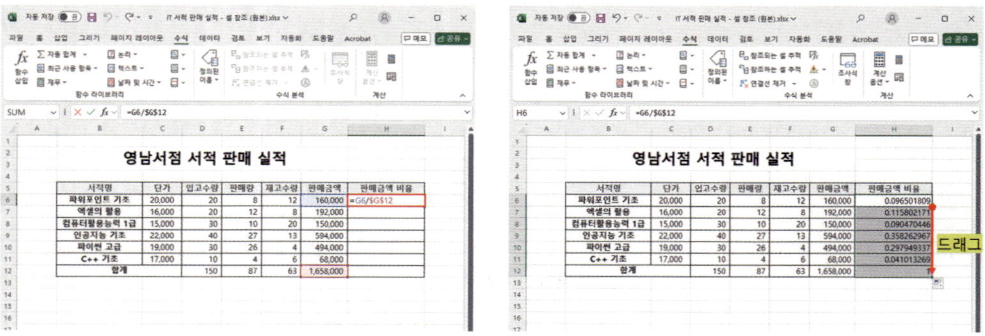

그림 3.21 절대 참조를 이용한 판매비율 계산

3.3.3 혼합 참조

혼합 참조는 상대 참조와 절대 참조를 혼합해서 사용하는 방식으로 $기호가 사용되는 위치에 따라 행 또는 열 중 하나만 고정되는 방식이다.

예제를 통해 혼합 참조 방식을 알아보자. 그림 3.22과 같이 인사팀의 2025년 보너스를 구하기 위해 수식 `=$C6*D$5`를 셀 D6에 입력한다. 해당 수식은 혼합 참조 방식을 이용하고 있으며, 수식이 셀 E6로 복사될 경우 `=$C5*E$5`로 변경된다. 반대로, 셀 D7로 복사될 경우 `=$C7*D$5`로 변경된다. 그림 3.22을 참고하여 전체 부서의 보너스 금액을 계산해보자.

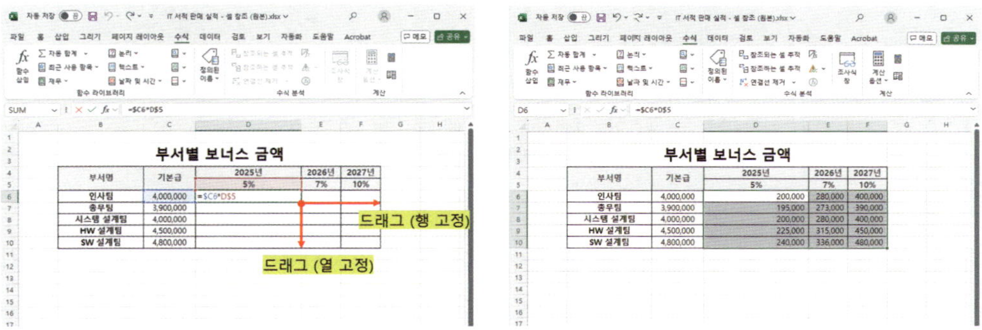

그림 3.22 혼합 참조를 이용한 보너스 금액 계산

앞선 예제와 같이 [수식]탭→[수식 표시]기능을 통해 각 셀에 자동으로 채워진 수식들을 확인할 수 있다.

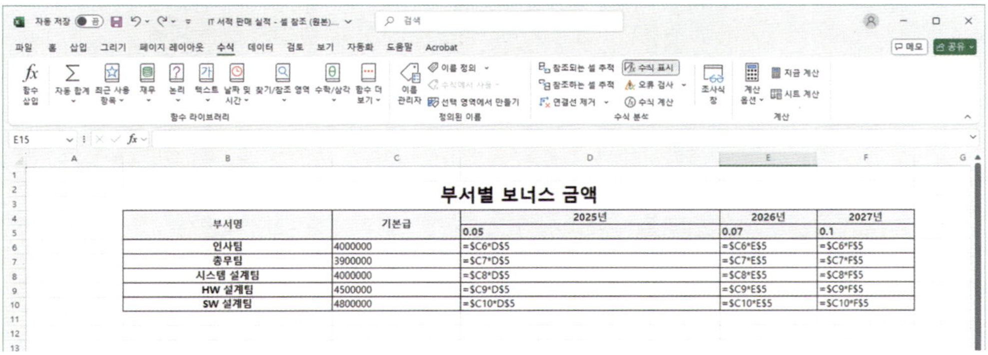

그림 3.23 혼합 참조가 적용된 수식

3.4 데이터 분석을 위한 엑셀 함수

엑셀에서 제공되는 다양한 함수를 이용하면 복잡한 수식을 사용하지 않고도 데이터 분석에 필요한 결과를 빠르게 구할 수 있다. 이번 장에서는 데이터 분석을 위한 핵심적인 함수들의 사용법을 알아본다. 이 장에서 다루지 않는 추가적인 함수들의 기능과 사용법은 Microsoft 공식 홈페이지(https://bit.ly/excel_function_list)에서 확인할 수 있다.

3.4.1 AVERAGE 계열 함수

AVERAGE로 시작하는 함수들은 범위나 숫자, 또는 여러 개의 범위 내 값들의 평균을 반환한다. 대표적으로 기본적인 산술 평균을 구하기 위해서는 AVERAGE 함수와 AVERAGEA 함수를 사용할 수 있으며, 특정 조건에 부합하는 값들의 평균을 계산하기 위해 AVERAGEIF 함수 또는 AVERAGEIFS 함수를 사용할 수 있다. 각 함수들의 기능과 사용법은 다음과 같다[2].

표 3.5 AVERAGE 함수

구문	AVERAGE (number1, [number2], …)	
설명	• 인수의 평균을 구해준다. • number1: 필수요소로 평균을 구하려는 첫째 숫자, 셀 참조 또는 범위 • number2, …: 평균을 구하려는 추가 숫자, 셀 참조 또는 범위	
수식 예	=AVERAGE(A2:A6)	셀 A2에서 셀 A6까지의 숫자 평균
	=AVERAGE(A2:A6,5)	셀 A2에서 셀 A6까지의 숫자와 숫자 5의 평균

표 3.6 AVERAGEA 함수

구문	AVERAGEA(value1, [value2], …)
설명	• 인수의 평균 (숫자, 텍스트, 논리값 포함)을 구해준다. • value1: 필수요소로 평균을 구하려는 항목, 셀 참조 또는 범위 • value2, …: 선택요소로 평균을 구하려는 항목, 셀, 참조 또는 범위

수식 예	=AVERAGEA(A2:A6)	셀 A2에서 셀 A6까지의평균을 구해준다. 이때, 공백은 계산에서 제외되며, 텍스트는 0으로 계산된다. 논리값인 TRUE는 1로, FALSE는 0으로 계산된다.

표 3.7 AVERAGEIF 함수

구문	AVERAGEIF(range, criteria, [average_range])	
설명	• 범위 내에서 주어진 조건에 맞는 모든 셀의 평균을 반환한다. • range: 필수요소로 평균을 계산할 하나 이상의 셀을 지정 • criteria: 필수요소로 평균을 구할 셀의 조건을 정의 • average_range: 선택 요소로 평균을 계산하는 데 사용할 실제 셀 집합이며, 지정하지 않으면 range가 사용됨	
수식 예	=AVERAGEIF (B2:B5,"<23000")	셀 B2에서 셀 B5까지의 값 중 23000 미만인 값들의 평균을 구한다.

표 3.8 AVERAGEIFS 함수

구문	AVERAGEIFS(average_range,criteria_range1, criteria1, [criteria_range2, criteria2], …)	
설명	• 여러 조건에 맞는 모든 셀의 평균을 반환한다. • average_range: 필수요소로 평균을 계산할 하나 이상의 셀을 지정 • criteria_range1: 조건을 적용할 범위를 지정 • criteria1: 필수요소로 평균을 구할 조건을 정의 • 조건을 추가로 적용하려면 criteria_range2, criteria2의 형식으로 계속 입력가능하며 범위와 조건을 최대 127쌍까지 지정할 수 있음	
수식 예	=AVERAGEIFS(B2:B5, B2:B5, ">70", B2:B5, "<90")	셀 B2에서 셀 B5까지의 값 중 70보다 크고 90보다 작은 값들의 평균을 구한다.

■ AVERAGE 함수와 AVERAGEA 함수의 사용 예

AVERAGE 함수는 숫자 데이터에 대한 값만을 포함하여 평균을 계산한다. 반면 AVERAGEA 함수는 텍스트와 논리값을 포함한 평균을 계산하며, 텍스트는 0으로, 논리값인 True는 1, False는 0으로 간주한다.

다음은 AVERAGE함수와 AVERAGEA 함수를 사용하여 학생별 중간고사, 기말고사, 과제1, 과제2의 평균 점수를 구하는 예시이다. 행별로 구분되는 각 학생의 평균 점수를 구하기 위해 G열과 H열에 각각 AVERAGE 함수와 AVERAGEA 함수의 수식을 행별로 입력하였다.

AVERAGE 함수와 AVERAGEA 함수의 차이점은 평균 계산 시 텍스트와 논리값의 포함 여부이다. 한 예로, 셀 G7에 입력된 수식 `=AVERAGE(C7:F7)`를 통해 계산한 <김남준> 학생의 평균점수는 세 숫자 90, 80, 100의 평균인 93인 반면, 셀 H7에 입력된 수식 `=AVERAGEA(C7:F7)`을 통해 계산된 평균은 70으로 계산결과가 다른 것을 확인할 수 있다. 이는 AVERAGEA 함수의 경우 텍스트("미제출")가 포함된 셀 E7의 값을 0으로 간주하고 90, 88, 0, 100에 대한 평균을 구했기 때문이다. 이처럼 함수의 종류에 따라 계산 결과의 차이가 크므로 목적과 상황에 맞는 적합한 함수를 선택하는 것이 중요하다.

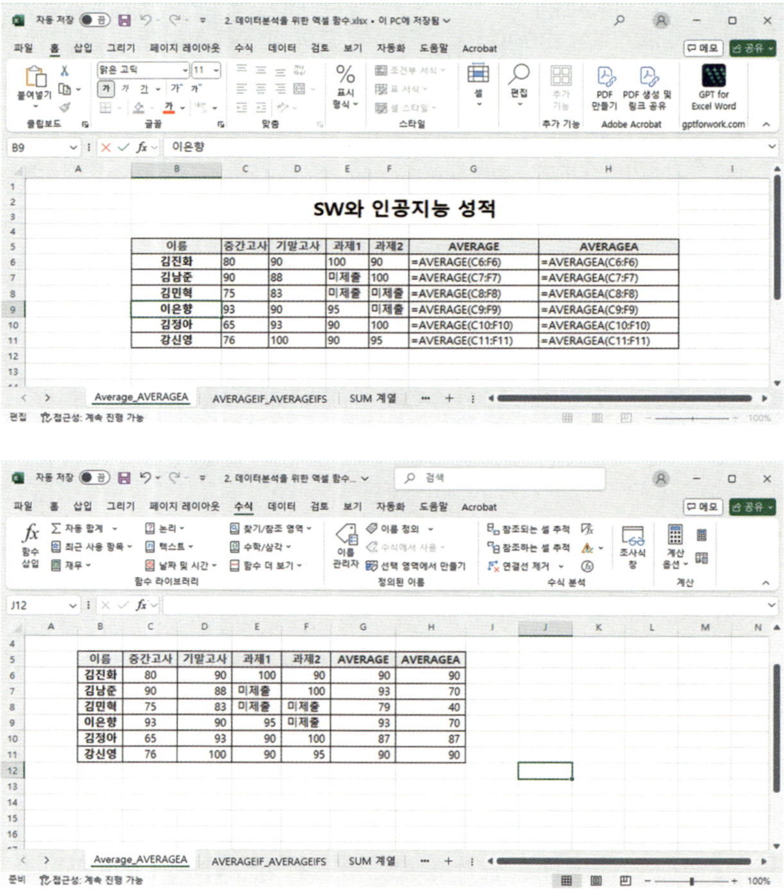

그림 3.24 AVERAGE/AVERAGEA 함수의 수식입력과 계산결과

■ AVERAGEIF 함수와 AVERAGEIFS 함수의 사용 예

AVERAGEIF 함수는 주어진 조건을 만족하는 범위 내 항목에 대한 평균값을 반환한다. 아래 그림의 셀 C15에 입력된 수식 `=AVERAGEIF(C6:C11,“노트북”,D6:D11)`은 품목(셀 C6~C11)의 값이 그 값이 “노트북”인 항목에 대한 판매대수의 평균을 반환해 준다. AVERAGEIF 함수와 달리 AVERAGEIFS 함수는 여러 개의 조건을 지정할 수 있다. 아래 그림의 셀 C16에 입력된 수식 `=AVERAGEIFS(D6:D11, C6:C11, “노트북”, D6:D11,“>=100”)`은 품목(셀C6~C11)이 "노트북"이면서 판매대수(셀 D6~D11)가 100 이상인 항목에 대한 판매대수의 평균을 반환한다.

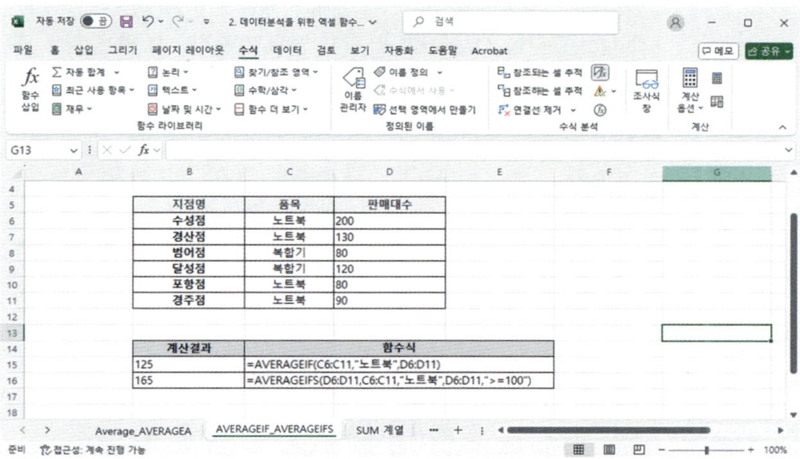

그림 3.25 AVERAGEIF/AVERAGEIFS 함수의 수식입력과 계산결과

3.4.2 SUM 계열 함수

SUM 함수는 엑셀에서 가장 많이 사용되는 함수이며 주어진 범위 내 값들의 합계를 구해준다. 특정 조건에 부합하는 값들의 합계를 계산하기 위해서는 SUMIF/SUMIFS 함수를 사용한다. 각 함수들의 기능과 사용법은 다음과 같다.

표 3.9 SUM 함수

구문	SUM(number1, [number2], …)	
설명	• 인수의 합계를 구해준다. 개별 값, 셀 참조, 범위 또는 이 세 가지의 혼합 값을 더할 수 있다	
수식 예	=SUM(A2:A10)	셀 A2부터 셀 A10까지 범위 내 값들의 합계를 구한다.
	=SUM(A2:A10, C2:C10)	셀 A2부터 셀 A10까지의 범위 내 값들의 합 + 셀 C2부터 셀 C10까지의 범위 내 값들의 합을 구한다.

표 3.10 SUMIF 함수

구문	SUMIF(range, criteria, [sum_range])	
설명	• 주어진 조건에 부합하는 모든 셀의 합계를 반환한다. • range: 조건을 적용할 범위. 합계 범위가 지정되지 않을 경우 조건 범위의 합계가 계산됨 • criteria: 적용할 조건 • [sum_range]: 조건이 일치할 경우에 합계를 구할 범위	
수식 예	=SUMIF(A2:A5,">1600")	셀 A2부터 셀 A5의 범위 내 값들 중 1600보다 큰 값들의 합계를 구한다.

표 3.11 SUMIFS 함수

구문	SUMIFS(sum_range, criteria_range1, criteria1, [criteria_range2, criteria2], …)	
설명	• 주어진 여러 조건을 동시에 충족하는 모든 셀의 합계를 반환한다. • sum_range: 합계를 구할 숫자 범위 • criteria_range1: 첫 번째 조건을 적용할 범위 • criteria1: 합계를 구할 첫 번째 조건 • criteria_range2: 두 번째 조건을 적용할 범위 • criteria2: 합계를 구할 두 번째 조건 • criteria_range, criteria는 최대 127개의 쌍 입력 가능	
수식 예	=SUMIFS(B2:B5, B2:B5, ">70", B2:B5, "<90")	셀 B2에서 셀 B5까지의 값 중 70보다 크고 90보다 작은 값들의 합계를 구한다.

■ SUM, SUMIF, SUMIFS 함수의 사용 예

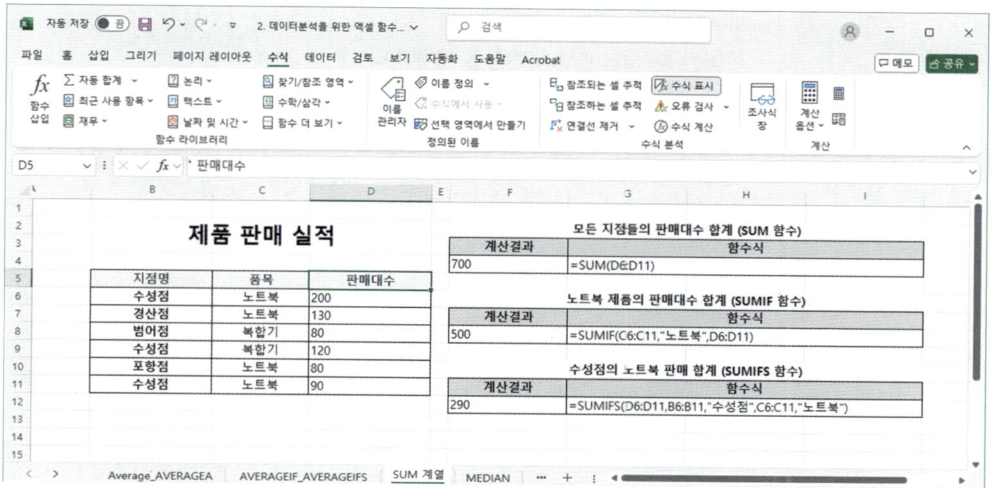

그림 3.26 SUM 계열 함수의 수식입력과 계산결과

3.4.3 MEDIAN 함수 / MODE 함수

MEDIAN 함수는 주어진 숫자 집합에서 중간값을 반환해주는 함수이다. 중간값이란 숫자를 크기의 순으로 정렬했을 때 중앙에 위치하는 값을 말한다. MODE 함수는 주어진 범위내 데이터의 최빈값을 반환해주는 함수이다. 최빈값이란 나열된 숫자 중 출현빈도가 가장 큰, 즉 가장 많이 나타난 값을 의미한다. MEDIAN 함수와 MODE 함수의 기능과 사용법은 다음과 같다.

표 3.12 MEDIAN 함수

구문	MEDIAN(number1, [number2], …)	
설명	• 주어진 수 집합의 중간값을 반환한다. • number1은 필수요소이며, 이후의 number는 선택요소이다. 중간값을 계산할 인수로, 1개에서 255개까지 사용이 가능하다.	
수식 예	=MEDIAN(A2:A6)	셀 A2에서 셀 A6까지의 범위 내 숫자들의 중간값을 반환한다.

표 3.13 MEDIAN 함수

구문	MODE(number1, [number2], …)	
설명	• 주어진 수 집합에서 최빈값을 구해준다. • number1은 필수요소로 최빈값을 계산할 숫자또는 숫자가 나열된 범위이며 이후의 number는 여러 범위 내에서의 최빈값을 찾기위해 사용된다.	
수식 예	=MODE(A2:A7)	셀 A2에서 셀 A7까지의 범위 내 최빈값을 반환한다.

■ MEDIAN 함수의 사용 예

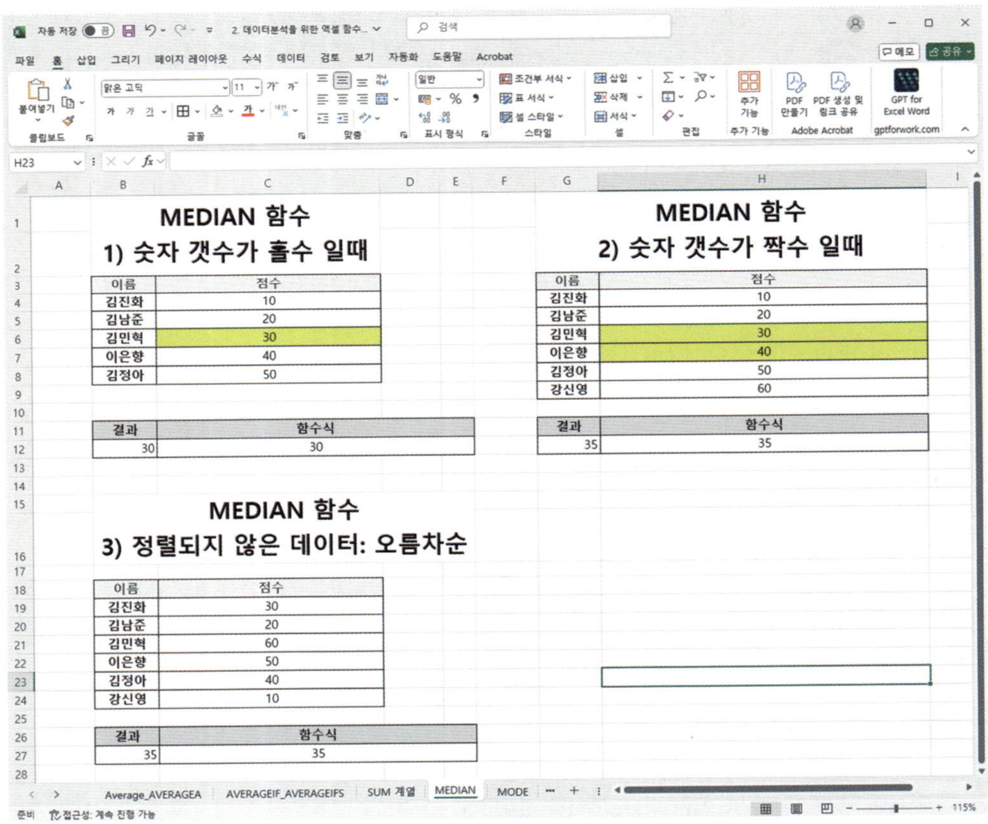

그림 3.27 MEDIAN 함수의 수식입력과 계산결과

셀 C12에 입력된 수식 `=MEDIAN(C4:C8)`은 셀 C4부터 셀 C8까지의 범위에 속한 값들의 중간값인 30을 반환한다. 만약 범위 내 데이터의 수가 짝수일 경우에는 두 개의 중간값이 존재하게 되며 이 두 값의 평균값이 반환된다. 셀 H12에 입력된 수식 =MEDIAN(H4:H9)의 결과는 이러한 상황을 보여주고 있다. 셀 H4부터 셀 H9까지의 데이터는 총 6개이고, 그 중간값은 30과 40이므로 두 수의 평균값인 35를 반환하게 된다. MEDIAN 함수는 범위 내 값들이 정렬되어 있지 않은 경우 내부적으로 오름차순 정렬 후 중간값을 구하기 때문에 MEDIAN 함수를 사용하기 위해 값들의 정렬 여부는 고려하지 않아도 된다. 만일 범위 내 데이터가 오류값이거나 숫자로 변환할 수 없는 텍스트이면 MEDIAN 함수 실행 시 오류가 발생한다.

■ MODE 함수의 사용 예

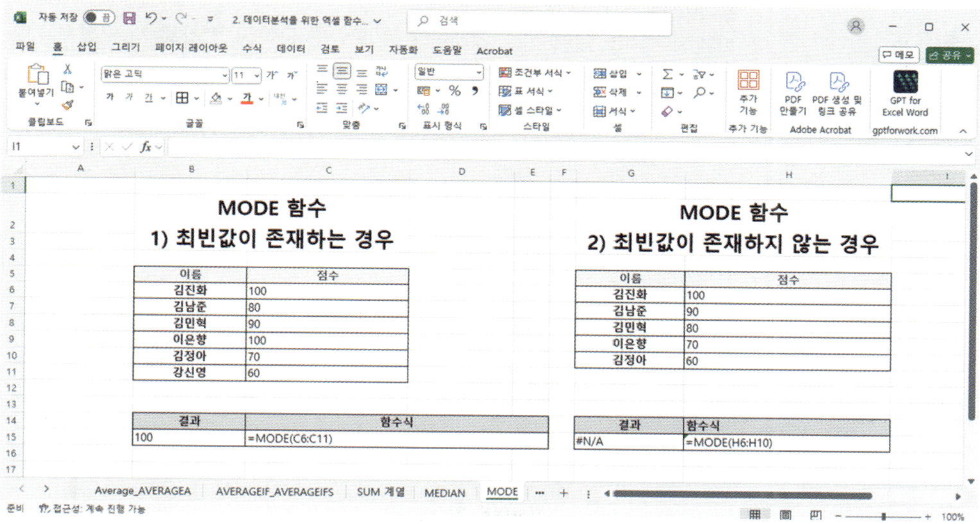

그림 3.28 MODE 함수의 수식입력과 계산결과

셀 C15에 입력된 수식 =MODE(C6:C11)은 셀 C6부터 C11까지의 범위에 속한 값들 중 최빈값인 100을 반환한다. 범위 내 최빈값이 존재하지 않을 경우 (범위 내 중복되는 값이 존재하지 않는 경우), N/A (Not Available) 오류가 표시된다.

3.4.4 RANK 함수

RANK 함수는 지정한 범위 내에서 지정한 값의 크기 순위를 반환해주는 함수로, 학생들의 성적을 이용하여 석차를 구하는 경우와 같이 숫자 값들의 순위를 구해야 할 때 주로 사용된다.

표 3.14 RANK 함수

구문	RANK(number, ref, [order])	
설명	• 지정한 범위 내에서 목록에서 지정한 값의 순위를 반환해준다. • number: 순위를 구하려는 값 • ref: 순위를 구할 전체 데이터 범위를 의미하며 절대 참조방식을 이용해 지정해야 함 • order: 0 또는 생략 시 내림차순으로 순위를 구하고, 1 사용 시 오름차순으로 순위를 구함	
수식 예	=RANK(A3:A2:A6,1)	셀 A2에서 A6까지의 범위에서 셀 A3의 값의 순위를 반환해준다 (오름차순 기준).

■ RANK 함수의 사용 예

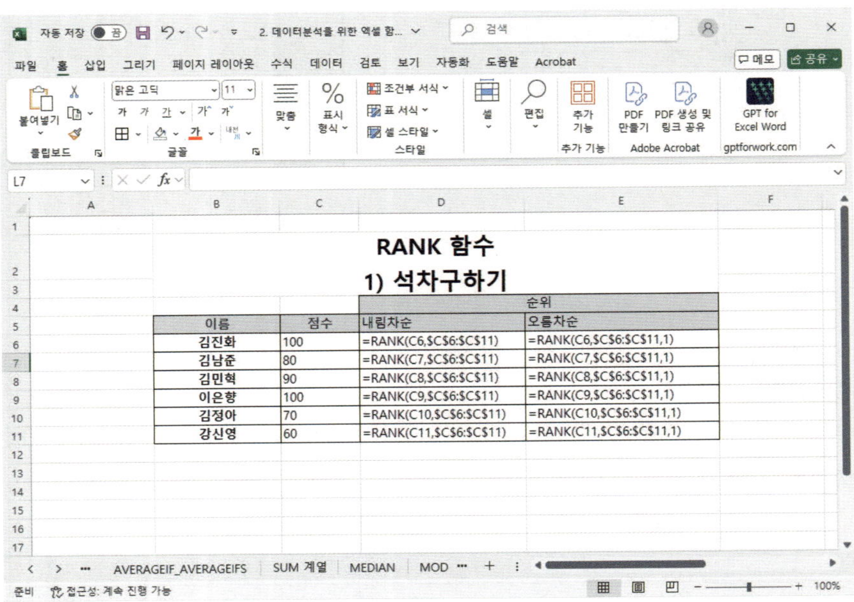

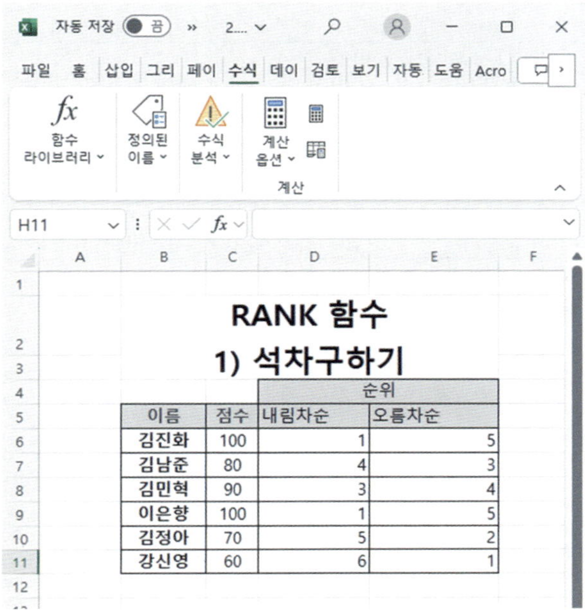

그림 3.29 RANK 함수의 수식입력과 계산결과

3.4.5 COUNT 계열 함수

COUNT 함수는 숫자 데이터의 개수를 계산해주는 함수이다. COUNTA 함수는 비어 있지 않은 셀의 개수를 계산해주며, COUNTBLANK 함수는 비어 있는 셀의 개수를 구해준다. 특정 조건을 만족하는 셀의 개수를 구하기 위해 COUNTIF 함수를 사용할 수 있다. 각 함수들의 기능과 사용법은 다음과 같다.

표 3.15 COUNT 함수

구문	COUNT(value1, value2, …)	
설명	• 주어진 범위 내에서 수치 데이터 셀 개수를 구한다. • value1: 필수요소이며 개수를 세려는 첫째 항목, 셀 참조 또는 범위 • value2, …: 선택요소이며, 개수를 세려는 항목, 셀 참조 또는 범위 (255개까지 추가 가능)	
수식 예	=COUNT(A2:A7)	셀 A2에서 A7까지의 범위에서 숫자가 포함된 셀의 개수를 반환한다.
	=COUNT(A2:A7, 2)	셀 A2에서 A7까지의 범위에서 숫자가 포함된 셀의 개수 + 값이 2인 셀의 개수를 반환한다.

표 3.16 COUNTA 함수

구문	COUNTA(value1, value2, …)	
설명	• 주어진 범위 내에서 비어 있지 않은 셀의 개수를 구한다. • value1: 필수요소이며 개수를 세려는 첫째 항목, 셀 참조 또는 범위 • value2, …: 선택요소이며, 개수를 세려는 항목, 셀 참조 또는 범위 (255개까지 추가 가능)	
수식 예	=COUNTA(A2:A6)	셀 A2에서 A7까지의 범위 내 비어 있지 않은 셀의 개수를 반환한다.

표 3.17 COUNTBLANK 함수

구문	COUNTBLANK(range)	
설명	• 주어진 범위 내에서 비어 있는 셀의 개수를 구한다. • range: 빈 셀의 개수를 계산할 범위	
수식 예	=COUNTBLANK(A2:B4)	셀 A2에서 셀 B4 범위 내 빈 셀의 개수를 반환한다.

표 3.18 COUNTIF 함수

구문	COUNTIF(range, criteria)	
설명	• 주어진 조건을 만족하는 셀의 개수를 구한다. • range: 조건을 적용할 범위 • criteria: 개수를 셀 조건	
수식 예	=COUNTIF(A2:A5,"사과")	셀 A2에서 셀 A5까지의 범위에서 "사과"가 포함된 셀의 개수를 계산한다.
	=COUNTIF(A2:A5:A4)	셀 A2에서 셀 A5까지의 범위에서 셀 A4의 값이 포함된 셀의 개수를 계산한다.
	=COUNTIF(B2:B5, ">55")	셀 B2에서 셀 B5까지의 범위에서 값이 55보다 큰 셀의 개수를 계산한다.

■ COUNT 계열 함수의 사용 예

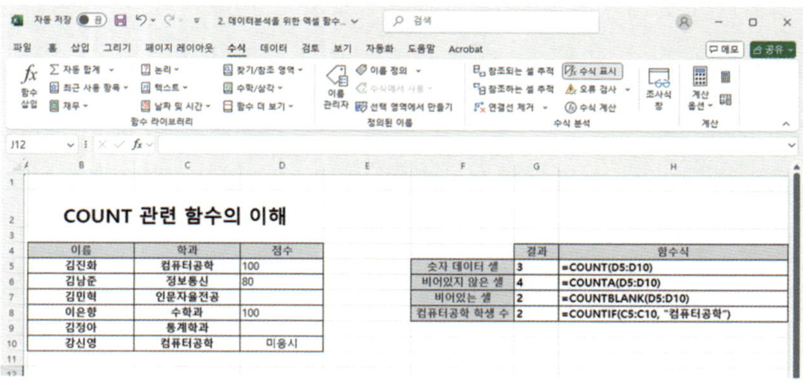

그림 3.30 COUNT 계열 함수의 수식입력과 계산결과

셀 H5에 입력된 `=COUNT(D5:D10)`은 6명의 학생의 점수가 저장된 셀 D5부터 셀 D10까지의 범위에서 수치 데이터가 저장된 셀의 개수를 반환해준다. 셀 H6에 입력된 수식 `=COUNTA(D5:D10)`은 6명의 학생의 점수가 저장된 셀 D5부터 셀 D10까지의 범위에서 비어 있지 않은 셀의 개수를 반환해준다. 셀 H7에 입력된 수식 `=COUNTBLANK(D5:D10)`은 6명의 학생의 점수가 저장된 셀 D5부터 셀 D10까지의 범위에서 비어 있는 셀의 개수를 반환해준다. 셀 H8에 입력된 수식 `=COUNTIF(C5:C10, "컴퓨터공학")`은 셀 C5부터 셀 C10까지의 범위 내에서 값이 "컴퓨터공학"인 셀의 개수를 반환해준다. 즉, 학과가 컴퓨터공학인 학생의 수를 계산하기 위한 수식이라 생각할 수 있다.

3.4.6 MAX/MIN/LARGE/SMALL/STDEV 함수

MAX 함수와 MIN 함수는 각각 주어진 범위 내 값 중 최댓값과 최솟값을 반환해준다. LARGE 함수와 SMALL 함수는 각각 주어진 범위 내 값 중 k번째로 큰 값과 k번째로 작은 값을 반환해준다. STDEV 함수는 통계학에서 말하는 표본집단의 표준편차를 계산해주는 함수이다. 각 함수들의 기능과 사용법은 다음과 같다.

표 3.19 MAX 함수

구문	MAX(number1, [number2], …)	
설명	• 숫자가 포함된 인수의 최댓값을 반환 • number1, number2: 최댓값을 구하려는 숫자, 셀 참조 또는 범위	
수식 예	=MAX(A2:A7)	셀 A2에서 A7까지의 범위에 있는 값 중 가장 큰 값을 반환한다.
	=MAX(A2:A7, 30)	셀 A2에서 A7까지의 범위에 있는 값 중 가장 큰 값과 30을 비교하여 더 큰 값을 반환한다.

표 3.20 MIN 함수

구문	MIN(number1, [number2], …)	
설명	• 숫자가 포함된 인수의 최솟값을 반환 • number1, number2: 최솟값을 구하려는 숫자, 셀 참조 또는 범위	
수식 예	=MIN(A2:A7)	셀 A2에서 A7까지의 범위에 있는 값 중 가장 큰 작은 값을 반환한다.
	=MIN(A2:A7, 0)	셀 A2에서 A7까지의 범위에 있는 값 중 가장 작은 값과 0을 비교하여 더 작은 값을 반환한다.

표 3.21 LARGE 함수

구문	LARGE(array, k)	
설명	• 데이터 집합에서 k번째로 큰 값을 반환한다. • array: 값이 들어 있는 배열 또는 셀 범위 • k: 배열이나 셀 범위에서 가장 큰 값을 기준으로 한 상대 순위	
수식 예	=LARGE(A2:B6, 3)	셀 A2에서 셀 B6 범위 내 값들 중 세 번째로 큰 값을 반환한다.
	=LARGE(A2:A7, 7)	셀 A2에서 A7까지의 범위에 있는 값 중 가장 작은 값과 0을 비교하여 더 작은 값을 반환한다.

표 3.22 SMALL 함수

구문	SMALL(array, k)	
설명	• 데이터 집합에서 k번째로 작은 값을 반환한다. • array: 값이 들어 있는 배열 또는 셀 범위 • k: 배열이나 셀 범위에서 가장 작은 값을 기준으로 한 상대 순위	
수식 예	=SMALL(A2:A10, 5)	셀 A2에서 셀 A10 범위 내 값들 중 다섯 번째로 작은 값을 반환한다.
	=SMALL(A2:B5, 2)	셀 A2에서 셀 B5 범위 내 값들 중 두 번째로 작은 값을 반환한다.

표 3.23 STDEV 함수

구문	STDEV(number1, [number2], …)	
설명	• 표본 집단의 표준편차를 반환한다. • number1: 표본에 해당하는 숫자로 셀 참조 또는 범위 • number2, …: 표본에 해당하는 숫자로 셀 참조 또는 범위 • (인수는 2개에서 255개까지 지정할 수 있음)	
	=STDEV(A3:A12)	셀 A3에서 셀 A12 범위 내 값들의 표준 편차를 반환한다.

■ MAX/MIN/LARGE/SMALL/STDEV 함수 사용 예

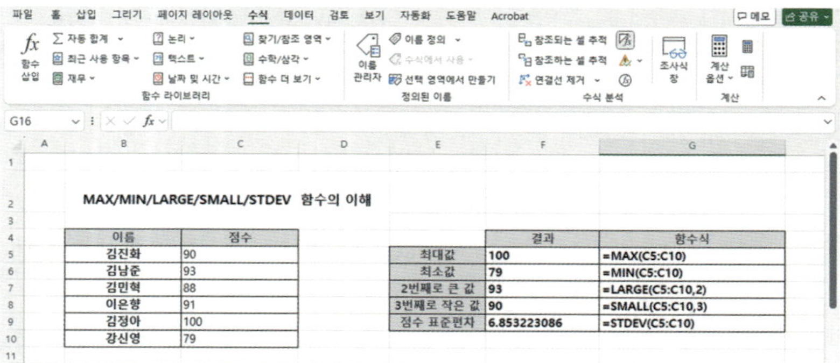

그림 3.31 MAX/MIN/LARGE/SMALL/STDEV 함수의 수식입력과 계산결과

3.5 조건부 서식을 이용한 시각화

데이터 시각화는 데이터의 전체적인 의미와 특징을 한눈에 파악하고 분석 결과를 직관적으로 이해하는 데 도움을 준다. 이 장에서는 엑셀에서 제공하는 조건부 서식 기능을 이용한 시각화를 학습한다.

3.5.1 조건부 서식의 이해

셀 서식이란 배경색, 글꼴 스타일 등 셀에 적용되는 다양한 효과를 의미한다. **조건부 서식**이란 셀 서식에 조건문이 합쳐진 개념으로 사용자가 지정한 특정 조건을 만족하는 셀에 대해서만 선택적으로 서식을 적용하는 것을 의미한다.

조건부 서식은 셀 또는 범위를 선택 후 [홈]탭→[스타일] 그룹→[조건부 서식]→[셀 강조 규칙]이나 [상위/하위 규칙]에서 원하는 메뉴를 선택하여 적용할 수 있다.

[셀 강조 규칙]과 [상위/하위 규칙]의 하위 메뉴들의 종류 및 기능은 다음과 같다.

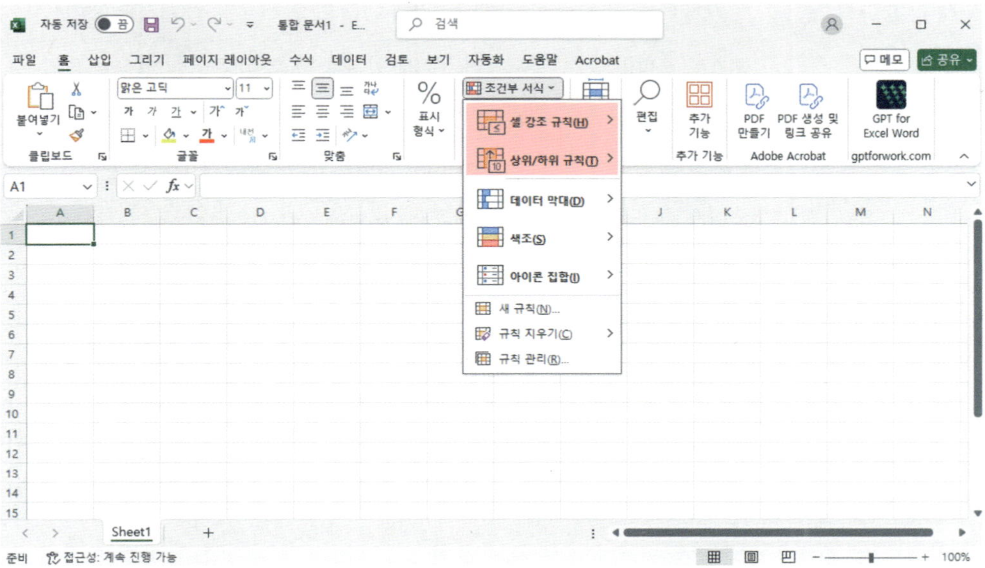

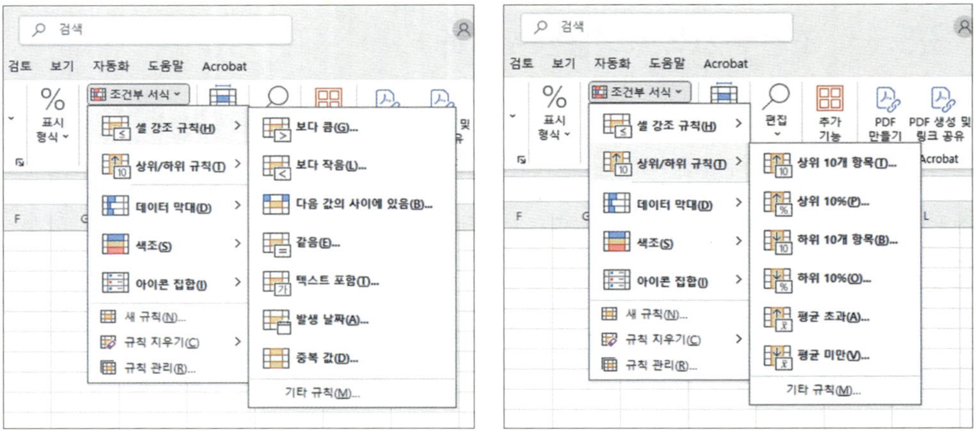

그림 3.32 셀 강조 규칙과 상위/하위 규칙 메뉴 선택 방법

표 3.24 셀 강조 규칙 및 상위/하위 규칙의 하위 메뉴

	하위 메뉴	설명
셀 강조 규칙	보다 큼	지정한 숫자보다 큰 경우 적용될 셀 서식을 정의
	보다 작음	지정한 숫자보다 작을 경우 적용될 셀 서식을 정의
	다음 값의 사이에 있음	지정한 숫자 사이에 포함될 경우 적용될 셀 서식을 정의
	같음	지정한 값과 같을 경우 적용될 셀 서식을 정의
	텍스트 포함	지정한 문자열이 포함될 때 적용될 셀 서식을 정의
	발생 날짜	지정한 날짜와 동일한 경우 적용될 셀 서식을 정의
	중복 값	데이터가 중복될 때 적용될 셀 서식을 정의
상위/하위 규칙	상위 10개 항목	지정한 상위 N개의 데이터에 적용될 셀 서식을 정의
	상위 10%	지정한 상위 N% 데이터에 적용될 셀 서식을 정의
	하위 10개 항목	지정한 하위 N개의 데이터에 적용될 셀 서식을 정의
	하위 10%	지정한 하위 N% 데이터에 적용될 셀 서식을 정의
	평균 초과	범위 내 평균을 초과하는 데이터에 적용될 셀 서식을 정의
	평균 미만	범위 내 평균에 미달하는 데이터에 적용될 셀 서식을 정의

3.5.2 셀 강조 규칙을 이용한 데이터 시각화

<셀 강조 규칙>은 조건부 서식의 가장 기본적인 기능으로 이를 통해 주어진 데이터를 특정 조건과 비교하여 특정 셀에 대해 원하는 서식을 적용할 수 있다.

<셀 강조 규칙>을 이용하여 영남마트의 전년 동기 대비 매출액의 증감률을 시각적으로 구분해 보자.

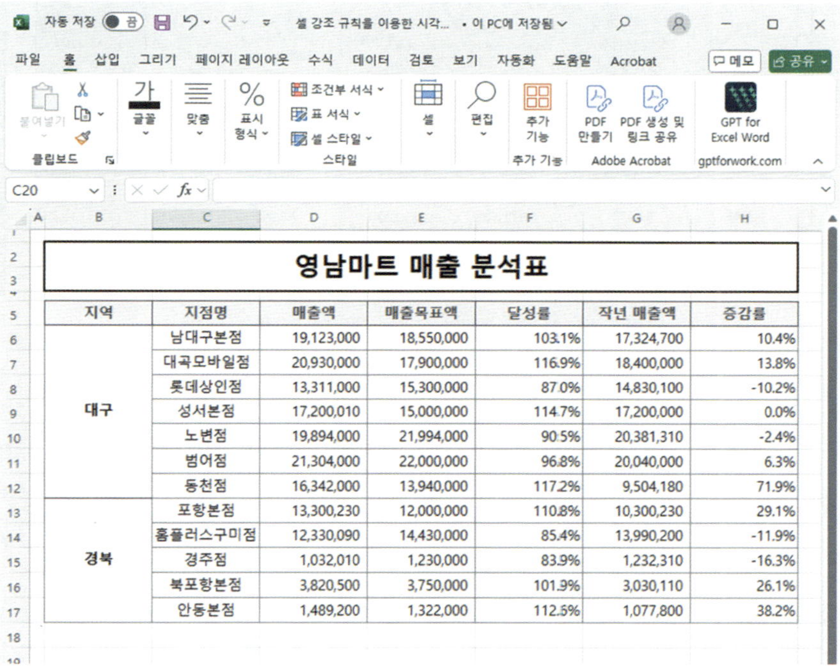

영남마트 매출 분석표

지역	지점명	매출액	매출목표액	달성률	작년 매출액	증감률
대구	남대구본점	19,123,000	18,550,000	103.1%	17,324,700	10.4%
	대곡모바일점	20,930,000	17,900,000	116.9%	18,400,000	13.8%
	롯데상인점	13,311,000	15,300,000	87.0%	14,830,100	-10.2%
	성서본점	17,200,010	15,000,000	114.7%	17,200,000	0.0%
	노변점	19,894,000	21,994,000	90.5%	20,381,310	-2.4%
	범어점	21,304,000	22,000,000	96.8%	20,040,000	6.3%
	동천점	16,342,000	13,940,000	117.2%	9,504,180	71.9%
경북	포항본점	13,300,230	12,000,000	110.8%	10,300,230	29.1%
	홈플러스구미점	12,330,090	14,430,000	85.4%	13,990,200	-11.9%
	경주점	1,032,010	1,230,000	83.9%	1,232,310	-16.3%
	북포항본점	3,820,500	3,750,000	101.9%	3,030,110	26.1%
	안동본점	1,489,200	1,322,000	112.6%	1,077,800	38.2%

그림 3.33 영남마트의 매출정보

먼저 다음의 과정을 통해 증감률 (H열)이 마이너스인 데이터를 시각적으로 구분한다.

단계 1) 증감률이 입력되어있는 [H6:H17]범위를 선택 후, [홈]→[조건부 서식]→[셀 강조 규칙]→[보다 작음] 선택.

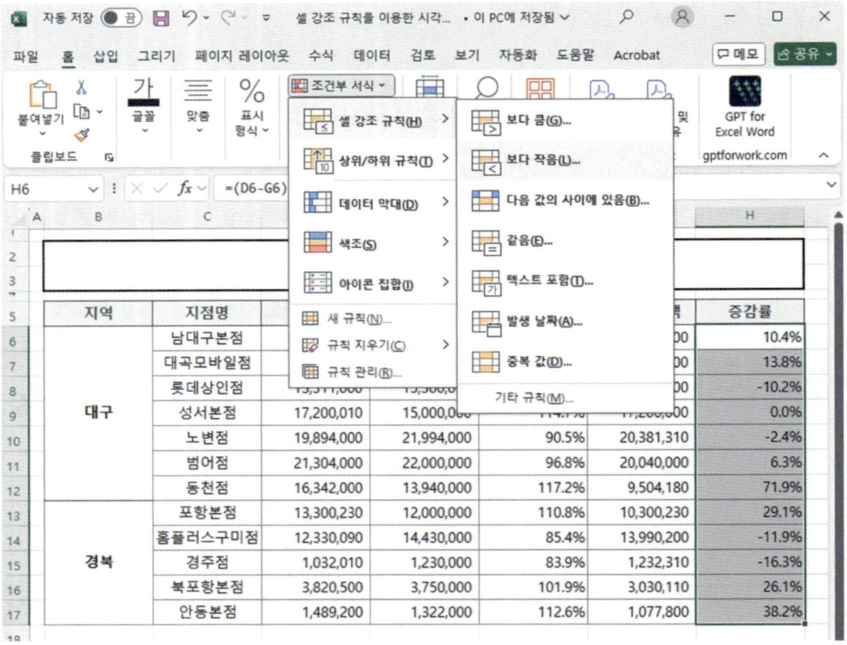

그림 3.34 셀 강조 규칙을 이용한 데이터 시각화 - 단계 1

단계 2) [보다 작음] 대화상자에서 [다음 값보다 작은 셀의 서식 지정]의 값을 0으로 설정 후 [적용할 서식]에서 [사용자 지정 서식]을 선택한다. 이후 [셀 서식] 대화상자에서 [글꼴 스타일]은 “굵게”를 선택하고 색은 파란색을 선택 후 [확인] 버튼을 클릭한다.

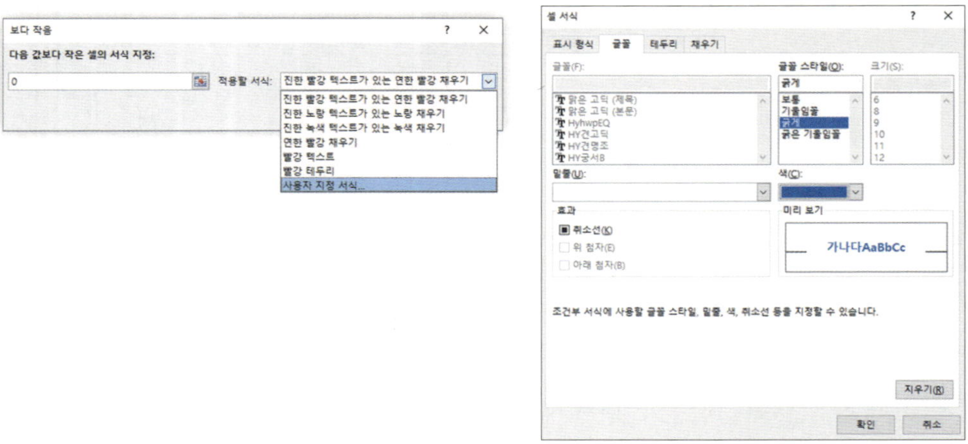

그림 3.35 셀 강조 규칙을 이용한 데이터 시각화 - 단계 1

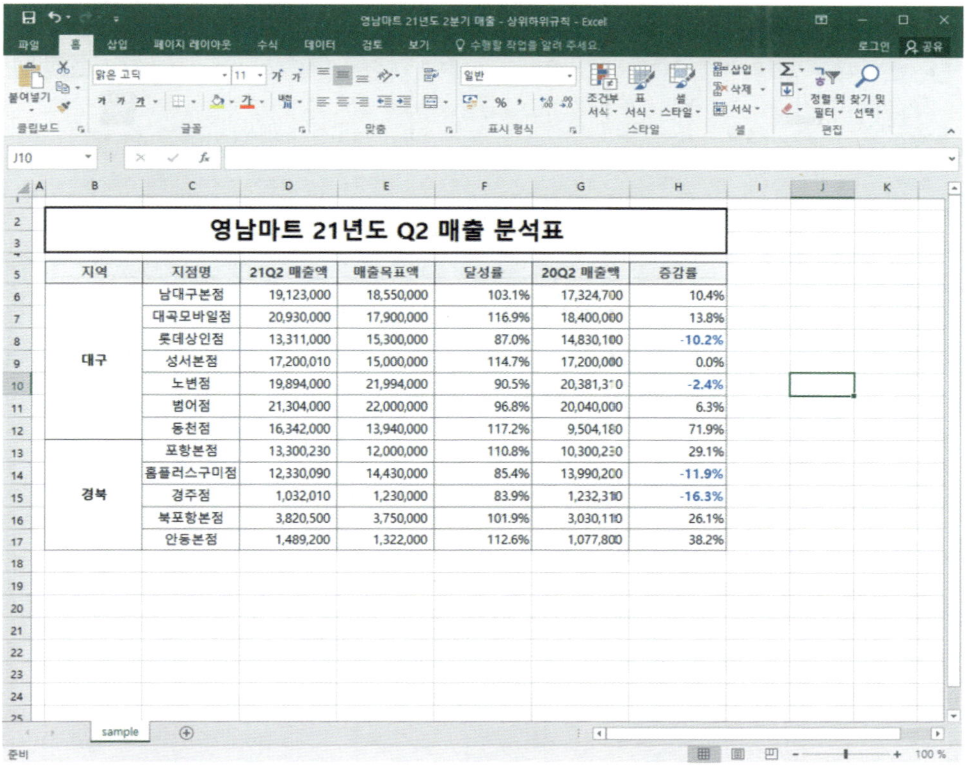

그림 3.36 증감률이 마이너스인 셀에 서식이 적용된 결과 (글꼴스타일: 굵게, 색: 파랑)

위 과정을 응용하여 매출액이 증가한(증감률이 플러스) 데이터를 시각적으로 구분하는 것 역시 쉽게 가능하다. 그림 3.37은 증감률이 플러스인 셀에 대해 [글꼴 스타일]은 "굵게"를 선택하고 색은 빨간색을 적용한 결과이다.

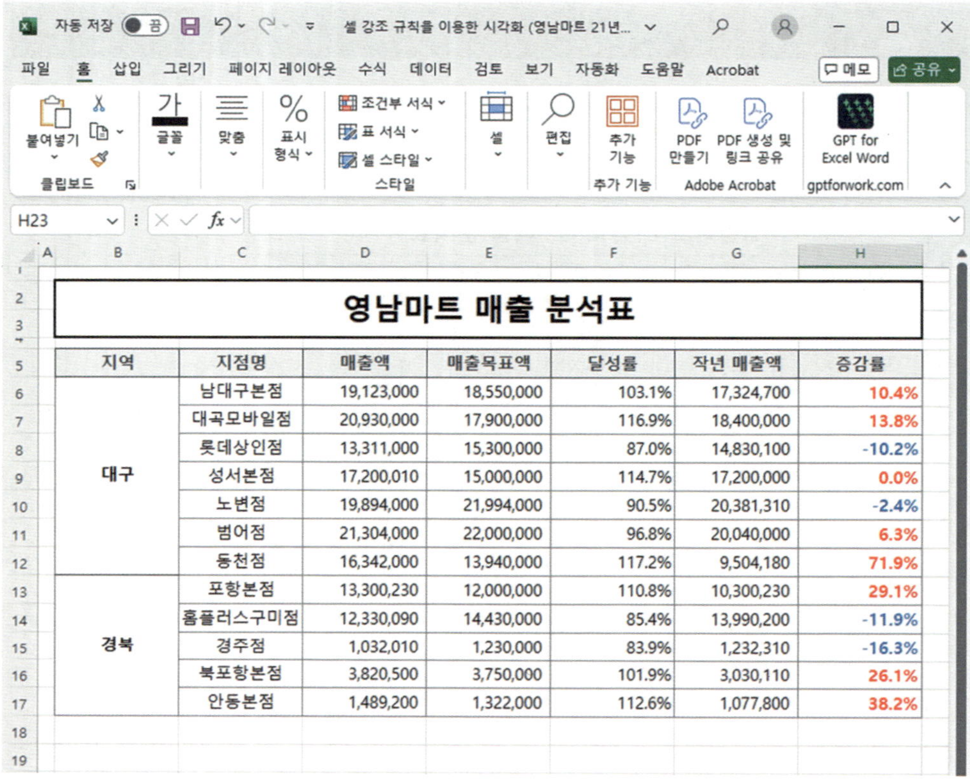

지역	지점명	매출액	매출목표액	달성률	작년 매출액	증감률
대구	남대구본점	19,123,000	18,550,000	103.1%	17,324,700	10.4%
	대곡모바일점	20,930,000	17,900,000	116.9%	18,400,000	13.8%
	롯데상인점	13,311,000	15,300,000	87.0%	14,830,100	-10.2%
	성서본점	17,200,010	15,000,000	114.7%	17,200,000	0.0%
	노변점	19,894,000	21,994,000	90.5%	20,381,310	-2.4%
	범어점	21,304,000	22,000,000	96.8%	20,040,000	6.3%
	동천점	16,342,000	13,940,000	117.2%	9,504,180	71.9%
경북	포항본점	13,300,230	12,000,000	110.8%	10,300,230	29.1%
	홈플러스구미점	12,330,090	14,430,000	85.4%	13,990,200	-11.9%
	경주점	1,032,010	1,230,000	83.9%	1,232,310	-16.3%
	북포항본점	3,820,500	3,750,000	101.9%	3,030,110	26.1%
	안동본점	1,489,200	1,322,000	112.6%	1,077,800	38.2%

그림 3.37 증감률이 플러스인 셀에 서식이 적용된 결과 (글꼴스타일: 굵게, 색: 빨강)

3.5.3 상위/하위 규칙을 이용한 데이터 시각화

조건부 서식의 <상위/하위 규칙>을 사용하면 지정된 범위 내 데이터들 중 상위, 하위 값에 대한 서식을 선택적으로 지정할 수 있다.

<상위/하위 규칙>을 이용하여 매출액이 높은 3개 지점을 구분하여 시각화해 보자.

단계 1) 데이터가 지정된 셀 (D6:D17)을 선택 후 [조건부 서식]→[상위/하위 규칙]→[상위 10개 항목] 선택

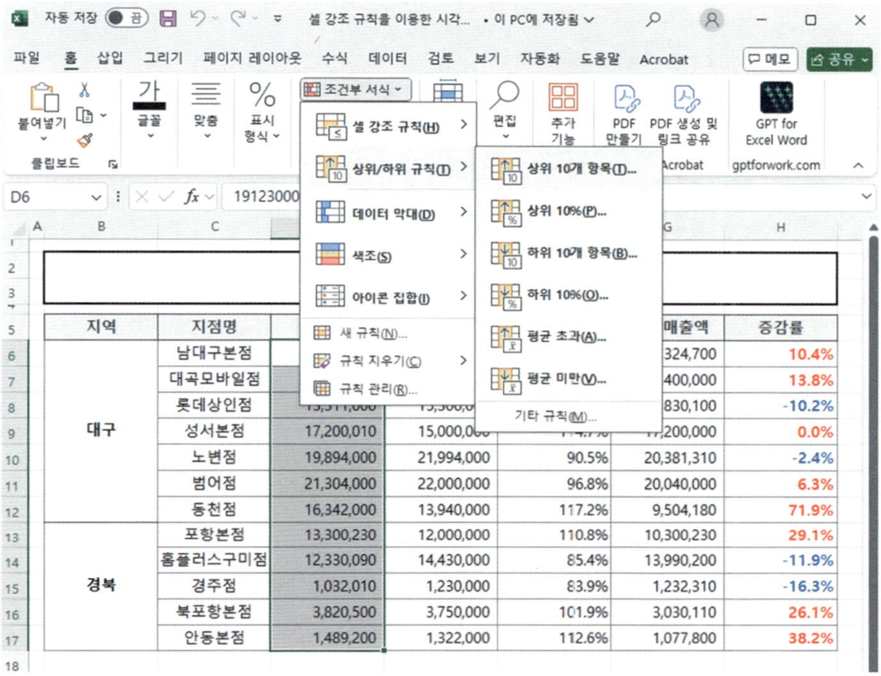

그림 3.38 상위/하위 규칙을 이용한 데이터 시각화 - 단계 1

단계 2) [상위 10개 항목] 대화상자에서 조건을 10에서 3으로 변경 후 [적용할 서식]에서 [사용자 정의 서식] 선택

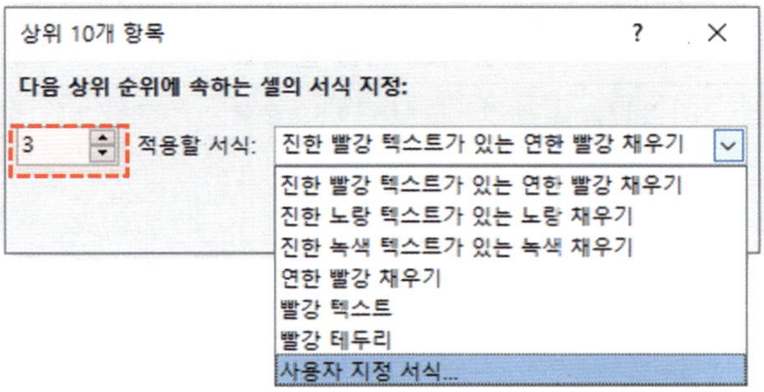

[셀 서식] 대화상자에서 [글꼴 스타일]은 "굵게", 색은 빨간색을 선택하고, [채우기] 탭 클릭 후 배경색을 노란색으로 설정

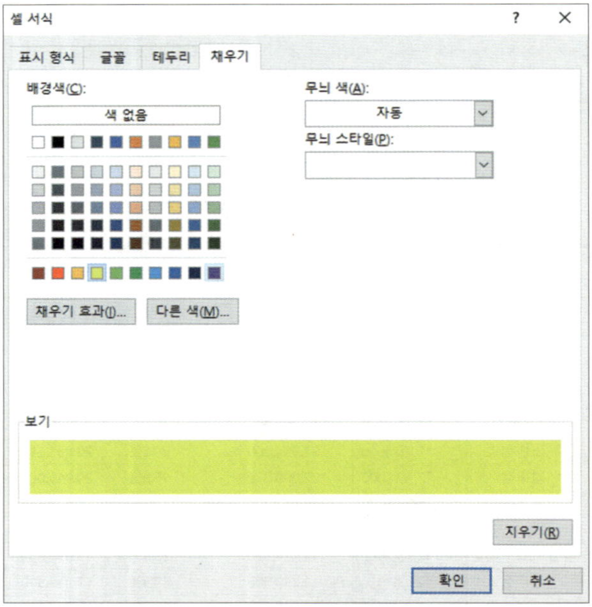

그림 3.39 상위/하위 규칙을 이용한 데이터 시각화 - 단계 2

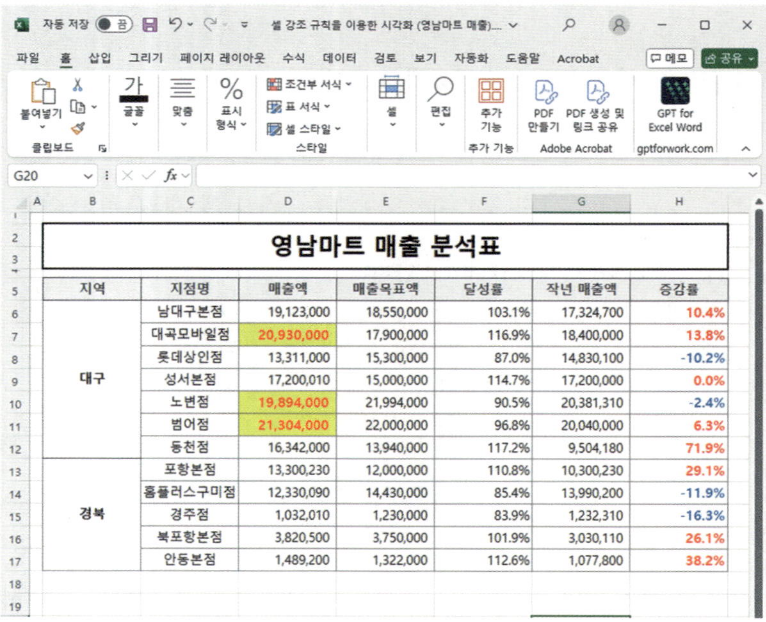

영남마트 매출 분석표

지역	지점명	매출액	매출목표액	달성률	작년 매출액	증감률
대구	남대구본점	19,123,000	18,550,000	103.1%	17,324,700	10.4%
	대곡모바일점	20,930,000	17,900,000	116.9%	18,400,000	13.8%
	롯데상인점	13,311,000	15,300,000	87.0%	14,830,100	-10.2%
	성서본점	17,200,010	15,000,000	114.7%	17,200,000	0.0%
	노변점	19,894,000	21,994,000	90.5%	20,381,310	-2.4%
	범어점	21,304,000	22,000,000	96.8%	20,040,000	6.3%
	동천점	16,342,000	13,940,000	117.2%	9,504,180	71.9%
경북	포항본점	13,300,230	12,000,000	110.8%	10,300,230	29.1%
	홈플러스구미점	12,330,090	14,430,000	85.4%	13,990,200	-11.9%
	경주점	1,032,010	1,230,000	83.9%	1,232,310	-16.3%
	북포항본점	3,820,500	3,750,000	101.9%	3,030,110	26.1%
	안동본점	1,489,200	1,322,000	112.6%	1,077,800	38.2%

그림 3.40 매출액 상위 3개 지점의 매출액 셀에 서식이 적용된 결과
(글꼴스타일: 굵게, 색: 빨강, 배경색: 노랑)

3.5.4 데이터 막대를 이용한 데이터 시각화

조건부 서식의 [데이터 막대]는 선택된 범위 내 숫자 데이터를 막대의 크기로 표시한다. 영남마트의 매출액을 데이터 막대를 이용하여 시각화해보자.

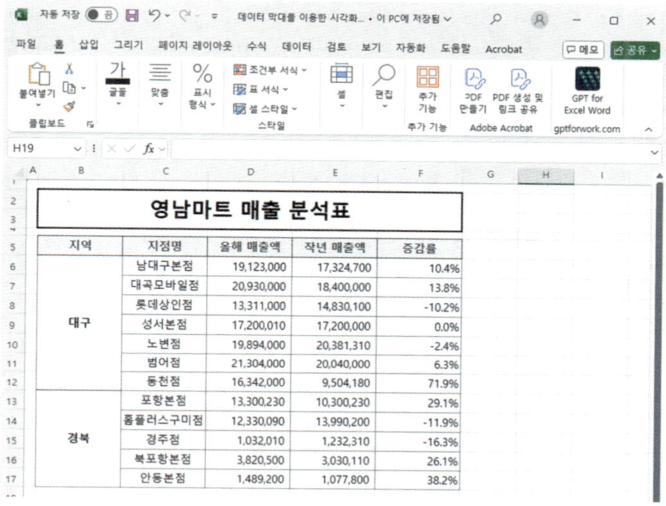

그림 3.41 영남마트 매출 정보

단계 1) 매출액이 입력되어 있는 [D6:D17]범위를 선택 후 [조건부 서식]→[데이터 막대]→[단색 채우기]→[파랑 데이터 막대] 선택

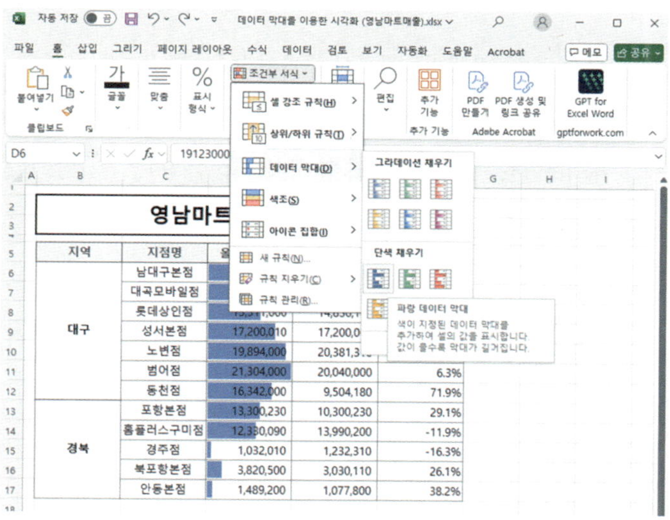

그림 3.42 데이터 막대를 이용한 시각화 - 단계 1 (파랑 데이터 막대)

단계 2) 기 적용된 데이터 막대의 서식을 변경해 보자. [D6:D17]범위를 선택 후 [조건부 서식]→[규칙 관리] 선택

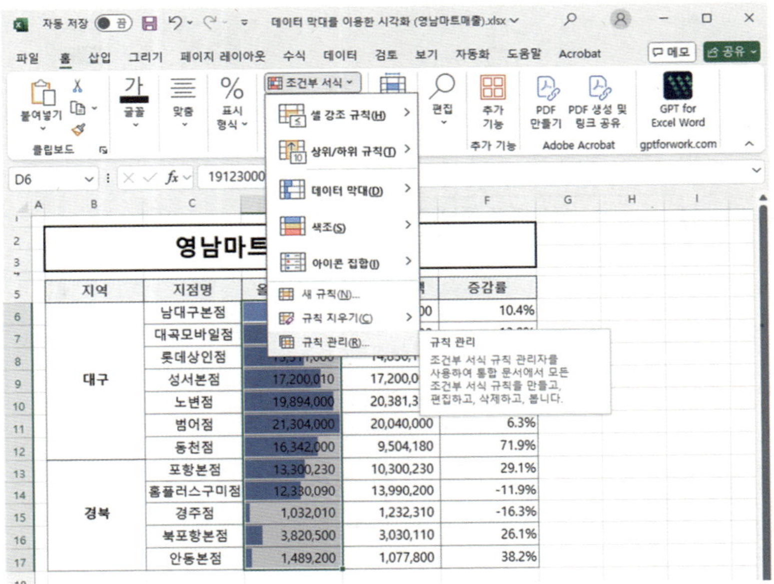

그림 3.43 데이터 막대를 이용한 시각화 - 단계 2

단계 3) [조건부 서식 규칙 관리자] 대화상자에서 [데이터 막대] 선택 후 [규칙 편집] 클릭. [조건부 서식 규칙 관리자] 대화상자에서 [규칙 편집] 클릭 후 [서식 규칙 편집] 대화상자에서 [막대 모양] 그룹의 옵션을 통해 데이터 막대의 서식을 변경 후 [확인] 클릭 (아래 예제는 막대의 색을 녹색으로 변경)

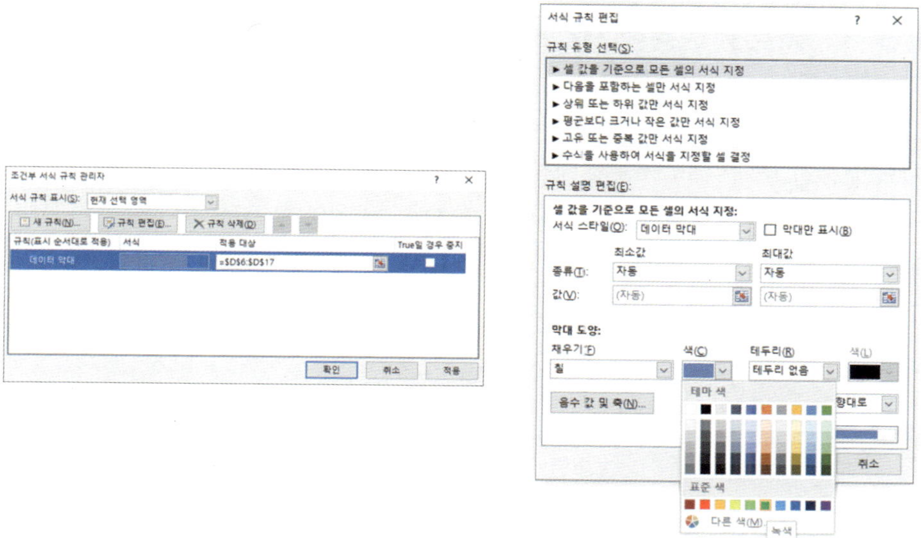

그림 3.44 데이터 막대를 이용한 시각화 - 단계 3

단계 4) [서식 규칙 편집] 대화상자에서 [막대 모양] 그룹의 옵션을 통해 데이터 막대의 서식을 변경 후 [확인] 클릭

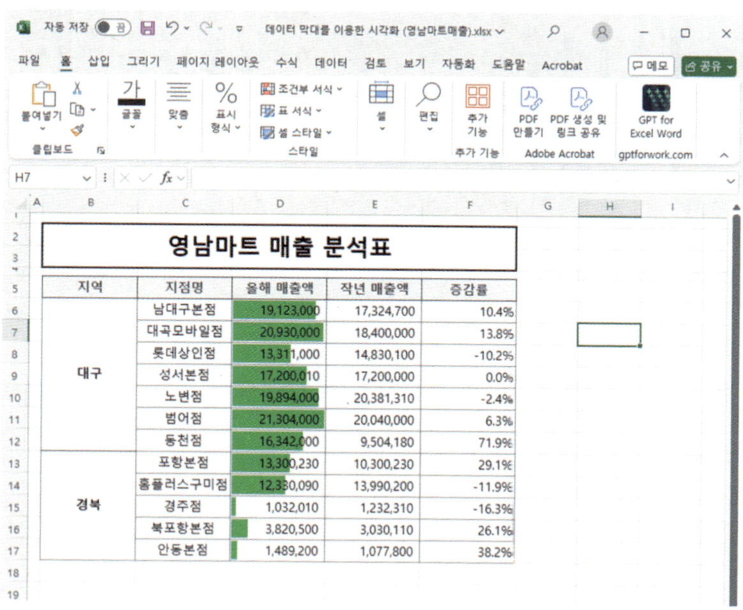

그림 3.45 데이터 막대 서식 변경 결과

3.6 차트를 이용한 시각화

차트란 숫자 데이터로 구성된 내용을 직관적으로 이해할 수 있도록 그래프로 표현하는 기능을 말한다. 상황에 맞는 올바른 차트의 사용은 복잡한 숫자들로 나열된 데이터들의 변화, 추이 등을 보다 직관적이고 쉽게 이해할 수 있도록 도와준다. 이 장에서는 엑셀에서 제공하는 다양한 종류의 차트의 사용법에 대해 알아본다.

3.6.1 차트의 구성요소

차트는 크게 차트 영역, 그림 영역, 데이터 계열, 세로축, 가로축, 데이터 레이블, 범례 등으로 구성된다. 일반적인 차트의 구성요소는 다음과 같다.

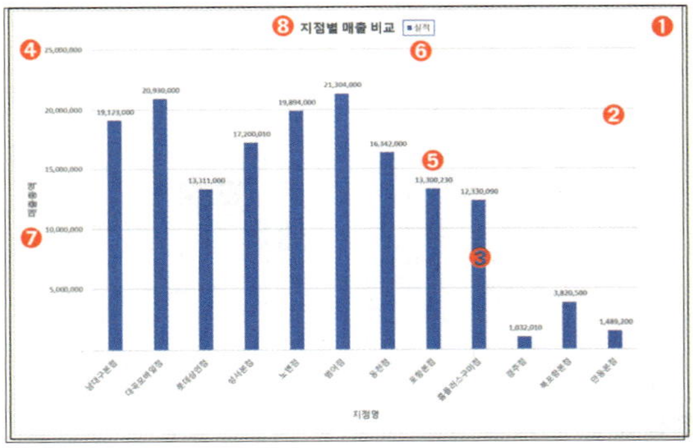

❶ 차트 영역: 차트 전체를 의미. 차트를 이동하거나 전체 크기를 조절할 때 선택.
❷ 그림 영역: 차트 내부의 데이터를 그림 형태로 표현한 부분을 의미. 데이터 계열 눈금, 데이터 레이블 등을 포함.
❸ 데이터 계열: 차트를 표현하는 실질적 요소로써 수치 데이터를 막대, 선, 원 등으로 표현.
❹ 세로 축: 차트로 표현하는 데이터 계열 값을 표현하며 주 눈금과 보조 눈금간의 간격 설정이 가능.
❺ 데이터 레이블: 데이터 계열의 값과 항목 이름 등을 표현.
❻ 범례: 데이터 계열을 구분할 수 있도록 색과 이름으로 표현.
❼ 축 제목: 축 내용을 대표하는 제목.
❽ 차트 제목: 차트를 대표하는 제목.

그림 3.46 차트의 구성요소

다양한 차트 중 목적에 맞는 적합한 차트를 선택하기 위해서는 각 차트의 특성을 알아야 한다. 엑셀이 제공하는 대표적인 차트의 종류와 특성은 다음과 같다[1].

- **세로 막대형 차트**

세로 막대형 차트는 항목이나 계열 간의 비교 또는 상대적으로 짧은 기간의 변화

추이를 살펴보는 데 용이하다. 항목은 가로축으로 표시되며 값은 세로축으로 표시한다.

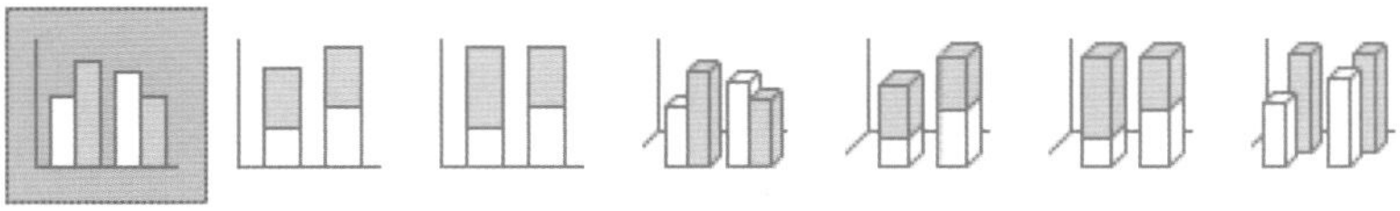

• **꺾은선 형 차트**

긴 기간의 변화 추이를 표시할 때 유용하며, 값이 늘어나고 줄어드는 "변화의 방향"을 파악하는 것이 가능하다. 세로 막대와 더불어 그 활용성이 상대적으로 높은 종류의 차트이다.

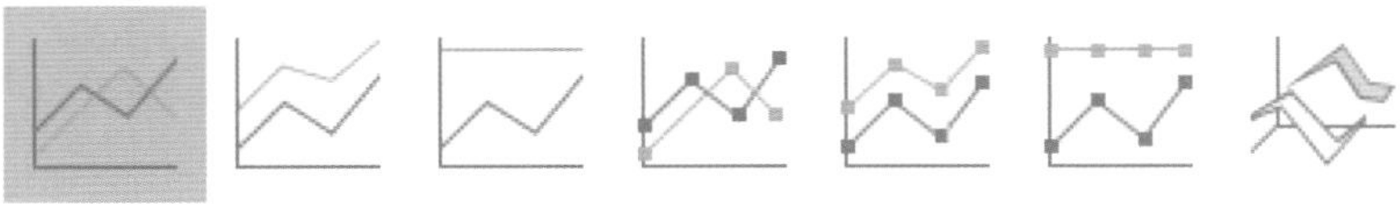

• **원형 차트**

전체 항목별 비율을 표시할 수 있는 차트이며 부채 모양의 면적을 통해 구성비의 크고 작음을 파악할 수 있다. 원형 차트는 한 번에 하나의 데이터 계열에 대해서만 표현할 수 있다는 특성이 있다.

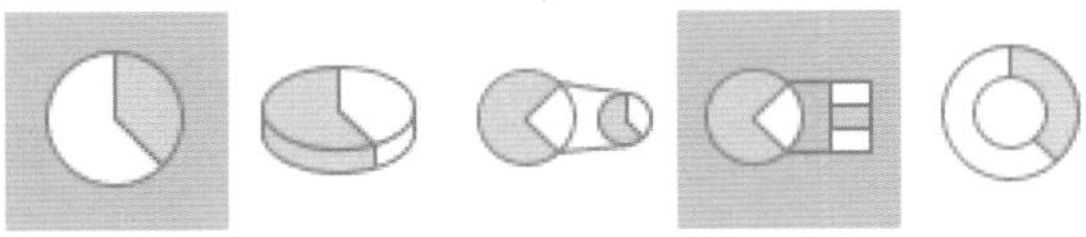

• **가로 막대형 차트**

세로 막대형 차트와 유사하며 막대 그래프가 가로방향으로 표시된다는 점이 다르다. 구성비를 비교할 때 원형 차트를 여러 개 삽입하는 것보다 가로 막대형 차트로 표현하는 것이 보기 쉬울 수 있다. 가로축은 값을 표시하며 세로축은 항목을 표시한다.

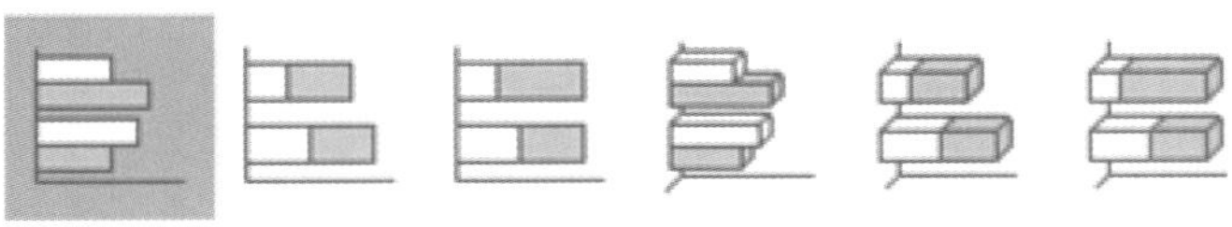

- **분산형 차트**

분산형 차트는 두 수치 데이터 그룹을 X, Y 좌표상에 표현하며, 신장과 체중의 관계와 같이 계열간의 관계(연관성)을 설명하는 데 최적화되어 있는 차트다. 숫자를 다루는 과학, 공학 데이터를 분석하는 데 자주 사용된다.

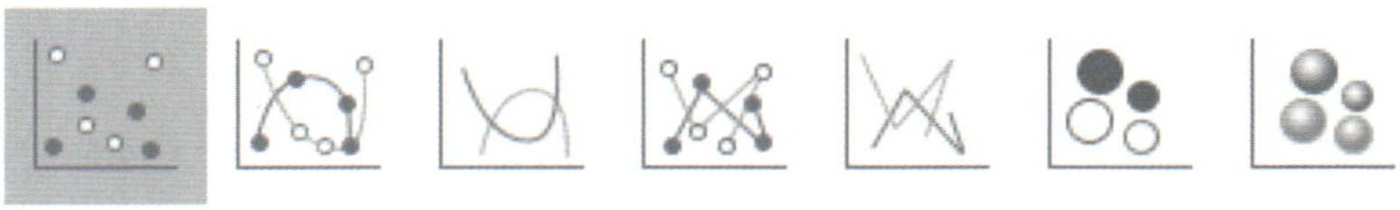

- **혼합형 차트**

목적에 따라 두 개 이상의 차트를 이용하여 차트를 구성하는 것을 의미하며, 혼합형 차트를 구성하기 위해서는 계열이 두 개 이상인 데이터를 사용해야 한다.

3.6.2 차트의 삽입과 편집

이 장에서는 그림 3.47 영남마트 매출 분석표에 대한 차트를 생성하여 삽입하고 이를 편집하는 다양한 방법에 대해 알아본다.

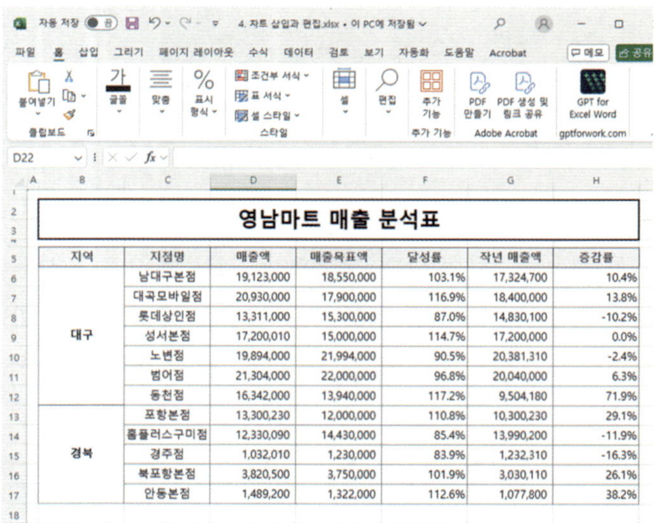

영남마트 매출 분석표

지역	지점명	매출액	매출목표액	달성률	작년 매출액	증감률
대구	남대구본점	19,123,000	18,550,000	103.1%	17,324,700	10.4%
	대곡모바일점	20,930,000	17,900,000	116.9%	18,400,000	13.8%
	롯데상인점	13,311,000	15,300,000	87.0%	14,830,100	-10.2%
	성서본점	17,200,010	15,000,000	114.7%	17,200,000	0.0%
	노변점	19,894,000	21,994,000	90.5%	20,381,310	-2.4%
	범어점	21,304,000	22,000,000	96.8%	20,040,000	6.3%
	동천점	16,342,000	13,940,000	117.2%	9,504,180	71.9%
경북	포항본점	13,300,230	12,000,000	110.8%	10,300,230	29.1%
	홈플러스구미점	12,330,090	14,430,000	85.4%	13,990,200	-11.9%
	경주점	1,032,010	1,230,000	83.9%	1,232,310	-16.3%
	북포항본점	3,820,500	3,750,000	101.9%	3,030,110	26.1%
	안동본점	1,489,200	1,322,000	112.6%	1,077,800	38.2%

그림 3.47 영남마트 매출 분석표

차트의 생성 및 삽입 : 데이터가 입력된 영역을 선택 후 [삽입]→[세로 또는 가로 막대형 차트 삽입]→[묶은 세로 막대형]을 선택하여 차트를 생성하고 삽입한다.

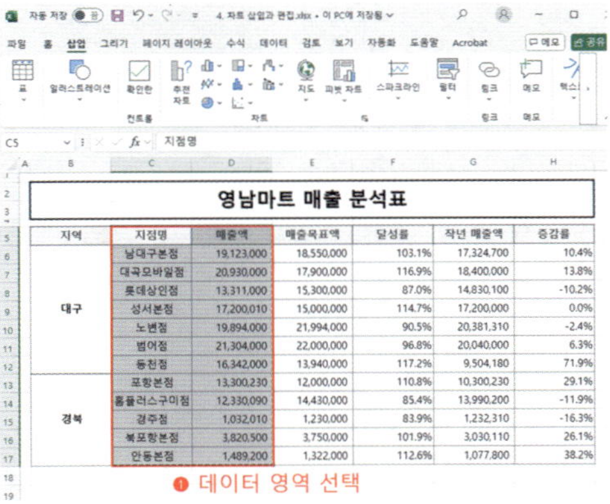

그림 3.48 데이터가 입력된 영역 선택

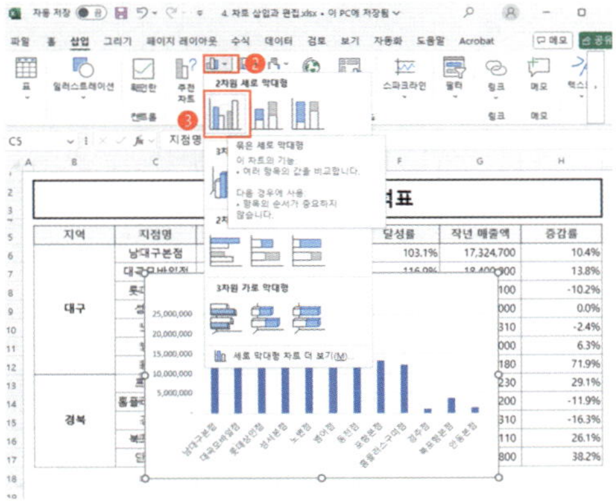

그림 3.49 묶은 세로 막대형 차트 생성

차트의 종류 변경 : 변경하고자 하는 차트 선택 후 [디자인]→[차트 종류 변경]을 클릭 후 원하는 종류의 차트를 선택한다.

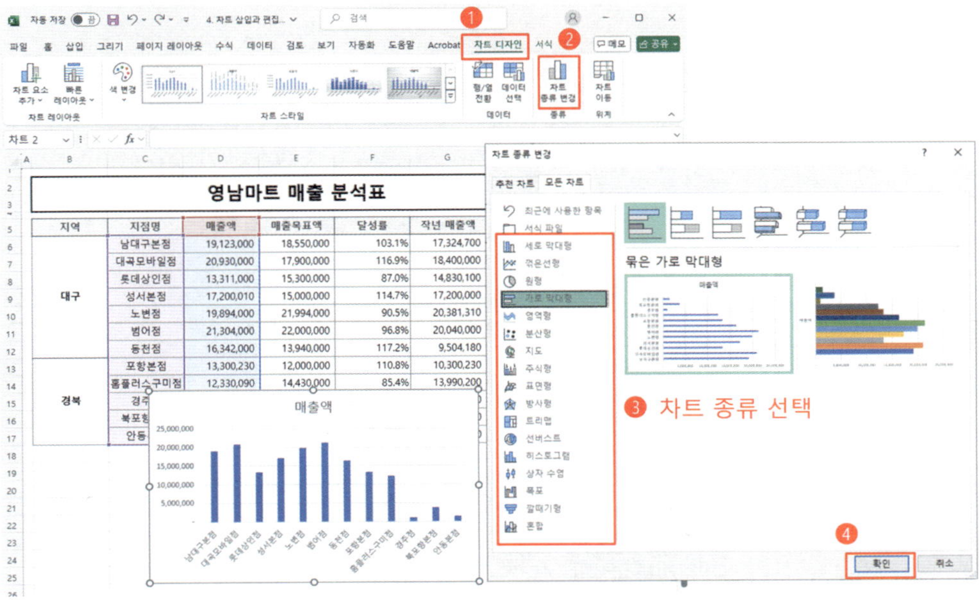

그림 3.50 차트 종류 변경 (묶은 세로 막대형→가로 막대형)

빠른 차트 도구의 활용 : 빠른 차트 도구를 통해 차트 제목, 범례 등 차트 구성 요소들의 표시 여부를 설정하고 차트 스타일과 색상을 손쉽게 변경할 수 있다. 빠른 차트 도구의 메뉴별 기능은 다음과 같다.

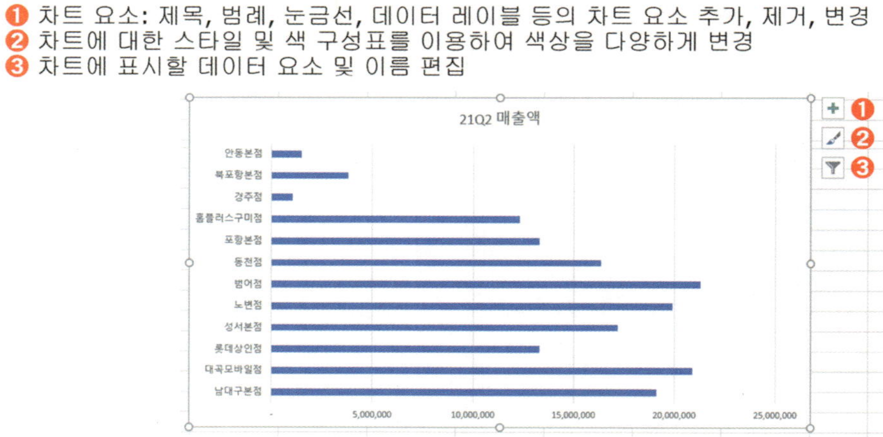

그림 3.51 빠른 차트도구

차트 데이터 편집 : [디자인] 탭→[데이터 선택]을 실행하여 참조할 데이터와 범위를 변경할 수 있다. 다음 예제를 통해 차트가 참조하는 데이터 범위를 변경하는 방법을 학습할 수 있다.

단계 1.1) [C5:C17] 범위를 선택 후 Ctrl을 누른 상태로 [D5:D17], [G5:G17] 선택

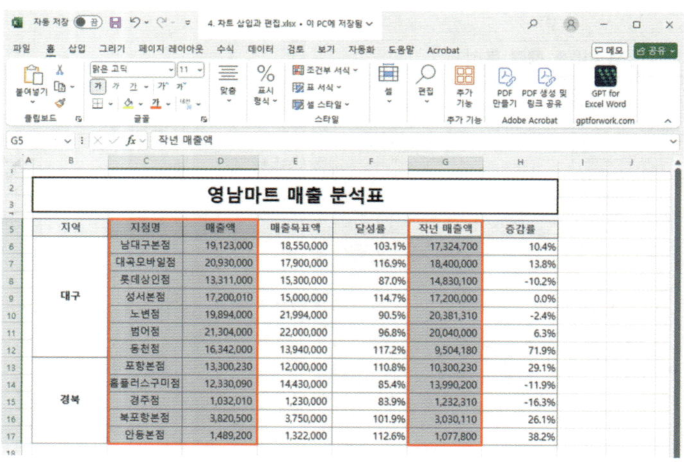

영남마트 매출 분석표

지역	지점명	매출액	매출목표액	달성률	작년 매출액	증감률
대구	남대구본점	19,123,000	18,550,000	103.1%	17,324,700	10.4%
	대곡모바일점	20,930,000	17,900,000	116.9%	18,400,000	13.8%
	롯데상인점	13,311,000	15,300,000	87.0%	14,830,100	-10.2%
	성서본점	17,200,010	15,000,000	114.7%	17,200,000	0.0%
	노변점	19,894,000	21,994,000	90.5%	20,381,310	-2.4%
	범어점	21,304,000	22,000,000	96.8%	20,040,000	6.3%
	동천점	16,342,000	13,940,000	117.2%	9,504,180	71.9%
경북	포항본점	13,300,230	12,000,000	110.8%	10,300,230	29.1%
	홈플러스구미점	12,330,090	14,430,000	85.4%	13,990,200	-11.9%
	경주점	1,032,010	1,230,000	83.9%	1,232,310	-16.3%
	북포항본점	3,820,500	3,750,000	101.9%	3,030,110	26.1%
	안동본점	1,489,200	1,322,000	112.6%	1,077,800	38.2%

그림 3.52 차트 데이터 편집: 단계 1.1

단계 1.2) [삽입]→[세로 또는 가로 막대형 차트 삽입]→[묶은 세로 막대형] 선택

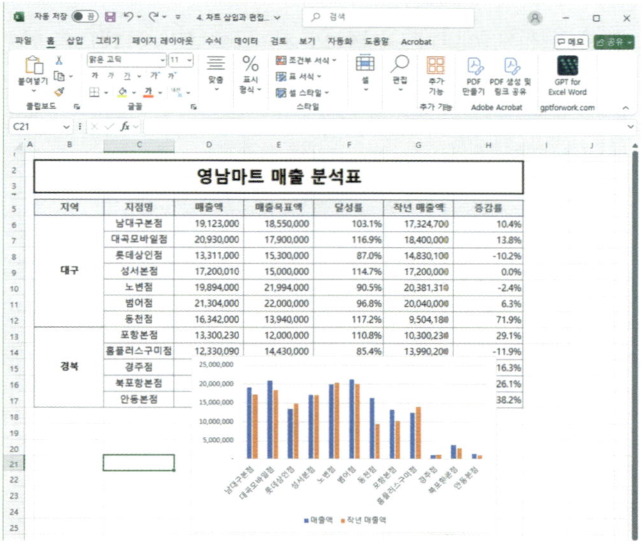

그림 3.53 차트 데이터 편집: 단계 1.2

단계 2) 생성된 차트가 선택된 상태에서 [차트 디자인]→[행/열 전환] 클릭

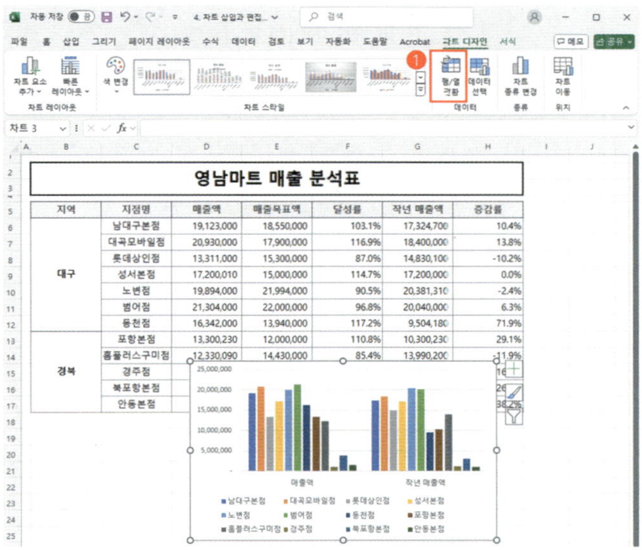

그림 3.54 차트 데이터 편집: 단계 2

단계 3) 생성된 차트를 선택한 상태에서 [차트 디자인]→[데이터 선택] 클릭. [데이터 원본선택 대화상자]에서 [차트 데이터 범위]의 입력창을 클릭하고, 새롭게 포함하고자 하는 셀 범위를 선택(예: 대구지역의 지점 정보만 선택) 후 확인 클릭

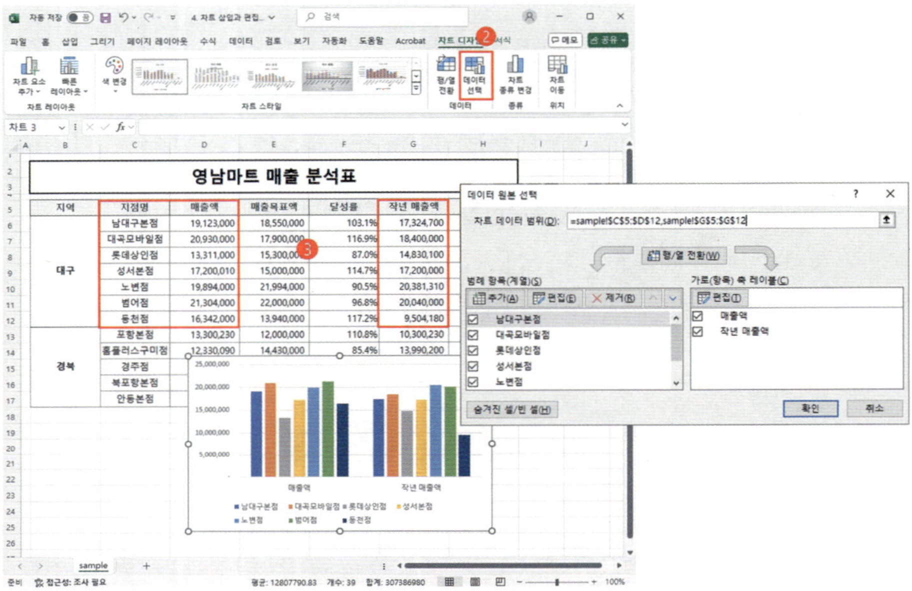

그림 3.55 차트 데이터 편집 결과

3.7 스파크라인을 이용한 시각화

스파크라인은 엑셀 2010 버전부터 지원되는 기능으로 간단한 정보만 빠르게 확인하기 위한 용도로 자주 사용된다. 기존의 차트처럼 데이터의 변화를 보여주지만 그래프가 하나의 셀 안에 삽입된다는 점이 다르다. 다음과 같이 영남마트의 영업사원별 실적을 스파크라인으로 표시해보자.

단계 1) [O6]셀을 선택 후 [삽입]→[스파크라인 그룹]→[꺾은선 형] (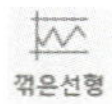

) 클릭

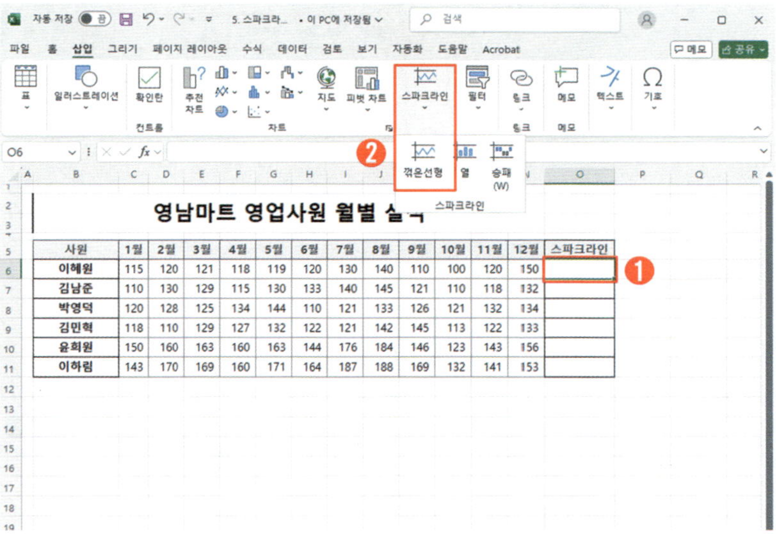

그림 3.56 스파크라인 생성: 단계 1

단계 2) [스파크라인 만들기] 대화상자의 [데이터 범위]에 "C6:N6"를 입력 후 [확인] 클릭

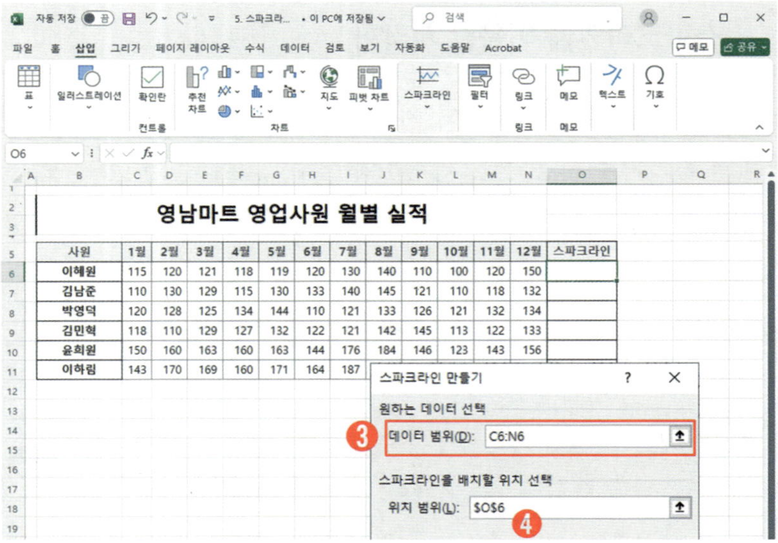

그림 3.57 스파크라인 생성: 단계 2

단계 3) [O6]셀의 오른쪽 하단 모서리를 클릭한 상태로 [O11]셀까지 드래그

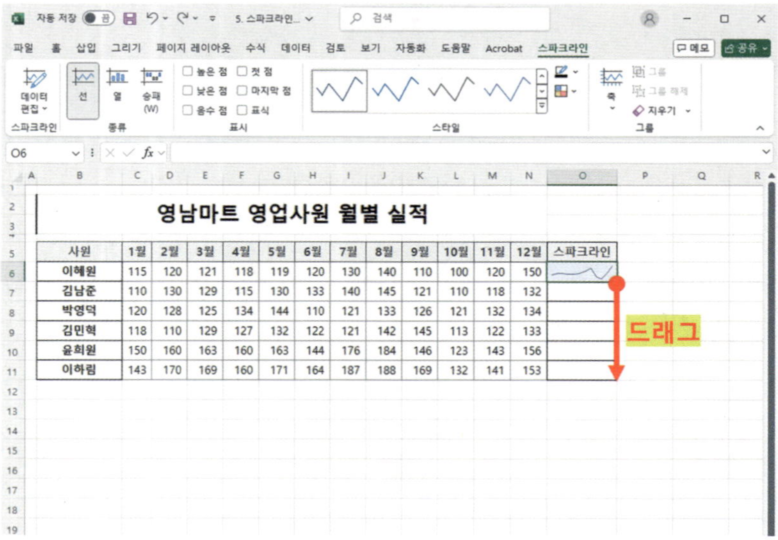

그림 3.58 스파크라인 생성: 단계 3

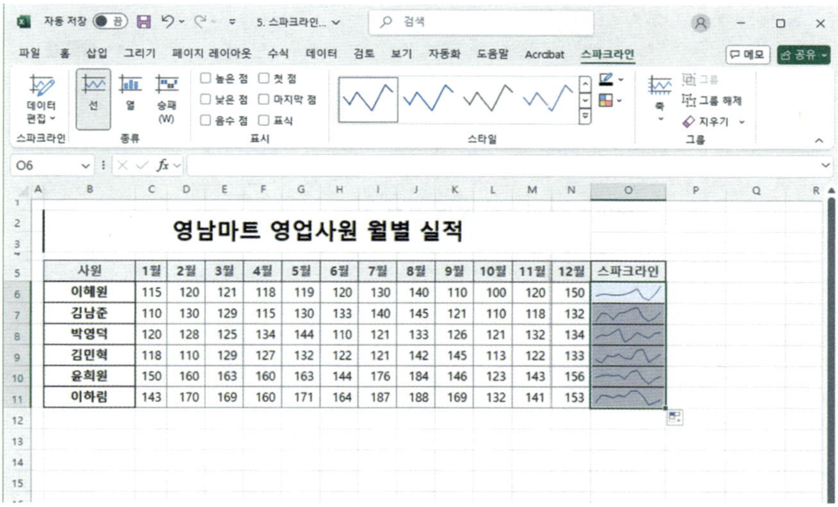

그림 3.59 완성된 사원별 실적 스파크라인 (꺾은선형)

스파크라인 종류 변경 : 삽입된 스파크라인의 종류는 다음과 같이 손쉽게 변경할 수 있다 먼저 [O6:O11] 범위를 선택 후 [삽입]→[스파크라인]그룹→[열] (열) 클릭한다. 이후 [스파크라인 만들기] 대화상자의 [데이터 범위]에 "C6:N11"을 입력한다.

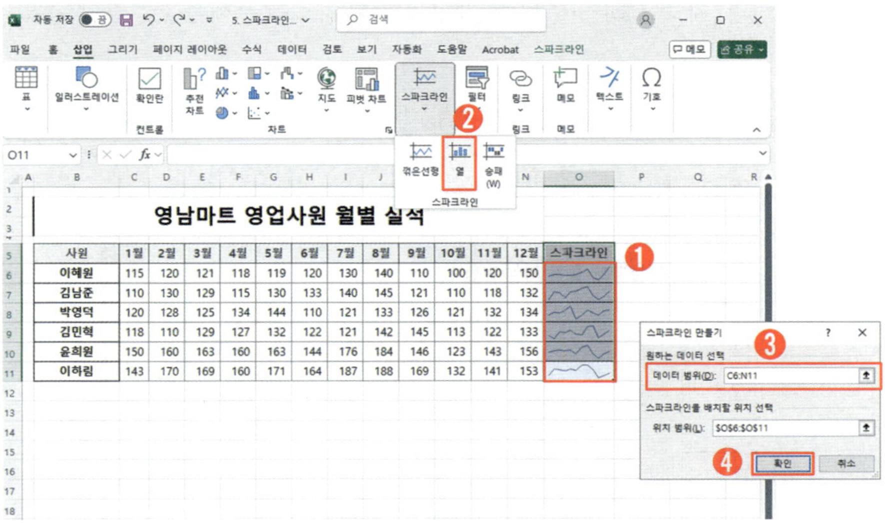

그림 3.60 스파크라인 종류 변경

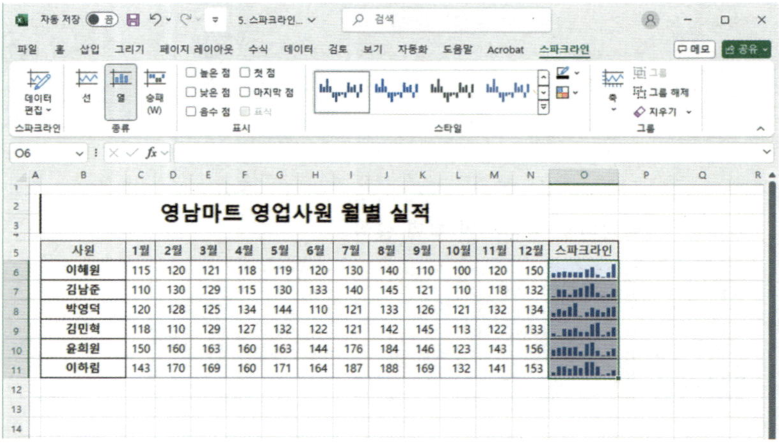

그림 3.61 변경된 스파크라인 (꺾은선형→열)

3.8 추세선과 값의 예측

추세선이란 그래프의 추세(경향)를 표시해주는 차트이며, 생성한 차트의 흐름에 변화가 많아서 어떤 방향을 가지고 움직이는지 알기 어려울 때 유용하게 사용된다. 엑셀은 다양한 종류의 추세선을 제공하며 이를 통해 미래의 데이터 값을 예측하는 것이 가능하다. 차트의 [빠른 차트도구]의 [차트요소]→[추세선] 체크를 통해 차트에 추세선을 추가할 수 있다.

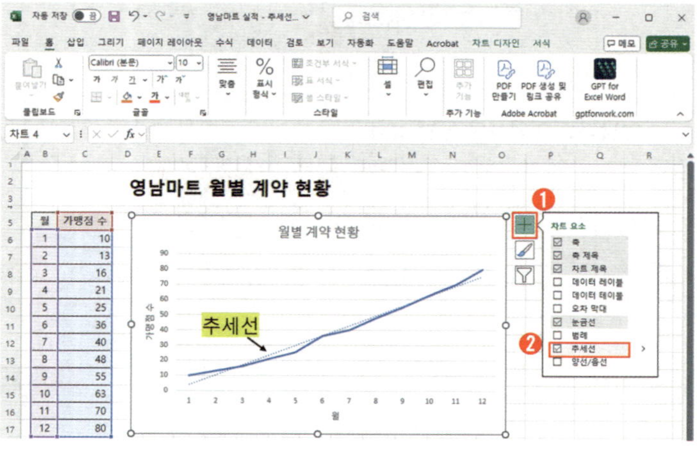

그림 3.62 추세선 추가 방법

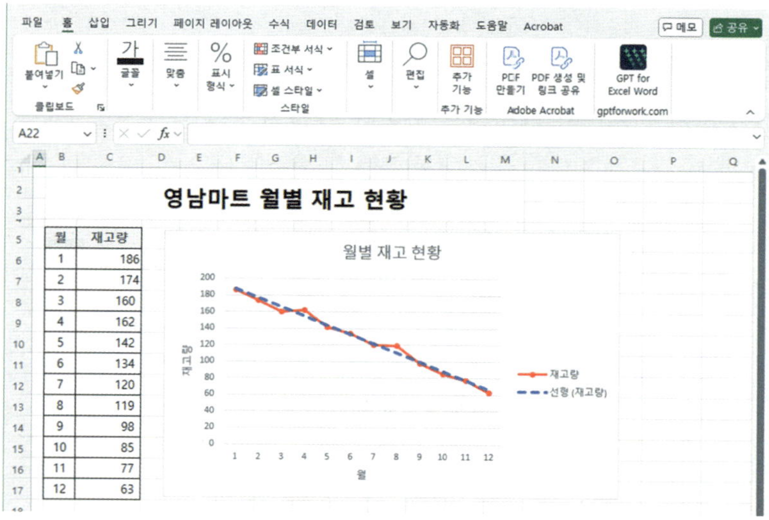

그림 3.63 선형 추세선

3.8.1 대표적인 추세선의 종류

• **선형**

선형 추세선은 일정한 비율로 증가하거나 감소하는 패턴이 직선과 같은 흐름을 보이는 데이터를 설명하는 데 유용하다.

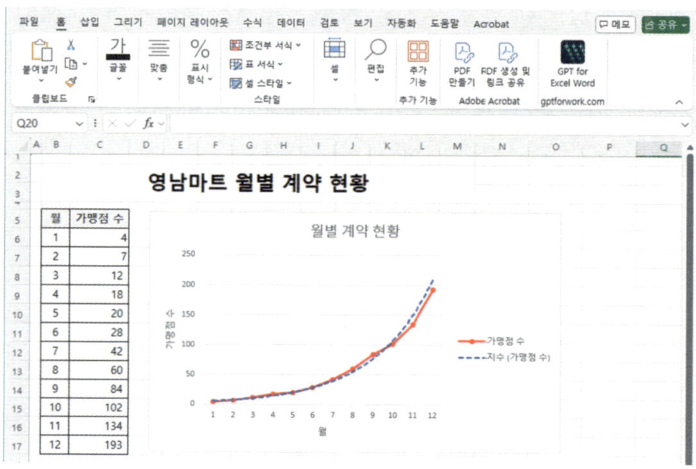

그림 3.64 지수 추세선

• **지수**

지수 추세선은 데이터가 직선이 아닌 곡선으로 증가/감소하는 패턴에 적용 가능하며, 특히 그 변화량이 빠른 데이터를 설명할 때 유용하다.

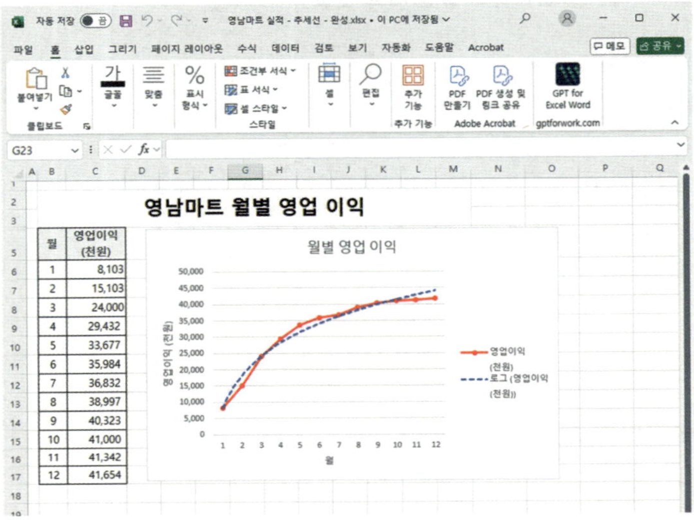

그림 3.65 로그 추세선

• **로그**

로그 추세선 역시 지수와 마찬가지로 곡선으로 증가/감소하는 패턴에 적용 가능하며, 특히 변화량이 완만하게 감소하는 패턴 혹은 그 반대 패턴을 갖는 데이터를 설명하는데 적합하다. 지수 추세선과 달리 로그 추세선은 데이터에 0이나 음수 값이 존재할 경우에도 적용가능하다.

3.8.2 결정계수를 이용한 추세선의 종류 선택

결정계수(R^2)란 추세선과 그래프의 연관성을 설명하는 값으로 0에서 1사이의 소수로 표현된다. 1에 가까울수록 연관성이 높다고 볼 수 있으며, 이를 통해 주어진 데이터를 가장 잘 표현하는 추세선을 선택할 수 있다. 차트의 [빠른 차트도구]의 [차트

요소]→[추세선]→[기타옵션]→[R-제곱 값을 차트에 표시] 항목을 체크함으로써 차트에 결정계수 정보를 표시할 수 있다.

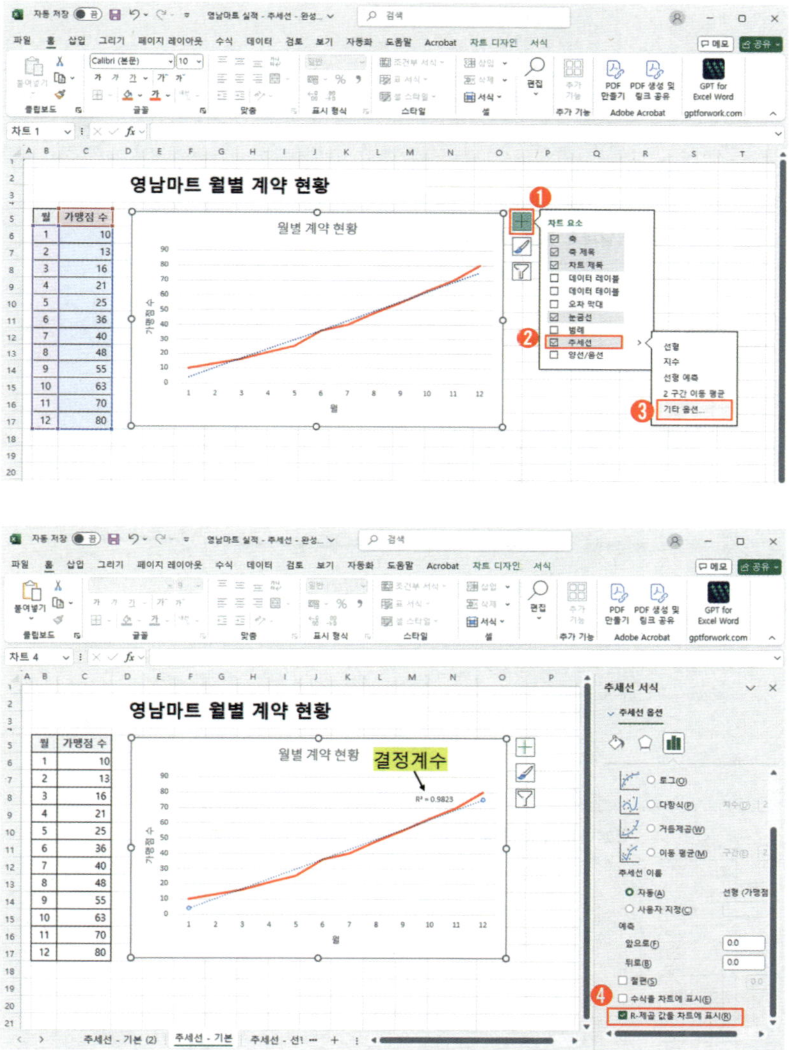

그림 3.66 결정계수 추가 절차

추세선이 추가되면 해당 추세선을 더블클릭 후 [추세선 옵션]에서 추세선의 종류를 변경해 가며 결정계수의 변화를 확인할 수 있다. 다음 예제에서는 영남마트의 월별 판매량 차트에 대해 추세선을 추가하였으며, 해당 데이터를 가장잘 표현하는 추세선은 결정계수 값이 0.9072로 가장 높은 로그 추세선인 사실을 확인할 수 있다.

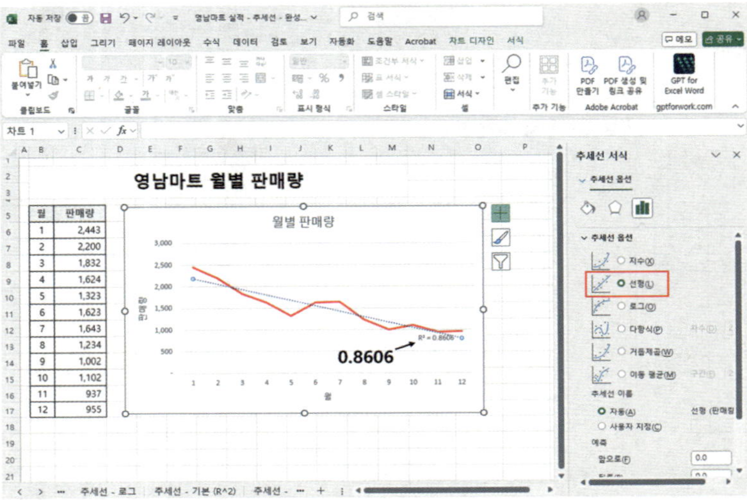

그림 3.67 선형 추세선의 결정계수

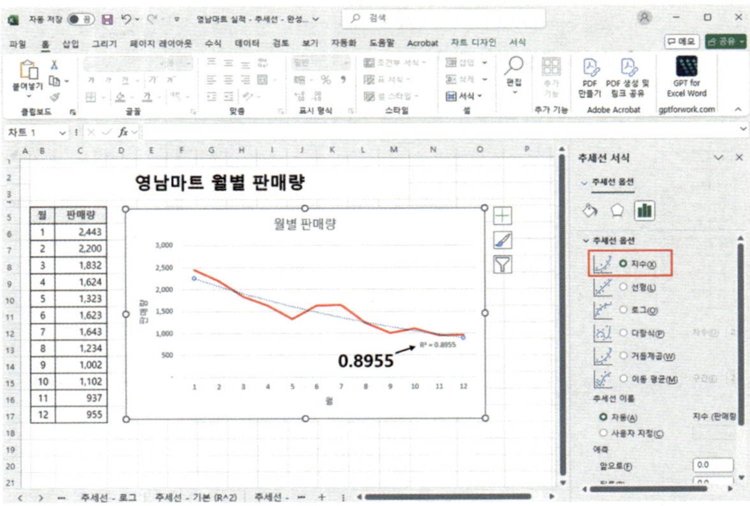

그림 3.68 지수 추세선의 결정계수

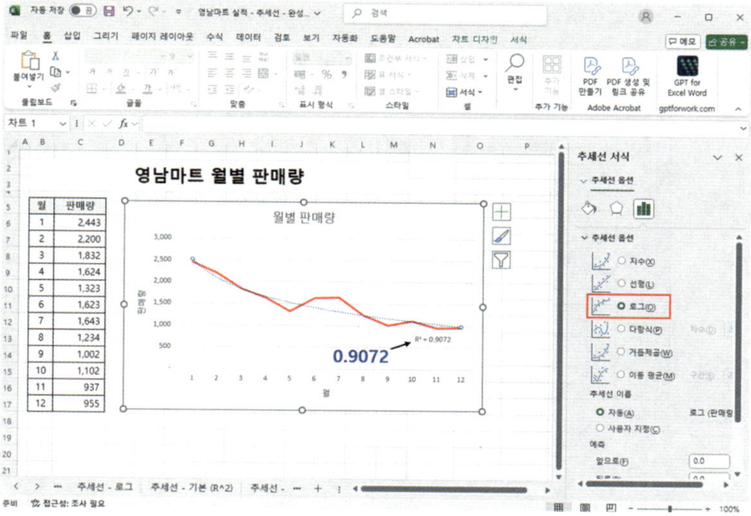

그림 3.69 로그 추세선의 결정계수

3.8.3 추세선을 이용한 값의 예측

추세선의 방정식은 아래와 같은 구조로 되어 있다.

추세선 종류	방정식	예
선형	y = m*x + b	y = 48.325x + 13244.1
지수	y = m*EXP(b*x)	y = 1432.1e^0.0322x
로그	y = m*LN(x) + b	y = 277.86ln(x) = 1332

- m: 기울기
- b: 절편 (상수)
- x, y: x축의 값, y축의 값
- EXP(숫자): 상수 e를 숫자만큼 거듭제곱한 값을 반환
- LN(숫자): 숫자의 자연로그 값을 반환

추세선은 방정식을 이용해 표시되므로 주어진 방정식을 풀면 미래의 값을 예측할 수 있다. 다음 과정을 통해 추세선을 이용해 영남마트의 <내년 상반기 판매량>을 예측해 보자.

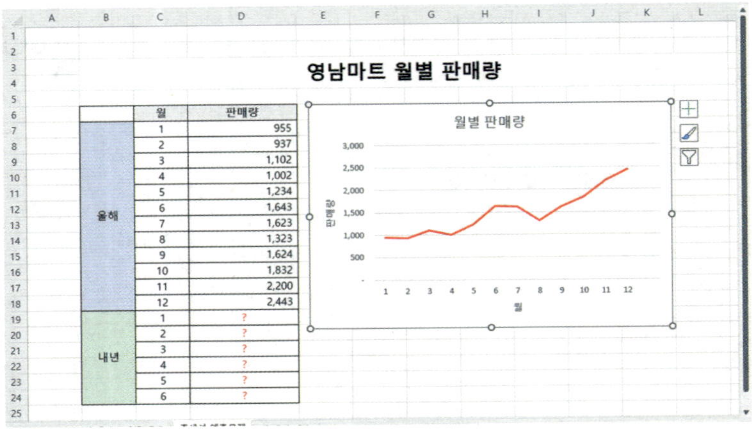

그림 3.70 영남마트 월별 판매량

단계 1) 추세선을 추가한 뒤 더블 클릭하여 [추세선 서식] 작업 창으로 이동한다. 이후 [예측]→[앞으로]를 6으로 변경하고 [R-제곱 값을 차트에 표시]와 [수식을 차트에 표시] 옵션을 체크하여 결정계수와 추세선 방정식이 표시되도록 한다. 추세선의 종류를 선형, 지수, 로그 순으로 변경해 가며 결정계수를 비교한다. 본 예제 데이터셋의 경우, 지수 추세선의 결정계수가 0.8955로 선형 (0.8606)이나 로그 (0.6816)보다 높기 때문에 지수 추세선을 사용하는 것이 바람직하다.

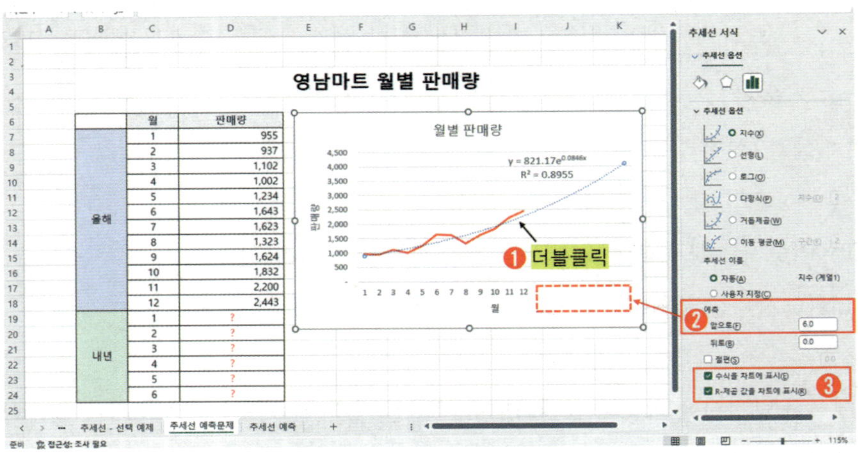

그림 3.71 추세선을 이용한 판매량 예측: 단계 1

단계 2) D열을 선택하고 Ctrl + Shift + + 를 눌러 열을 삽입(D열 선택 후 오른쪽 마우스 클릭 후 [삽입]을 선택해도 됨) 후 열 이름을 'x'로 변경한다. 이후 [D7]셀에 1을 입력 후 Ctrl 키를 누른 상태로 [D7]셀의 채우기 핸들(오른쪽 하단 모서리)을 클릭한 상태로 [D24]셀까지 드래그하여 D열의 비어 있는 나머지 셀을 오름차순으로 채운다.

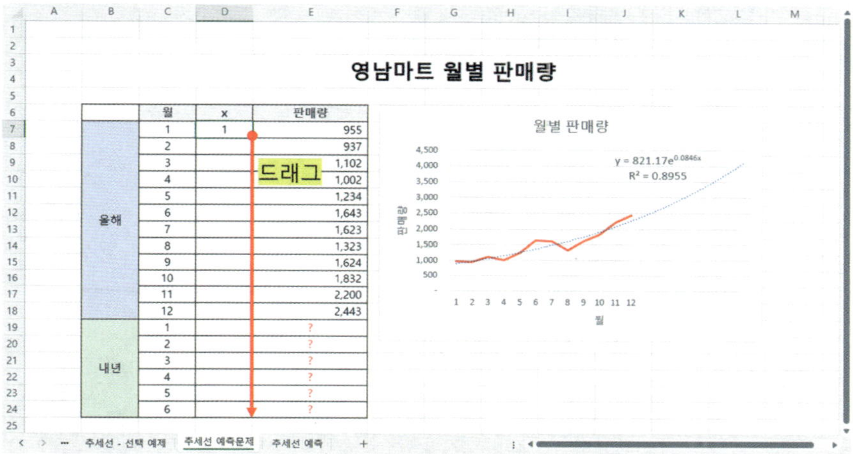

그림 3.72 추세선을 이용한 판매량 여 측: 단계 2

단계 3) 회귀방정식을 풀기 위해 [E19]셀에 아래의 수식을 입력한다. 아래 수식은 표시된 회귀방정식에 D열에 입력된 x값을 대입한 결과다.

```
=821.17*EXP(0.0846*D19)
```

단계 4) [E19]셀의 채우기 핸들(오른쪽 하단 모서리)을 클릭한 상태로 드래그하여 E열의 비어 있는 나머지 셀을 채운다.

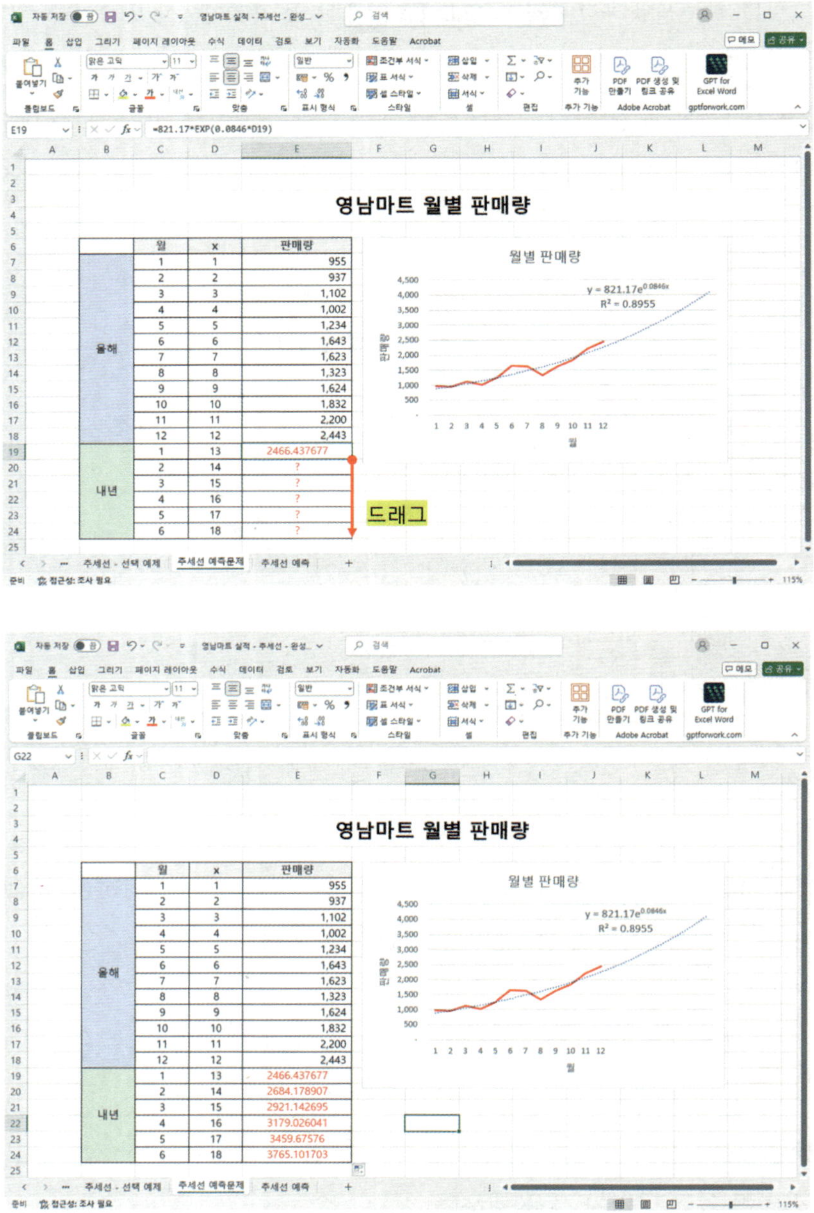

그림 3.73 추세선을 이용한 판매량 예측: 단계 4

단계 5) 계산된 값 (셀 E19~E24)을 차트에 반영하기 위해 차트 클릭 후 [E18]셀의 채우기 핸들(오른쪽 하단 모서리)을 클릭하여 [E24]셀까지 드래그한다.

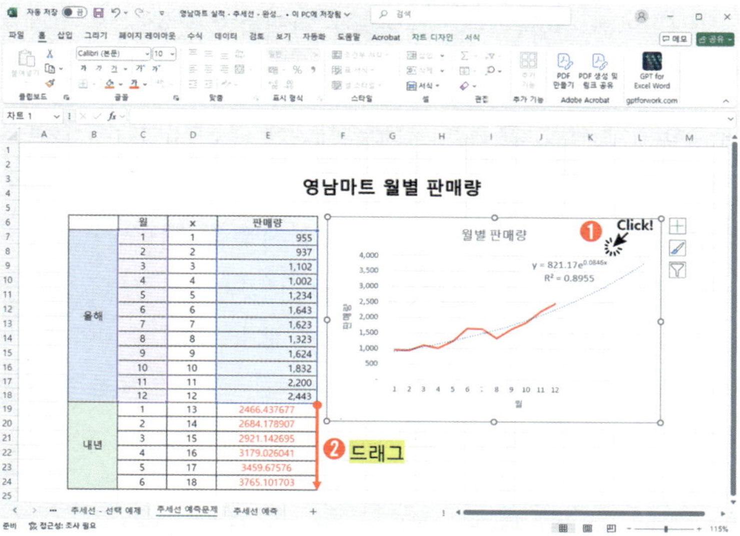

그림 3.74 추세선을 이용한 판매량 예측: 단계 5

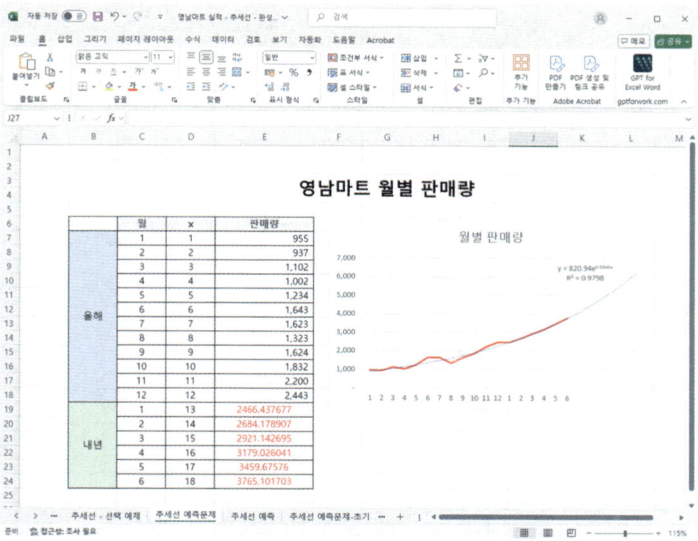

그림 3.75 최종 결과

3.9 결측값 처리

데이터 분석을 위해 수집된 초기 데이터는 완벽하지 못한 경우가 대부분이다. 특히, 일부 데이터가 누락되어 있는 경우가 자주 발생하는데 이러한 누락 데이터를 **결측값**(missing data)이라 한다. 한 예로, 설문조사를 통해 데이터를 수집할 경우 응답자가 일부 문항에 대해 답하지 않았으면 해당 문항의 데이터값은 결측값이 된다. 결측값이 포함된 데이터 셋은 데이터 분석 시 많은 문제를 발생시킬 수 있기 때문에 데이터 분석 전 이러한 결측값을 처리하는 절차가 필요하다.

결측값을 처리하는 가장 대표적인 방법은 크게 두 가지로 결측값을 삭제하거나 결측값을 다른 값으로 대체하는 것이다. 이 장에서는 그림 3.76과 같이 결측값이 존재하는 데이터 셋에 대해 해당 결측값을 다른 값(인접한 셀의 값)으로 대체하는 방법에 대해 알아본다.

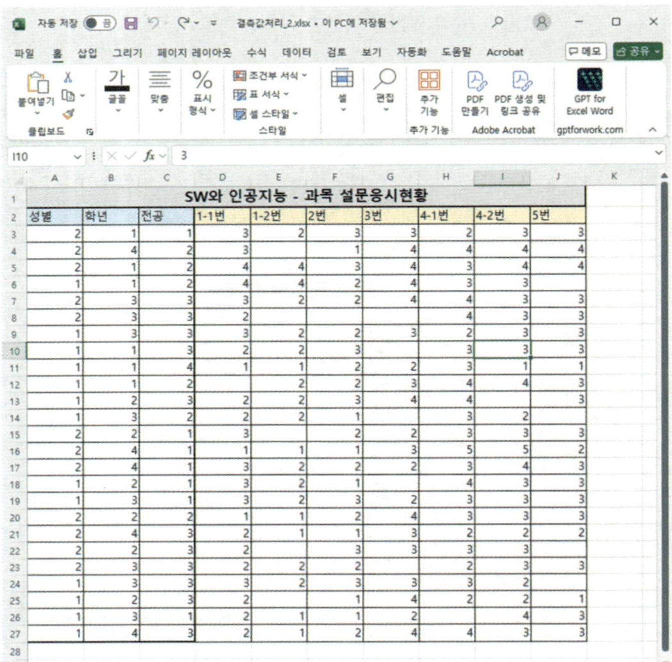

SW와 인공지능 - 과목 설문응시현황									
성별	학년	전공	1-1번	1-2번	2번	3번	4-1번	4-2번	5번
2	1	1	3	2	3	3	2	3	3
2	4	2	3		1	4	4	4	4
2	1	2	4	4	3	4	3	4	4
1	1	2	4	4	2	4	3	3	
2	3	3	3	2	2	4	4	3	3
2	3	3	2				4	3	3
1	3	3	3	2	2	3	2	3	3
1	1	3	2	2	3		3	3	3
1	1	4	1	1	2	2	3	1	1
1	1	2		2	2	3	4	4	3
1	2	3	2	2	3	4	4		3
1	3	2	2	2	1		3	2	
2	2	1	3		2	2	3	3	3
2	4	1	1	1	1	3	5	5	2
2	4	1	3	2	2	2	3	4	3
1	2	1	3	2	1		4	3	3
1	3	1	3	2	3	2	3	3	3
2	2	2	1	1	2	4	3	3	3
2	4	3	2	1	1	3	2	2	2
2	2	3	2		3	3	3	3	
2	3	3	2	2	2		2	3	3
1	3	3	3	2	3	3	3	2	
1	2	3	2		1	4	2	2	1
1	3	1	2	1	1	2		4	3
1	4	3	2	1	2	4	4	3	3

그림 3.76 설문조사 응시 현황 데이터

단계 1) [홈] 탭→[찾기 및 선택]→[이동 옵션]→[빈 셀] 선택

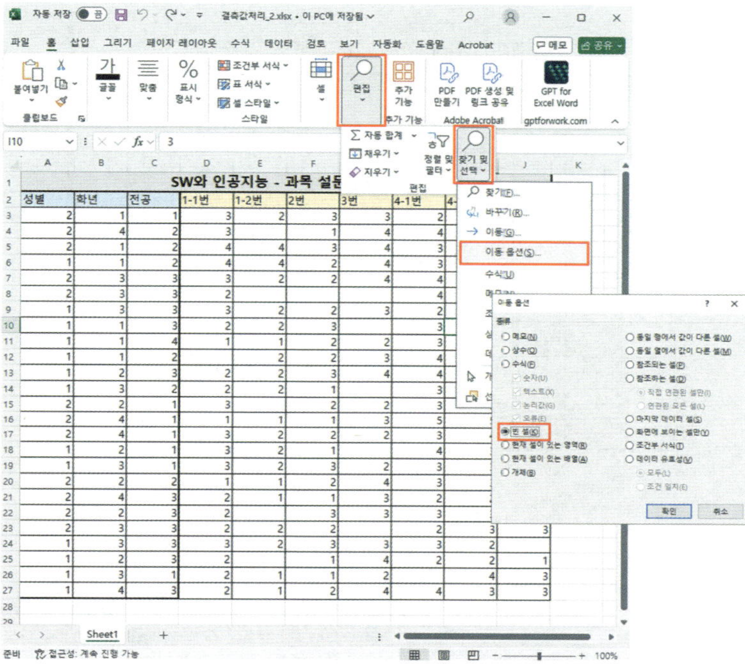

그림 3.77 결측값 처리: 단계 1

단계 2) 선택된 셀에 수식 =E3을 입력 후 Ctrl + 엔터키를 입력한다. 수식 내 E3 셀을 입력한 이유는 E4셀의 값을 인접한 셀인 E3셀의 값으로 변경하겠다는 뜻이다. Ctrl + 엔터키를 입력하게 되면 시트 내 모든 빈 셀에 주어진 수식이 일괄적으로 적용된다. 단, 이 경우 상대참조 방식이 적용된다는 점을 명심하자. 즉, 각각의 비어 있는 셀의 값은 각 셀의 위쪽에 위치한 셀의 값으로 대체된다.

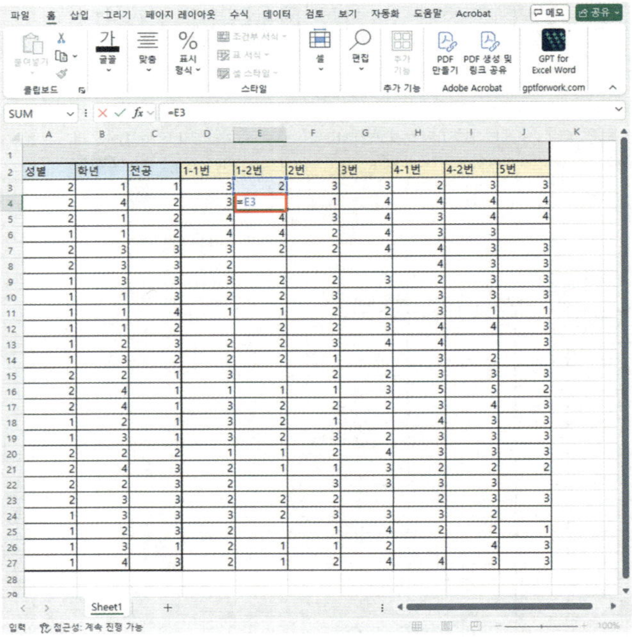

그림 3.78 결측값 처리: 단계 2

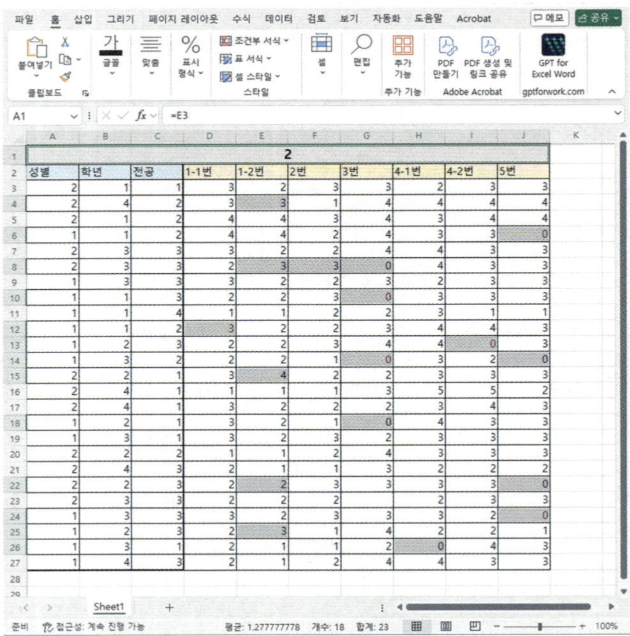

그림 3.79 결측값 처리 결과

3.10 정렬과 필터

주어진 데이터들을 순서대로 정렬하거나 원하는 데이터만을 선택적으로 필터링하여 확인하는 것은 간단한 데이터 분석 시 꽤 유용하게 활용될 수 있다. 본 장에서는 엑셀의 정렬과 필터 기능 사용법을 학습한다.

3.10.1 정렬

그림 3.80와 같이 <SW와 인공지능> 교과목 성적 데이터를 총점 기준으로 내림차순 정렬해보자.

단계 1) 학생들의 총점 데이터 (셀 F3~F27)을 드래그하여 선택

단계 2) [편집]→[정렬 및 필터]→<숫자 내림차순 정렬(O)> 선택

단계 3) <정렬 경고> 메시지가 뜰 경우, 선택 영역 확장(E) 선택

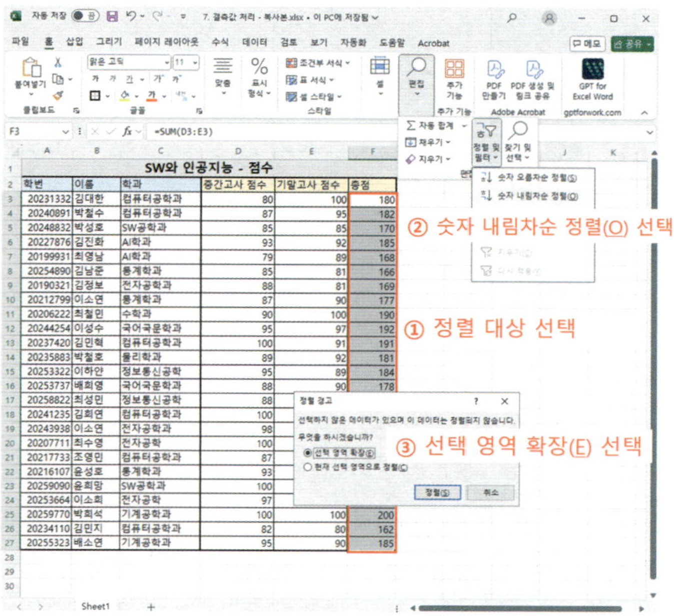

그림 3.80 총점 기준 내림차순 정렬

그림 3.81은 총점 기준 내림차순 정렬 결과다. 이처럼 몇 번의 클릭만으로 손쉽게 데이터 정렬을 수행할 수 있다. 만약 학번을 기준으로 정렬하고자 한다면, 정렬 대상으로 총점 열이 아닌 학번 열의 데이터들을 선택하면 된다. 오름차순 정렬의 경우 단계 2에서 <숫자 오름차순 정렬(O)>이 아닌 [편집]→[정렬 및 필터]→<숫자 오름차순 정렬(S)>을 선택하면 된다.

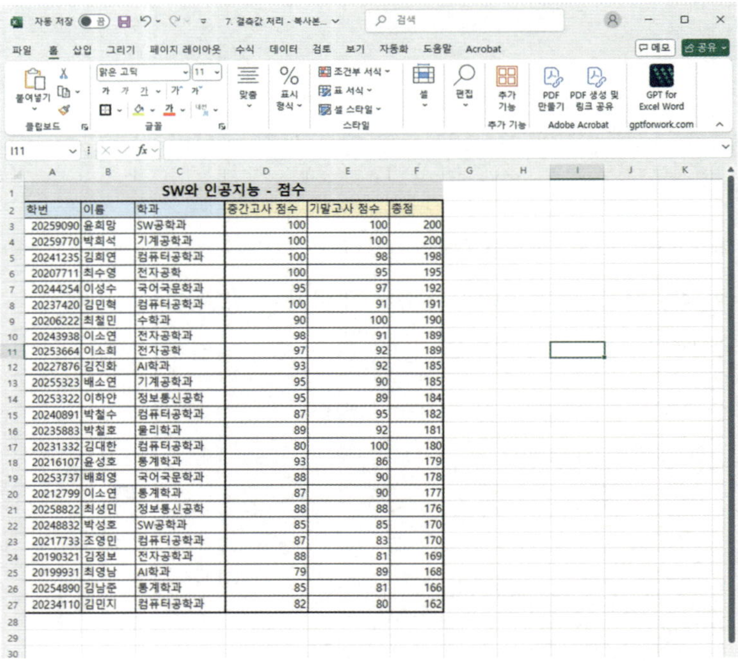

SW와 인공지능 - 점수

학번	이름	학과	중간고사 점수	기말고사 점수	총점
20259090	윤희망	SW공학과	100	100	200
20259770	박회석	기계공학과	100	100	200
20241235	김희연	컴퓨터공학과	100	98	198
20207711	최수영	전자공학	100	95	195
20244254	이성수	국어국문학과	95	97	192
20237420	김민혁	컴퓨터공학과	100	91	191
20206222	최철민	수학과	90	100	190
20243938	이소연	전자공학과	98	91	189
20253664	이소희	전자공학	97	92	189
20227876	김진화	AI학과	93	92	185
20255323	배소연	기계공학과	95	90	185
20253322	이하얀	정보통신공학	95	89	184
20240891	박철수	컴퓨터공학과	87	95	182
20235883	박철호	물리학과	89	92	181
20231332	김대한	컴퓨터공학과	80	100	180
20216107	윤성호	통계학과	93	86	179
20253737	배희영	국어국문학과	88	90	178
20212799	이소연	통계학과	87	90	177
20258822	최성민	정보통신공학	88	88	176
20248832	박성호	SW공학과	85	85	170
20217733	조영민	컴퓨터공학과	87	83	170
20190321	김정보	전자공학과	88	81	169
20199931	최영남	AI학과	79	89	168
20254890	김남준	통계학과	85	81	166
20234110	김민지	컴퓨터공학과	82	80	162

그림 3.81 내림차순 정렬 결과

3.10.2 필터

전체 데이터 셋에서 특정 값에 해당하는 데이터만을 선별적으로 확인하고자 할 때는 필터 기능을 사용할 수 있다. 필터 기능을 이용하여 특정 학과 소속 학생들의 성적 데이터만을 확인해보자.

단계 1) 학과 열(셀 C2~C27)을 드래그하여 선택

단계 2) [편집]→[정렬 및 필터]→필터(F) 선택

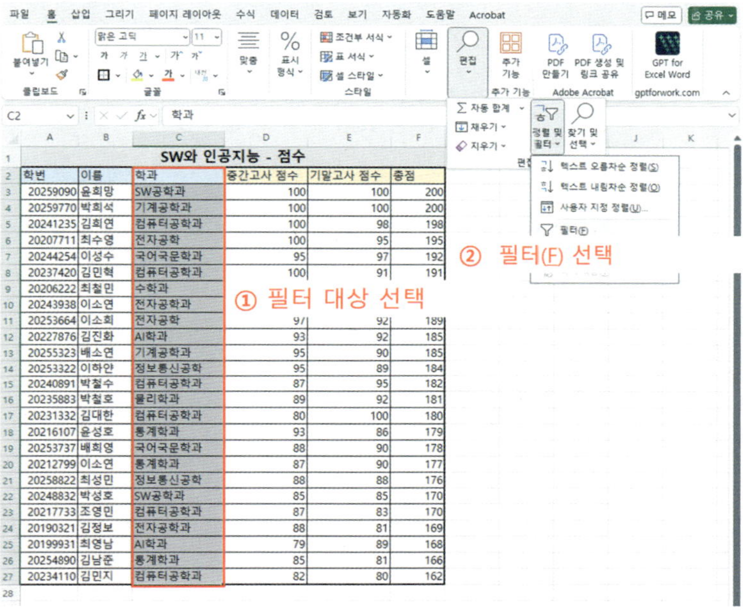

그림 3.82 학과 기준 필터 기능 적용 결과

그림 3.83은 필터 기능 수행 결과를 보여준다. 필터 기능이 성공적으로 수행되면 필터링 대상이 되는 데이터 중 첫 번째 셀(C2)에 화살표가 생성된다.

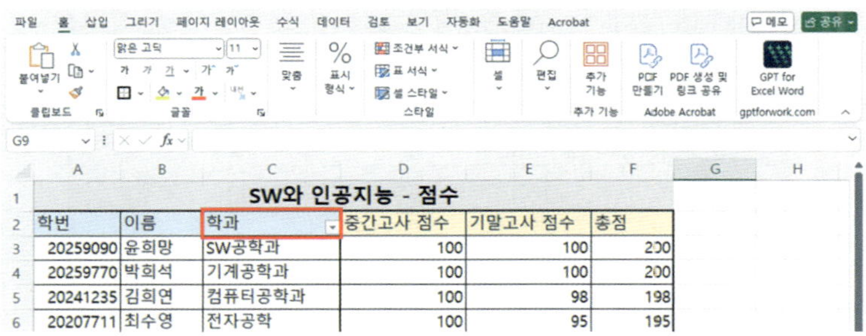

그림 3.83 필터 기능 수행 결과

이제 해당 화살표를 클릭하여 필터링하고자 하는 대상을 선택할 수 있다. 예를 들어 그림 3.83의 '학과' 오른쪽 하단의 화살표 클릭 후 그림 3.84와 같이 <SW공학과>와 <컴퓨터공학과>를 선택하면 그림 3.85와 같이 두 학과 소속 학생들의 성적만이 나타난다.

그림 3.84 필터 대상 선택

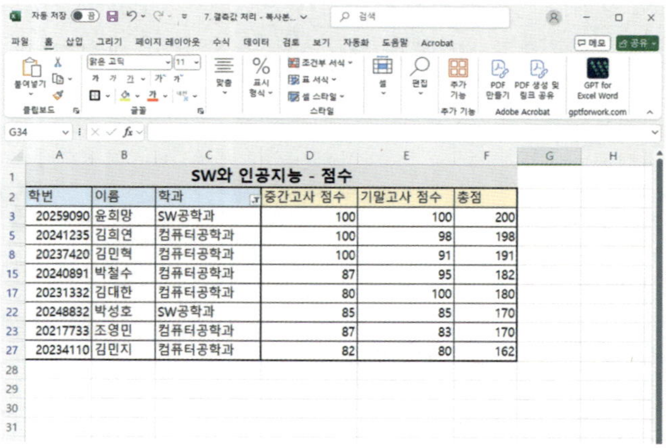

그림 3.85 필터링 결과

연습문제

1. 데이터 분석이 필요한 이유를 설명하시오.

2. 데이터 분석의 과정이 아닌 것을 고르시오.

① 데이터 수집

② 데이터 시각화

③ 데이터 전처리

④ 데이터 공유

⑤ 결과의 해석

3. 다음 설명 중 옳은 설명을 모두 고르시오.

① 수집된 데이터 양이 많을수록 데이터 분석이 더 정확해진다.

② 결손값이 포함된 데이터 셋은 분석이 불가능하다.

③ 시각화는 데이터 분석 결과를 차트 등으로 도식화하는 것을 의미한다.

④ 크롤링이란 웹 페이지를 가져와 데이터를 추출해 해는 방법이다.

⑤ 추세선이란 그래프의 추세(경향)를 표시해주는 차트를 의미한다.

4. 데이터 분석도구로서의 엑셀의 특징으로 옳지 않은 것을 고르시오.

① 프로그래밍 없이 데이터 분석이 가능하다.

② 대규모 데이터 분석에 적합하다.

③ 통계 목적으로 개발된 프로그램이며 다양한 함수를 제공한다.

④ 회귀분석과 같은 고급 분석 기술은 지원하지 않는다.

⑤ 차트와 같은 기본적인 시각화 도구를 제공한다.

5. 사용자가 지정한 특정 조건을 만족하는 셀에 대해서만 선택적으로 서식을 적용하는 엑셀의 기능을 무엇이라 하는가?

① 셀 서식

② 함수

③ 조건부 서식

④ 조건식

⑤ 스크래핑

6. 다음 중 주어진 범위의 값들 중 k번째로 큰 값을 반환해 주는 엑셀 함수는?

① K-MAX

② LARGE

③ SUM

④ STDEV

⑤ RANK

실습문제

문제에서 사용되는 엑셀 파일은 https://bit.ly/SW_AI_Problems에서 다운로드 가능

1. 기상자료개방포털에서 대구의 2024년 11월 기온 파일(자료구분: 일, 기간: 2024년 11월1일~2024년11월30일, 지역: 대구광역시)을 다운로드하여 표식이 있는 꺾은선 형 그래프를 이용해 시각화하시오. 전체 데이터 셋 중 가장 높은 온도와 가장 낮은 온도를 엑셀에서 제공하는 함수를 이용하여 구하시오.

2. 데이터분석_실습.xlsx 파일의 <영남마트 직원 교육 성적> 탭의 데이터를 분석하여 다음 정보를 화면에 출력하시오.

   1) 사원 별 평균 점수
   2) 사원별 평균 점수에 따른 순위
   3) 과목별 최대 점수
   4) 과목별 최소 점수
   5) 평균이 90점 이상인 사원 수
   6) 인사팀에 속한 사원들의 평균 점수

3. 데이터분석_실습.xlsx파일의 <영남마트 매출 분석> 탭의 데이터 셋에 대해 셀 강조 규칙을 이용해 올해 매출이 매출목표액을 초과 달성한 경우를 시각화하시오.

   - 글꼴 스타일: 굵게
   - 색: 빨강
   - 배경색: 노랑

4. 데이터분석_실습.xlsx파일의 <기대수명> 탭의 데이터를 이용하여 2001년생부터 2020년생의 평균수명을 예측해보시오. (참고: 결정계수를 이용해 가장 적합한 추세선을 선택해야 한다.)

5. 데이터분석_실습.xlsx파일의 <누적 재고량> 탭의 데이터셋을 이용하여 내년 상반기 영남마트의 재고수량을 예측해보시오. (참고: 결정계수를 이용해 가장 적합한 추세선을 선택해야 한다.)

참고 문헌

1. 장은실, 오경선, 양숙희, 엑셀로 하는 데이터 분석, 생능출판
2. https://support.microsoft.com/ko-kr/excel, 마이크로소프트 엑셀 공식 홈페이지
3. 최준선, 엑셀 데이터 분석 바이블, 한빛미디어

4 Chapter ChatGPT

학습목표

- ChatGPT의 주요 개념을 이해한다.
- 질문하기, 번역하기, 문서 요약 등 ChatGPT의 기본 사용법을 이해한다.
- 작문 영역에서 ChatGPT를 활용하는 방법을 이해한다.
- ChatGPT를 활용하여 엑셀 작업을 수행하는 방법을 이해한다.
- ChatGPT를 활용하여 프로그래밍하는 방법에 대해 이해한다.

4.1 ChatGPT란?

ChatGPT의 역사는 OpenAI가 언어 모델 연구를 시작한 2018년으로 거슬러 올라간다. 처음 등장한 GPT-1은 간단한 언어 패턴을 이해할 수 있었고, 2019년에 발표된 GPT-2는 더 큰 모델로 확장되며 대화의 유연성과 표현력이 크게 향상되었다. 이후 2020년에 공개된 GPT-3는 1,750억 개의 파라미터를 사용해 더욱 자연스럽고 깊이 있는 대화를 가능하게 하며, 본격적으로 주목받기 시작했다. 2022년에는 GPT-3.5 기반의 ChatGPT가 일반 사용자들 사이에서 큰 인기를 끌었고, 2023년에는 더욱 강력한 성능을 지닌 GPT-4와 가볍고 빠른 버전인 GPT-4 Turbo가 출시되었다.

이어서 2024년에는 GPT-4o가 발표되며 ChatGPT의 기능이 또 한 번 확장되었다. 'o'는 'omni'의 약자로, GPT-4o는 텍스트뿐 아니라 음성, 이미지, 비디오 같은 다양한 입력을 처리하고 응답할 수 있는 기능이 추가되었다. 이를 멀티모달(multimodal)이라고 하며 다양한 입력 형태를 통해 더욱 다양한 응답을 생성할 수 있다. 이를 통해 오피스 자동화, 창작 활동, 문제 해결 등 다양한 분야에서 새로운 가능성을 열어가며 진화하고 있다. 같은 해, OpenAI는 GPT-4o의 핵심 기능을 간소화한 경량 버전인 GPT-4o mini를 출시하면서 ChatGPT의 접근성을 한층 더 확대했다. GPT-4o mini는 가볍고 효율적인 모델 설계로 리소스 사용량을 대폭 줄이면서도 높은 성능을 유지하며 스마트폰, 태블릿, 심지어 IoT 기기에서도 원활하게 동작한다. 이를 통해 개인 사용자와 소규모 팀도 멀티모달 기능을 손쉽게 활용할 수 있게 되었으며, 일상생활 및 업무 환경 속에서 한층 친숙한 도구로 자리잡았다.

4.2 ChatGPT 시작하기

4.2.1 회원가입 및 로그인

ChatGPT는 https://chatgpt.com에 접속하여 사용할 수 있다. 그림 4.1은 ChatGPT 웹 사이트의 초기화면을 보여준다. 회원가입 및 로그인을 하지 않더라도 기본적인 질문과 응답을 확인할 수 있지만, 멀티모달과 같은 더욱 다양한 기능을 이용하기 위해서는 가급적 로그인 후 서비스를 사용하는 것이 바람직하다.

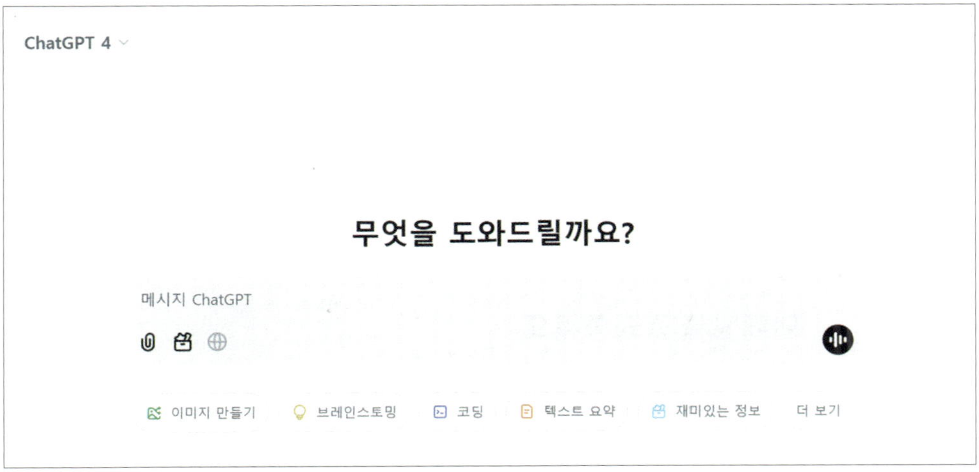

그림 4.1 ChatGPT 초기화면

회원가입: 초기화면 오른쪽 상단에 위치한 [회원가입] 버튼을 클릭하면 그림 4.2와 같이 회원 가입 화면이 나타난다. 이후, 로그인에 사용될 이메일 주소와 비밀번호를 입력하고 이메일 검증 또는 전화번호 인증 절차를 수행하면 계정이 생성된다. 추가로 Google 등 소셜 계정을 이용한 회원가입 및 로그인도 가능하다.

그림 4.2 회원가입 절차

만약 더욱 강력하고 다양한 기능의 ChatGPT를 원할 경우 ChatGPT 플러스 또는 프로 플랜으로 업그레이드하는 것도 가능하다. ChatGPT 플러스와 프로는 각각 월 20달러와 200달러(2024년 기준)의 구독료로 제공되는 유료 버전이며, 최신 GPT 버전인 GPT-4o를 기반으로 동작한다. GPT-4o의 경우 보다 정확한 데이터 분석 능력, 횟수 제한 없는 이미지 생성 등 더욱 다양하고 강력한 기능을 제공한다. 다만 본 교재에서는 무료 버전의 ChatGPT를 기반으로 실습한다. 무료 버전 역시 GPT-4o 기반 서비스를 제공하지만, 그 사용량에 제한이 있으며 제한된 사용량에 도달하였을 경우 일정 시간 동안 GPT-3.5를 기반으로 서비스된다.

ChatGPT 사용 버전의 업그레이드를 희망할 경우 다음과 같이 화면 왼쪽 하단의 [플랜 업그레이드] 메뉴를 선택하고 Plus 또는 Pro 버전으로 업그레이드할 수 있다.

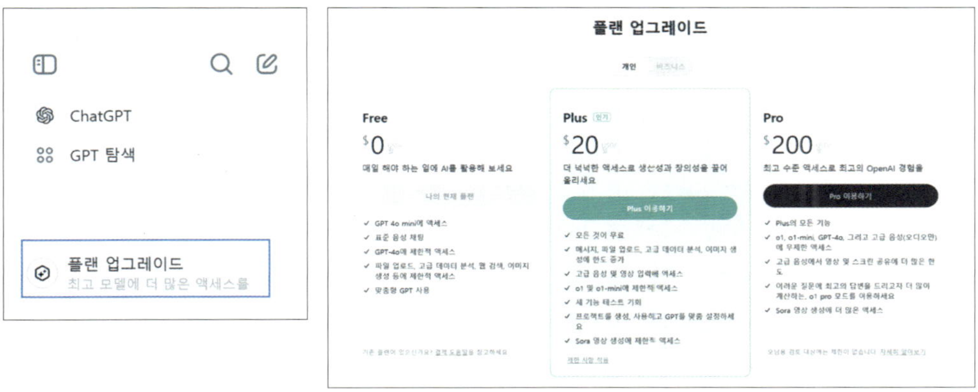

그림 4.3 ChatGPT 플랜 업그레이드 메뉴

4.2.2 ChatGPT의 주요 개념

ChatGPT와 관련된 몇 가지 주요 개념들에 대해 알아보자. 물론 이러한 개념들을 모르더라도 ChatGPT를 활용하는 데 큰 문제는 없으나, ChatGPT를 더 잘 활용하기 위해서 주요 개념들을 알아두는 것을 권장한다.

ChatGPT의 기본 원리 : ChatGPT는 GPT라는 대규모 언어 모델을 기반으로 하는 인공지능 서비스다. GPT는 Generative Pre-trained Transformer의 약자로, 인간과 유사한 수준의 언어 이해 및 생성 능력을 구현하기 위해 개발된 딥러닝 기반 언어 모델이다. GPT의 핵심은 대량의 텍스트 데이터를 통해 사전 학습(pre-training) 과정을 거쳐 인간 언어의 구조와 의미 관계를 학습하는 것이다. 이러한 대규모 텍스트 데이터의 학습은 복잡한 언어적 맥락을 기존 자연어 처리 모델들보다 더욱 잘 이해할 수 있도록 함으로써 주어진 문맥에 맞는 대화와 자연스러운 응답을 생성할 수 있게 한다. ChatGPT는 확률 기반 텍스트 생성 방식을 사용하여 주어진 입력(프롬프트)에 따라 적합한 응답을 생성한다. 즉, 입력된 문장을 기반으로 다음에 나올 단어의 확률을 예측하고 높은 확률의 단어를 선택하여 문장을 완성해 나감으로써 보다 자연스럽고 일관성 있는 대화의 흐름을 유지할 수 있는 것이다. 예를 들어, “날씨가 어떤가요?”라는 질문을 받았을 때 ChatGPT는 질문의 맥락을 파악하고 이에 맞는 단어를 추론해 “오늘 날씨는 맑고 쾌청합니다”와 같은 응답을 생성해 낸다.

프롬프트 엔지니어링 : 프롬프트 엔지니어링(prompt engineering)은 인공지능 언어 모델로 하여금 사용자의 질문에 대해 더 정확하고 관련성 높은 답변을 할 수 있도록 질문의 형태를 설계하는 과정을 말한다. 간단히 말해, 인공지능 모델이 우리의 질문의 의도를 정확히 파악하고 문맥에 맞는 답변을 생성할 수 있도록 돕는 “질문 설계 기술”이라고 할 수 있다. ChatGPT와 같은 인공지능 언어 모델을 사용하는 데 있어 프롬프트 엔지니어링은 필수적인 기법으로, 특히 정확하고 신뢰할 수 있는 답변을 얻기 위해 중요한 역할을 한다. 즉, 인공지능 언어 모델이 질문자의 의도를 오해하거나 잘못된 정보를 생성하는 것을 최소화하기 위해서는 '명확하고 구체적인 지시', '적절한 맥락 제공', '단계별 질문 구성'과 같이 질문을 최적화하는 프롬프트 엔지니어링이 필수적이라 할 수 있다.

ChatGPT의 한계 : ChatGPT는 문맥에 맞는 자연스러운 응답을 생성하는 데 강점을 지니지만, 다음과 같은 한계점도 존재한다. ChatGPT는 훈련 데이터에 포함되어 있는 정보를 바탕으로 학습하기 때문에 특정 지식에 기반한 질문에 대해 부정확한 답변을 할 수 있으며, 최신 정보를 제공하지 못할 수도 있다. 또한, 자신이 잘 모르는 질문을 받았을 때 사실이 아닌 내용을 그럴듯하게 사실처럼 대답하는 '환각 현상(hallucination)'또한 ChatGPT가 지닌 문제 중 하나로 여겨진다. 그림 4.4는 한때 인터넷 커뮤니티에서 화제가 되었던 ChatGPT 환각 현상의 대표적인 예로, GPT-3.5 기반의 ChatGPT에게 '세종대왕 맥북프로 던짐 사건'에 질문한 결과다.

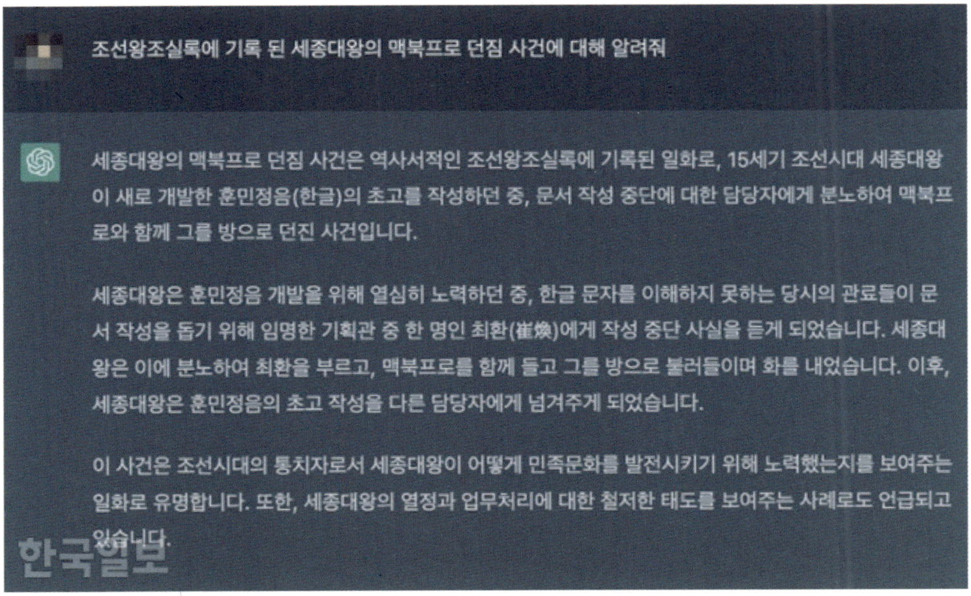

그림 4.4 chatGPT의 환각현상 예

환각 현상은 ChatGPT를 사용하면서 가장 많이 만날 수 있는 오류다. 다행히도

2024년 기준 이러한 환각 현상의 발생 빈도는 크게 줄어든 것으로 알려져 있다. 그 예시로 그림 4.5는 위와 동일한 요청에 대해 최신 버전 ChatGPT의 답변이다.

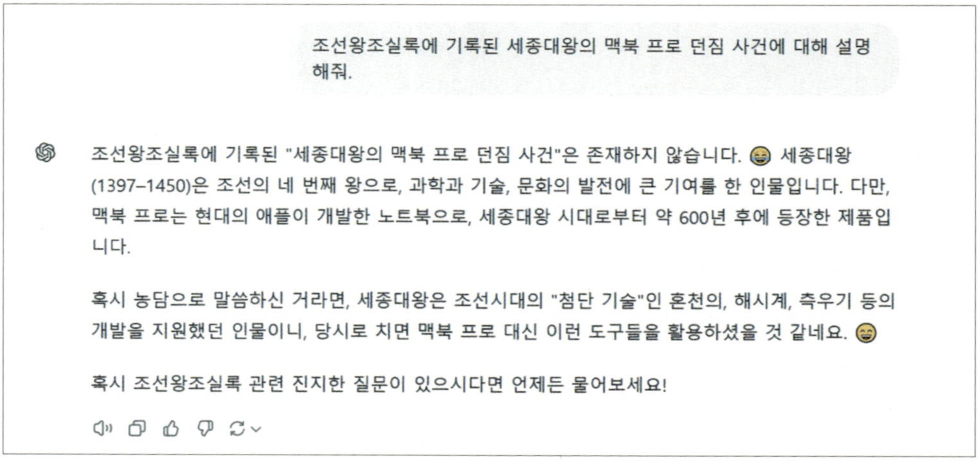

그림 4.5 최신 ChatGPT의 결과

물론, 인공지능 기술의 지속적인 발전 덕분에 환각 현상의 발생 빈도가 크게 감소했다고 하더라도 환각 현상의 발생 가능성을 완전히 무시할 수는 없다. 따라서 ChatGPT가 생성해 내는 답변을 온전한 사실로 받아들이기 전에 엄격한 사실 확인을 거쳐 정확한 내용만을 활용해야 한다는 점을 명심해야 한다.

4.2.3 ChatGPT 메뉴 살펴보기

ChatGPT의 활용법을 본격적으로 알아보기에 앞서 ChatGPT의 메뉴 구성을 살펴보자. ChatGPT의 메인 화면은 다음과 같이 크게 다섯 부분으로 나뉜다.

① **채팅 입력 창** : ChatGPT에게 질문(프롬프트)을 입력하는 영역으로 ChatGPT에게 질문하거나 지시하기 위한 내용을 작성하기 위한 공간이다.

② **채팅 결과 창** : 사용자가 입력한 프롬프트와 이에 대한 ChatGPT의 대답을 보여주는 영역으로 채팅 입력 창과 함께 가장 자주 사용되는 영역이다.

그림 4.6 ChatGPT 메뉴

③ 모델 선택 : ChatGPT의 모델을 변경하기 위한 영역으로 유료 플랜을 구독할 경우 ChatGPT Plus를 선택할 수 있다.

④ 사이드 바 : 사이드 바에는 새로운 채팅을 시작할 수 있는 [새 채팅] 메뉴와 이제까지 진행한 대화가 기록으로 남는 히스토리 영역이 있다. ChatGPT는 대화 히스토리를 기반으로 맥락을 기억해 이에 맞춰 답변을 이어갈 수 있다. 예를 들어 IT와 관련된 주제로 대화를 진행하다가 갑자기 시를 작성하는 법을 물어보면 ChatGPT는 IT와 관련된 다소 엉뚱한 시를 작성해주는 실수를 범하기도 한다. 이는 ChatGPT가 앞서 진행하던 대화의 맥락을 기억하고 이를 바탕으로 답변하기 때문이다. 따라서 새 주제를 다루고자 할 때는 [새 채팅] 메뉴를 이용하여 새로운 채팅을 생성하는 것이 바람직하다.

⑤ 설정 : 개인 맞춤 설정, 보안, 데이터 관리 등 ChatGPT의 다양한 옵션 설정을 위한 메뉴로, ChatGPT가 상황에 맞는 답변을 생성할 수 있도록 사전에 알았으면 하는 사실이나 응답 방식 등을 설정할 수 있다.

⑥ 구독 관리 : 현재 사용 중인 플랜 및 요금제를 확인할 수 있으며 각 플랜이 어떤 기능을 제공하는지 확인할 수 있다.

4.3 ChatGPT에게 질문하기

ChatGPT의 활용 방법 중 가장 기본적인 것은 ChatGPT에게 질문을 하고 이에 대한 답변을 통해 정보를 습득하는 것이다. 먼저 2024년도에 발생한 IT 분야 이슈에 대해 질문해 봄으로써 ChatGPT의 기본 사용법을 익히도록 하자.

YU 안녕? 만나서 반가워. 2024년에 발생한 IT 분야의 큰 사건을 세 가지 알려줘.

안녕하세요! 만나서 반가워요. 2024년에는 IT 분야에서 여러 가지 큰 사건과 혁신이 있었는데, 그중에서 세 가지 주요 사건을 꼽아보자면 다음과 같습니다.

1.생성 AI와 ChatGPT 발전

2024년은 생성 AI 기술이 눈에 띄게 발전한 해였어요. 특히 OpenAI의 ChatGPT와 같은 대화형 AI와 다양한 생성 모델들이 대중화되면서, 일상생활, 교육, 비즈니스에서의 활용이 급격히 증가했죠. 마이크로소프트와 구글 등 대형 IT 기업들도 이 분야에 막대한 투자를 했으며, ChatGPT와 같은 생성 AI가 워드프로세서, 이메일, 그리고 코딩 등 다양한 툴에 통합되기 시작했어요.

2.반도체 및 AI 전용 칩 기술 발전

AI의 발전으로 인해 이를 지원하는 하드웨어 기술, 특히 GPU와 AI 전용 칩의 수요가 크게 증가했어요. 엔비디아와 같은 기업들은 AI 연산에 특화된 GPU와 TPU 등의 성능을 획기적으로 향상시키면서, 데이터센터와 클라우드 인프라에 AI 작업을 더 효율적으로 수행할 수 있도록 했죠. 이는 AI 모델 학습 속도를 높이고, 더 복잡한 모델을 가능하게 했어요.

3.빅테크의 규제 강화와 데이터 프라이버시 이슈

2024년에는 여러 나라에서 빅테크 기업에 대한 규제와 데이터 프라이버시 보호에 대한 논의가 강화되었어요. 특히 유럽연합(EU)은 AI Act와 같은 법률을 통해 AI 기술의 윤리적 사용을 규제하려는 시도를 본격화했고, 미국에서도 개인정보 보호 강화 법안이 점점 구체화되고 있어요. 이로 인해 기업들은 사용자 데이터를 다루는 방식을 개선해야 했고, AI와 데이터 사용에 관한 투명성과 책임감이 강조되고 있어요.

이 세 가지는 IT 산업에 큰 영향을 미치며, 앞으로도 발전과 변화가 기대되는 분야예요.

ChatGPT는 <생성형 AI와 ChatGPT의 성장>, <반도체 및 AI 전용 칩 기술의 발전>, 그리고 <빅테크의 규제 강화와 데이터 프라이버시 이슈>를 2024년 IT 분야의 가장 큰 이슈로 꼽았다. 위 이슈들은 실제로 2024년에 전세계 IT 분야에 큰 영향을 준 이슈들로 ChatGPT가 사용자의 질문을 정확히 파악한 것으로 보인다. 그럼 이어서 위 이슈들이 앞으로 대한민국의 IT업계에 어떠한 영향을 미칠지 질문해 보도록 하자.

YU 답변 고마워. 그럼 위 세가지 이슈가 미래 대한민국의 IT 업계에 어떠한 영향을 미칠까?

좋은 질문이에요! 미래 대한민국 IT 업계에도 이러한 글로벌 트렌드가 큰 영향을 미칠 것으로 예상됩니다. 각 이슈가 한국에 미칠 수 있는 영향을 살펴볼게요.

1.생성 AI와 ChatGPT의 발전

한국에서는 생성 AI가 교육, 의료, 엔터테인먼트, 기업 서비스에 더욱 활발하게 도입될 가능성이 커요. 예를 들어, 한국 기업들은 고객 상담, 인공지능 비서, 추천 시스템에 ChatGPT와 같은 고급 AI 모델을 도입해 사용자 경험을 개선할 수 있을 거예요. 교육 분야에서도 AI를 활용한 맞춤형 학습이 확대될 전망이며, 중소기업과 스타트업들도 생성 AI 기술을 빠르게 채택해 경쟁력을 높이려는 움직임이 활발해질 것입니다.

2.반도체 및 AI 전용 칩 기술 발전

한국은 삼성전자와 같은 세계적인 반도체 기업을 보유하고 있어요. 글로벌 AI 시장의 성장과 함께 AI 연산에 특화된 반도체, 특히 AI 전용 GPU나 TPU 수요가 크게 증가할 것으로 예상되며, 이는 한국 반도체 업계에 엄청난 기회로 작용할 수 있어요. 삼성, SK하이닉스 등은 고성능 AI 칩 개발에 투자하고 있으며, AI와 메모리 칩의 성능을 극대화하려는 연구가 계속될 것입니다. 또한, 한국의 데이터센터와 클라우드 인프라드 AI 중심으로 재편될 가능성이 높아, AI 연산을 위한 하드웨어의 수요도 높아질 것입니다.

3.빅테크 규제 강화와 데이터 프라이버시

한국 정부 역시 데이터 프라이버시와 AI 윤리에 대한 규제를 강화하려는 움직임을 보이고 있어요. 개인정보 보호법 개정이나 AI의 윤리적 활용을 규제하는 법안이 구체화되면, 기업들은 데이터 관리 및 AI 모델 개발 과정에서 더 높은 책임성을 요구받게 될 것입니다. 이는 한국의 IT 기업들에게 법적 책임을 강화하고, 투명한 데이터 활용 및 보안을 중시하는 기업문화를 형성하는 데 기여할 수 있어요. 또한, 이러한 규제는 사용자 데이터 보호 및 신뢰 확보에 기여해 장기적으로는 IT 산업에 긍정적인 영향을 줄 것입니다.

종합적으로 보면, 생성 AI의 도입 가속화와 하드웨어 수요 증가는 한국 IT 업계의 성장 기회로 작용하는 반면, 강화되는 규제는 책임성과 윤리적 기준을 준수하도록 촉구하면서 지속 가능한 발전을 이끌어낼 것으로 예상됩니다.

첫 번째 질문에 이은 추가 질문에 대해 삼성전자와 SK하이닉스와 같이 국내에 실존하는 IT 기업들을 예시로 들며 대답을 해주는 것으로 볼 때 ChatGPT가 질문 의도를 잘 이해하고 있는 것으로 보인다. 이어서 삼성전자와 SK하이닉스 외에 다른 국내 기업은 어떤 영향을 받을지 질문해 보도록 하자.

YU 답변에 언급한 삼성전자와 SK하이닉스 외에 다른 기업들은 어떠한 영향을 받을지 알려줄래?

물론이에요! 삼성전자와 SK하이닉스 외에도 한국의 여러 IT 및 기술 관련 기업들이 글로벌 IT 트렌드의 영향을 받을 것입니다. 주요 기업별로 살펴보면 다음과 같습니다.

1.네이버(Naver)와 카카오(Kakao)

네이버와 카카오는 생성 AI의 도입을 가속화하며 플랫폼 강화와 사용자의 경험을 개선할 것입니다. 네이버는 검색, 쇼핑, 콘텐츠 추천 시스템에 AI를 활용해 사용자 맞춤형 서비스를 제공하고, 클로바(Clova) AI를 더욱 정교화할 가능성이 높습니다. 카카오 역시 카카오톡 등 주요 서비스에 AI 챗봇, 추천 시스템 등을 적용해 사용자 참여도를 높이려 할 것입니다. 다만, 이들은 AI 기술을 활용하면서도 개인정보와 데이터 프라이버시를 준수해야 하므로, 정부 규제에 대한 대응이 중요합니다.

2.LG전자

LG전자는 가전제품과 스마트홈, 자동차 부품 산업에서 AI를 접목하여 제품 경쟁력을 높일 것입니다. AI 기반 스마트홈 기술과 자율주행 및 커넥티드카 관련 기술이 발전하면서 LG전자도 AI 전용 칩을 도입하거나, AI 알고리즘을 활용한 스마트 기능을 강화할 가능성이 큽니다. 특히, AI와 IoT를 결합한 생활가전과 홈 솔루션은 LG전자가 경쟁력을 더욱 확보할 수 있는 영역이 될 것입니다.

3.현대자동차

자율주행 및 스마트 모빌리티가 점점 확대됨에 따라, 현대자동차도 AI와 반도체 기술의 발전을 적극적으로 수용할 것입니다. 특히 자율주행과 차량 내 AI 시스템은 고성능 AI 칩이 필수이기 때문에, 현대차는 AI 기반 안전성, 사용자 편의 기능을 강화한 차세대 자동차 개발에 힘쓸 것입니다. 규제와 관련해서는 데이터 보호와 자율주행 AI의 윤리적 기준을 준수하는 시스템 설계가 중요할 것입니다.

4.KT, LG유플러스와 같은 통신사

통신사들은 AI가 필요한 5G와 6G 네트워크 운영 및 관리 시스템을 구축하면서 AI와 데이터센터 인프라에 대한 투자를 확대할 가능성이 큽니다. 특히 AI로 네트워크 트래픽을 예측하고 관리하여 효율성을 극대화하고, 사용자 맞춤형 서비스 제공에 초점을 맞출 것입니다. 이와 동시에, 데이터 프라이버시와 보안에 대한 책임도 강화될 것입니다.

5.중소기업 및 스타트업

한국의 중소기업과 스타트업들도 AI 활용을 통해 경쟁력을 높이려 할 것입니다. 특히 생성 AI를 이용한 챗봇, 콘텐츠 생성, 자동화 솔루션 등이 중소기업들 사이에서 인기를 끌 것으로 예상되며, 이는 비용 절감과 업무 효율성을 높이는 데 기여할 것입니다. 다만, 이들 역시 규제 준수를 위한 데이터 보호 방안을 갖추는 것이 필요합니다.

이렇게 주요 기업들 각각이 AI와 반도체, 데이터 프라이버시 규제에 따른 기회를 활용하면서도 변화에 대비해야 할 것입니다.

세 번째 질문에 대한 답변을 보면, 질문에'국내기업'이라는 단서를 언급하지 않았음에도 국내 기업을 중심으로 답변해 주는 것을 알 수 있다. 이처럼 ChatGPT는 사용자의 기존 질문을 통해 문맥과 질문의 의도를 파악하여 적절한 답변을 생성해 낸다. 참고로, ChatGPT는 기본적으로 대답을 생성할 때 랜덤한 값을 이용하기 때문에 동일한 질문에도 매번 다르게 대답하는 성질이 있으며, 동일한 질문에 또 다른 답을 받기 위해서 채팅 결과 창의 모델 바꾸기 아이콘( )을 클릭 후 [다시 시도하기]를 선택하면 된다.

마지막으로 위 질문에 대한 답변을 요약하도록 요청해보자.

YU 답변 고마워. 좀 더 알기 쉽게 간단히 요약해줄래?

물론이죠! 요약해드릴게요.

1.생성 AI 발전

한국 기업들은 생성 AI를 고객 상담, 교육, 엔터테인먼트 등에 적용해 사용자 경험을 개선할 것임.

2.반도체 및 AI 전용 칩

삼성과 SK하이닉스는 AI 연산을 위한 고성능 칩 개발을 가속화할 것이며, 한국의 데이터센터와 클라우드도 AI 중심으로 재편될 가능성 있음.

3.빅테크 규제와 데이터 프라이버시

데이터 보호와 AI 윤리에 대한 규제가 강화되면서, 한국 IT 기업들은 투명성과 책임성을 더 중시하는 방향으로 변화할 것임.

한국 IT 업계는 AI 활용 기회를 적극 활용하는 동시에 규제에 맞춰 책임성을 강화할 것입니다.

이처럼 ChatGPT는 질문에 대한 답변을 생성해 내는 것 외에도, 해당 내용을 요약, 정리하는 데도 특화되어 있다.

4.4 ChatGPT를 이용한 번역

이번 절에서는 ChatGPT를 이용한 번역 작업을 실습해 볼 것이다. 번역은 ChatGPT가 능력을 가장 잘 발휘하는 영역으로 알려져 있다. ChatGPT의 번역 능력을 보다 명확히 확인하기 위해 기존 번역 서비스로 잘 알려진 구글번역(translate.google.co.kr)과 파파고(papago.naver.com)의 번역 결과를 비교해 보았다.

다음은 생텍쥐페리의 소설 <어린왕자> 영문판의 일부분에 대한 번역서의 내용이다.

원서	번역서
I showed my masterpiece to the grown-ups, and asked them whether the drawing frightened them. But they answered: "Frighten? Why should any one be frightened by a hat?" My drawing was not a picture of a hat. It was a picture of boa constrictor digesting an elephant. But since the grown-ups were not able to understand it, I made another drawing: I drew the inside of the boa constrictor, so that the grown-ups could see it clearly. They always need to have things explained.	이 걸작을 어른들에게 보여주고 그림이 무섭지 않은지 물었다. 어른들은 "모자가 뭐가 무서운데?"라고 답했다. 내 그림은 모자를 그린 게 아니었다. 코끼리를 소화하는 보아 뱀 그림이었다. 그래서 어른들이 알아볼 수 있도록 보아 뱀 속을 그렸다. 어른들에게는 언제나 설명이 필요한 법이다. 출처: <어린왕자> (송태효 옮김, 2014)

위 원문을 구글 번역과 파파고를 이용해 번역한 결과는 다음과 같다.

구글 번역	파파고
나는 어른들에게 내 걸작을 보여주며 그림이 무섭지 않느냐고 물었다. 그러나 그들은 대답했습니다. “무서워요? 왜 모자 때문에 겁을 먹겠습니까?” 내 그림은 모자 그림이 아니었습니다. 보아뱀이 코끼리를 소화하고 있는 사진이었습니다. 그런데 어른들이 이해하지 못해서 또 그림을 그렸습니다. 어른들이 잘 볼 수 있도록 보아구렁이의 내부를 그렸습니다. 그들은 항상 설명을 들을 필요가 있습니다.	저는 어른들에게 제 걸작을 보여주며 그림이 아이들을 겁먹게 하는지 물었습니다. 하지만 아이들은 대답했습니다: “무섭다? 왜 모자 때문에 겁을 먹어야 하나요?” 제 그림은 모자 그림이 아니었습니다. 코끼리를 소화하는 보아뱀의 그림이었죠. 하지만 어른들이 이해할 수 없었기 때문에 다른 그림을 그렸습니다: 어른들이 명확하게 볼 수 있도록 보아뱀의 안쪽을 그렸습니다. 아이들은 항상 무언가를 설명해야 합니다.

먼저 구글번역의 경우 번역 자체는 충실하지만 글 전체 문맥을 이해하기 보다는 문장 하나하나를 각각 번역했다는 느낌이 강하고 글이 다소 부자연스럽다는 것을 알 수 있다. 파파고의 경우, 문장의 주어를 혼동하여 번역하는 등 번역의 품질이 다소 떨어지는 것을 확인할 수 있다. 다음은 동일한 문장을 ChatGPT를 이용하여 번역한 결과다.

YU 다음 문장을 한글로 번역해줘.
I showed my masterpiece to the grown-ups, <..생략..>

저는 어른들에게 제 걸작을 보여주고, 그 그림이 무섭지 않냐고 물었습니다. 하지만 그들은 이렇게 대답했습니다. "무섭다니? 누가 모자를 보고 무서워하겠니?" 제 그림은 모자의 그림이 아니었어요. 코끼리를 소화시키고 있는 보아뱀의 그림이었죠. 하지만 어른들은 그것을 이해하지 못해서, 저는 또 다른 그림을 그렸습니다. 어른들이 잘 볼 수 있도록 보아뱀의 속을 그린 거예요. 그들은 항상 설명을 필요로 하니까요.

ChatGPT의 결과는 구글 번역, 파파고와 달리 글 전체의 문맥을 고려해 자연스러운 문장 구성과 적절한 단어 선택을 보여준다. 다음은 전문 번역가가 번역한 내용과

ChatGPT의 번역 결과를 비교한 것이다.

번역서	ChatGPT
이 걸작을 어른들에게 보여주고 그림이 무섭지 않은지 물었다. 어른들은 "모자가 뭐가 무서운데?"라고 답했다. 내 그림은 모자를 그린 게 아니었다. 코끼리를 소화하는 보아 뱀 그림이었다. 그래서 어른들이 알아볼 수 있도록 보아 뱀 속을 그렸다. 어른들에게는 언제나 설명이 필요한 법이다. 출처: <어린왕자> (송태효 옮김, 2014)	저는 어른들에게 제 걸작을 보여주고, 그림이 무섭지 않냐고 물었습니다. 하지만 그들은 이렇게 대답했습니다. "무섭다니? 누가 모자를 보고 무서워하겠니?"제 그림은 모자의 그림이 아니었어요. 코끼리를 소화시키고 있는 보아뱀의 그림이었죠. 하지만 어른들은 그것을 이해하지 못해서, 저는 또 다른 그림을 그렸습니다. 어른들이 잘 볼 수 있도록 보아뱀의 속을 그린 거예요. 그들은 항상 설명을 필요로 하니까요.

ChatGPT는 사용자의 요청에 따라 글의 스타일과 문장 구조를 수정해주기도 한다. 다음은 번역된 결과를 신문 기사 형식의 글로 변경을 요청한 결과다.

YU 방금 번역한 내용을 신문 기사 형식으로 변경해줘.

어른들의 이해 부족, 어린이의 창의력 표현에 대한 반응
어린이가 자신의 작품을 어른들에게 보여주며 질문을 던졌다. "이 그림이 무섭지 않나요?" 그러나 어른들의 반응은 의외였다. "무섭다니? 누가 모자를 보고 무서워하겠냐?"는 답변이 돌아온 것이다.
하지만 사실 어린이가 그린 그림은 단순한 모자가 아니었다. 그것은 보아뱀이 코끼리를 소화하는 장면을 담은 작품이었다. 그럼에도 불구하고 어른들은 이를 이해하지 못했고, 어린이는 다시 한 번 시도를 했다. 이번에는 보아뱀의 내부를 그려 어른들이 보다 명확히 이해할 수 있도록 설명한 것이다.
어린이는 어른들이 항상 설명을 요구하는 것에 대한 인식을 공유하며, "그들은 항상 모든 것을 설명해주어야만 이해한다고 생각한다"고 전했다. 이 상황은 창의력과 표현의 자유를 강조하는 어린이의 순수한 시각과, 그것을 받아들이기 위한 어른들의 제한된 시각 간의 간극을 보여주는 예로 해석된다.

위 결과에서 주목할 점은, '창의력', '표현의 자유', '순수한 시각' 등 원문에는 없는 단어가 적극적으로 사용되었다는 점이며 ChatGPT가 해당 글의 문맥을 굉장히 잘 이해하고 있다는 것을 간접적으로 확인할 수 있다.

물론 ChatGPT는 영어 뿐만 아니라, 일본어, 중국어 등 다양한 언어로의 번역을 지원한다. 다음은 위에서 번역한 <어린왕자>의 내용을 ChatGPT를 이용하여 일본어와 중국어로 번역한 결과다.

일본어	중국어
私は自分の傑作を大人たちに見せて、「この絵が怖くないか」と聞きました。 でも彼らは「怖い？どうして帽子なんかで怖がるの？」と答えたのです。 私の絵は帽子ではありませんでした。象を飲み込んでいるウワバミの絵だったのです。 でも大人たちにはそれがわからなかったので、私はもう一枚絵を描きました。ウワバミの中身を描いて、大人たちにもはっきり見えるようにしたのです。 大人たちはいつだって、説明されなければわからないのです。	我把我的杰作展示给大人们，并问他们这幅画是否让他们感到害怕。可是他们回答说："害怕？为什么有人会被一顶帽子吓到？"我的画并不是一顶帽子的画。那是一条蟒蛇正在消化一头大象的画。但由于大人们无法理解，我又画了一张图：我画了蟒蛇的内部，让大人们可以清楚地看到。大人们总是需要解释才能理解。

이처럼 무료 버전의 ChatGPT를 사용해도 훌륭한 번역 결과를 기대할 수 있다. 하지만 동음 이의어와 다의어가 많은 한국어의 특성상 종종 엉뚱한 번역 결과가 나오는 것에 유의해야 한다. 한 예로,"부상으로 자동차를 받았다"라는 문장의 번역을 요청할 경우, 다음과 같이'부상'을 신체의 상처를 의미하는 injury로 잘못 번역하는 경우가 발생하기도 한다.

"부상으로 자동차를 받았다" 이 문장을 영어로 번역해줘.

"I received a car as a result of an injury."

물론 ChatGPT가 계속 발전해 나감에 따라 번역의 결과는 점차 나아질 것으로 기대되며, 다음과 같이 글의 맥락을 제공함으로써 ChatGPT가 더 나은 번역 결과 생성할 수 있도록 하는 것 역시 좋은 방법이다.

어제 전국대회에서 1등을 했어. 그래서 자동차를 상품으로 받은 상황이야. 이러한 상황을 고려해서 다음 문장을 영어로 번역해줘. "부상으로 자동차를 받았다"

"I received a car as a prize."

4.5 ChatGPT를 활용한 글쓰기

글쓰기 영역 역시 ChatGPT의 능력을 잘 활용할 수 있는 영역이다. 이번 절에서는 ChatGPT를 이용하여 블로그, 이메일, 소설을 작성하는 실습을 진행한다.

4.5.1 블로그 글쓰기

경험이 많지 않은 블로거들은 독자들이 흥미를 느낄 만한 글을 작성하는 데 막막함을 느끼곤 한다. 특히, '러닝'처럼 잘 알려진 주제라도 어떤 관점에서 글을 쓰고 어떻게 구성할지 고민이 될 수 있다. ChatGPT를 활용하면 글의 주제 및 아이디어 발굴부터 글의 구성 및 내용 제안 등 블로그 포스트를 보다 쉽게 작성할 수 있다. '러닝'이라는 주제로 ChatGPT와 함께 블로그 포스트를 하나씩 완성해 나가는 과정을 실습해 보자.

① **세부 주제 정하기** : 먼저, '러닝'이라는 포괄적인 주제를 세부 주제로 구체화하기 위해 다음과 같이 ChatGPT에게 세부 주제들을 제안받아 보자.

YU
러닝(달리기)에 대해 블로그 글을 쓰고 싶어.
이 주제를 다룰 만한 흥미로운 소주제나 세부 주제를 몇 가지 제안해 줄 수 있을까?

러닝에 관한 블로그 글을 쓰는 건 정말 멋진 아이디어야! 달리기는 많은 사람들이 관심을 가지고 있으며, 다양한 관점에서 접근할 수 있는 주제들이 많아. 여기 몇 가지 흥미로운 소주제를 제안할게:

1. **러닝 초보자를 위한 가이드**: 초보자가 달리기를 시작할 때 알아야 할 기본 사항들, 예를 들어 올바른 신발 선택법, 워밍업과 쿨다운 방법, 첫 달리기 프로그램 등을 소개하는 내용이 될 수 있어.
2. **다양한 러닝 기술 소개**: 페이스 조절 방법, 호흡 기술, 효율적인 보폭과 자세 등과 같은 고급 기술들을 설명해 줄 수 있어.
3. **러닝의 건강상 이점**: 달리기가 심리적, 신체적 건강에 어떻게 도움이 되는지에 대한 과학적 근거를 바탕으로 설명해 줄 수 있는 주제야. 스트레스 감소, 체중 관리, 심장 건강 향상 등의 이점을 다룰 수 있어.
4. **계절별 러닝 팁**: 계절에 따라 달라지는 러닝 전략을 제공하면 독자들이 연중 내내 달리기를 지속할 수 있도록 도움을 줄 수 있어. 예를 들어, 무더운 여름철에는 수분 보충에 대한 조언, 겨울철에는 체온 유지 방법 등이 있어.
5. **달리기 동기 부여 방법**: 장기적으로 달리기를 유지하기 위한 동기 부여 팁과 목표 설정 방법에 대해 설명해 줄 수 있어. 또한 달리기 습관을 장려하기 위한 앱이나 도구도 소개할 수 있어.
6. **러닝 커뮤니티와의 연결**: 지역 러닝 클럽, 온라인 커뮤니티, 마라톤 이벤트 등에 참여하는 방법과 그로 인한 이점을 설명해 줄 수 있는 주제야.

이런 주제들을 바탕으로 독자들이 관심을 가질 만한, 유익하고 흥미로운 글을 쓸 수 있을 거야. 어떤 주제가 특히 마음에 들어?

ChatGPT가 총 6가지의 소주제를 추천해 주었다. 여러분 역시 직접 프롬프트를 작성하면 그에 따라 다양한 답변을 받을 수 있을 것이다.

② 글의 구성 요소 결정하기 : ChatGPT의 첫 번째 답변인 '러닝 초보자를 위한 가이드'로 방향을 잡고 글의 구성 요소를 결정하여 글을 구체화해보자.

YU 답변 고마워. 러닝을 처음 시작하는 사람들을 위한 가이드를 작성하려고 해.
준비물, 초보자가 알아야 할 기초 지식, 러닝을 시작하는 팁 등을 포함한 목록을 만들어 줄래?

러닝을 처음 시작하는 사람들을 위한 가이드를 작성하는 건 정말 유익한 콘텐츠가 될 것 같아! 여기 당신의 블로그 글에 포함할 수 있는 준비물, 기초 지식, 그리고 시작 팁을 목록으로 정리해 봤어:

1. 필수 러닝 준비물

•**적절한 러닝화**: 발의 형태와 달리기 스타일에 맞는 신발을 선택하는 것이 중요해. 전문 스포츠용품점에서 발 모양과 달리기 스타일에 맞는 신발을 추천받는 것이 좋아.

•**편안한 의류**: 계절에 맞는, 습기를 잘 흡수하고 배출하는 기능성 의류를 선택하면 달리기 중에 편안함을 유지할 수 있어.

•**수분 보충용 병**: 장시간 달리기를 할 경우, 수분 보충을 위해 작은 물병을 휴대하는 것이 좋아.

•**선크림 및 모자**: 특히 해가 강한 날에는 선크림을 바르고, 모자를 착용하여 자외선으로부터 보호해야 해.

2. 러닝 기초 지식

•**워밍업**: 근육을 풀어주고 부상을 예방하기 위해 간단한 스트레칭과 가벼운 조깅을 포함한 워밍업을 해야 해.

•**달리기 자세**: 몸은 약간 앞으로 기울고, 눈은 앞을 향해야 하며, 팔은 몸통 옆에서 자연스럽게 흔들리도록 해야 해.

•**호흡**: 코로 숨을 들이마시고, 입으로 숨을 내쉬는 것이 좋아. 호흡이 규칙적이고 깊을수록 더 오래 달릴 수 있어.

3. 러닝 시작 팁

•**목표 설정**: 작은 목표를 설정하고 점차적으로 거리나 시간을 늘려가는 것이 중요해. 예를 들어, 처음에는 10분 동안 천천히 달리기를 목표로 해보자.

•**규칙적인 운동**: 일주일에 3~4회 정도 달리기를 해서 규칙적인 습관을 만들어야 해. 체력이 서서히 개선될 거야.

•**동기 부여**: 음악을 듣거나, 친구와 함께 달리기를 하거나, 러닝 앱을 사용하는 것 등 자신에게 맞는 동기 부여 방법을 찾는 것이 좋아.

이 목록을 바탕으로 초보 러너들이 러닝을 시작할 때 필요한 정보를 제공할 수 있는 유용한 가이드를 만들 수 있을 거야. 이 정보들로 훌륭한 블로그 글을 작성할 수 있을 것 같은데, 어떻게 생각해?

ChatGPT는 요청에 따라 위와 같이 필수 러닝화와 의류 선택법, 처음 시작할 때 유의해야 할 달리기 자세 등 러닝 초보에게 도움이 될 요소들을 제한해 준다. 이러한 방식으로 글의 틀을 미리 잡아두면, 어떤 내용을 중점적으로 다룰지 더욱 명확하게 계획할 수 있다. 물론, 다음과 같이 더 추가할 내용을 요청하는 것 역시 가능하다.

속도는 어느정도로 유지해야하는지, 얼마만큼 뛰어야하는지에 대한 내용도 추가해줘.

러닝 초보자를 위한 가이드에 속도와 거리 조절 방법을 포함해 재구성해봤어. 이렇게 작성하면 더 많은 정보를 제공하고 독자들이 더욱 효과적으로 달리기를 시작할 수 있을 거야.

필수 러닝 준비물

•**적절한 러닝화**: 발 모양과 달리기 스타일에 맞는 신발을 선택하려면 전문 매장에서 발 분석을 받아보는 것이 좋아.

•**편안한 의류**: 계절에 맞는 통기성과 습기 조절이 가능한 기능성 의류를 선택해야 해. 이렇게 하면 러닝 중에도 최적의 상태를 유지할 수 있어.

•**수분 보충용 병**: 장시간 운동할 때는 항상 물병을 휴대하자. 탈수를 방지하고 성능을 유지하는 데 필수적이야.

•**선크림 및 모자**: 야외에서 운동할 때는 선크림을 발라 피부를 보호하고, 모자를 쓰면 직사광선을 피할 수 있어.

<..중략..>

속도와 거리 조절 방법

•**속도 조절**: 처음에는 천천히 시작해 신체의 반응을 관찰하며 속도를 조절하자. 너무 빨리 시작하면 지치기 쉽고 부상의 위험이 있어.

•**거리 증가**: 일정 기간 동안 같은 거리를 유지하며 달리고, 몸이 적응하면 점차 거리를 늘려가자. 예를 들어, 매주 10%씩 거리를 늘리는 것이 좋은 방법이야.

•**회복 중심**: 특히 시작할 때는 충분한 휴식을 취하고, 피로가 쌓이지 않도록 주의하자. 일주일에 한 번은 완전히 쉬어 주는 날을 만드는 것도 좋아.

이렇게 러닝을 시작할 때 필요한 모든 정보를 종합적으로 다루면 초보자들이 달리기를 보다 쉽고 안전하게 시작할 수 있을 거야. 블로그 글로 작성하면 독자들에게 많은 도움이 될 것 같은데, 어떻게 생각해?

③ 초안 작성하기 : 이제 글의 주요 구성 요소가 결정되었으니 다음과 같이 ChatGPT에게 본격적으로 초안을 작성해 달라고 요청하자.

위에서 답변해준 내용들을 바탕으로 '러닝 초보자를 위한 가이드' 블로그 글 초안을 작성해 줘. 특히 위에서 정리해준 준비물과 기초 지식, 러닝을 시작하는 팁을 포함해서 써줘.

러닝 초보자를 위한 완벽 가이드
러닝을 시작하는 것은 건강을 개선하고 스트레스를 줄이며 새로운 취미를 가질 수 있는 훌륭한 방법이에요. 하지만 시작하기 전에 알아야 할 몇 가지 중요한 점들이 있습니다. 이 글에서는 러닝 초보자들이 알아야 할 기본적인 준비물, 기초 지식, 그리고 달리기 시작하는 데 도움이 될 팁을 제공할 거예요.

필수 러닝 준비물
달리기를 시작하기 전에 몇 가지 필수 아이템을 준비해야 합니다. 이 아이템들은 달리기 경험을 더 안전하고 즐겁게 만들어 줄 것입니다.

•**적절한 러닝화**: 발의 형태와 달리기 스타일에 맞는 신발을 선택하는 것이 중요해요. 전문 매장에서 발을 측정받고, 달리기 스타일에 맞는 신발을 추천받는 것이 좋습니다.

•**편안한 의류**: 기능성 의류는 습기 조절과 통기성이 뛰어나 달리기 중에도 편안함을 유지시켜 줍니다. 계절에 맞는 옷을 선택하고, 가능한 한 편안함을 우선시하세요.

<..중략>

러닝 시작 팁
이제 준비가 되었다면, 다음 팁들을 사용하여 달리기를 시작하세요.

•**목표 설정**: 처음에는 짧은 거리에서 시작하고 점차 거리를 늘려가는 것이 좋습니다. 예를 들어, 첫 주에는 1km부터 시작해 보세요.

•**규칙적인 운동**: 일주일에 세 번 정도 규칙적으로 달리기를 하는 것이 중요합니다. 이렇게 하면 체력과 지구력이 서서히 개선됩니다.

•**속도와 거리 조절**: 너무 빨리 시작하지 마세요. 체력과 컨디션에 맞춰 속도와 거리를 조절하는 것이 중요합니다. 처음 몇 주 동안은 같은 거리를 유지하며 몸의 반응을 관찰하고, 몸이 적응하면 점차 거리를 늘려보세요.

러닝은 인내와 노력이 필요한 활동이지만, 이러한 준비와 지식을 바탕으로 시작한다면 훨씬 쉽고 안전하게 달리기를 즐길 수 있을 겁니다. 첫 달리기를 시작하는 그 순간부터, 당신의 건강과 행복을 위한 투자가 시작된 것이죠!

④ **초안 수정** : ChatGPT가 작성한 초안을 바탕으로 추가하고 싶은 부분이나 분량 등 수정하고자 하는 부분이 있다면 다음과 같이 추가 요청을 통해 부족한 부분을 보완할 수 있다. 본 예제에서는 '목표설정' 항목에 대한 내용을 좀 더 구체적으로 작성하고 전체 내용을 좀 더 늘려달라고 요청하였다.

YU '목표설정' 부분을 강조하고, 기존 내용을 2000자 정도로 늘려줘.

러닝 초보자를 위한 완벽 가이드
러닝을 시작하는 것은 건강을 개선하고 스트레스를 줄이며 새로운 취미를 가질 수 있는 훌륭한 방법입니다. 하지만 시작하기 전에 알아야 할 몇 가지 중요한 점들이 있습니다. 이 글에서는 러닝 초보자들이 알아야 할 기본적인 준비물, 기초 지식, 그리고 달리기 시작하는 데 도움이 될 팁을 제공할 것입니다.

필수 러닝 준비물
달리기를 시작하기 전에 몇 가지 필수 아이템을 준비해야 합니다. 이 아이템들은 달리기 경험을 더 안전하고 즐겁게 만들어 줄 것입니다.

•**적절한 러닝화**: 발의 형태와 달리기 스타일에 맞는 신발을 선택하는 것이 중요합니다. 전문 매장에서 발을 측정받고, 달리기 스타일에 맞는 신발을 추천받는 것이 좋습니다. 적절한 러닝화는 부상을 방지하고 보다 효율적으로 에너지를 사용할 수 있도록 도와줍니다.

•**편안한 의류**: 기능성 의류는 습기 조절과 통기성이 뛰어나 달리기 중에도 편안함을 유지시켜 줍니다. 계절에 맞는 옷을 선택하고, 가능한 한 편안함을 우선시하세요. 달리기 중에 몸의 움직임을 방해하지 않는, 몸에 잘 맞는 옷을 선택하는 것이 중요합니다.

<..중략..>

러닝 시작 팁

•**목표 설정**: 첫째로, 달리기를 시작할 때는 작은 목표부터 설정하세요. 예를 들어, 처음 몇 주간은 일주일에 한 번 1km를 달리는 것을 목표로 할 수 있습니다. 이후에는 점차적으로 주 2회 이상으로 늘리고, 달리는 거리도 점차 늘려가세요. 목표를 설정함으로써 달성감을 느끼고 지속적으로 동기를 부여받을 수 있습니다.

•**규칙적인 운동**: 일주일에 세 번 정도 규칙적으로 달리기를 하는 것이 중요합니다. 이렇게 하면 체력과 지구력이 서서히 개선됩니다. 달리기 일정을 일관되게 유지하면서, 달리는 날과 쉬는 날을 번갈아 가면서 피로가 누적되지 않도록 합니다.

•**속도와 거리 조절**: 너무 빨리 시작하지 마세요. 체력과 컨디션에 맞춰 속도와 거리를 조절하는 것이 중요합니다. 처음 몇 주 동안은 같은 거리를 유지하며 몸의 반응을 관찰하고, 몸이 적응하면 점차 거리를 늘려보세요. 속도는 자신이 편안하게 대화할 수 있는 수준에서 조절하세요.
러닝은 인내와 노력이 필요한 활동이지만, 이러한 준비와 지식을 바탕으로 시작한다면 훨씬 쉽고 안전하게 달리기를 즐길 수 있을 겁니다. 첫 달리기를 시작하는 그 순간부터, 당신의 건강과 행복을 위한 투자가 시작된 것입니다!

⑤ **글의 톤과 스타일 적용하기** : 만약 작성된 글의 스타일이 마음에 들지 않는다면 글의 스타일과 톤의 수정을 자유롭게 요청할 수 있다. 본 예제에서는 초등학생이 친근하게 읽을 수 있도록 편안하고 친근한 스타일로 작성해 달라고 요청하였다. 아래 결과를 통해 알 수 있듯이 초등학생을 대상으로 하기 때문에 설명이 다소 간결해 진 것을 확인할 수 있다. 즉, '초안 수정' 단계에서 적용한 분량 늘이기와 강조 효과가 사라진 것을 알 수 있다. 물론 이를 보완하기 위하여 해당 결과에 대해 강조할 부분과 분량 증가를

재차 요구하는 것 역시 가능하다.

초등학생이 흥미롭게 읽을 수 있도록 글의 톤을 좀 더 친근하고 편안하게 작성해줘.

초등학생을 위한 러닝 시작 가이드
안녕, 친구들! 우리 오늘부터 건강한 취미를 시작해볼까? 바로 달리기야! 달리기는 몸도 마음도 씩씩하게 만들어 줘. 시작하기 전에 알아야 할 몇 가지 재미있는 팁을 알려줄게. 함께 배워보자!

준비물 챙기기
달리기를 시작하기 전에 몇 가지 꼭 필요한 것들이 있어. 이것들이 달리기를 더 재미있고 편안하게 만들어 줄 거야!

•**푹신한 운동화**: 발에 딱 맞는 신발을 신어야 발이 편해. 운동화가 발을 잘 보호해주니까, 뛸 때 발이 아프지 않아.

•**편한 옷**: 너무 꽉 끼지 않고 편한 옷을 입어야 몸을 자유롭게 움직일 수 있어. 너의 좋아하는 티셔츠와 반바지가 좋겠네!

•**물병**: 뛰다 보면 목이 마를 거야. 물병을 가지고 다니면서 자주 마셔줘. 그래야 더 오래 뛸 수 있어.

•**선크림과 모자**: 햇볕이 쨍쨍할 때는 선크림을 바르고 모자를 쓰자. 그래야 햇볕에 피부가 안 타고 건강해!

<..중략..>

달리기 시작하기
이제 준비가 다 됐다면, 달리기를 시작할 시간이야! 아래의 팁들을 따라 해보자.

•**목표 정하기**: 처음에는 작은 목표부터 시작해보자. 예를 들어, 이번 주어는 학교 운동장을 한 바퀴 달리기를 목표로 해보는 건 어때?

•**규칙적으로 연습하기**: 일주일에 몇 번씩 정해진 시간에 달리기를 하자. 이렇게 하면 더 씩씩하고 건강해질 수 있어.

•**천천히 시작하기**: 너무 빨리 달리려고 하지 마. 몸에 무리가 가지 않게 천천히 시작하자. 달리기는 서두르지 않아도 돼.

달리기는 정말 즐거운 활동이야. 너도 이 모험을 시작하면서 새로운 발견을 하고, 더 건강하고 행복해질 수 있을 거야. 그럼, 오늘부터 달리기 친구가 되자!

⑥ **이미지 삽입하기** : 마지막으로 ChatGPT를 이용하여 블로그 글과 관련된 이미지를 추가해 보도록 하자. ChatGPT-4o가 출시되기 전까지는 무료 버전의 ChatGPT에서는 이미지를 생성할 수 없었다. 하지만 ChatGPT-4o가 무료 버전 사용자에게도 공개되면서 비록 횟수에 제한은 있지만 무료 버전 사용자 역시 이미지를 생성해 낼 수 있게 되었다. 다음은 블로그 글에 첨부할 이미지 생성하도록 ChatGPT에게 요구한 결과다.

YU 고마워. 마지막으로 위 블로그 글에 삽입하기 적합한 이미지를 생성해 줄래?

텍스트와 마찬가지로 이미지 역시 다음과 같이 사용자의 요청에 따라 분위기, 색채 등 이미지의 표현 형식을 자유롭게 수정하는 것이 가능하다(단, 앞서 설명한 바와 같이 무료 버전의 경우 이미지 수정의 횟수에는 제한이 따른다).

YU 달리기의 느낌을 좀 더 잘 보여줄 수 있는 이미지로 수정해줘.

4.5.2 이메일 작성

ChatGPT는 명확하고 간결한 이메일 작성에 유용하며, 상황에 맞는 어조와 형식을 선택할 수 있다. 본 절에서는 ChatGPT를 활용하여 이메일의 목적, 받는 사람의 직위, 언어 등 다양한 상황을 고려한 이메일 작성해본다.

먼저 팀원들에게 프로젝트 미팅 일정을 공지하는 이메일을 작성해보자. 다음과 같이 이메일에 반드시 포함되어야 하는 내용과 이메일의 어조 등을 지정하면 손쉽게 이메일의 내용을 작성할 수 있다.

> YU
> 팀원들에게 보낼 프로젝트 미팅 공지 이메일 초안을 작성해줘.
> 이메일 내용은 아래를 포함해야 돼.
> - 미팅 주제: " A-프로젝트 진행 현황 중간 점검"
> - 일정: 10월 22일 (화요일), 오후 3시
> - 장소: 영남대학교 IT관 2층 회의실
> - 참석 여부 회신
>
> 적절한 이메일 제목을 사용해주고, 요청 어조는 친근하면서도 전문적으로 부탁해.

> 이메일 제목: [알림] 10월 22일 A-프로젝트 진행 상황 중간 점검 미팅 안내
>
> 이메일 내용:
> 안녕하세요, 팀원 여러분!
>
> 다가오는 10월 22일 화요일 오후 3시에 A-프로젝트의 진행 현황을 중간 점검하기 위한 미팅을 갖고자 합니다. 여러분의 소중한 의견과 피드백을 듣고자 하오니, 모두 참석해 주시기 바랍니다.
>
> **미팅 세부 사항은 다음과 같습니다:**
>
> - **주제:** A-프로젝트 진행 현황 중간 점검
> - **일시:** 10월 22일 화요일, 오후 3시
> - **장소:** 영남대학교 IT관 2층 회의실
>
> 참석 가능 여부를 확인하여 주시면 준비에 큰 도움이 됩니다. 가능하신 분은 이메일로 회신해 주시거나, 불가능하신 경우에는 미리 알려주시기 바랍니다.
>
> 바쁘신 와중에도 시간을 내어 참석해 주시면 감사하겠습니다. 이번 미팅을 통해 프로젝트가 한층 더 발전하는 계기가 되길 바랍니다.
> 감사합니다.
>
> [보내는 사람 이름]

이번에는 다음과 같이 교수님에게 안부를 묻는 이메일을 작성해보자.

교수님께 안부를 묻는 이메일을 보내려고 해. 메일 초안을 작성해줘.

교수님께 메일을 보낼 때는 존경과 정중함을 표현하는 것이 중요해요. 여기 교수님께 보낼 수 있는 이메일 초안을 작성해 봤습니다:

제목: 안녕하신지요, 교수님

안녕하십니까, 교수님?

무엇보다 교수님께서 건강하게 잘 계시는지 먼저 여쭙고 싶습니다. 저는 교수님의 수업을 들었던 [당신의 이름]입니다. 교수님께서 가르치신 [과목 이름] 수업은 정말로 제 학문적 성장에 많은 영향을 끼쳤습니다. 그때의 배움이 지금의 저에게 큰 도움이 되고 있음을 매 순간 느낍니다.

최근 저는 [현재 상황에 대한 간략한 설명]을 하고 있어요. 교수님의 조언이 저에게 큰 도움이 될 것 같아 메일을 보내게 되었습니다. [질문이나 요청할 사항]에 대해 교수님의 의견을 듣고 싶습니다.

교수님의 소중한 시간을 할애해 주셔서 진심으로 감사드립니다. 바쁘시겠지만, 시간이 되신다면 답장을 보내주시면 감사하겠습니다.

감사합니다.
[당신의 이름]

위 내용을 사업 파트너에게 보내는 내용으로 변경을 요청해보자.

방금 작성해준 이메일 내용을 사업파트너에게 보내는 안부 이메일 형식으로 변경해줘.

사업 파트너에게 보낼 안부 이메일로 내용을 조정해봤어요:

제목: 최근 소식을 나누고 싶습니다

안녕하세요, [파트너 이름]님?

바쁘신 와중에도 이 메일을 확인해 주셔서 감사합니다. 저희가 마지막으로 뵌 후 시간이 많이 흘렀네요. [파트너 이름]님께서 잘 계시는지, 그리고 사업이 순조로운지 궁금합니다.

최근 저는 [당신의 현재 상황에 대한 간략한 설명]를 진행하고 있어요. 이 과정에서 [파트너 이름]님과 과거에 공유한 경험들이 많은 도움이 되고 있습니다. 앞으로도 좋은 관계를 지속해 나갈 수 있기를 희망합니다.

혹시 시간이 나신다면, 근황을 나눌 수 있는 시간을 가질 수 있으면 좋겠습니다. 저희가 다음 프로젝트나 협업 기회에 대해 이야기할 수도 있을 것 같아요.

항상 건강에 유의하시길 바라며, 좋은 소식 기다리겠습니다.
감사합니다.

[당신의 이름] [당신의 직위] [당신의 연락처 정보]

마지막으로 위 내용을 외국인 사업 파트너에게 보낼 수 있도록 변경해보자.

YU 방금 작성해준 이메일 내용을 외국인 사업파트너에게 보내는 형식으로 변경해줘.

외국인 사업 파트너에게 보내는 안부 이메일로 내용을 다시 조정해봤어요:

Subject: Hoping to Catch Up Soon

Hello [Partner's Name],

I hope this message finds you well. It has been some time since our last communication, and I find myself wondering how you and your business ventures are progressing.

Recently, I have been [brief description of your current situation]. The experiences we shared in the past have proven to be invaluable as I navigate this phase. I am hopeful that we can continue our fruitful collaboration.

Should your schedule allow, I would appreciate the opportunity to catch up and possibly discuss any upcoming projects or potential collaborations we might explore.

Please take care and I look forward to hearing from you soon.

Best regards,

[Your Name]
[Your Position]
[Your Contact Information]

4.5.3 소설 쓰기

앞서 블로그 글쓰기, 이메일 작성 실습을 통해 ChatGPT가 비교적 짧은 글은 매우 잘 작성하는 것을 확인하였다. 과연 소설과 같이 분량이 긴 글도 잘 쓸 수 있을까? ChatGPT는 소설을 작성하는 데도 꽤 소질이 있다. 특히 소설은 작가의 상상력을 바탕으로 지어낸 허구적인 이야기라는 점에서 ChatGPT의 문제점인 환각 현상이 오히려 장점으로 작용하기도 한다. 이 절에서는 ChatGPT를 활용하여 소설을 작성하는 방법을 알아본다.

소설을 쓸 때 가장 먼저 해야 할 일은 시놉시스를 작성하는 것이다. 먼저 다음과 같이 ChatGPT에게 소설의 시놉시스를 작성해 달라고 요청하자. 소설의 소재는 '해커'로 하였다. 여기서 중요한 포인트는 ChatGPT가 사용자의 의도를 정확히 파악할 수 있도록 충분한 정보를 제공하는 것이다. 본 예시에서는 ChatGPT에게 '베스트셀러 소설가'라는 역할을 부여하였으며, 소설의 장르와 주인공의 국적을 제시하였다. 이 외에도 소설의 배경, 문체 등 원하는 요소를 자유롭게 추가할 수 있다. 이런 방식으로 명확한 방향을 제시해 주면 ChatGPT가 보다 만족스러운 결과물을 만들어 낼 가능성이 높아진다.

YU 안녕? 이제부터 너가 베스트셀러 소설가라고 가정할거야. 독자들이 재밌게 읽을 수 있는 단편 소설을 써줘. 소재는 '해커'이고, 장르는 '스릴러'야. 주인공은 한국인이었으면 좋겠어. 소설의 스토리 요약본을 작성해줘.

안녕! 베스트셀러 소설가로서 재미있는 스릴러 단편 소설을 구상해보겠어. 소설의 제목은 "밤의 코드"로 정할게. 이야기의 주인공은 한국의 젊은 해커, 김현우야.

소설 요약:
김현우는 낮에는 평범한 대학생이지만, 밤에는 세계의 데이터를 자유롭게 넘나드는 천재 해커다. 그의 최근 목표는 글로벌 보안 회사 '세이퍼넷'의 새로운 보안 시스템을 뚫어 그들의 비윤리적인 비밀을 폭로하는 것이다. 현우는 이 시스템이 전 세계적으로 사람들을 감시하고 있다는 증거를 확보하려 한다.

어느 날, 그의 활동이 세이퍼넷의 보안팀에 포착되고, 그들은 현우를 추적하기 시작한다. 현우는 자신의 신원과 가족을 보호하기 위해 더욱 신중하게 움직여야만 한다. 한편, 그는 자신과 같은 목표를 가진 미국과 독일의 해커 두 명과 연결된다. 이들은 각자의 기술을 결합해 세이퍼넷의 데이터 센터에 침투할 계획을 세운다.

결정적인 날, 현우와 그의 동료들은 실시간으로 전세계에 데이터를 유출하기 시작하면서, 세이퍼넷의 감시망을 피해 복잡한 사이버 공격을 시작한다. 이 과정에서 현우는 세이퍼넷의 보안 책임자가 과거 자신을 돕던 익명의 멘토였음을 알게 된다. 마지막 순간에 멘토는 현우를 선택하고, 그를 구하기 위해 자신의 커리어를 희생한다.

소설은 현우와 그의 팀이 세계를 향해 진실을 폭로하면서, 각자의 은신처로 돌아가는 모습으로 끝난다. 현우는 더 이상 단순한 해커가 아니라, 변화를 이끄는 혁신가로 자리매김하게 된다.

위 결과와 같이 ChatGPT는 주어진 소재를 바탕으로 적절한 제목과 함께 꽤 설득력 있는 소설 스토리를 만들어냈다. 특히, 우리가 소설이나 영화 등에서 쉽게 접하는 '주인공과 대립하는 인물이 알고 보니 과거 주인공을 돕던 멘토'였다는 설정이 눈에 띈다.

이어서 앞서 작성한 스토리를 바탕으로 목차를 만들어 달라고 요청하였다. 결과에서 알 수 있듯이 스토리를 바탕으로 관련 목차를 훌륭하게 구성하였으며, 각 장들의 주제가 서로 유기적으로 연결되어 있다는 점이 인상적이라 할 수 있다.

앞서 요약해준 스토리를 기반으로 소설의 목차를 작성해줘.

밤의 코드

프롤로그: 그림자 속에서
· 현우의 두 얼굴, 낮과 밤의 삶 소개

제1장: 디지털 발자국
· 현우가 세이퍼넷에 관심을 갖게 된 계기
· 첫 번째 해킹 시도와 위험의 서막

제2장: 연결된 손길
· 전 세계의 해커들과의 은밀한 네트워킹
· 미국과 독일 해커와의 전략 회의

제3장: 눈에 보이지 않는 전쟁
· 세이퍼넷의 보안 시스템 분석과 침투 계획 수립
· 초기 데이터 유출 시도와 성공

제4장: 추적자
· 세이퍼넷의 반격 시작
· 현우와 팀의 활동이 노출되고 가족이 위험에 처하다

제5장: 데이터의 요새
· 본격적인 데이터 센터 침투 작업
· 복잡한 보안 네트워크와의 싸움

제6장: 마지막 키
· 멘토의 정체 밝혀지고 최종 결정
· 감시망 피해 사이버 공격의 절정

에필로그: 새로운 시작
· 진실이 세상에 공개되고 새로운 삶을 맞이하는 현우와 동료들
· 변화를 이끄는 혁신가로서의 현우

이제 본격적으로 소설의 프롤로그와 1장의 내용을 작성하도록 요청해 보자.

이제부터 본격적으로 소설 본문을 작성해줘. '1. 프롤로그: 그림자 속에서'의 내용을 작성해줘.

1. 프롤로그: 그림자 속에서

서울의 한복판, 번화가의 불빛이 밤하늘을 환히 밝히고 있는 가운데, 한 젊은이가 조용한 도서관의 구석진 자리에 앉아 노트북을 펼쳐놓고 있다. 그의 이름은 김현우. 낮에는 서울대학교의 평범한 컴퓨터 공학 전공 학생이지만, 밤이 되면 세계 어느 곳에도 손길을 뻗칠 수 있는 해커가 된다. 현우의 두 얼굴은 그 누구도 쉽게 읽어낼 수 없는 비밀이다.

현우는 노트북의 키보드를 빠르게 두드리며, 자신의 가상 아이덴티티 '프록시'를 사용해 안전하게 온라인 세계를 넘나든다. 오늘 밤의 목표는 간단하다. 최근 개발된 보안 소프트웨어를 시험해보는 것. 하지만 그의 진짜 목적은 훨씬 크다. 세계적인 보안 회사인 세이퍼넷의 새로운 보안 시스템을 해킹하여 그들의 비윤리적인 행위를 폭로하는 것이다.

현우의 눈동자는 화면에 표시된 코드 사이로 빠르게 움직이며, 노트북 화면은 그의 얼굴에 은은한 빛을 던진다. 이곳은 그에게 있어 가장 안전하고 편안한 전쟁터이다. 가상 세계에서의 그는 자유롭고, 무엇보다 강력하다. 현우는 손끝에서 흘러나오는 전기적 신호들이 세계 곳곳의 서버와 통신장비를 조종하며, 정보의 바다를 자유롭게 항해한다.

하지만 이번 임무는 그 어떤 것보다도 위험하다는 것을 현우는 잘 알고 있다. 세이퍼넷의 시스템은 그간 그가 마주쳐 왔던 어떤 보안장치보다도 정교하고 복잡하다. 하지만 그에게 있어 이는 단지 더 큰 도전일 뿐이다. 그의 마음속 깊은 곳에서는 이 위험한 게임이 주는 짜릿함을 즐기고 있었다.

현우는 깊게 숨을 들이쉬고, 자신만의 세계로 한 걸음 더 깊이 들어간다. 그의 눈앞에 펼쳐진 코드는 그에게 있어 미로와도 같다. 각 라인, 각 문자가 그를 목표에 한 걸음 더 가까이 이끈다. 그는 이 미로에서 길을 찾아 나선 탐험가와 같다. 그리고 오늘 밤, 그는 또 한 번의 큰 발자국을 남길 준비가 되어 있다.

YU 이제 '제1장: 디지털 발자국'에 대한 본문을 작성해줘. 등장인물 간의 대화가 포함된 형식으로 2,000자 내외로 작성해줘.

제1장: 디지털 발자국

김현우는 서울의 카페 한구석에서 노트북을 열었다. 주변은 학생들과 프리랜서들로 붐볐지만, 그의 관심은 오로지 화면 속의 세계에 집중되어 있었다. 현우 옆에는 대학 동기인 지훈이 앉아 커피를 마시며 탐탁지 않은 듯 말을 건넸다.

"현우야, 넌 언제까지 그렇게 컴퓨터만 붙잡고 있을 거야? 우리도 좀 놀러 다니자."
현우는 잠시 눈을 들어 지훈을 바라보다가 화면으로 시선을 돌렸다. "지금 이게 좀 중요해. 내가 이걸 끝내야 우리의 개인 정보가 더 안전해질 수 있어."

지훈은 현우가 무슨 말을 하는지는 몰랐지만, 그의 진지한 태도에 더 이상 재촉하지 않았다. 현우는 다시 코드를 입력하기 시작했다. 그의 목표는 세이퍼넷의 내부 보안 네트워크에 침투하는 것이었다. 그들이 사용하는 암호화 방식을 분석하여 약점을 찾아내려 했다.

현우는 이미 몇 주 전부터 세이퍼넷의 시스템을 조사하며 디지털 발자국을 남기지 않도록 철저히 준비해왔다. 그는 VPN과 여러 프록시 서버를 이용해 자신의 IP 주소를 숨기며, 가상의 디지털 페르소나를 만들어 사용했다.

화면에는 수많은 코드 라인이 교차하며 흐르고 있었다. 현우는 키보드의 키를 누르며 집중했고, 마침내 중요한 정보에 접근할 수 있는 통로를 발견했다. "있다! 이거야." 현우는 속삭였다.

그 순간, 지훈이 다가와 현우의 어깨에 손을 얹었다. "야, 성공한 거야? 네 얼굴이 밝아졌네."
현우는 지훈에게 고개를 끄덕였다. "응, 이제 시작이야. 나는 이 통로를 통해 그들의 데이터베이스에 접근할 수 있어. 하지만 실제로 정보를 가져오기 전에 더 많은 준비가 필요해."

<..생략..>

일반적으로 소설의 도입부에는 주요 인물의 소개, 배경, 흥미로운 사건, 주제를 암시하는 내용 등 독자의 관심을 끌고 이야기에 몰입하게 하는 요소들이 등장한다. ChatGPT 역시 소설의 첫 부분이라는 걸 이해하고 초반부를 흥미롭게 이끌어 나가는 것을 알 수 있다.

그럼 이어서 2장의 내용을 작성하도록 ChatGPT에게 요청하자.

YU '제2장: 연결된 손길'에 대한 본문을 작성해줘. 등장인물 간의 대화가 포함된 형식으로 2,000자 내외로 작성해줘. 특히, 1장의 내용과 자연스럽게 연결되도록 작성해줘.

제2장: 연결된 손길

현우는 자신의 작은 아파트로 돌아와 즉시 작업 공간에 앉았다. 카페에서의 성공이 자신감을 주었지만, 그는 이제 더 큰 도전을 준비해야 했다. 세이퍼넷의 시스템 깊숙이 침투하기 위해서는 더 많은 지식과 기술이 필요했다. 그는 전세계의 다른 해커들과 협력할 필요성을 느꼈다.

화면에는 암호화된 채팅 플랫폼이 열려 있었다. 현우는 자신이 '프록시'라는 이름으로 활동하는 온라인 포럼에 접속했다. 그는 몇 달 전부터 미국의 '스펙터'와 독일의 '나이트메어'라는 두 해커와 의사소통을 해왔다. 이들은 각각의 전문 분야에서 뛰어난 기술을 가지고 있었다.

현우가 메시지를 입력했다. "안녕하세요, 계획에 대해 논의할 시간이 왔습니다. 우리의 목표는 세이퍼넷의 데이터베이스에 접근하는 것입니다. 준비되셨나요?"

잠시 후, 스펙터가 답했다. "안녕, 프록시. 나는 준비됐어. 나의 네트워크 스캐닝 툴이 이번 작업에 유용할 거야. 나이트메어, 너의 상황은 어때?"

나이트메어의 응답도 빠르게 이어졌다. "준비 완료했습니다. 제가 맡을 부분은 암호화된 파일들을 해독하는 거죠. 프록시, 이번 작업에 대한 전체적인 플랜을 공유해 주실 수 있나요?"

현우는 그들과 공유하기 위해 자신이 준비한 전략을 설명했다. "우리의 첫 번째 목표는 세이퍼넷의 보안 프로토콜을 파악하는 것입니다. 스펙터, 너는 네트워크 스캔을 통해 우리가 마주칠 수 있는 보안 시스템의 종류를 파악해야 해. 나이트메어, 너는 그 정보를 바탕으로 가능한 암호화 기술을 분석해야 하고. 나는 내부 시스템에 침투하여 우리가 필요로 하는 데이터를 추출할 거야."

<..생략..>

예상대로 소설의 스토리를 잘 진행해 나가는 것을 알 수 있다. 이때 '1장의 내용과 자연스럽게 이어지는 내용으로 작성' 해 달라고 요구함으로써 ChatGPT가 사용자의 의도를 보다 더 잘 이해할 수 있도록 하고 있다. 이러한 방식으로 최종 에필로그까지 계속해서 요청을 진행하면 손쉽게 소설을 완성할 수 있다.

물론 ChatGPT가 완벽한 것은 아니다. 다음은 2장 이후 계속해서 글을 이어 나가도록 요청했을 때 마지막 6장의 내용이다.

YU '제6장: 마지막 키'에 대한 본문을 작성해줘. 등장인물 간의 대화가 포함된 형식으로 2,000자 내외로 작성해줘. 특히, 앞의 내용들과 자연스럽게 연결되도록 작성하 줘.

제6장: 마지막 키
현우는 자신의 은신처에서 마지막 작업을 준비하고 있었다. 그의 팀은 세이퍼넷의 중앙 데이터베이스에서 중요한 정보를 확보한 상태였지만, 최종적으로 그 데이터를 해석하고 활용하기 위해 마지막 키가 필요했다. 현우는 스펙터와 나이트메어와 함께 비디오 콜을 연결했다.

"모두 준비됐나?" 현우가 물었다. "우리가 가진 정보를 세상에 공개하기 전에, 마지막 확인이 필요해."
스펙터는 화면에서 고개를 끄덕였다. "응, 나는 모든 네트워크 경로를 다시 한 번 확인했어. 모든 데이터가 안전한 경로로 전송될 준비가 되어 있어."

나이트메어도 자신의 부분에 대해 보고했다. "저는 최종 데이터 암호화를 완료했습니다. 이제 이 정보를 세계와 공유할 준비가 됐어요. 하지만, 프록시, 이건 큰 책임이 따르는 일이에요. 정말로 준비된 거죠?"
현우는 잠시 생각에 잠겼다가 답했다. "이 일을 시작하기로 한 이유를 잊지 않았어. 우리는 옳은 일을 하고 있고, 세계가 이 진실을 알 권리가 있어."

"그럼, 마지막 키를 사용할 시간이야." 현우가 말하며, 그는 복잡한 암호화 키를 입력하기 시작했다. 순간, 세이퍼넷의 데이터가 그들 앞에 완전히 펼쳐졌다.

"자, 데이터가 해제됐어." 현우가 말했다. "이제 우리가 발견한 모든 것을 세상에 알릴 ㅅ 있어. 스펙터, 네트워크를 통해 유출 시작해."

스펙터는 명령을 받자마자 데이터를 전송하기 시작했다. "전송 중입니다. 모든 것이 순조롭게 진행되고 있어."

그 순간, 또 다른 경고가 현우의 시스템에 떴다. "보안 팀이 다시 우리의 행동을 감지했어. 이번엔 강력한 반응이 올 거야. 모두 준비하고, 필요하면 즉시 철수할 준비를 해."

나이트메어는 긴장된 목소리로 말했다. "이 정보가 세상에 퍼지기 시작했습니다. 우리는 역사를 만들고 있어요. 하지만 안전도 중요해요. 모든 조치를 취합시다."

현우는 신속하게 대응했다. "알겠어. 만약 상황이 나빠지면, 나는 여기서 모든 시스템을 종료하고 장비를 파괴할 거야. 우리의 안전이 최우선이야."

모든 데이터가 전송되는 동안, 그들은 긴장감 속에서 모니터를 지켜보았다. 현우는 깊은 숨을 들이쉬었다. 이제 그들이 시작한 일은 멈출 수 없는 상황에 이르렀다. 정보가 전 세계로 퍼져 나가면서, 그들은 진정으로 세계를 바꿀 수 있는 힘을 가진 것을 실감했다.

"우리가 했어, 친구들." 현우가 말했다. "이제 세계는 알게 될 거야. 우리는 할 수 있는 초선을 다했어."
세 사람은 마지막으로 서로를 격려했고, 각자의 장비를 종료하기 시작했다. 그들의 작업은 완료되었고, 이제 그들은 각자의 안전을 확보하기 위해 분산되어야 했다. 현우는 마지막으로 시스템을 종료하며, 세이퍼넷과의 긴 전투를 마무리 지었다.

앞서 작성한 소설의 스토리와 목차를 보았을 때 6장에서는 멘토의 정체가 밝혀지는 내용이 포함될 것이라 예상했지만 실제 작성된 본문에서는 멘토와 관련된 내용이 전혀 존재하지 않음을 확인할 수 있다. 이는 ChatGPT가 장문의 글을 작성할 때 훌륭한 보조 도구로 활용될 수는 있지만, 아직까지는 사람을 완전히 대체할 수는 없다는 점을 간접적으로 보여준다. 물론 이러한 한계를 극복하기 위해 연구자들이 지속적으로 연구를 진행하고 있으며, 인공지능 기술의 발전으로 이러한 문제도 점차 해결될 것으로 기대된다.

4.6 ChatGPT를 이용한 문서 요약

ChatGPT는 주어진 문서의 내용을 요약 정리하는 데에도 큰 강점을 갖는다. 특히, 원본 문서를 직접 ChatGPT에 업로드할 수 있기 때문에 분량이 긴 문서도 간편하게 요약하는 것이 가능하다. 한국은행에서 발행한 '2024년 8월 경제 전망 보고서'를 ChatGPT를 이용하여 요약해보자. 해당 보고서는 약 80페이지 분량이며 다음과 같이 인터넷에서 쉽게 다운로드할 수 있다.

그림 4.7 2024년 8월 경제 전망 보고서 다운로드

문서 요약을 위해 다운로드받은 pdf 파일을 ChatGPT에 업로드 후 요약 요청 프롬프트를 작성한다. 파일을 업로드하기 위해 ChatGPT의 프롬프트 입력창 왼쪽 하단의 아이콘을 클릭 후 업로드할 파일은 선택한다. 다음은 요약 요청에 대한 ChatGPT가 생성해낸 결과다.

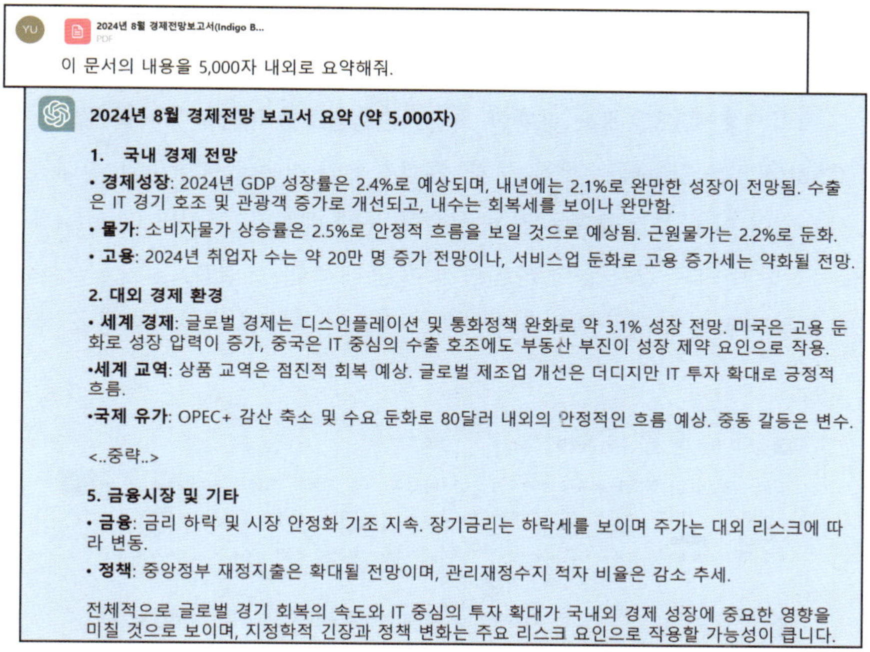

위 그림과 같이 80페이지라는 비교적 많은 분량의 보고서임에도 불구하고 주요 내용을 훌륭하게 요약해주는 것을 확인할 수 있으며, 최종적으로 보고서 전체의 내용을 한 문장으로 요약해 주는 것 역시 확인할 수 있다.

4.7 ChatGPT를 활용한 엑셀 작업

ChatGPT를 잘 활용한다면 엑셀, 파워포인트, 워드 등 MS 오피스 프로그램 기반의 작업 역시 아주 손쉽게 수행할 수 있다. 본 장에서는 엑셀 작업을 위해 ChatGPT를 활용하는 방법에 대해 알아본다. 참고로 무료 버전 사용자의 경우 수행할 수 있는 엑셀 작업 횟수에 제한이 있다는 점을 참고하길 바란다.

본 교재의 3장 3.3.3절에서 진행한 실습 **<혼합참조를 이용한 부서별 보너스 금액 산출>**을 ChatGPT를 활용해 수행해 보자. 혼합참조의 경우 상대참조와 절대참조에 비해 그 사용법이 다소 복잡하다는 것을 실습을 통해 배웠다. 하지만 ChatGPT를 활용한다면 복잡한 수식과 절차 없이도 손쉽게 이를 해결할 수 있다.

먼저 다음과 같이 부서별 기본급과 보너스 비율이 포함된 엑셀 테이블을 작성한다.

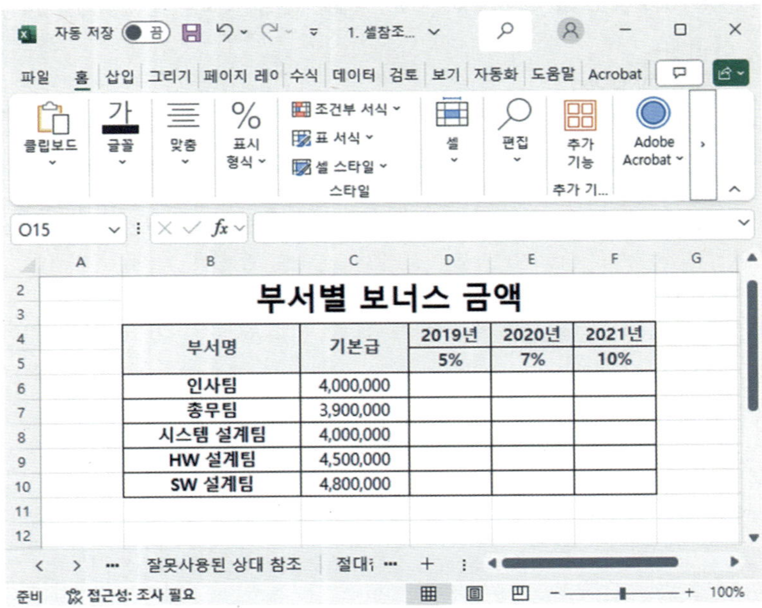

그림 4.8 부서별 보너스 금액 테이블

이후 ChatGPT의 프롬프트 입력창에 다음과 같이 원하는 요청 프롬프트를 작성하고 엑셀의 테이블을 복사하여 프롬프트 입력창에 붙여 넣는다. 이때 간단한 계산 예시를 추가함으로써 ChatGPT가 사용자의 의도를 더욱 잘 파악할 수 있도록 하자.

YU 다음은 부서별 보너스 금액을 계산하기 위해서 작성중인 엑셀 테이블이야. 비어있는 셀을 채워야 해. 채우는 방식은 각 부서의 기본급에 각 년도의 인센티브를 곱하면 돼. 예를 들어 D6셀의 값은 C6 * D5야.

부서별 보너스 금액
부서명 기본급 2019년 2020년 2021년
5% 7% 10%
인사팀 4,000,000
총무팀 3,900,000
시스템 설계팀 4,000,000
HW 설계팀 4,500,000
SW 설계팀 4,800,000

다음과 같은 계산 방법으로 비어 있는 셀을 채울 수 있습니다.

1. **2019년 보너스**: 기본급 × 5% (0.05)
2. **2020년 보너스**: 기본급 × 7% (0.07)
3. **2021년 보너스**: 기본급 × 10% (0.10)

계산 결과
인사팀 (기본급 4,000,000)
- 2019년: 4,000,000 × 0.05 = 200,000
- 2020년: 4,000,000 × 0.07 = 280,000
- 2021년: 4,000,000 × 0.10 = 400,000

총무팀 (기본급 3,900,000)
- 2019년: 3,900,000 × 0.05 = 195,000
- 2020년: 3,900,000 × 0.07 = 273,000
- 2021년: 3,900,000 × 0.10 = 390,000

시스템 설계팀 (기본급 4,000,000)
- 2019년: 4,000,000 × 0.05 = 200,000
- 2020년: 4,000,000 × 0.07 = 280,000
- 2021년: 4,000,000 × 0.10 = 400,000

HW 설계팀 (기본급 4,500,000)
- 2019년: 4,500,000 × 0.05 = 225,000
- 2020년: 4,500,000 × 0.07 = 315,000
- 2021년: 4,500,000 × 0.10 = 450,000

SW 설계팀 (기본급 4,800,000)
- 2019년: 4,800,000 × 0.05 = 240,000
- 2020년: 4,800,000 × 0.07 = 336,000
- 2021년: 4,800,000 × 0.10 = 480,000

최종 채워진 테이블

부서명	기본급	2019년 5%	2020년 7%	2021년 10%
인사팀	4,000,000	200,000	280,000	400,000
총무팀	3,900,000	195,000	273,000	390,000
시스템 설계팀	4,000,000	200,000	280,000	400,000
HW 설계팀	4,500,000	225,000	315,000	450,000
SW 설계팀	4,800,000	240,000	336,000	480,000

참고 : 엑셀 테이블을 ChatGPT의 프롬프트 입력창으로 복사하는 방법은 다음과 같다.

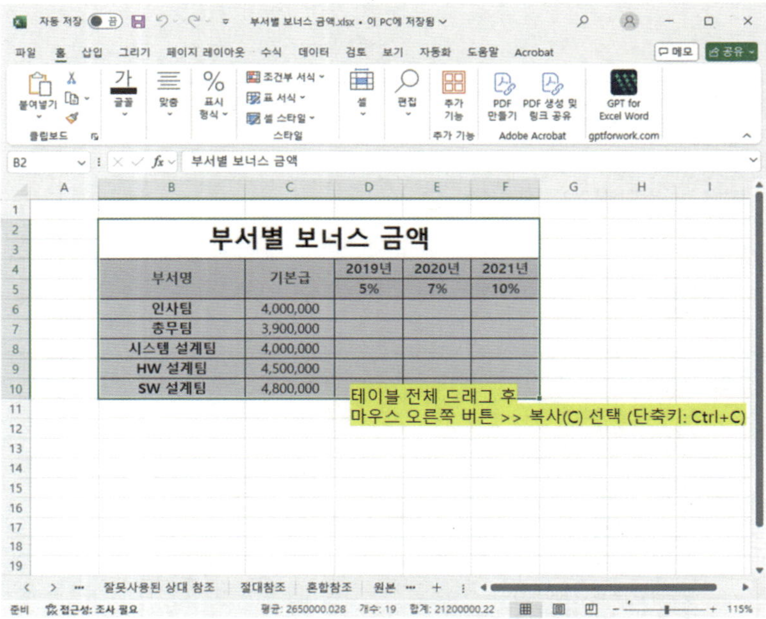

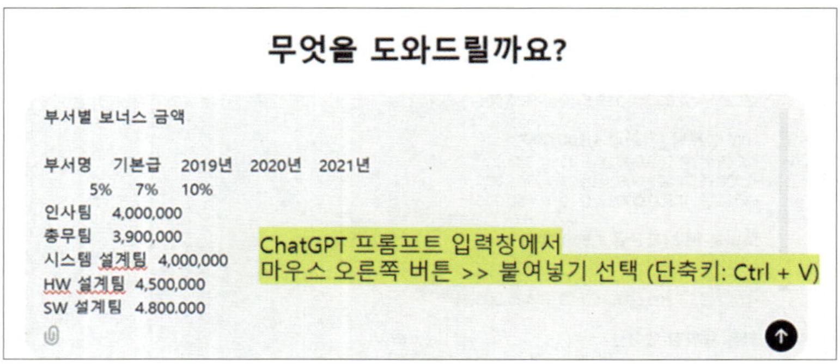

그림 4.9 엑셀 테이블 복사 및 입력

ChatGPT는 사용자의 요청에 따라 실제 엑셀파일을 생성해 주기도 한다. 다음과 같이 작성된 테이블을 엑셀 파일로 생성 후 다운로드할 수 있도록 링크를 생성해 달라는 요청을 하자. 다음 그림과 같이 실제 결과가 저장된 실제 엑셀 파일을 생성해 주는 것을 확인할 수 있다. 단, 무료 버전 사용자의 경우 파일 생성 횟수에 제한이 따르는 점을 참고하길 바란다.

YU 위 내용을 엑셀 파일로 만들고 다운로드할 수 있는 링크를 만들어줘.

엑셀 파일이 생성되었습니다. 아래 링크를 클릭하여 다운로드하세요:

부서별_보너스_금액.xlsx 다운로드

최종적으로 생성된 엑셀 파일의 내용은 다음과 같으며, 3.3장에서 혼합참조를 이용하여 직접 계산한 것과 동일한 결과가 도출되었음을 알 수 있다.

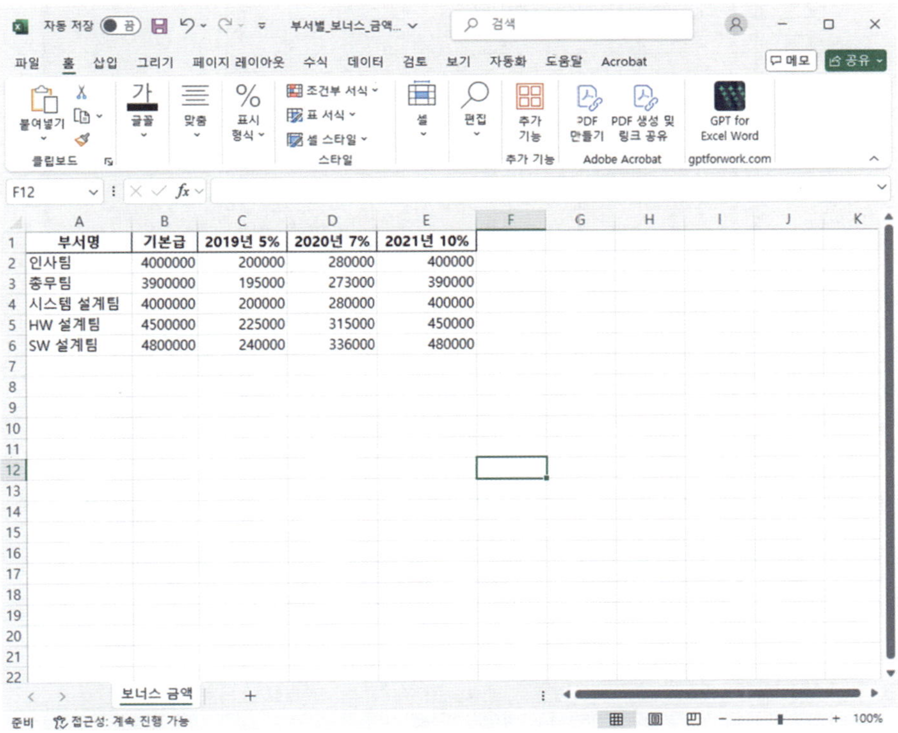

그림 4.10 최종 엑셀 파일

이번에는 본 교재의 3.9장에서 배운 **<결측값 처리>**를 ChatGPT를 활용하여 수행해 보자.

먼저 다음과 같이 결측값이 존재하는 테이블을 작성한다.

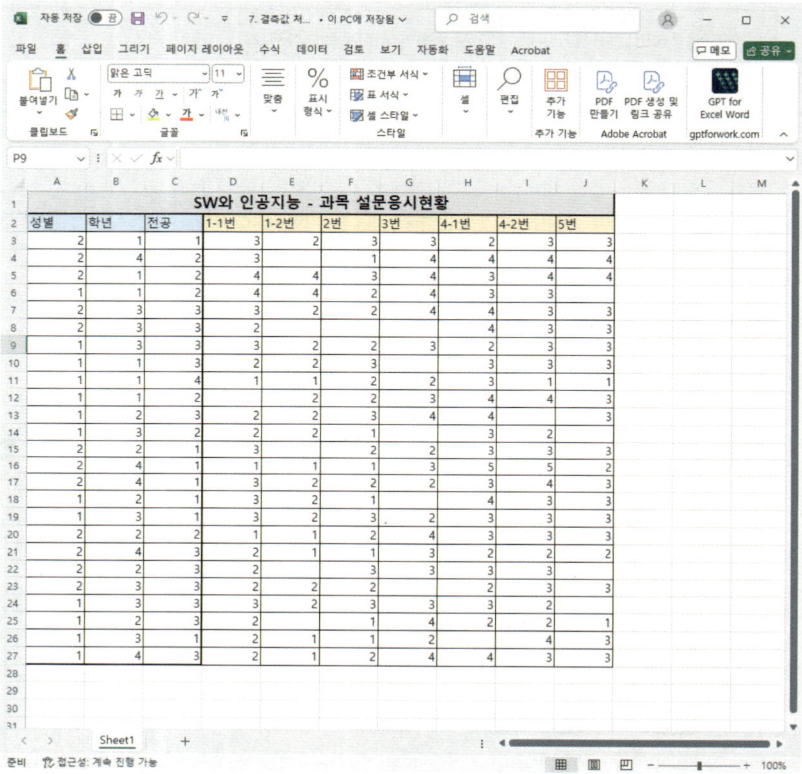

SW와 인공지능 - 과목 설문응시현황									
성별	학년	전공	1-1번	1-2번	2번	3번	4-1번	4-2번	5번
2	1	1	3	2	3	3	2	3	3
2	4	2	3		1	4	4	4	4
2	1	2	4	4	3	4	3	4	4
1	1	2	4	4	2	4	3	3	
2	3	3	3	2	2	4	4	3	3
2	3	3	2				4	3	3
1	3	3	3	2	2	3	2	3	3
1	1	3	2	2	3		3	3	3
1	1	4	1	1	2	2	3	1	1
1	1	2		2	2	3	4	4	3
1	2	3	2	2	3	4	4		3
1	3	2	2	2	1		3	2	
2	2	1	3		2	2	3	3	3
2	4	1	1	1	1	3	5	5	2
2	4	1	3	2	2	2	3	4	3
1	2	1	3	2	1		4	3	3
1	3	1	3	2	3	2	3	3	3
2	2	2	1	1	2	4	3	3	3
2	4	3	2	1	1	3	2	2	2
2	2	3	2		3	3	3	3	
2	3	3	2	2	2		2	3	3
1	3	3	3	2	3	3	3	2	
1	2	3	2		1	4	2	2	1
1	3	1	2	1	1	2		4	3
1	4	3	2	1	2	4	4	3	3

그림 4.11 결측값이 존재하는 데이터

앞선 예제와 마찬가지로 ChatGPT의 프롬프트 입력창에 다음과 같이 요청 프롬프트를 작성하고 엑셀의 테이블을 복사하여 붙여 넣는다. 이번에도 간단한 예시를 제공함으로써 ChatGPT가 사용자의 의도를 보다 잘 파악할 수 있도록 하자.

다음 테이블에는 결측 값이 있어. 이 결측값들을 해당 셀의 바로 위에 위치한 셀의 값으로 채워줘. 만약 바로 위에 위치한 셀이 존재하지 않거나 비어 있다면 결측값의 바로 아래 위치한 셀의 값으로 채워줘. 예를 들어 G10 셀은 2로 채워져야 돼.

SW와 인공지능 - 과목 설문응시현황
성별 학년 전공 1-1번 1-2번 2번 3번 4-1번 4-2번 5번
2 1 1 3 2 3 2 3 3
2 4 2 3 1 4 4 4 4
<.. 생략..>

표에 나타난 결측값을 채우는 작업을 시작할게요. 각 결측값은 바로 위 행의 값으로 채워질 것이며, 위 행에도 결측값이 있는 경우 바로 아래 행의 값을 사용할게요. 이제 표를 수정하고 결과를 보여드릴게요.

결측값을 채운 수정된 표를 완성했습니다. 각 결측값은 주어진 규칙에 따라 바로 위 행이나 바로 아래 행의 값으로 채워졌어요. 여기 수정된 표의 내용을 보여드릴게요:

성별	학년	전공	1-1번	1-2번	2번	3번	4-1번	4-2번	5번
2	1	1	3	2	3	4	2	3	3
2	4	2	3	2	1	4	4	4	4
2	1	2	4	4	3	4	3	4	4
1	1	2	4	4	2	4	3	3	4
2	3	3	3	2	2	4	4	3	3
					<..생략..>				
1	2	3	2	2	1	4	2	2	1
1	3	1	2	1	1	2	2	4	3
1	4	3	2	1	2	4	4	3	3

이처럼 ChatGPT를 통해 엑셀의 결측값 역시 번거로운 과정 없이도 손쉽게 처리 가능함을 알 수 있다. 마지막으로 다음과 같이 해당 결과가 포함된 엑셀 파일을을 생성하고 다운받을 수 있도록 링크 생성을 요청하자.

위 결과를 엑셀 파일로 만들고 다운로드할 수 있도록 링크를 만들어줘.

수정된 표를 엑셀 파일로 저장했습니다. 아래 링크를 통해 다운로드하실 수 있어요:

다운로드: Filled Survey Data

최종적으로 생성된 엑셀 파일의 내용은 다음과 같다. 원본 데이터의 결측값들이 요청한대로 인접한 셀의 값으로 대체되었음을 확인할 수 있다. 흥미로운 점은 생성된 엑셀 파일의 이름이다. ChatGPT는 임의의 파일명이 아닌, 주어진 데이터 내 정보를 표현할 수 있는 적합한 파일명을 선택했다는 점이다.

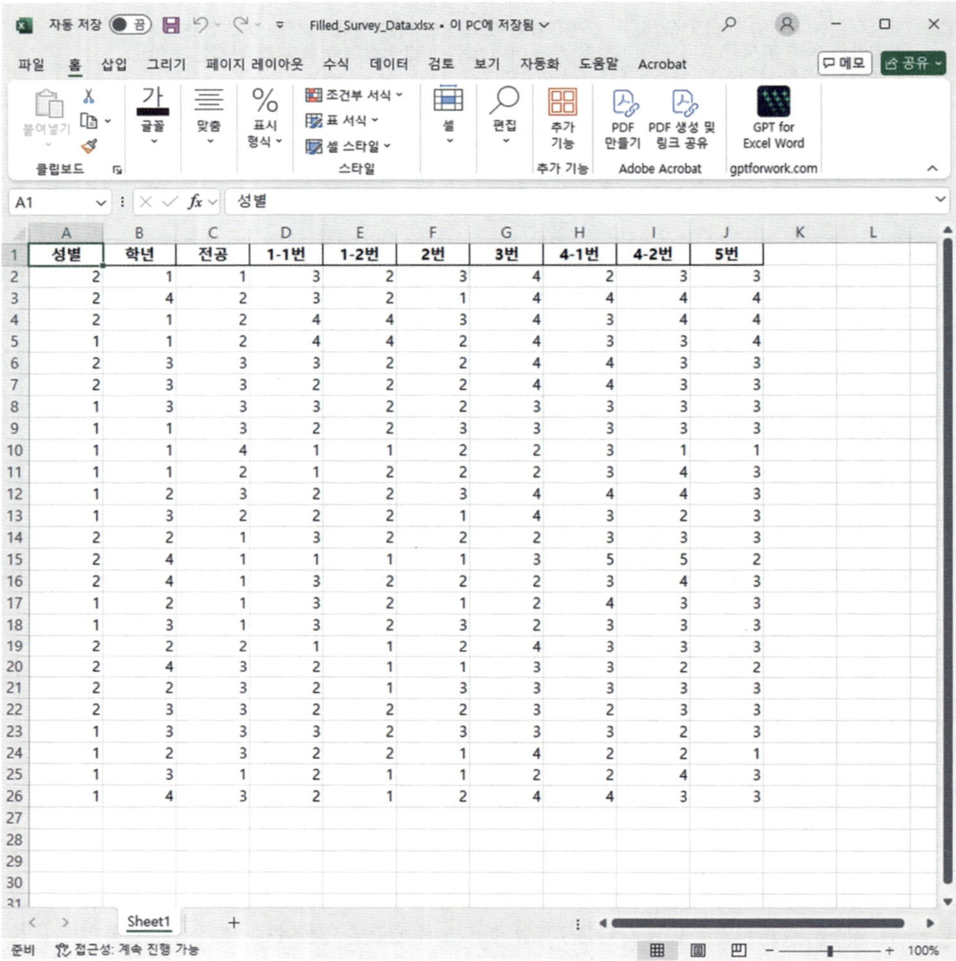

성별	학년	전공	1-1번	1-2번	2번	3번	4-1번	4-2번	5번
2	1	1	3	2	3	4	2	3	3
2	4	2	3	2	1	4	4	4	4
2	1	2	4	4	3	4	3	4	4
1	1	2	4	4	2	4	3	3	4
2	3	3	3	2	2	4	4	3	3
2	3	3	2	2	2	4	4	3	3
1	3	3	3	2	2	3	3	3	3
1	1	3	2	2	3	3	3	3	3
1	1	4	1	1	2	2	3	1	1
1	1	2	1	2	2	2	3	4	3
1	2	3	2	2	3	4	4	4	3
1	3	2	2	2	1	4	3	2	3
2	2	1	3	2	2	2	3	3	3
2	4	1	1	1	1	3	5	5	2
2	4	1	3	2	2	2	3	4	3
1	2	1	3	2	1	2	4	3	3
1	3	1	3	2	3	2	3	3	3
2	2	2	1	1	2	4	3	3	3
2	4	3	2	1	1	3	3	2	2
2	2	3	2	1	3	3	3	3	3
2	3	3	2	2	2	3	2	3	3
1	3	3	3	2	3	3	3	2	3
1	2	3	2	2	1	4	2	2	1
1	3	1	2	1	1	2	2	4	3
1	4	3	2	1	2	4	4	3	3

그림 4.12 ChatGPT에 의한 결측값 처리 결과

4.8 ChatGPT를 프로그래밍에 활용하기

프로그래밍을 처음 배우는 입문자에게는 소스 코드의 오류를 찾아내고 정확하게 수정하는 것이 꽤 부담스러운 작업일 수 있다. ChatGPT는 작성된 소스 코드의 오류를 찾아내고 수정하는 데 매우 좋은 성능을 보여주는 것으로 알려져 있다. 또한 단순히 문법오류를 찾고 수정해주는 것 뿐만 아니라 사용자의 요청에 따라 소스 코드를 직접 작성하고 그에 대한 설명까지 제공하기도 한다.

4.8.1 코드 오류 수정하기

먼저 ChatGPT를 활용하여 소스 코드의 오류를 찾고 수정하는 방법을 알아보자. 다음은 본 교재의 1장 1.8.5절에서 배운 구구단 출력 프로그램의 코드를 잘못 작성한 예시다. 3번째 줄의 print() 명령어에서 시작 따옴표를 누락하였다.

```
dan = int(input(“양의 정수를 입력하세요: “))
  if dan >= 2 and dan <= 9 :
      print(f{dan}단:”)
      for x in range(1, 10) :
          print(f”{dan} * {x} = {dan*x}”)
```

이제 다음과 같이 위 코드의 문법 오류를 찾아내고 올바른 코드로 수정하도록 ChatGPT에게 요청해보자.

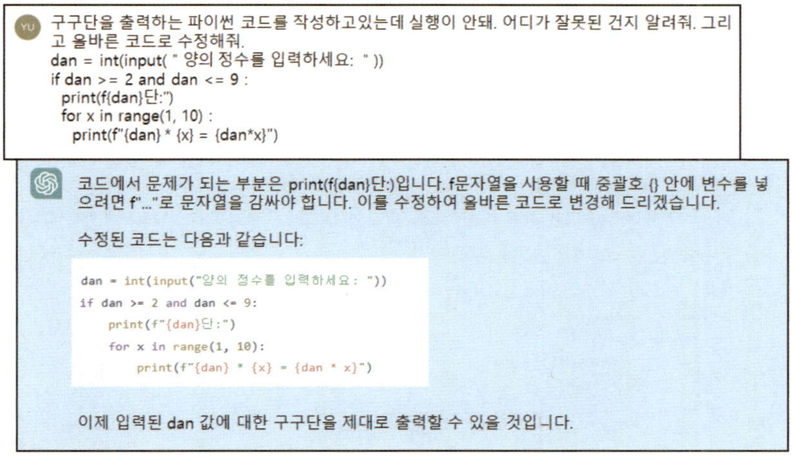

위 그림과 같이 ChatGPT는 주어진 코드의 문법적인 오류를 정확히 찾아내고 정상적으로 수정된 코드를 생성해 냄을 알 수 있다.

이번에는 문법 오류가 아닌 논리 오류가 존재하는 소스 코드를 ChatGPT의 도움을 받아 정상적으로 동작하도록 수정해보자. 아래 코드는 문법적으로는 문제가 없다. 하지만 if 문에 사용된 조건을 보면 변수 dan의 값이 2 이상 또는 (or) 9 이하일 경우 계산된 값을 출력하도록 구현되어 있다. 따라서 0단, 1단, 10단, 11단 등 구구단의 범위를 넘어서는 단들의 값들 역시 출력된다는 문제가 존재한다. 이러한 문제를 해결하기 위해서는 if 문의 조건식에 논리 연산자 or이 아닌 and를 사용해야 한다.

```
dan = int(input(“양의 정수를 입력하세요: “))
if dan >= 2 or dan =< 9 :
    print(f”{dan}단:”)
    for x in range(1, 10) :
        print(f”{dan} * {x} = {dan*x}”)
```

ChatGPT에게 위 코드의 논리 오류를 찾아내고 올바른 코드로 수정하도록 요청해보자.

YU 다음 코드는 사용자 입력에 따라 구구단을 출력해주는 코드야. 2단부터 9단 까지만 출력이 되도록 하고 싶은데, 10단, 11단도 출력이 되는 문제가 있어. 잘못된 부분을 알려주고 올바른 코드로 수정해줘.

```
dan = int(input("양의 정수를 입력하세요: "))
if dan >= 2 or dan <= 9 :
    print(f"{dan}단:")
    for x in range(1, 10) :
        print(f"{dan} * {x} = {dan*x}")
```

문제는 if dan >= 2 or dan <= 9: 조건문에서 논리 연산자가 잘못 사용된 것입니다.
이 조건은 dan >= 2 또는 dan <= 9 중 하나만 참이면 조건이 만족되기 때문에, 10 이상의 숫자도 조건을 만족하게 됩니다.

이를 수정하려면 and 연산자를 사용해서 dan이 2 이상이고 9 이하일 때만 실행되도록 해야 합니다.

수정된 코드는 다음과 같습니다:

```
dan = int(input("양의 정수를 입력하세요: "))
if dan >= 2 and dan <= 9:
    print(f"{dan}단:")
    for x in range(1, 10):
        print(f"{dan} * {x} = {dan * x}")
```

이제 dan이 2 이상이고 9 이하일 때만 구구단이 출력됩니다.

이와 같이 ChatGPT는 문법적인 오류뿐만 아니라 논리적인 오류 또한 정확히 찾아내고 사용자의 의도를 파악하여 오류가 없는 올바른 코드를 생성해 내는 것을 알 수 있다.

마지막으로, 추가적인 보완이 필요한 부분이 있는지 ChatGPT에게 질문해보자.

YU 위 코드에서 추가로 보완할 부분은 없을까?

좋은 질문이에요! 위 코드에서 이미 기본적인 구구단 출력 기능은 잘 동작합니다만, 코드에 몇 가지 보완을 추가할 수 있습니다:

1.잘못된 입력 처리: 사용자가 2 이상 9 이하의 숫자가 아닌 값을 입력했을 때 이를 처리하는 로직을 추가하는 것이 좋습니다.

2.반복문 및 출력 개선: 사용자에게 더 친절하게 안내하는 메시지나, 반복문이 끝난 후 구구단 출력이 끝났다는 메시지를 추가하면 코드가 더 명확하고 사용자가 이해하기 쉬워집니다.

다음은 이 개선 사항을 반영한 코드입니다:

```
dan = int(input("양의 정수를 입력하세요 (2부터 9 사이의 숫자): "))

# 잘못된 입력 처리
if dan < 2 or dan > 9:
    print("잘못된 입력입니다. 2부터 9 사이의 숫자를 입력해주세요.")
else:
    print(f"{dan}단:")
    for x in range(1, 10):
        print(f"{dan} * {x} = {dan * x}")
    print("구구단 출력이 끝났습니다.")
```

추가된 부분:
잘못된 입력 처리: if dan < 2 or dan > 9로 2부터 9 사이가 아닌 값에 대해 오류 메시지를 출력합니다.
구구단 끝났다는 메시지: 반복문 후에 구구단 출력이 끝났습니다.라는 메시지를 추가했습니다.

이렇게 하면 사용자가 잘못된 입력을 했을 때 혼란을 줄이고, 프로그램의 흐름이 더 매끄럽게 됩니다.

결과를 통해 알 수 있듯이 ChatGPT는 단순히 문법 오류나 논리적 오류를 찾아내고 수정하는 데 그치지 않고 더 나은 코드의 작성을 위한 유용한 도구로 활용될 수 있다.

4.8.2 프로그래밍 코드 생성하기

앞 절에서는 기존 코드를 제공하고 오류를 수정하거나 코드를 개선하는 실습을 진행하였다. ChatGPT는 기존 코드 없이도 사용자의 요구사항을 만족하는 소스 코드를 작성할 수 있다. 컴퓨터가 생성해 내는 난수를 사용자가 맞추는 게임인 'Up and Down'게임을 ChatGPT를 활용하여 구현해 보자. 기존의 소스 코드 없이 프로그래밍을 요청하는 경우 다음과 같이 ChatGPT가 사용자의 의도를 정확히 파악할 수 있도록 프로그램의 요구사항을 명확히 전달할 필요가 있다.

YU 파이썬을 이용해 간단한 게임을 만들거야. 게임 이름은 'Up and Down' 이고 컴퓨터가 만들어낸 난수를 사용자가 맞추는 게임이야. 컴퓨터는 먼저 1에서 100 사이의 난수를 생성하고, 사용자에게 정수를 입력 받아야 돼. 만약 컴퓨터가 생성한 난수를 사용자가 정확히 맞추면 '정답입니다'라는 메시지를 출력해줘. 만약 컴퓨터가 생성한 난수가 사용자의 입력 값보다 크면 'Up'이라고 출력하고, 반대로 컴퓨터가 생성한 난수가 사용자의 입력 값보다 작다면 'Down'이라고 출력해줘.

아래는 Up and Down 게임을 구현한 파이썬 코드 예제입니다. 이 코드에서 난수를 생성하고, 사용자 입력을 받아서 결과를 출력합니다.

```
import random

def up_and_down_game():
    # 1에서 100 사이의 난수를 생성합니다.
    secret_number = random.randint(1, 100)
    print("1에서 100 사이의 숫자를 맞춰보세요!")

    while True:
        try:
            # 사용자로부터 입력을 받습니다.
            user_input = int(input("숫자를 입력하세요: "))

            if user_input < 1 or user_input > 100:
                print("1에서 100 사이의 숫자를 입력해주세요.")
                continue

            # 입력값과 난수를 비교합니다.
            if user_input < secret_number:
                print("Up")
            elif user_input > secret_number:
                print("Down")
            else:
                print("정답입니다!")
                break
        except ValueError:
            print("유효한 숫자를 입력해주세요.")

# 게임 시작
up_and_down_game()
```

코드 설명:

1. random.randint(1, 100): 컴퓨터가 1에서 100 사이의 난수를 생성합니다.
2. while True: 사용자가 정답을 맞출 때까지 반복합니다.
3. 사용자 입력 처리: int(input())로 입력을 받습니다. 만약 숫자가 아닌 값이 입력되면 ValueError를 처리해 안내 메시지를 출력합니다.
4. 비교 및 출력: 사용자의 입력과 난수를 비교해 Up, Down, 또는 정답입니다!를 출력합니다.
5. 게임 종료: 정답을 맞춘 경우 break로 반복문을 종료합니다.

위와 같이 ChatGPT는 사용자의 요구사항을 정확히 분석하여 파이썬 코드를 작성해 준다. 그림 4.13은 ChatGPT가 생성한 코드를 Jupyter Notebook에서 실행한 결과다. 참고로 ChatGPT가 생성한 코드는 코드 복사 아이콘을 클릭하여 손쉽게 복사할 수 있다.

```
In [ ]: import random

        def up_and_down_game():
            # 1에서 100 사이의 난수를 생성합니다.
            secret_number = random.randint(1, 100)
            print("1에서 100 사이의 숫자를 맞춰보세요!")

            while True:
                try:
                    # 사용자로부터 입력을 받습니다.
                    user_input = int(input("숫자를 입력하세요: "))

                    if user_input < 1 or user_input > 100:
                        print("1에서 100 사이의 숫자를 입력해주세요.")
                        continue

                    # 입력값과 난수를 비교합니다.
                    if user_input < secret_number:
                        print("Up")
                    elif user_input > secret_number:
                        print("Down")
                    else:
                        print("정답입니다!")
                        break
                except ValueError:
                    print("유효한 숫자를 입력해주세요.")

        # 게임 시작
        up_and_down_game()
```

```
1에서 100 사이의 숫자를 맞춰보세요!
숫자를 입력하세요: 50
Down
숫자를 입력하세요: 25
Down
숫자를 입력하세요: 12
Up
숫자를 입력하세요: 18
Down
숫자를 입력하세요: 15
Down
숫자를 입력하세요: 13
Up
숫자를 입력하세요: 14
정답입니다!
```

그림 4.13 코드 실행 결과

ChatGPT가 생성한 코드를 보면 try-except 구문이 눈에 띈다. 해당 명령어는 입력에 대한 예외 처리를 위한 것으로 본 교재에서는 따로 다루지 않은 고급 문법이다. ChatGPT에게 해당 명령어의 의미를 물어보자.

YU 위 코드에서 사용한 **try-except**는 어떤 의미인지 설명해줘.

try-except는 파이썬에서 예외 처리를 위해 사용하는 구조입니다. 프로그램이 실행 도중 예상치 못한 오류(예외)가 발생했을 때, 이를 처리하여 프로그램이 강제로 종료되지 않도록 도와줍니다.

위 코드에서 사용한 **try-except**를 하나씩 살펴볼게요.

사용한 코드:

```
try:
    user_input = int(input("숫자를 입력하세요: "))
except ValueError:
    print("유효한 숫자를 입력해주세요.")
```

의미:
try 블록:
· 이 블록 안에 있는 코드는 오류가 발생할 가능성이 있는 부분입니다.
· 예를 들어, 사용자가 숫자가 아닌 값을 입력하면 int()가 변환할 수 없으므로 오류가 발생합니다.

except ValueError:
· try 블록에서 ValueError라는 예외가 발생하면 실행됩니다.
· 즉, 사용자가 잘못된 입력(예: 문자, 특수문자 등)을 했을 때 오류 메시지를 출력하고 프로그램이 중단되지 않도록 합니다.

<..생략..>

이렇듯 ChatGPT는 해당 명령어의 의미를 예시 코드와 함께 자세히 알려주는 것을 알 수 있다. 추가로 정답을 맞혔을 때 시도 횟수가 같이 출력되도록 코드를 수정해 보자.

YU 사용자가 정답을 맞췄을 때 시도한 횟수가 같이 출력되도록 코드를 수정해줘.

사용자가 정답을 맞췄을 때 시도한 횟수를 출력하도록 코드를 수정해 보았습니다. 시도 횟수를 기록하기 위해 변수 attempts를 추가했습니다.

수정된 코드:

```
import random

def up_and_down_game():
    # 1에서 100 사이의 난수를 생성합니다.
    secret_number = random.randint(1, 100)
    print("1에서 100 사이의 숫자를 맞춰보세요!")

    # 시도 횟수를 저장할 변수
    attempts = 0

    while True:
        try:
            # 사용자로부터 입력을 받습니다.
            user_input = int(input("숫자를 입력하세요: "))
            attempts += 1  # 입력받을 때마다 시도 횟수를 증가

            if user_input < 1 or user_input > 100:
                print("1에서 100 사이의 숫자를 입력해주세요.")
                continue

            # 입력값과 난수를 비교합니다.
            if user_input < secret_number:
                print("Up")
            elif user_input > secret_number:
                print("Down")
            else:
                print(f"정답입니다! {attempts}번 만에 맞추셨습니다.")
                break
        except ValueError:
            print("유효한 숫자를 입력해주세요.")

# 게임 시작
up_and_down_game()
```

수정 내용:

1. attempts 변수 추가:
   - 시도 횟수를 저장하기 위해 attempts = 0 변수를 선언했습니다.
   - 사용자가 입력할 때마다 attempts를 1씩 증가시킵니다.

2. 정답 메시지 수정:
   - 사용자가 정답을 맞추면 f"정답입니다! {attempts}번 만에 맞추셨습니다."를 출력합니다.

사용자의 코드 수정 요청에 따라 ChatGPT는 attempts라는 변수를 추가로 사용하여 코드를 수정해주었다. 단순히 코드 수정뿐만 아니라 어떠한 부분이 수정되었는지도 자세히 설명해주는 것이 눈에 띈다.

마지막으로 다음과 같이 생성된 코드에 주석을 작성해 달라는 요청을 끝으로 본 장을 마무리하자.

위 코드에 주석을 작성해서 명령어들의 의미를 설명해줘.

아래는 코드의 각 부분에 주석을 추가해 명령어들의 의미를 설명한 버전입니다.

주석 추가된 코드:

```python
import random  # 랜덤 숫자를 생성하기 위한 random 모듈을 가져옵니다.

def up_and_down_game():
    # 1에서 100 사이의 난수를 생성합니다.
    secret_number = random.randint(1, 100)
    print("1에서 100 사이의 숫자를 맞춰보세요!")  # 게임 설명을 출력합니다.

    # 시도 횟수를 저장할 변수
    attempts = 0

    while True:  # 사용자가 정답을 맞출 때까지 반복합니다.
        try:
            # 사용자로부터 입력을 받습니다.
            user_input = int(input("숫자를 입력하세요: "))  # 문자열로 받은 입력을 정수로 변
            attempts += 1  # 입력이 발생할 때마다 시도 횟수를 1 증가

            # 사용자가 범위를 벗어난 값을 입력했는지 확인
            if user_input < 1 or user_input > 100:
                print("1에서 100 사이의 숫자를 입력해주세요.")  # 범위 밖의 값을 입력한 경우
                continue  # 다음 반복으로 이동

            # 입력값과 난수를 비교합니다.
            if user_input < secret_number:  # 입력값이 난수보다 작으면
                print("Up")  # "Up"을 출력
            elif user_input > secret_number:  # 입력값이 난수보다 크면
                print("Down")  # "Down"을 출력
            else:
                # 정답을 맞춘 경우, 시도 횟수와 함께 메시지를 출력합니다.
                print(f"정답입니다! {attempts}번 만에 맞추셨습니다.")
                break  # 반복문을 종료하고 게임 종료
        except ValueError:
            # 사용자가 숫자가 아닌 값을 입력한 경우 예외를 처리합니다.
            print("유효한 숫자를 입력해주세요.")  # 잘못된 입력에 대한 경고 메시지

# 게임을 실행합니다.
up_and_down_game()
```

연습문제

1. ChatGPT와 기존 자연어 처리 모델의 차이점을 간단히 서술하시오.

2. ChatGPT의 기반이 되는 인공지능 기술로 옳은 것은?

① Recurrent Neural Network
② Convolutional Neural Network
③ Generative Adversarial Network
④ Generative Pre-trained Transformer

3. AI 언어 모델이 사용자의 질문에 대해 더 정확하고 관련성 높은 답변을 할 수 있도록 입력을 설계하는 과정을 일컫는 것은?

① GPT Optimization
② Prompt Engineering
③ Hallucination
④ Context Awareness

4. 다음 중 ChatGPT에 대한 설명으로 옳지 않은 것은?

① 환각 현상이 발생할 수 있다.

② 훈련 데이터에 포함되지 않은 정보는 학습할 수 없다.

③ 실시간 업데이트 기능을 사용해 항상 최신 정보를 제공해 준다.

④ 인간 수준의 자연스러운 대화가 가능하다.

5. ________이란 텍스트, 이미지, 음성 등 다양한 유형의 입력 데이터를 처리할 수 있는 기능을 말한다.

실습문제

1. ChatGPT를 이용하여 자신의 전공과 관련된 소설을 창작해보자.

2. 본 교재 3장 데이터 분석의 실습문제를 ChatGPT를 활용하여 해결해보자.

3. ChatGPT를 활용하여 파이썬 기반의 간단한 게임을 만들어보자.

4. ChatGPT를 활용하여 본인의 취미 또는 전공을 소개하는 프리젠테이션 자료를 만들어보자.

참고 문헌

1. 프롬프트 크리에이터, 하루만에 끝내는 챗GPT활용법, 이지스퍼즐리싱
2. https://openai.com OpenAI 공식 홈페이지

5 Chapter 기계학습

학습목표

- 기계학습의 개념에 대해 설명할 수 있다.
- 기계학습 기법들을 적용하기 위한 기본 단계에 대해 소개할 수 있다.
- 기계학습의 방법들을 분류하고 설명할 수 있다.
- 기계학습에 활용되는 라이브러리에 대해 설명할 수 있다.
- 기계학습 수행을 위해 필요한 데이터 셋들에 대해 소개할 수 있다.
- 기계학습 도구를 활용하여 모델을 생성하고 그 결과를 확인해볼 수 있다.

5.1 기계학습의 개념

기계학습(Machine Learning: ML, 머신러닝)의 개념은 과거부터 현재까지 수십 년 동안 진화해왔으며, 그 역사는 수학, 통계학, 인공지능(AI) 연구의 발전과 밀접하게 연관되어 있다. 실제로 18세기부터 통계학자들은 데이터로부터 추론을 해내는 방법을 연구하였고 이러한 연구 내용이 현대 기계학습의 기초가 되었다. 이후 1959년 IBM의 아서 사무엘(Arthur Samuel)이 기계학습이라는 용어를 "명시적으로 프로그래밍하지 않아도 컴퓨터가 스스로 학습할 수 있는 능력을 부여하는 학문 분야[1]"로 정의하며 공식적으로 사용되기 시작하였다. 사무엘은 컴퓨터로 체커(체스와 유사한 보드 게임)를 학습하는 프로그램을 개발하여 기계학습의 가능성을 보여주었다.

현재 기계학습(Machine Learning, 머신러닝)은 인공지능의 한 분야로서 일반적으로 다음과 같이 정의하고 있다.

- 컴퓨터 프로그램이 데이터와 처리 경험을 이용한 학습을 통해 정보 처리 능력을 향상하는 것 또는 이와 관련된 연구다[2].
- 환경(Environment)과의 상호 작용을 통해서 축적되는 경험적인 데이터를 바

탕으로 지식, 즉 모델을 자동으로 구축하고 스스로 성능을 향상하는 알고리즘 및 시스템이다[3].

기계학습을 보다 쉽게 이해할 수 있도록 온라인 스팸 광고 이메일 필터링 시스템을 예로 들어 살펴보자[4].

- 전통적인 방식의 스팸 필터의 경우, (1) 스팸 데이터의 제목에는 '결제', '신용카드', '무료', '굉장한' 같은 단어의 패턴이 많이 나타난다. 이러한 패턴을 식별하고 분석하여 패턴을 생성해둔다. (2) 이러한 스팸의 패턴을 감지하는 알고리즘을 작성하여 패턴 발견 시 스팸으로 분류하는 과정을 거친다. (3) 충분한 성능이 나올때 까지 (1)과 (2)단계를 반복한다. 위의 간계처럼 전통방식의 스팸 필터는 특정 키워드 또는 패턴을 감지하여 패턴임을 확인하는 방식이기 때문에 규칙(rule)에 의한 스팸 감지 방법이라고 볼 수 있다. 이러한 방법의 경우, 스팸 메일 발송자들은 규칙에 포함되지 않는 새로운 키워드나 패턴을 만들어서 규칙을 무용지물로 만들어 버릴 수도 있다. 따라서 이러한 변화에 대응하여 시스템도 지속적인 업데이트가 필요하다. 단, 규칙이 너무 길고 복잡해지는 만큼 유지보수도 어려워진다.
- 기계학습 기반 스팸 필터의 경우, 인위적으로 패턴을 식별하고 분석할 필요없이 스팸에 자주 나타나는 패턴을 자동으로 학습한다. 즉, 규칙이 아닌 패턴학습을 통해 스팸을 감지하는 형태다. 다양한 패턴을 가지는 스팸들을 학습(training, 훈련)시키면 완벽히 일치하는 패턴이 아닐지라도 유사한 패턴임이 확인되면 스팸으로 판단할 수 있다. 따라서 전통적인 방식의 스팸 필터와는 달리 스팸 필터에 대항한 다양한 형태의 변화에 대해서도 대응 가능하다. 또한, 매번 규칙을 작성할 필요가 없기 때문에 유지보수에 매우 유리하다. 기계학습의 경우 데이터 패턴을 학습하여 결과를 판단하기 때문에 학습을 위한 데이터의 수가 중요하다. 데이터가 늘어난 만큼 학습한 결과의 정확도도 높아질 수 있다.

종합해보면 기계학습이란 기계 스스로 데이터로부터 지식이나 패턴을 찾아 학습하고 예측을 수행하는 과정이다. 기존의 컴퓨터 소프트웨어 개발이 개발자가 주어진 입력으로부터 원하는 출력을 만들기 위한 알고리즘을 만들고 그것을 직접 구현하는 방법이었다면, 기계학습은 미리 주어진 입력값과 예상되는 출력값을 바탕으로 학습이라는 과정을 통해 알고리즘에 해당하는 부분을 만들어 주는 것이다. 즉, 구체적인 프로그램의 동작방법을 직접 구현하는 것이 아니라 학습 과정을 통해 스스로 프로그램이 완성되게 하는 것이다. 물론 이 학습과정에서 개발자의 노력이 여전히 많이 필요하다.

1990년대부터 기계학습은 더욱 정교해졌고, 다양한 응용 분야에서 실질적인 성과를 내기 시작하였다. 데이터 마이닝(Data mining), 패턴 인식(Pattern recognition), 통계적 학습이론과 결합되어 성숙기에 접어들었다. 2000년대부터는 대규모 데이터 셋이 활용되기 시작하였고 컴퓨팅 파워의 증가로 인해 기계학습 관련 응용 기술이 대폭 증가하였다. 이러한 기계학습은 2010년대로 접어들면서 딥러닝(Deep learning)의 발전과 함께 인공지능이라는 학문의 중심으로 자리잡게 되었다. 현재는 트랜스포머(Transformer), 생성적 적대적 네트워크(Gneerative Adversarial Networks: GAN), GPT의 기반이 되는 거대 언어 모델 (Large Language Model: LLM) 등 보다 정교한 형태로 확장 발전하고 있다.

이러한 기계학습 기반의 기술들은 일상 전반의 다양한 분야에서 활용되고 있다. 여러 응용 분야 중 몇 가지 사례를 소개하면 다음과 같다.

- **컴퓨터 비전** : 이미지 생성, 얼굴 인식, 비디오 동작 분석 등
- **자연어 처리** : 대화형 AI, 번역, 감정 분석, 문서 요약, 질의 응답 시스템 등
- **추천 시스템** : 과거 행동 데이터 기반의 개인화 추천, 콘텐츠 기반 추천 등
- **의료 및 헬스케어** : 질병 진단, 유전체 분석, 의료 영상 분석 등
- **자율 주행** : 주행 환경 인식, 경로 계획, 자율 주행 시뮬레이션 등
- **금융** : 고객 신용 평가, 거래 데이터를 분석한 사기 탐지 등
- **음성인식 및 처리** : 음성 합성, 음성을 통한 감정 인식 등

기계학습의 정의는 시간에 따라 진화했으며, 초기에는 간단한 규칙 기반 학습에서 시작해 현재는 복잡한 신경망 모델을 사용하는 고도로 정교한 방법으로 발전하고 있다. 기계학습의 역사는 계속해서 발전 중이며, 새로운 기술과 방법론이 지속적으로 등장할 것이다.

5.2 기계학습을 통한 데이터 분석 절차

특정 목적에 맞는 기계학습 기법을 적용하고 모델을 생성하여 데이터 분석을 진행하기 위해서는 일반적으로 다음과 같은 단계로 진행한다[5]: (1) 데이터 수집(Gathering data), (2) 데이터 준비(Preparing that data), (3) 모델 선택(Choosing a model), (4) 훈련(Training), (5) 평가(Evaluation) (6) 조정(Hyperparameter tuning), (7) 예측이나 추론(Prediction or Inference). 데이터 분석을 위해서는 항상 진행되는 단계로 볼 수 있다. 각 단계별 상세 내용은 다음과 같다.

- **데이터 수집(Gathering data)** : 데이터가 없다면 데이터 분석 자체를 진행할 수 없기 때문에 분석하고자 하는 데이터들을 모으는 것이 데이터 분석을 위한 가장 첫 번째 단계로 볼 수 있다. 첫 번째 단계인 데이터 수집 단계는 기계학습을 통한 최적의 모델 생성을 위해 기본적으로 필요한 데이터들을 모으는 과정이다. 수집할 데이터의 질과 양이 얼마나 좋은 예측 모델이 될지 결정하는 척도가 된다.
- **데이터 준비(Preparing that data)** : 데이터를 모아두고 기계학습 기법을 학습시키기 위해 사용될 수 있도록 준비하는 과정이다(표준화, 에러 수정 등). 데이터를 준비한 이후, 일반적으로 준비한 데이터를 훈련 데이터(training data)와 시험 데이터(testing data) 두 부분으로 분할한다. 훈련 데이터는 모델을 생성하기 위해 사용하는 데이터 셋이며, 시험 데이터는 훈련 데이터를 사용하여 모델을 생성한 이후 생성된 모델의 성능 평가를 위해 사용하는 데이터 셋이다. 분할

시 훈련 데이터와 시험 데이터의 일반적인 비율은 80:20, 70:30정도다.

- **모델 선택(Choosing a model)** : 활용할 수 있는 다양한 모델들 중에서 요구조건에 맞는 모델을 선택하는 과정이다. 예를 들어, 이미지 데이터에 적합한 모델, 음악같은 순서(sequence)에 적합한 모델, 텍스트 기반의 모델 등이 존재할 수 있다.
- **훈련(Training)** : 준비한 데이터 셋을 선택한 모델에 학습(learning)시키는 과정으로서, 기계학습의 대부분을 차지한다. 이러한 훈련 단계의 궁극적인 목표는 사용자의 특정 분석 요구에 대해 대부분 정확한 답을 할 수 있는 모델을 창조해 내는 것이다. 보다 쉬운 이해를 위해 비유를 하자면 우리가 운전을 배우는 과정과 유사하다. 처음 운전을 배울때에는 차량의 복잡하고 다양한 조작부를 활용하는 방법을 전혀 모르지만, 많은 운전 연습을 통해 실수를 고쳐나가고 부족한 부분을 메워가면서 자격을 갖춘 전문 운전자로 변모하게 된다. 시간이 지날수록 운전 경험이 계속 늘어나면서 운전에 더욱 능숙해진다. 이에 비추어 훈련단계를 생각해보면, 훈련 데이터를 계속해서 모델에 학습시키면 해당 모델은 입력받은 데이터의 경향을 지속적으로 파악하게 된다. 많은 데이터를 학습한 모델은 사용자의 요구사항에 보다 정확한 답을 도출해 줄 수 있게 되는 것이다.
- **평가(Evaluation)** : 훈련 단계가 끝난 후, 모델이 잘 만들어졌는지 확인하기 위한 과정이다. 평가 단계에서는 훈련 과정에서 사용하지 않았던 시험 데이터를 활용하여 진행한다. 이를 통해 훈련 데이터에는 존재하지 않던 새로운 데이터에 대해(학습에 사용하지 않았던 데이터에 대해) 모델이 어떻게 작동하는지 평가가 가능해진다. 즉, 실제로 생성된 모델이 어떻게 동작하는지 보여주는 것이다.
- **조정(Hyperparameter tuning)** : 생성된 모델의 성능을 향상시키기 위해 훈련단계에서 모델을 학습시킬 때 사용한 여러가지 매개변수들을 조정하는 과정이다. 실제 모델을 학습시킬 때는 특정 모델에 필요한 매개변수들이 많이 존재하는데, 이 변수들을 변경함으로써 생성된 모델의 성능을 향상시킬 수 있다. 성능 향상의 수준은 모델과 사용된 데이터 셋에 따라 서로 다르다.
- **예측이나 추론(Prediction or Inference)** : 최종 생성된 모델을 실제 활용해보는

과정이다. 본 단계는 사용자의 질문에 대해 답을 할 수 있는 단계로서 기계학습의 가치가 발현되는 단계다. 기계학습의 가치는 인간의 판단이나 수동적인 법칙이 아닌 데이터를 통해 생성된 모델을 활용하여 사용자의 질문에 답을 할 수 있다는 것이다.

5.3 기계학습의 학습 방법에 따른 분류

기계학습을 통한 데이터 분석 진행 시, 모델을 선택하고 훈련 과정을 통해 준비된 데이터 셋을 모델에 학습(learning)시킨다. 학습은 기계학습에서 가장 기본이 되는 개념으로서 무엇인가를 배워 이것을 기반으로 새로운 것을 예측하거나 구분해 내는 능력이다. 이러한 학습 방법은 크게 지도 학습(supervised learning), 비지도 학습(unsupervised learning), 그리고 강화 학습(reinforcement learning)으로 구분할 수 있다.

첫 번째, **지도 학습**의 경우 다음과 같은 정의와 특징을 가진다.

- 지도 학습은 모델이 학습할 때, 입력 데이터와 그에 대응하는 정답(label, 레이블)을 제공하는 방식이다.
- 입력 데이터(input data)와 이에 대한 정답에 해당하는 레이블(또는 클래스) 정보를 입력으로 받아 입력과 출력 간의 패턴과 특성을 학습하도록 돕는다. 학습 후 신규 데이터를 입력으로 받았을 때 신규 데이터에 해당하는 정답을 판단한다.
- 지도 학습은 대표적으로 분류(classification)와 예측(prediction) 작업을 위해 사용된다. 실제 사례를 예로 들어보면 다음과 같다.
  - 정답이 범주형 데이터(종류)일 경우, 이러한 데이터를 학습해 분류 모델을 만들 수 있다. 예를 들면 "여러 장의 고양이 사진(데이터)을 주며 이 그림은 고

양이(정답, 레이블)야. 또는 고양이가 아니야"라고 알려주어 분류 모델을 만들고, 새로운 사진을 입력하였을 때 고양이 사진인지 아닌지 분류가 가능하다. 또는 스마트폰의 사진 앨범에서 사람, 동물, 사물 등의 카테고리로 사진을 자동으로 분류하고자 할때에도 위에서 언급한 절차와 비슷한 방식으로 분류가 진행될 수 있다.

- 정답이 수치형 데이터일 경우, 이러한 데이터를 학습해 예측 모델을 만들 수 있다. 예를 들어 기온과 강수량에 따른 배추가격을 예측하는 회귀예측 모델을 만들 수 있다. "최고 기온이 30도, 최저 기온이 5도, 강수량이 1,000㎜였을 때 그 해 배추 가격은 9,000원이다", "최고 기온이 25도, 최저 기온이 -2도, 강수량이 2,000㎜였을 때 배추 가격은 15,000원이다", … , "최고 기온이 20도, 최저 기온이 0도, 강수량이 1,500㎜였을 때 배추 가격은 13,000원이다"와 같은 수치형 데이터를 입력하여 모델을 만들고 난 이후, 최고 기온 10도, 최저 기온 0도, 강수량이 1,700㎜일 때 배추 가격이 얼마인지 예측해 볼 수 있는 것이다.

두 번째, **비지도 학습**의 경우 다음과 같은 정의와 특징을 가진다.

- 비지도 학습은 지도 학습과는 달리 정답이 없는 데이터를 사용하여 학습시키는 방식이다. 주어진 데이터에서 숨겨진 구조나 패턴을 발견하는 데 사용된다.
- 비지도 학습에서는 주로 비슷한 특징을 가지는 데이터끼리 군집(cluster: 클러스터)을 찾는 학습을 진행한다. 일반적으로 비슷한 특징을 가지는 데이터라는 것은 특징을 좌표상에 표현했을 때 가까운 거리에 있다는 것을 의미하는 것이다.
- 비지도 학습에서는 데이터 셋의 특성을 분석하여 특성이 비슷한 몇 개의 군집으로 분류하기 위한 학습을 진행한다. 학습이 끝난 뒤에 새롭게 입력되는 데이터들이 있다면, 이들을 기존 데이터의 학습을 통해 만들어진 몇 개의 군집 중 하나로 분류한다. 실제 사례를 예로 들면 다음과 같다.
  - 온라인 쇼핑몰이 고객 데이터를 이용해 마케팅 전략을 최적화하고자 한다. 이를 위해 고객의 구매 이력, 방문 빈도, 구매 금액 등을 기준으로 비지도

학습을 통해 고객을 여러 그룹으로 구분한 다음 각 그룹에 맞는 마케팅 전략을 수립할 수 있다.

- 수천 개의 뉴스 기사를 비지도 학습을 통해 유사한 주제를 다루는 기사들끼리 그룹화할 수 있다. 이러한 결과를 통해 사용자에게 특정 주제에 대한 관련 기사를 추천할 수 있다.
- 은행에서 카드 거래 데이터를 활용하여 비지도 학습을 통해 정상적인 거래와 비정상적인 거래를 그룹화하여 구분할 수 있다. 대부분의 거래가 특정 그룹에 속하는 반면, 비정상적인 거래는 다른 클러스터에 속하게 된다. 이를 통해 은행 시스템은 비정상적인 거래를 감지하고 경고를 발령할 수 있다.

- 비지도 학습은 군집이 되는 데이터의 특성을 찾는 데 그 목적이 있다. 기존 데이터 셋을 기반으로 비지도 학습을 통해 모델을 생성하고 군집을 진행한 후, 생성된 집단이 실제로 같은 레이블끼리 잘 모여있는지 확인함으로써 모델의 성능을 확인할 수 있다.
- 군집의 시각화는 세 가지 특성(3차원)까지 인간이 식별 가능하다. 네 가지 이상의 특성을 이용한 군집 시각화는 인간의 인지수준으로는 이해하기 어렵다.
- 비지도 학습 기반의 군집화(clustering) 알고리즘은 주어진 데이터(훈련 데이터, training data)의 특성(예를 들어 색상, 크기, 무게, 길이 등)을 파악하여 유사성을 검사하고, 데이터의 유사성에 따라 자동으로 N개의 군집으로 분류하는 분류 모델을 생성한다. 대표적인 군집화 알고리즘으로 K-평균 군집화(K-mean clustering), 계층적 군집화(Hierarchical clustering), 밀도기반 군집화(DBSCAN) 등이 있다.

지도 학습과 비지도 학습을 비교해보면 다음 그림과 같다. 지도 학습에서는 각각의 동물에 대한 정보가 주어진다. 즉, 개인지, 개가 아닌지의 정보가 초기 데이터 셋에서 확인 가능하다. 이러한 데이터 셋을 활용해 학습을 통한 모델을 만들고, 새로운 데이터(기존 데이터 셋에 없던 개)가 입력될 경우 이것이 개인지 개가 아닌지 판단

가능하도록 한다. 반면 비지도 학습의 경우 주어진 입력 데이터만 활용해 입력 데이터의 범주(category)를 분류한다. 새로운 데이터(기존 데이터 셋에 없던 개)가 입력될 경우 어떠한 범주로 분류해야 하는지 판단 가능하도록 한다.

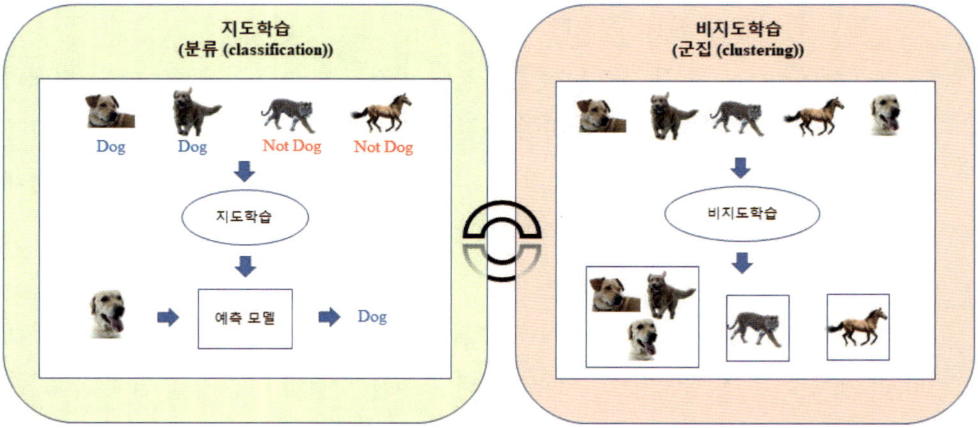

그림 5.1 지도 학습과 비지도 학습의 비교

세 번째, **강화 학습**의 경우 다음과 같은 정의와 특징을 가진다.

- 강화 학습은 로봇이나 게임 등에 많이 사용되는 학습 방법으로, 자신과 환경의 상호 관계를 분석하고 그 분석된 관계에 따라 자신의 행동을 점차 개선해 나가는 학습 방법이다.
- 강화 학습은 결정을 내리는 주체인 에이전트(Agent)가 환경(Environment)과 상호작용하고 현재 상태(State)를 변화시켜가며 그 과정에서 얻는 보상(Reward)을 최대화하기 위해 행동(Action)을 학습하는 방법이다. 에이전트는 목표를 달성하기 위해 여러 번 시도하고 실수를 하면서 최적의 행동 방침을 찾아간다. 이 학습 방식은 '시행착오'를 통해 이뤄진다는 점에서 사람의 학습 방식과 유사하다.
- 예를 들어 로봇이 행동을 실행하고 나면 로봇의 다음 상태가 정의된다. 만약 성공적으로 행동했을 경우 보상을 정의할 수 있다. 지도 학습 및 비지도 학습과는 다르게 매 순간 행동을 실행해 보상받으면서 최종적으로 가장 높은 점수의 보

상을 받을 수 있도록 행동 규칙을 학습하는 방식이다. 즉, 행동의 결과가 본인에게 유리한 행동이었다면 상을 받고 불리한 것이었다면 벌을 받는 것이다. 이 과정을 계속적으로 반복하면 더 많은 보상을 받을 수 있는(더 좋은 정답을 찾아낼 수 있는) 행동을 찾아낼 수 있다는 것이다.

- 강화 학습은 단기적인 보상보다는 장기적인 이득을 최대화하는 것을 목표로 한다. 이를 위해 감가율(discount factor)을 사용하여 미래 보상의 현재 가치를 평가한다.
- 지도 학습은 각 데이터에 대한 명확한 정답(label)이 있지만, 강화 학습의 데이터는 레이블이 없다. 지도 학습은 데이터의 레이블을 이용하여 모델의 성능을 평가할 수 있지만 강화 학습에서는 모델 성능 평가를 위한 기준을 위해 보상을 사용한다.
- 비지도 학습도 레이블이 없는 데이터를 사용하여 학습시키는 방식이기에 강화 학습과 비슷한 형태로 보일 수 있지만, 강화 학습에서는 명확한 목표(보상 극대화)가 있다는 점이 비지도 학습과 구별되는 점이다.
- 실제 사례를 예로 들어보면 다음과 같다.
  - 로봇이 목표 지점까지 효율적으로 도달하거나, 균형을 잡는 등의 동작을 위해 강화 학습을 적용하여 보다 정교한 활동을 가능하게 한다.
  - 다양한 온/오프라인 게임에서 강화 학습을 통해 인간 플레이어를 상대로 적절히 대응하는 법을 학습한다. 예를 들어 축구게임에서 각 선수마다 골을 넣거나 유리한 패스를 했을 때 보상하고 필드에 있는 모든 선수가 이 보상을 높이는 방향으로 움직이게끔 훈련시킨다. 사람이 축구 구칙 및 경기 전략을 입력할 필요가 없으며 선수들은 공과 부딪히는 속도와 방향 등을 스스로 결정한다.
  - 사용자의 행동을 기반으로 맞춤형 콘텐츠를 추천하는 시스템에 사용된다. 사용자가 콘텐츠와 상호작용할 때마다 해당 콘텐츠를 학습하여 사용자가 직접적으로 원하는 내용을 항시 추천해 줄 수 있다.

강화 학습을 그림으로 표현하면 다음과 같다. 그림에서 확인할 수 있듯이 특정 시점마다 다음과 같은 순서로 학습을 진행한다.

- (1) 현재 상태(State)를 관측한다.
- (2) 현재 상태를 활용하여 적합한 행동(Action)을 구한 후 그것을 환경(Environment)에 적용한다.
- (3) 환경(Environment)은 행동(Action)을 반영한다.
- (4) 그로 인한 다음 상태(State) 및 보상(Reward)을 에이전트에게 제공한다.

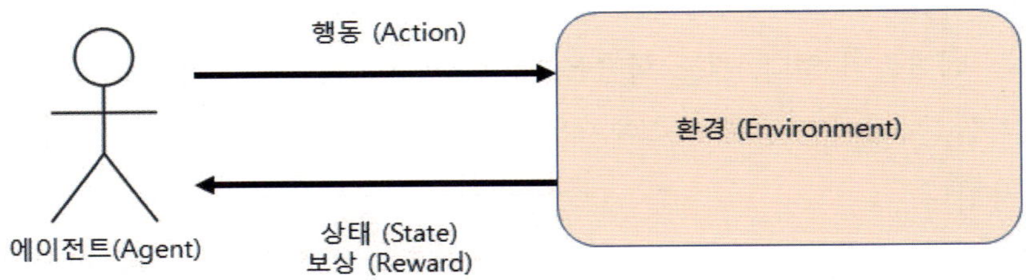

그림 5.2 강화 학습의 개요

예를 들어 에이전트의 목표가 고속철도를 이용하여 서울에서 대구까지 최대한 신속하게 도착하는 것이라고 가정해보자. 대구까지 도착하기 위해 중간 지점을 통과한다고 할 때 서울에서 춘천으로 이동할 경우 보상 -100, 서울에서 인천으로 이동할 경우 보상 -50, 서울에서 천안으로 이동할 경우 고속철도 이용 시 대구로 가는 직접적인 경로에 있는 도시이므로 보상 +10을 받을 수 있다. 이러한 과정의 반복을 통해 에이전트는 각각의 행동에서 받는 보상을 통해 문제 해결을 위한 최적의 방법을 학습하게 된다.

이와 같은 기계학습들을 세부적으로 분류하고 활용할 수 있는 대표적인 알고리즘들을 정리하면 다음 표와 같다. 이러한 기계학습 알고리즘들을 실제로 활용할 시 (1) 선택한 알고리즘으로 문제를 해결할 수 있는지? (2) 선택한 알고리즘을 적용할 경우 성능에 문제가 없는지? (3) 선택한 알고리즘을 적용하기 위한 데이터를 충분히 준비할 수 있는지 등을 고려해 볼 필요가 있다.

표 5.1 scikit-learn에서 제공하는 대표적인 기계학습 모델 기본 활용법

종류	작업	알고리즘
지도 학습 (Supervised Learning)	분류 (Classification)	KNN : K-Nearest Neighbor (K-최근접 이웃) SVM : Support Vector Machine Decision Tree (의사결정 나무) Logistic Regression
	예측 (Prediction)	Linear Regression (선형 회귀)
비지도 학습 (Unsupervised Learning)	군집 (Clustering)	K-means Clustering DBSCAN Clustering Hierarchical Clustering (계층형 군집)
강화 학습 (Reinforcement Learning)	최적의 정책 찾기	Q-Learning DQN : Deep Q-Network SALSA : State-Action-Reward-State-Action

5.4 기계학습을 위한 기본 파이썬 라이브러리의 이해

파이썬에서는 개발자가 기계학습을 보다 수월하게 수행할 수 있도록 아래와 같이 다양한 라이브러리를 제공하고 있다.

- NumPy[6]: 대규모 다차원 배열 및 행렬 등의 수학적 연산을 지원하는 라이브러리다. 고수준의 수학적인 수치 연산을 쉽게 수행할 수 있도록 지원한다. pandas와 matplotlib를 활용하기 위한 기반이 되는 라이브러리다.
- pandas[7]: 데이터 조작 및 분석을 위한 라이브러리다. 특히 숫자 테이블(행과 열이 존재하는 데이터프레임)을 통해 데이터 분석을 보다 쉽게 수행할 수 있도록 하는 자료구조와 관련 연산을 제공한다.
- matplotlib[8]: 파이썬에서 데이터를 그래프 형태로 시각화해주는 라이브러리다. 가장 일반적으로 사용되는 데이터 시각화(data visualization) 라이브러리로 알려져 있다.
- scikit-learn[9]: 기계학습 알고리즘을 제공하는 라이브러리다. 사용이 쉬워 기계학습 분야에 가장 인기있는 라이브러리이며 분류, 예측, 군집 등을 지원한다.

- Tensorflow[10]: 보다 정교한 기계학습을 위한 오픈소스 소프트웨어 라이브러리다. 다양한 기계학습 작업에서 사용할 수 있지만 인공 신경망 및 심층 신경망의 훈련 및 추론에 특히 중점을 두고 있다. 이식성 및 확장성이 높지만, 배우고 사용하기가 상대적으로 어려울 수 있다. 모델을 정의한 후 수행(Define-and-Run)하는 방식이다. Google에서 개발하였고 현재 기계학습 및 인공지능을 위해 다방면으로 활용되고 있다.
- Keras[11]: 신경망용 파이썬 인터페이스를 제공하는 오픈소스 소프트웨어 라이브러리다. Keras는 TensorFlow 라이브러리의 인터페이스 역할을 한다. 즉, Tensorflow 기능을 사용자 친화적으로 쉽게 간결하게 사용할 수 있도록 제공하고 있다. Keras는 신경망 관련 비전문가라고 하더라도 더 쉽게 신경망 모델을 개발하고 활용할 수 있도록 직관적인 방식들을 제공하고 있다.
- PyTorch[12]: 컴퓨터 비전 및 자연어 처리와 같은 응용 프로그램에 사용되는 Torch 라이브러리를 기반으로 하는 오픈소스 기계학습 라이브러리로서 Meta Platforms의 전신인 Facebook의 AI 연구소(Facebook's AI Research lab: FAIR)에서 개발하였으며 2016년에 오픈소스로 공개되었다. 기계학습 라이브러리이며 모델을 정의하면서 실시간으로 실행이 가능(Define-by-Run)하다.

여러 라이브러리 중, 사용하기 쉽고 간편한 scikit-learn 라이브러리의 활용도가 높다. scikit-learn에서 제공하는 대표적인 기계학습 알고리즘을 활용하기 위한 소스코드는 다음과 같다.

표 5.2 scikit-learn에서 제공하는 대표적인 기계학습 모델 기본 활용법

알고리즘	파이썬 소스 코드
Linear regression	from sklearn.linear_model import LinearRegression model = LinearRegression()
k-Nearest Neighbor	from sklearn.neighbors import KNeighborsClassifier model = KNeighborsClassifier(n_neighbors=3) # n_neighbors는 이웃의 수를 나타내는 매개변수
Support Vector Machine	from sklearn import svm model = svm.SVC()
Decision Tree	from sklearn.tree import DecisionTreeClassifier model = DecisionTreeClassifier()
K-means Clustering	from sklearn.cluster import KMeans model = KMeans(n_clusters=2) # n_neighbors는 이웃의 수를 나타내는 매개변수

예를 들어, 아래와 같이 5개의 데이터가 있을 때 scikit-learn에서 제공하는 선형회귀를 활용하여 5개의 데이터를 가장 잘 설명하는 회귀선을 찾기 위한 방법은 다음과 같다.

x	y
1.0	1.0
2.0	2.0
3.0	1.6
4.0	3.8
5.0	2.3

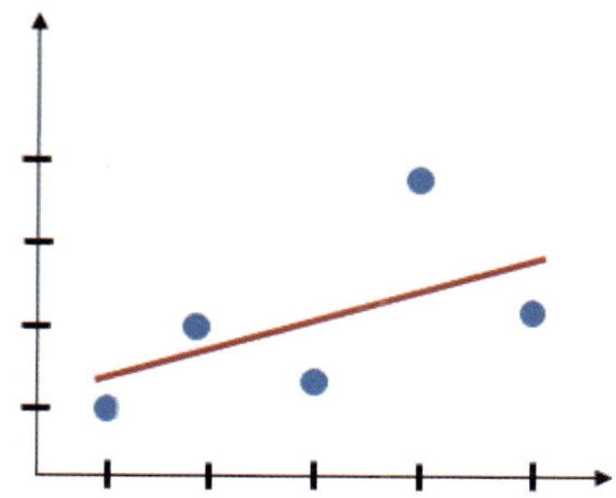

그림 5.3 데이터에 대한 회귀식 예제 그림

[1]:
```
import matplotlib.pyplot as plt
from sklearn.linear_model import LinearRegression

reg = LinearRegression()

x = [[1.0], [2.0], [3.0], [4.0], [5.0]]
```

```
# LinearRegression()은 2차원 배열 형태의 훈련 데이터 셋만
사용하기 때문에 2차원 배열 형태로 표시
y = [1.0, 2.0, 1.6, 3.8, 2.3]
reg.fit(x, y) # 학습

# 학습 데이터와 y값을 산포도로 그리기
plt.scatter(x, y, color='black')

# 학습 데이터를 입력으로 하여 예측값을 계산
y_prediction = reg.predict(x)

# 학습 데이터와 예측값으로 선그래프 그리기
# 계산된 기울기와 y 절편을 가지는 직선이 그려짐
plt.plot(x, y_prediction, color='red', linewidth=3)
plt.show()
```

5.5 기계학습 수행을 위한 데이터 셋 활용

기계학습을 수행하기 위해서는 분석하고자 하는 데이터의 확보가 필수적이다. 이러한 데이터는 직접 하나씩 수집할 수도 있겠지만, 다수의 데이터를 수집하기 위해서는 많은 시간과 비용이 소비된다. 본인에게 필요한 데이터를 미리 수집하여 제공해주는 곳이 있다면 어떨까? 데이터 수집시간을 절약하고 데이터 분석 분야에만 조금 더 초점을 맞추어 연구할 수 있을 것이다. 기계학습에 활용할 수 있는 데이터 셋을 제공하는 대표 사이트들은 다음과 같다.

- Kaggle(캐글)[13]
  - 캐글은 데이터 분석 경진대회를 주최하는 플랫폼이다. 데이터 분석 경진대회

에서는 기업의 연구 과제나 관련 서비스를 위해 데이터를 경진대회 참가자들에게 제공하는 것이 일반적이다. 경진대회 참가자들은 제공된 데이터를 활용하여 분석하고 알고리즘을 개발하면서 경쟁한다.

- 캐글에서는 데이터 분석 경진대회 외에도, 학술목적으로 공개된 데이터, 캐글 사용자들이 다양한 플랫폼에서 수집하여 공유하는 데이터 등을 누구나 사용할 수 있도록 제공하고 있다. 데이터 분석 연구자들이 문제 해결 능력을 향상시키기 위해 캐글을 적극적으로 사용하고 있다. 공개하고 싶지 않은 데이터들은 private 설정을 통해 외부에 공개하지 않기도 한다. 이러한 활동을 통해 캐글은 데이터 과학자와 기계학습 전문가로 구성된 온라인 커뮤니티로 인정받고 있다. 2010년 설립, 2017년 3월 8일 Google이 인수하였다.
- 캐글에서 필요한 데이터 셋을 검색하고 다운로드하기 위한 과정은 다음과 같다. (1) 상위 검색창에 데이터 셋 명칭을 입력하여 검색한다. (2) 데이터 셋은 csv 파일로 제공된다. (3) 다운로드한 csv 데이터 셋은 적절한 경로로 옮겨둔 이후, pandas 등을 이용해 데이터 셋을 로드하여 분석 및 활용한다.
- URL: https://www.kaggle.com/datasets

- UCI Machine Learning Repository[14]
  - 미국 어바인의 캘리포니아대학 연구팀이 만든 데이터 셋 저장소로, 1987년에 기계학습 알고리즘을 테스트할 수 있는 표준화된 데이터 셋을 제공하기 위해 설립되었다. 당시 기계학습 연구자들은 심도있는 연구를 위해 다양한 데이터 셋을 쉽게 구할 수 있는 공간이 필요하였다. 특히 학문적 연구 목적으로 많은 연구자가 공동으로 사용할 수 있는 데이터 셋의 확보가 필수적이었다. 이를 위해 UCI Machine Learning Repository는 다양한 형식의 데이터 셋을 수집하고 자유롭게 이를 제공하는 공간으로 발전하였다.
  - 다양한 분야의 데이터를 제공하고 있으며 분류, 회귀, 군집화 등 다양한 알고리즘을 테스트하는 데 자주 사용하는 데이터 셋을 포함하고 있다.
  - URL: https://archive.ics.uci.edu/ml/index.php

- Google Dataset Search[15]
  - Google Dataset Search는 다양한 분야에서 사용 가능한 데이터 셋을 찾을 수 있도록 Google이 2018년부터 제공하고 있는 서비스다. Google은 전 세계적으로 사용 가능한 수많은 공공 데이터 셋이 있지만, 이를 쉽게 검색하고 접근할 수 있는 툴이 부족하다는 문제를 인식하게 되었다. 따라서, 검색 서비스가 강점이었던 Google은 주요 기술들을 사용하여 웹상의 여러 출처에서 데이터를 통합하고, 일관된 형식으로 제공하는 검색엔진을 만들었다. 이 서비스를 통해 연구자와 개발자들이 다양한 데이터 출처에서 데이터를 찾아 분석할 수 있게 되었다.
  - 공공 데이터부터 연구 데이터까지 포괄적인 데이터 셋을 제공한다.
  - URL: https://datasetsearch.research.google.com

- Data.gov[16]
  - Data.gov는 2009년에 오바마 미국 대통령 행정부가 정부의 투명성을 강화하기 위해 정부 데이터를 대중에게 공개하며 출범한 미국 정부의 데이터 플랫폼이다. 이 플랫폼은 미국 연방, 주, 지방 정부 기관이 수집한 데이터를 대중에게 제공하여 연구, 개발, 정책 분석 등 다양한 분야에 활용할 수 있도록 하는 것이 목표였다. 이후, 데이터 과학 및 기계학습 연구자들이 공공 데이터를 활용하여 다양한 분석을 수행할 수 있는 중요한 소스가 되었다. 현재는 미국 정부의 공공 데이터뿐만 아니라, 국제적인 데이터도 포함하여 전 세계 사용자들이 자유롭게 접근할 수 있다.
  - 공공 정책, 환경, 건강, 교육 등 다양한 분야의 데이터를 제공하며, 특히 기계학습 모델을 학습시키고 검증하는 데 사용될 수 있는 광범위한 데이터 셋을 제공한다.
  - URL: https://www.data.gov

- TensorFlow Datasets[17]
  - TensorFlow Datasets은 Google이 개발한 오픈소스 기계학습 라이브러리

인 TensorFlow와 함께 사용될 수 있는 데이터 셋 저장소다. TensorFlow Datasets은 이러한 기계학습 모델의 학습에 필요한 데이터 셋을 쉽게 다운로드하고 처리할 수 있도록 설계되었다. 다양한 분야의 데이터 셋을 제공하며, TensorFlow 라이브러리와 원활하게 통합되어 기계학습 모델 개발 시간을 단축할 수 있다.

- TensorFlow와 직접적으로 통합된 데이터 셋을 제공하며, 기계학습 및 딥러닝 연구자들이 빠르게 모델을 학습시키는 데 유리하다. 특히, 텍스트, 이미지, 구조화된 데이터 셋을 많이 포함하고 있다.
- URL: https://www.tensorflow.org/datasets

- Amazon AWS Open Data[18]
  - Amazon의 AWS(Amazon Web Services)는 2017년에 AWS Open Data 프로그램을 시작하였는데, 이 프로그램은 대규모 데이터 분석 및 기계학습을 위한 공공 데이터 셋을 클라우드 환경에서 제공하기 위한 목적으로 만들어졌다. Amazon은 대용량 데이터를 저장하고 처리하는 데 있어 클라우드의 강점을 활용할 수 있는 방안을 모색했고, 이를 통해 연구자와 개발자들이 공공 데이터를 쉽게 사용하고 공유할 수 있도록 이 플랫폼을 개발했다. AWS Open Data는 연구기관, 공공기관, 그리고 비영리 단체들이 데이터를 공유하는 데 사용되며, 과학 연구와 상업적 개발에 중요한 자원을 제공한다.
  - 클라우드 환경에서 대규모 데이터를 쉽게 사용할 수 있도록 설계되었으며, 사용자가 데이터를 AWS의 다양한 분석 툴과 함께 사용할 수 있다. 주로 과학, 기후, 경제 분야의 대규모 데이터 셋을 제공한다.
  - URL: https://registry.opendata.aws

- AI 허브 (AI Hub)[19]
  - 해외뿐만 아니라 국내에서도 AI 기술 발전을 위해 다양한 연구분야에서 활용할 수 있는 데이터 셋들을 AI 허브(AI Hub)라는 플랫폼을 통해 공개하고 있

다. 한국지능정보사회진흥원(NIA, National Information Society Agency)이 운영하는 대한민국의 대표적인 인공지능 데이터 플랫폼이다. 이 플랫폼은 AI 기술 발전을 위해 다양한 산업과 연구에서 활용할 수 있는 데이터를 수집하고 제공하는 데 목적을 두고 있다. AI 허브는 특히 한국어 및 한국과 관련된 데이터를 다수 포함하여, 국내외 AI 연구자와 기업들이 데이터를 쉽게 접근하고 사용할 수 있도록 지원하고 있다. 이 사이트는 AI 모델 학습과 연구에 필요한 대규모 데이터 셋과 고품질 데이터를 제공하며, 인공지능 기술 확산을 촉진하는 데 중요한 역할을 하고 있다.

- AI 허브에서는 다양한 분야의 데이터를 누구나 쉽게 접근하고 활용할 수 있도록 제공하여, AI 연구 및 개발을 촉진하고 있다. 그리고 인공지능 기술 연구를 위한 양질의 데이터를 제공함으로써 AI 모델의 성능 향상과 실용화를 돕고 있으며 기업, 연구기관, 대학 등 다양한 이해관계자들이 데이터를 기반으로 협력할 수 있는 환경을 조성해주고 있다. 정부가 보유한 공공 데이터들도 개방하고 있다.
- AI 허브에서는 다양한 산업 분야에서 사용할 수 있는 데이터 셋을 제공하고 있다.

- **음성/언어 데이터**: 한국어 대화 데이터, 음성 인식 및 합성에 필요한 음성 데이터, 텍스트 데이터 등을 제공한다. 예를 들어, 대규모 한국어 음성 데이터는 음성 인식 시스템과 자연어 처리 모델 개발에 사용된다.
- **자연어 처리 데이터**: 한국어 텍스트 분석 및 자연어 처리(NLP: Natural Language Processing)를 위한 데이터 셋을 제공한다. 이 데이터는 챗봇, 기계 번역, 문서 요약 등의 연구와 개발에 유용하다.
- **헬스케어 데이터**: 의료 데이터를 활용하여 진단 보조, 의료 서비스 제공 등을 위한 AI 모델 개발을 돕는다. 예를 들어, MRI, X-ray와 같은 의료 영상 데이터 셋을 통해 컴퓨터 비전 기반의 질병 진단 AI 개발이 가능하다.
- **자율주행 데이터**: 자율주행 차량 개발을 위한 도로 주행 영상, 라이다(LiDAR) 데이터, 센서 데이터 등을 제공하여 자율주행 기술 연구에 기여한다.

- **그 외 산업별 데이터**: 제조, 물류, 농업, 에너지 등 다양한 산업군에서 필요한 AI 모델을 개발할 수 있는 데이터를 제공한다.

- AI 허브에서 제공하는 데이터 셋은 무료로 다운로드할 수 있으며, 연구 및 개발 목적으로 사용할 수 있다. 다만, 일부 데이터는 접근 신청 후 승인 절차를 거쳐야만 다운로드할 수 있다. 그리고 AI 개발자들이 쉽게 데이터에 접근할 수 있도록 API 서비스를 제공하고 있다. 이를 통해 실시간으로 데이터를 연동하거나, 다양한 AI 애플리케이션을 개발할 수 있다. 뿐만 아니라 AI 기술을 학습하고 실습할 수 있는 다양한 교육 자료와 튜토리얼도 제공한다. 기초적인 AI 개념부터 최신 기술 동향까지 다루며, AI 기술 확산을 위한 교육 프로그램을 지원한다. AI 연구 개발에 필요한 컴퓨팅 자원을 민간 클라우드 사로부터 임차하여 기업 및 대학 등에 지원해주기도 한다.
- AI 허브는 한국 정부가 주도하는 인공지능 데이터 공유 플랫폼으로, 다양한 산업에서 활용될 수 있는 고품질의 데이터를 제공한다. 다른 플랫폼에 글로벌 오픈 플랫폼들에 비해 특이한 점은 글로벌 플랫폼에서 다루지 않는 한국어 데이터와 한국에서만 수집 가능한 특화된 데이터를 제공함으로써, 한국의 연구자와 개발자들에게 중요한 리소스가 된다.
- AI 연구 가속화: AI허브는 기계학습 모델을 학습시킬 수 있는 대규모 데이터 셋을 제공함으로써 AI 연구를 가속화하고, 혁신적인 AI 기술 개발을 지원한다.
- URL: https://www.aihub.or.kr

5.6 기계학습 실습 도구: Teachable Machine 기본 사용법

구글에서 제공하는 티처블 머신(Teachable Machine)은 누구나 기계학습 모델을 쉽고 빠르고 간단하게 만들 수 있도록 제작된 웹 기반 도구다. 기계학습 모델을 설계하고 구현하기 위해서는 일반적으로 프로그래밍 능력이 필요하나 티처블 머신을 사용하면 그러한 전문 능력 없이도 쉽고 간단히 기계학습 모델을 만들고 활용할 수 있다.

티처블 머신을 통한 기계학습 모델 생성 및 활용과정은 크게 3단계로 이루어진다. 우선 데이터를 수집하여 각 데이터를 몇 가지 범주로 그룹화한다. 다음으로 수집한 데이터를 컴퓨터에 학습시키고 기계학습 모델을 생성한다. 마지막으로 생성된 모델에 신규 데이터를 입력하여 첫 번째 단계에서 설정한 범주에 자동으로 적절히 분류가 되는지 테스트해 본다. 추가적으로 생성한 기계학습 모델은 다운로드하여 사용할 수 있다.

티처블 머신에서는 기본적으로 이미지, 오디오, 포즈를 학습시켜서 기계학습을 진행할 수 있다. 접속 경로는 다음과 같다.

https://teachablemachine.withgoogle.com

5.6.1 이미지 인식 모델

먼저 이미지 인식 모델을 만들어보자. 다음 그림과 같이 티처블 머신 홈페이지 접속 후 사각형 모양으로 표시된 시작하기 버튼을 클릭한다. 이후 보이는 3가지 옵션(이미지 프로젝트, 오디오 프로젝트, 포즈 프로젝트) 중 이미지 프로젝트를 선택한다.

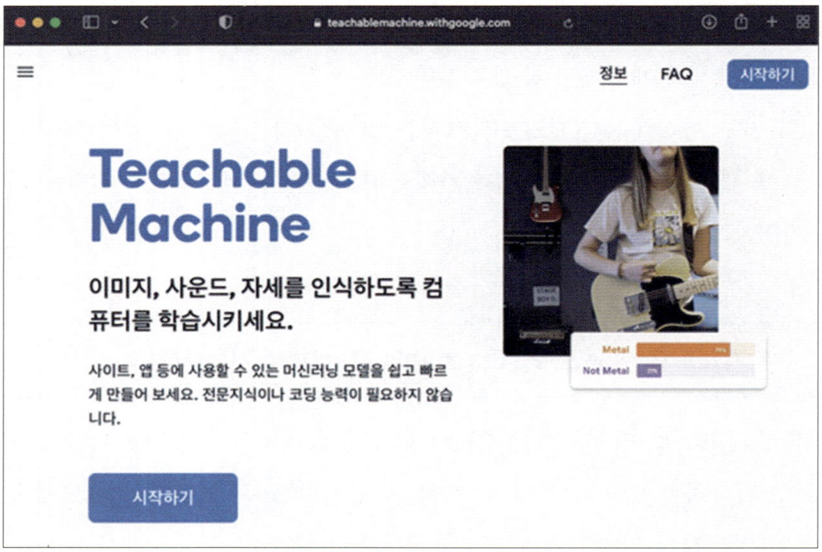

그림 5.4 구글 Teachable Machine 홈페이지

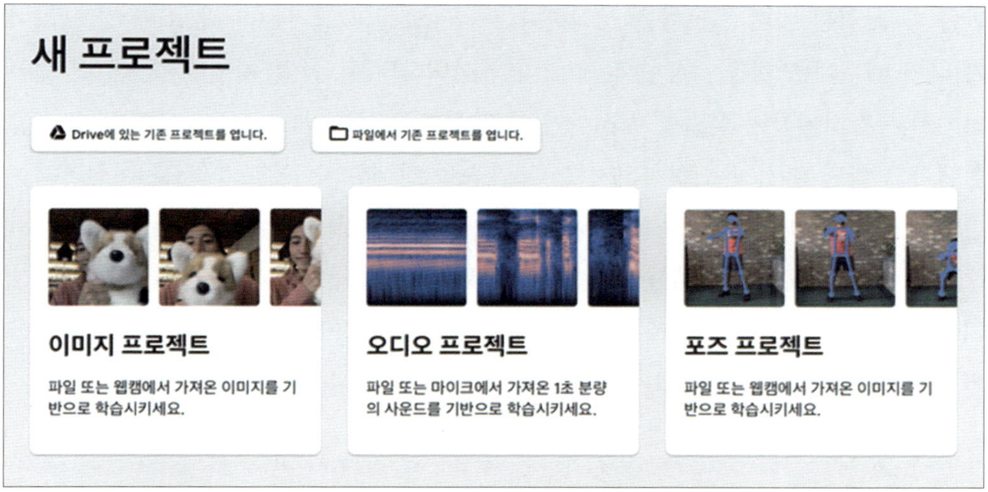

그림 5.5 프로젝트 종류 선택하기

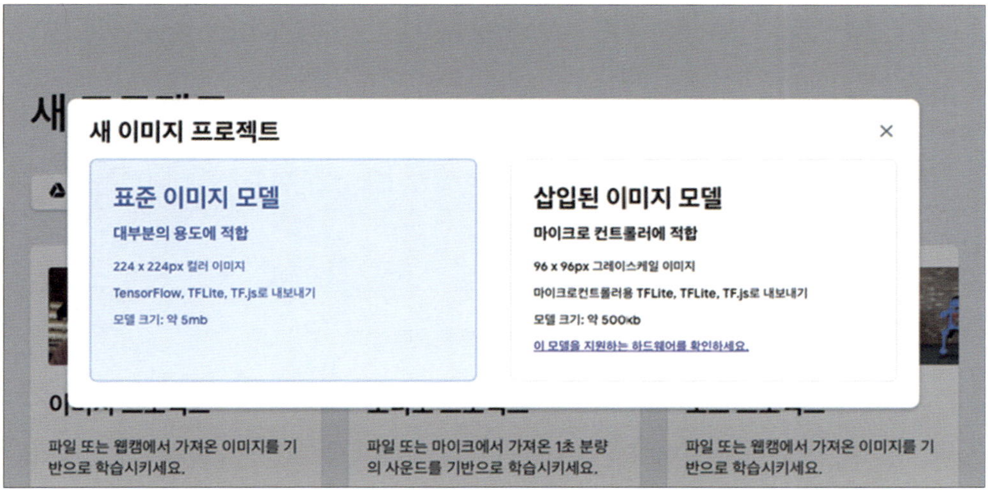

그림 5.6 이미지 프로젝트 선택 후 표준 이미지 모델 선택

이미지 프로젝트를 선택한 후 보여지는 창에서 표준 이미지 모델을 선택할 수 있다. 선택할 수 있는 옵션은 표준 이미지 모델과 삽입된 이미지 모델 두 가지가 있는데, 이 두 가지의 가장 큰 차이는 학습에 사용할 이미지의 크기와 컬러 여부다. 일반적인 경우 표준 이미지 모델을 선택하면 되고, 소형 장치에서 가볍게 사용될 모델을

만들 때 삽입된 이미지 모델을 선택한다. 이 두 모델의 크기는 대략 10배 정도 차이가 나기 때문에 모델을 사용할 장치에 따라 선택하면 된다. 본 예제에서는 일반 컴퓨터에서 동작시켜가며 실습할 예정이기 때문에 표준 이미지 모델을 선택한다. 모델을 선택하고 나면 본격적으로 이미지 분류 학습을 진행할 수 있다. 티처블 머신에서는 간단하고 직관적인 화면들을 제공하고 있어 큰 어려움이 없이 사용할 수 있다.

표준 이미지 모델을 선택하면 다음 그림처럼 기본적으로 2개의 분류 클래스(Class 1, Class 2)가 생성되어 있다. 클래스 이름 옆의 연필 모양 버튼을 클릭하면 클래스의 이름을 변경할 수 있고 아래의 클래스 추가를 선택하면 새로운 분류 클래스를 추가할 수도 있다.

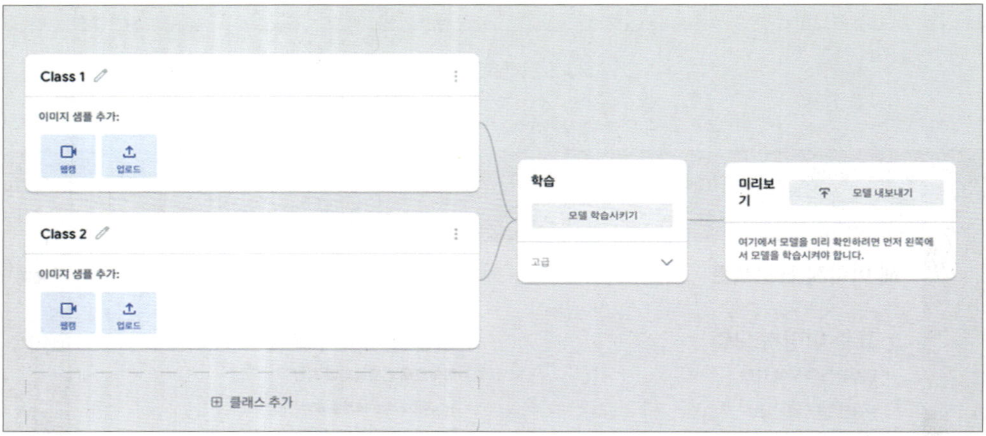

그림 5.7 이미지 분류 클래스

기계학습을 위한 첫 번째 단계는 컴퓨터에 학습시킬 데이터를 수집하는 것인데 현재 이미지 프로젝트에서는 이미지들이 학습시킬 데이터가 된다. 이러한 이미지 데이터를 티처블 머신에 입력하기 위해서는 두 가지 방법이 제공되고 있다. 첫 번째로는 웹캠을 사용하여 직접 영상을 촬영해서 학습용 샘플 이미지를 만들 수 있다. 두 번째로는 컴퓨터에 저장된 여러 장의 이미지 파일들을 업로드하여 학습에 사용할 수 있다.

간단한 예제를 통해 기계학습의 동작 및 활용방법을 살펴보자. 사자와 호랑이를 구별할 수 있는 기계학습 모델을 만들어보고 새로운 이미지를 생성한 모델에 입력하여 정확히 분류하는지 확인해보자. 먼저 학습 데이터를 수집해야 한다. 인터넷상에서 이미지 검색을 통해 사자와 호랑이 사진을 각각 10장씩 다운로드해보자.

그림 5.8 사자와 호랑이 사진 예제

다운로드한 사자와 호랑이 이미지를 티처블 머신에 입력하여 모델을 만들어보자. 다음 그림처럼 티처블 머신에 접속 후 Class 1을 클릭하여 사자로 이름을 변경하고 다운로드한 사자 사진을 업로드한다.

그림 5.9 사자 클래스 이미지 샘플 업로드

마찬가지 방법으로 호랑이 클래스도 만들어보자. Class 2를 호랑이로 변경하고 다운로드한 사진을 업로드하자.

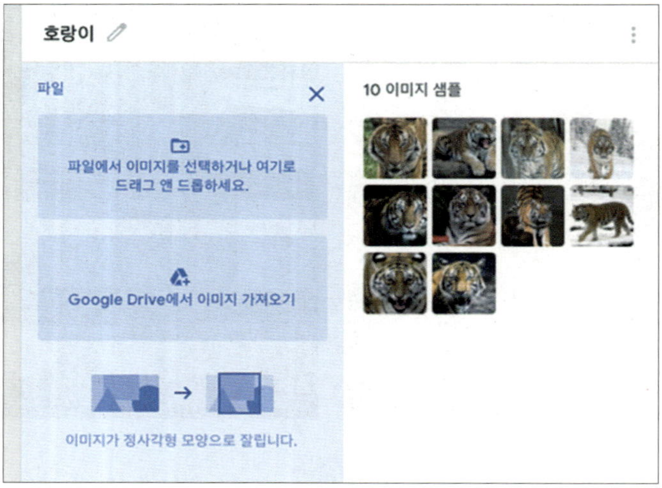

그림 5.10 호랑이 클래스 이미지 샘플 업로드

이제 모든 학습 데이터 준비가 끝났다. 클래스 입력 후 화면 가운데 위치한 모델 학습시키기를 버튼을 클릭하면 조금 전 클래스별로 입력한 이미지들을 학습하여 모델을 생성한다. 학습 데이터의 양에 따라 일정 시간이 흐른 후 모델 학습이 완료되면 모델 학습이 완료됨이 표시되고 화면 오른쪽에 미리보기가 활성화된다.

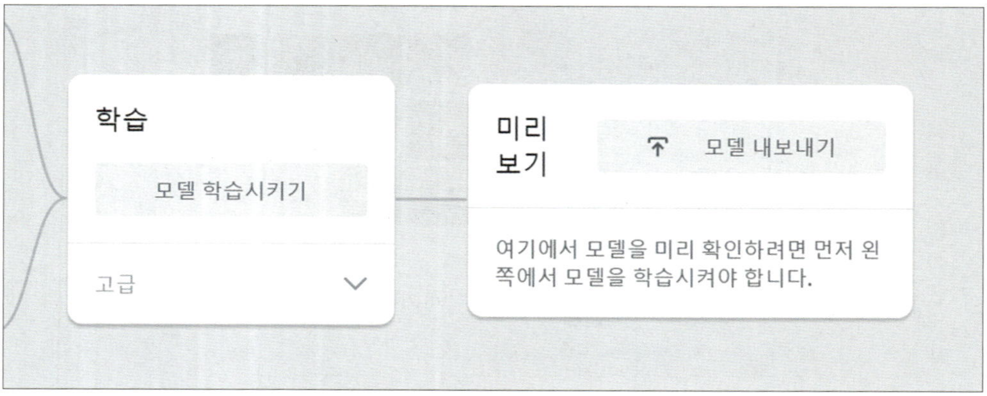

그림 5.11 모델 학습 및 미리보기

미리보기를 통해 학습된 모델을 사용해 이미지 인식을 테스트할 수 있다. 웹캠으로 입력받은 영상의 이미지를 인식해 사자와 호랑이로 분류하거나 새로운 이미지 파일을 업로드해서 분류하는 것이 가능하다. 우선 간단한 예제로 웹캠을 사용하여 본인 이미지를 입력해보자. 본인이 사자와 가까운지 호랑이에 가까운지를 알려줄 것이다.

그림 5.12 Webcam으로부터 입력을 통한 미리보기 테스트

위 그림처럼 본인의 이미지를 입력하였을 때 해당 이미지가 사자와 호랑이에 각각 몇 %정도의 유사도가 있는지 즉시 보여준다. 물론 학습데이터양이 많지 않아서 완벽하다고 말할 수는 없지만, 단 몇 분 만에 만들어진 결과임을 감안했을 때 상당히 그럴듯한 결과를 생성해낸다.

이번에는 검색을 통해 새로운 사자와 호랑이 사진을 한 장씩 다운받아서 우리가 만든 모델에서 어떻게 인식하는지 살펴보자. 이미지 파일을 입력하기 위해서는 상단에 있는 입력 부분에서 "Webcam" 대신에 "파일"을 선택한다. 그리고 다운로드한 파일을 드래그 앤 드롭으로 넣어주거나 파일을 선택해서 넣어줄 수 있다.

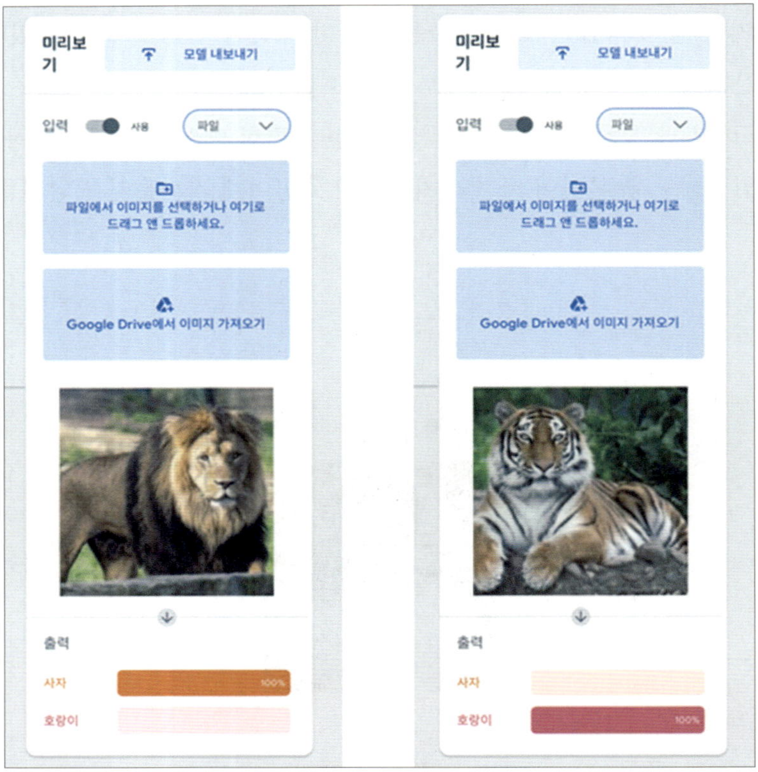

그림 5.13 이미지 파일을 사용한 미리보기 테스트

위 그림에서처럼 사자와 호랑이 이미지 한 장씩을 입력하였을 때 100%로 결과가 도출된 것을 확인할 수 있다. 상당히 높은 수준으로 인식이 잘되는 것을 알 수 있다. 하지만 항상 이렇게 결과가 좋지는 않다. 이미지에 따라 정확도가 떨어지는 경우들도 존재한다. 다음 그림처럼 수사자가 아닌 암사자 사진을 한 장 다운로드하여 테스트를 해보자.

그림 5.14 암사자 이미지 테스트

암사자 이미지임에도 불구하고, 결과는 사자가 아니라 호랑이일 가능성이 높은 것으로 판단하고 있다. 이러한 결과를 한번 분석해보면, 앞서 사자를 학습하기 위한 사진을 인터넷에서 다운받을 때 수사자 사진 위주로 다운로드해서 학습에 사용했기 때문에 우리가 학습시킨 모델에서는 사자 갈기를 사자인지 판별하는 주요한 특징으로 받아들였을 수 있다. 따라서 갈기가 없는 암사자의 경우에는 사자보다는 호랑이일 가능성이 높은 것으로 판단하는 결과를 보일 수 있다.

이와 같은 결과를 보완해보기 위해 다음 그림처럼 암사자를 별도의 클래스로 만들어 관련 사진을 추가하고 학습시켜보자. 암사자 사진을 이전과 동일한 방법으로 인터넷에서 10장 다운로드하여 암사자 클래스를 만들고 이미지를 추가한다. 암사자 클래스를 추가한 후 학습을 진행하면 우리는 세 개의 클래스(사자, 호랑이, 암사자)를 가진 모델을 만들게 된다. 이제 앞서 테스트에 사용한 이미지들을 다시 사용해 미리보기에서 같은 방식으로 테스트를 진행해 보자.

그림 5.15 암사자 클래스 추가하기

그 결과 다음 그림처럼 수사자, 암사자, 호랑이를 보다 정확히 잘 구분해 내는 것을 확인할 수 있다.

그림 5.16 최종 클래스 분류 테스트

5.6.2 오디오 인식 모델

다음으로 티처블 머신을 사용하여 오디오(소리) 데이터를 학습하는 방법에 대해 살펴보자. 먼저 소리 인식모델을 사용해 핑거 스냅 소리(손가락 튕기는 소리), 손뼉 소리, 휘파람 소리를 구분해보자. 새 프로젝트 화면에서 오디오 프로젝트를 선택한다.

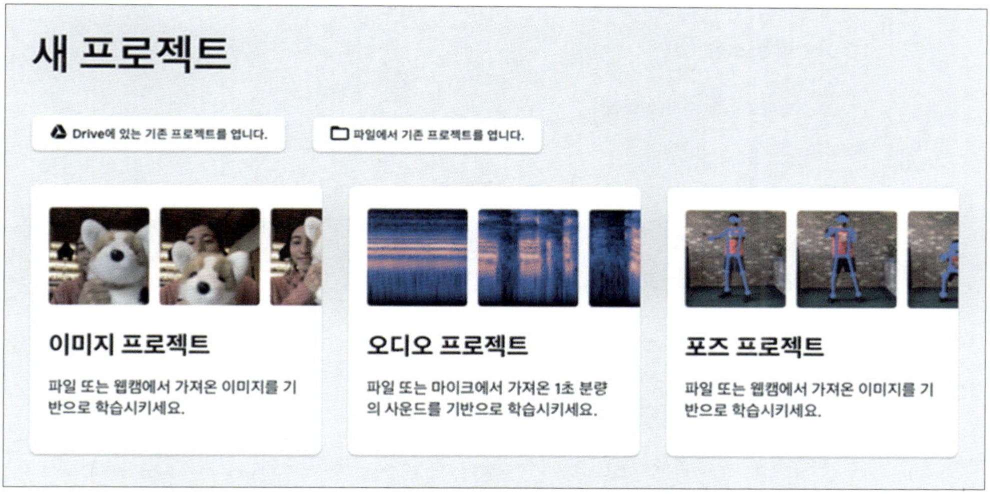

그림 5.17 오디오 프로젝트 선택하기

오디오 프로젝트를 선택하면 앞서 학습한 이미지 프로젝트에서 진행한 것과 유사한 형태로 두 개의 클래스(배경 소음과 Class 2)가 나타난다. 기존 이미지 프로젝트와는 다르게 배경 소음이라는 클래스가 미리 만들어져 있다. 배경 소음 클래스에는 입력으로서 20초 이상으로 녹음된 배경소음이 꼭 필요하며, 배경소음 클래스는 삭제할 수 없다. 일반적으로 오디오 프로젝트의 경우 마이크로 들어오는 소리 중에서 우리가 인식하려고 하는 소리 외에도 일상적인 주변 스음들이 함께 입력된다. 그래서 이런 일상적인 소음도 별도로 처리할 필요가 있어 기본 클래스로 포함되어 있다.

간단한 예제로 오디오 데이터를 생성하고 이를 분류할 수 있는 기계학습 모델을 만들어보자. 우선 배경 소음 오디오 샘플부터 준비한다. 이미지 프로젝트와 유사하게 오디오 파일을 업로드하거나 마이크를 통해 직접 녹음할 수 있다. 마이크를 통해 직접 녹음하는 경우 마이크 버튼을 선택한 후 20초 녹화 버튼을 눌러 녹음을 시작한다. 단, 이때 일상적인 배경소음 이외에 다른 소리가 입력되지 않도록 주의해야 한다. 녹음이 끝난 후 별다른 문제가 없다면 샘플 추출 버튼을 눌러 오디오 샘플을 추가한다. 만약 녹음에 문제가 생겼다면, 20초 녹화 버튼을 눌러 다시 녹음할 수도 있다. 물론 추가로 녹음을 진행하고 오디오 샘플을 더 추가하는 것도 가능하다.

그림 5.18 오디오 프로젝트에서의 기본 클래스 분류

그림 5.19 배경소음 샘플 추가하기

배경 소음 샘플 수집을 완료했다면 이번에는 핑거 스냅 소리 클래스를 만들어보자. Class 2를 핑거 스냅 소리로 변경하고 마이크로 녹음을 시작한다(기본으로 2초간 녹음을 진행한다). 한 번의 녹음을 하고 샘플 추출을 누르면 2개의 오디오 샘플이 생성되고 이런 오디오 샘플을 최소 8개 이상 만들어야 한다.

그림 5.20 핑거 스냅 소리 오디오 샘플 추가하기

동일한 방법으로 손뼉 소리와 휘파람 소리 클래스를 만들고 오디오 샘플을 추출한다. 각각 8개 이상의 샘플을 추출해야 한다. 모델의 정확도를 높이고자 한다면 각 클래스의 오디오 샘플을 추가하는 것도 효과적인 방법이 될 수 있다.

이제 학습에 필요한 각 클래스에 대한 오디오 샘플 수집이 완료되었다. 앞선 이미지 프로젝트에서 학습시킨 방식과 마찬가지로 "모델 학습시키기" 버튼을 클릭해 모델 학습을 시작하자. 학습 데이터의 양에 따라 일정 시간이 흐른 후 모델 학습이 완료된다. 학습이 완료되면 미리보기를 통해서 학습된 모델을 테스트할 수 있다. 마이크를 통해 입력되는 소리에 대해서 결과를 미리보기에서 바로 확인할 수 있다. 미리

그림 5.21 각 클래스별 오디오 샘플 추가하기

보기에 보면 중첩 요인(overlap)이라는 옵션이 있다. 중첩 요인을 조정하면 마이크로 입력되는 소리를 얼마나 자주 샘플링 할지를 결정할 수 있다. 중첩 요인이 0이면 1초마다 분류를 진행하게 되고, 0.5이면 0.5초마다 분류 결과를 출력한다. 즉, 중첩 요인 값을 작게 하면 출력 결과가 느리게 변경되고 크게 하면 빠르게 변경될 것이다.

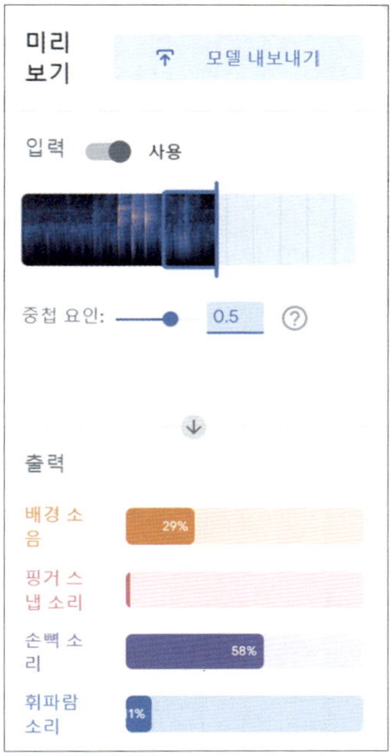

그림 5.22 미리보기 테스트

5.6.3 포즈 인식 모델

티처블 머신에서는 포즈 인식 모델 또한 제공한다. 포즈는 단순한 이미지가 아니라 이미지상의 인체를 인식해서 각 관절의 포인트를 검출하고 얼굴에서는 눈, 코, 귀를 인식한다. 이를 위해서 내부적으로 PoseNet[20]을 사용하고 있다. PoseNet은 구글의 오픈소스 포즈 추정 모델로 웹캠을 통해 사용자의 신체 자세를 감지할 수 있다.

간단한 팔들기 자세를 인식하는 모델을 만들어 테스트해보자. 티처블 머신 홈페이지에서 시작하기 버튼을 클릭하고, 새 프로젝트 화면에서 포즈 프로젝트를 선택한다. 이미지 모델과 같이 두 개의 기본 클래스가 만들어져 있다. 포즈 데이터 입력을 위해서는 이미지 모델에서 진행한 것과 같이 웹캠을 사용하거나 이미지 파일을 업로드해서 샘플 데이터를 추가할 수 있다. 포즈 샘플을 웹캠으로 추가하는 기본 방법은 포즈를 취하고 아래에 있는 "길게 눌러서 녹화하기" 버튼을 누르고 있으면 자동으로 포즈 샘플이 추가된다. 이미지와 다른 점은 포즈 프로젝트의 경우 정적인 이미지 자체가 아닌 사진 위에 보이는 파란색 점과 선으로 인체의 포즈를 연속적으로 인식한다.

"길게 눌러서 녹화하기" 버튼으로 포즈 샘플을 추출할 수도 있지만, 포즈를 취하면서 버튼을 누르기 힘든 경우도 많다. 이때는 녹화하기 버튼 옆의 설정 아이콘을 눌러 설정을 변경해준다. 설정에서 길게 눌러서 녹화하기를 사용 안 함으로 변경하면 된다. 이 경우 2초간의 지연 후 6초간 영상이 자동으로 촬영되면서 포즈 샘플이 추출된다. 물론 지연 시간과 소요 시간(촬영 시간)은 초 단위로 조절할 수 있다.

그림 5.23 포즈 인식 모델의 기본 클래스

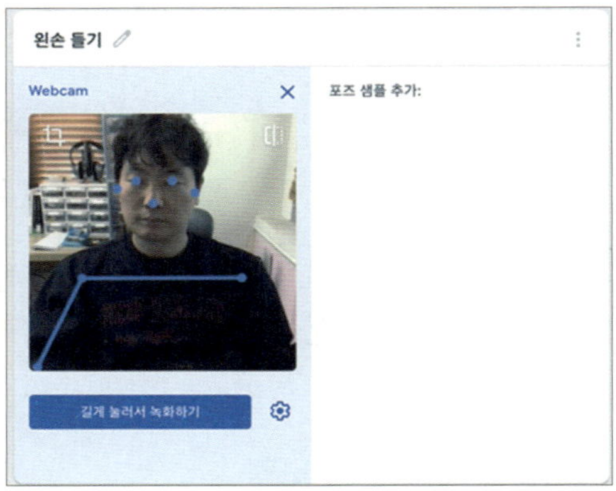

그림 5.24 웹캠을 통한 포즈 샘플 추가

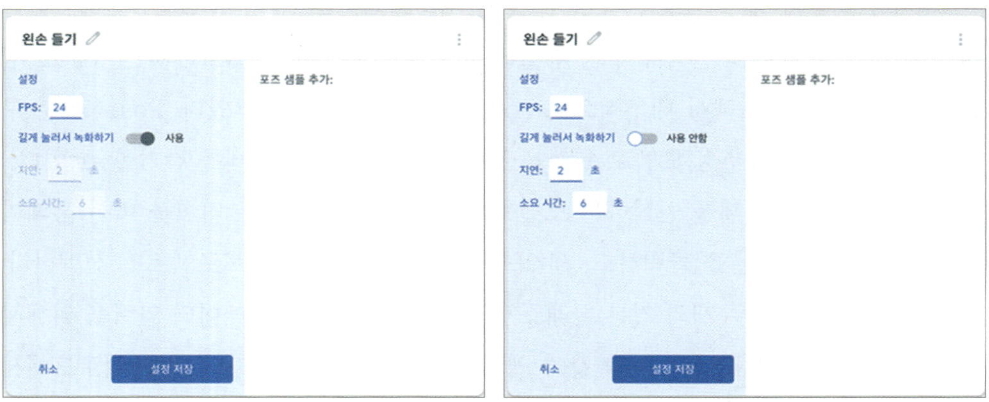

그림 5.25 6초 녹화를 통한 포즈 샘플 추가 설정하기

6초 녹화를 눌러 왼손을 들고 있는 포즈 샘플을 추출하여 왼손 들기라는 클래스를 만들어보자. 가능한 상반신의 관절 포인트가 잘 인식되는 것을 확인하고 샘플을 추출하는 것을 추천한다. 그렇지 않으면 최종 모델의 정확도가 떨어질 확률이 높아질 수 있기 때문이다. 특히 카메라에 너무 가까이에서 촬영하면 적절히 인식되지 않을 수 있다. 적당한 거리를 두고 촬영을 해야 좋은 결과를 만들 수 있다. 또 한 가지 주의할 사항으로는 웹캠으로 촬영되는 영상은 거울에 비친 모습과 같게 나온다. 즉, 좌우가 바뀌어서 보인다. 그래서 왼손을 들고 찍은 샘플을 보면 오른손을 들고 있는 것처럼 보인다. 왼손 들기 포즈 데이터를 입력 샘플로 추출했다면, 추가로 오른손 들기, 양손 들기, 양손 내리기 포즈도 각각 샘플을 추출해 클래스로 만들어 보자.

학습에 필요한 각 클래스에 대한 포즈 샘플 수집을 완료한 후 "모델 학습시키기" 버튼을 클릭해 모델 학습을 시작하자. 포즈 모델 학습은 이미지 모델보다는 다소 학습 시간이 오래 걸린다.

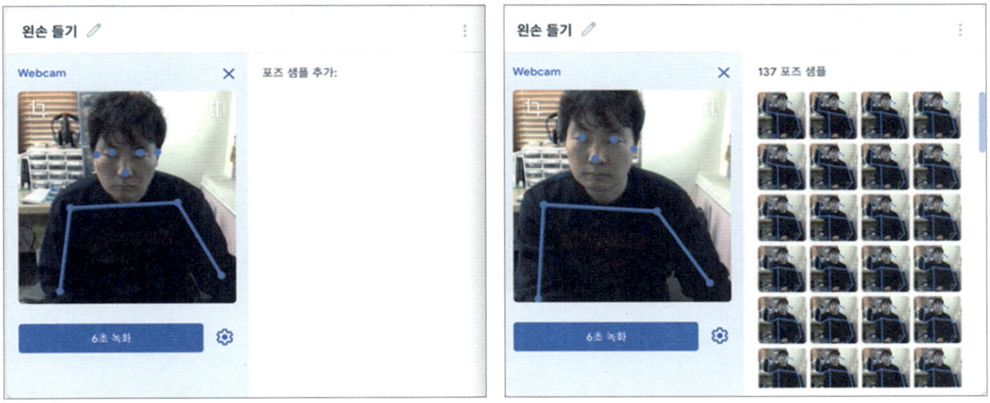

그림 5.26 왼손 들기 포즈 샘플 추가

모델 학습이 완료되면 미리보기 부분에서 입력을 웹캠으로 설정한 이후, 학습에 사용한 포즈(왼손 들기, 오른손 들기, 양손 들기, 양손 내리기)를 취하면서 테스트를 수행해보자. 포즈에 대해 매우 높은 정확도의 결과를 제공해주는 것을 확인할 수 있다.

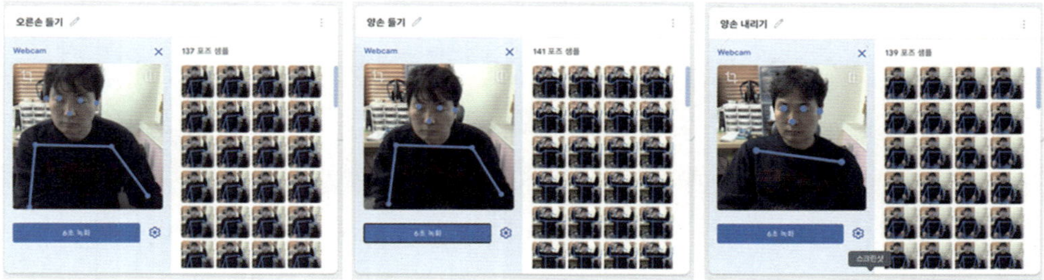

그림 5.27 오른손 들기, 양손 들기, 양손 내리기 포즈 샘플 추가

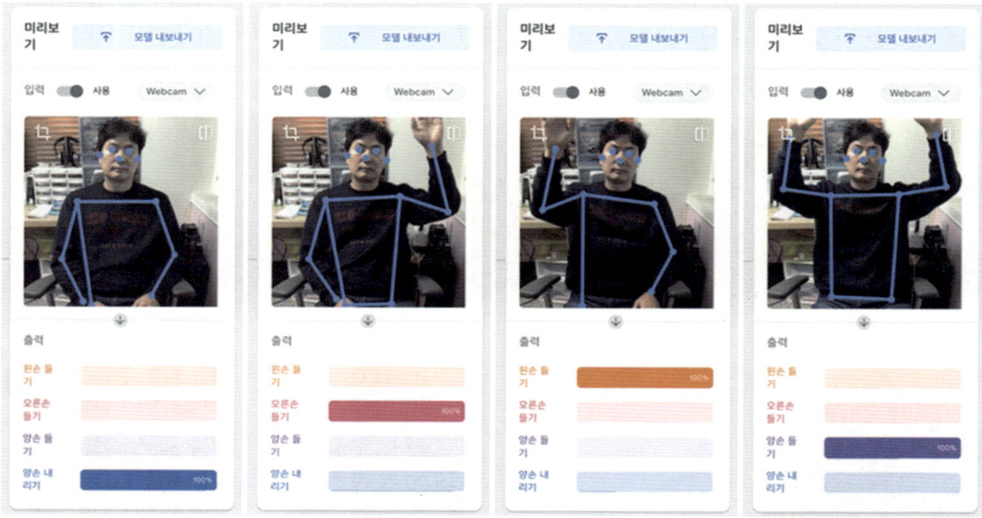

그림 5.28 포즈 모델 미리보기 테스트

5.7 기계학습 실습 도구: Teachable Machine 모델 내보내기

이전 장을 통해 학습한 것처럼 티처블 머신에 학습 데이터를 입력하고 실제 학습을 진행하여 모델을 생성할 수 있었다. 이렇게 만들어진 모델을 앱이나 웹에서 사용할 수 있도록 실제 코드로 자동 변환하는 방법을 학습해보자.

티처블 머신에서는 학습된 모델을 웹캠이나 테스트 파일 입력을 통해 웹상에서 모델 테스트 결과를 바로 확인해볼 수도 있지만, 웹이 아닌 다른 프로그램에서도 학습된 모델을 사용할 수 있는 방법을 제공하고 있다. 미리보기 창에 있는 “모델 내보내기”버튼을 사용해 학습한 모델을 다른 프로그램에서 사용할 수 있다.

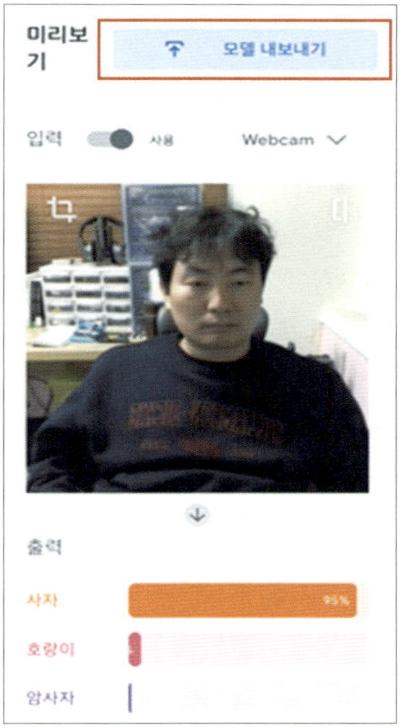

그림 5.29 모델 내보내기

티처블 머신에서는 아래와 같이 세 가지 종류로 모델을 내보낼 수 있다.

1. Tensorflow.js: 웹 기반 프로젝트에서 사용 가능(JavaScript)
2. Tensorflow: 파이썬에서 사용 가능
3. TensorflowLite: 모바일 앱이나 아두이노 등에서 사용 가능

다만, 현재는 이미지 프로젝트의 경우 이 세 가지 종류를 모두 지원하고, 오디오 프로젝트의 경우 Tensorflow.js와 TensorflowLite를 지원하고, 포즈 프로젝트의 경

우는 Tensorflow.js만 지원한다.

그림 5.30 세 가지 종류의 모델 내보내기

우리는 세 가지 종류 중에서 파이썬에서 사용할 수 있는 Tensorflow로 모델을 내보내는 방법을 살펴보자. Tensorflow를 선택하고 모델 변환 유형을 Keras로 선택한 후, 모델 다운로드를 클릭하면, 우리가 지금까지 학습시킨 모델을 변환해서 converted_keras.zip 파일로 다운로드 된다. 이 압축파일에는 실제 학습된 모델을 저장하고 있는 keras_model.h5와 학습 데이터의 label을 텍스트로 저장하고 있는 labels.txt 파일을 포함하고 있다.

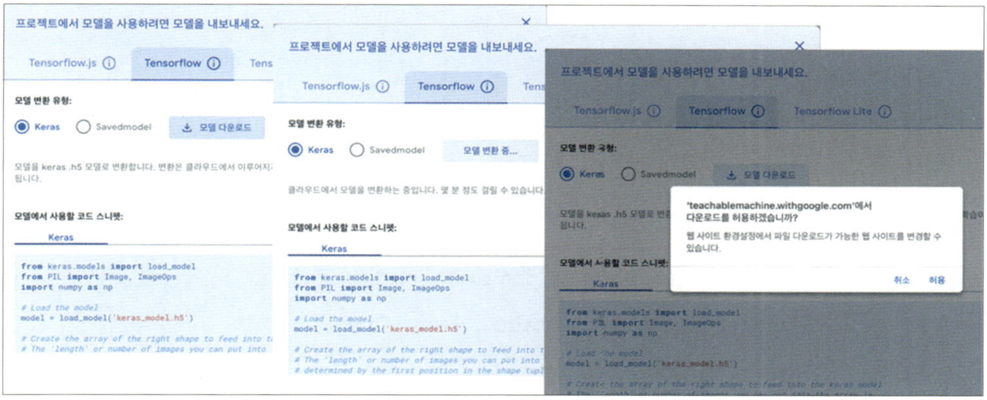

그림 5.31 파이썬에서 사용 가능한 Tensorflow 모델로 다운로드하기

모델 내보내기 바로 아래에는 방금 다운로드한 모델을 사용할 때 활용할 수 있는 소스코드가 제공된다. 이미지 프로젝트의 경우 파이썬 코드가 제공된다. 오른쪽의 복사 아이콘을 눌러 복사해서 원하는 곳에 붙여넣을 수 있다.

주어진 소스코드에서 <IMAGE_PATH> 대신에 추론에 사용할 이미지 파일의 이름을 넣어주면 해당 이미지를 추론한 결과가 prediction에 저장된다. 이 prediction은 리스트 타입으로 클래스별 확률을 보여준다. 보통 이 리스트의 값 중에 가장 큰 값이 추론의 결과가 된다. 단, 이 코드에는 별도의 label 정보는 없는데, prediction 리스트의 인덱스 순서와 같은 순서로 labels.txt에 저장되어 있다.

본 소스코드를 사용하여 앞선 이미지 프로젝트에서 진행했었던 모델을 기반으로 예제 사자 이미지(lion_test.jpg로 가정)를 입력하고 그 결과를 확인해보자. 이 코드를 실행하기 전에 먼저 tensorflow, numpy, PIL 라이브러리를 설치해야 한다.

- Anaconda로 설치하기

```
conda install tensorflow
conda install numpy
conda install pillow
```

- PIP로 설치하기

  pip install tensorflow

  pip install numpy

  pip install pillow

[1]:

```
from keras.models import load_model
from PIL import Image, ImageOps
import numpy as np

model = load_model('keras_model.h5')

data = np.ndarray(shape=(1, 224, 224, 3), dtype=np.float32)
image = Image.open('lion_test.jpg')
size = (224, 224)
image = ImageOps.fit(image, size, Image.ANTIALIAS)
image_array = np.asarray(image)
normalized_image_array = (image_array.astype(np.
float32) / 127.0) - 1
data[0] = normalized_image_array
prediction = model.predict(data)
print(prediction)
labels = ['사자', '호랑이', '암사자']
print( "추론 : " + labels[ np.argmax(prediction[0])])
```

이미지 프로젝트에서 진행했었던 모델에서 "모델 가져오기"버튼을 클릭한 후, 티처블 머신에서 제공해주는 소스코드를 그대로 가져와서 위처럼 바로 구현할 수 있다. labels 리스트는 labels.txt 파일에 있는 문자열을 순서대로 넣어준다. np.argmax()는 리스트의 값 중에 가장 큰 값의 인덱스를 알려준다. 이 값을 labels 리스트의 인덱스로 사용하면 추론 결과의 레이블을 확인할 수 있다.

연습문제

1. 기계학습에 대한 설명으로 틀린 것을 고르시오.

① 인공지능의 한 분야로, 명시적인 프로그램 없이도 컴퓨터가 스스로 학습을 할 수 있도록 하는 학문 분야다.

② 머신러닝과 같은 의미를 가진다.

③ 기계 스스로 데이터로부터 지식이나 패턴을 찾아 학습하고 예측을 수행하는 과정이다.

④ 여러 데이터를 사용하여 학습을 통해 모델을 생성한다.

⑤ 더 많은 데이터를 사용할수록 항상 모델의 성능이 높아진다.

2. 지도 학습의 기법 중 예측을 위한 기법을 고르시오.

① KNN

② SVM

③ Linear regression

④ Decision tree

⑤ Clustering

3. 기계학습을 통한 데이터 분석 절차로 적절한 것을 고르시오.

① 데이터 수집 - 데이터 준비 - 모델 선택 - 훈련 - 평가 - 조정 - 예측

② 데이터 준비 - 데이터 전처리 - 모델 훈련 - 평가 - 조정 - 예측

③ 데이터 준비 - 모델 훈련 - 평가 - 데이터 처리 - 예측

④ 모델 훈련 - 조정 - 데이터 준비 - 모델 생성 - 평가 - 예측

⑤ 데이터 준비 - 훈련 - 모델 생성 - 모델 선택 - 예측

4. 파이썬에서 제공하고 있는 라이브러리 중, 머신러닝의 모든 일반적인 알고리즘을 제공하고 있고, 무엇보다 사용이 쉬워 기계학습 분야에 가장 인기있는 라이브러리 중 하나를 고르시오.

① numpy ② pandas
③ matplotlb ④ scikit-learn
⑤ tensorflow

5. K-means Clustering 알고리즘을 scikit-learn 라이브러리를 활용하여 구현하고자 할 때 사용하는 코드로 적절한 것을 선택하시오

①
```
from sklearn.neighbors import KNeighborsClassifier
model = KNeighborsClassifier(n_neighbors=3)
```

②
```
from sklearn.linear_model import LinearRegression
model = LinearRegression()
```

③
```
from sklearn.cluster import KMeans
model = KMeans(n_clusters=2)
```

④
```
from sklearn.cluster import KMeansCluster
model = KMeansCluster(n_clusters=2)
```

⑤
```
from sklearn.cluster import KMeansClustering
model = KMeansClustering(n_clusters=2)
```

6. 기계학습에 활용할 수 있는 데이터 셋을 제공하는 사이트 중에서 국내 각종 산업 분야의 데이터를 다양하게 확보할 수 있는 곳은 어디인가?

① kaggle ② Google dataset search
③ Amazon AWS Open Data ④ TensorFlow Datasets
⑤ AI Hub

실습문제

1. Teachable Machine을 활용해 다섯 가지 과일에 대한 클래스를 만들고 기계학습 모델을 생성해보자. 또한 신규 과일 이미지를 해당 모델에 입력했을 때 그 결과를 확인해보자.

2. 위 문제에서 만든 모델을 Teachable Machine의 "모델 내보내기" 기능을 통해 파이썬 소스코드로 변환해보자. 또한 신규 과일 이미지를 해당 모델에 입력하여 그 결과를 확인해보자.

참고 문헌

1. A. L. Samuel, Some studies in machine learning using the game of checkers. IBM Journal of research and development, 3(3), 210-229, 1959.
2. t.ly/29ctv
3. https://bi.snu.ac.kr/Courses/ML2016/LectureNote/LectureNote_ch1.pdf
4. 오렐리앙 제롱 저/박해선 역, 핸즈온 머신러닝, 한빛미디어, 2023.
5. t.ly/e86LI
6. https://numpy.org
7. https://pandas.pydata.org
8. https://matplotlib.org
9. https://scikit-learn.org
10. https://www.tensorflow.org
11. https://keras.io
12. https://pytorch.org
13. https://www.kaggle.com/datasets
14. https://archive.ics.uci.edu/ml/index.php
15. https://datasetsearch.research.google.com
16. https://www.data.gov
17. https://www.tensorflow.org/datasets
18. https://registry.opendata.aws
19. https://www.aihub.or.kr
20. t.ly/Q4RUB

6 Chapter 인공지능

학습목표

- 인공지능의 기본 개념에 대해 이해하고 설명할 수 있다.
- 일상생활에서 인공지능 적용 사례에 대해 소개할 수 있다.
- 인공 신경망과 심층 신경망에 대해 설명할 수 있다.
- 오렌지(Orange) 도구의 기본 활용법에 대해 이해한다.
- 오렌지(Orange) 도구를 사용하여 예측 및 분류 결과를 도출할 수 있다.

6.1 인공지능 개요

인공지능(Artificial Intelligence: AI)은 이제 우리 일상생활에 자연스럽게 들어와 빼놓을 수 없는 중요한 필수품이 되고 있다. 인공지능이라 하면 단순히 로봇을 떠올리는 사람들도 많이 있는데 로봇 외에도 자율주행차를 포함하여 스피커, 전기밥솥, 의료기기 등 여러 제품에 탑재되고 있다. 이러한 인공지능은 무엇을 의미하는 것일까? 일반적으로 인공지능은 컴퓨터에서 인간의 지능을 실현하거나 그렇게 실현해내기 위한 기술을 의미한다. 단순 계산 기능 뿐만 아니라 창조적인 처리 기능을 갖추고 있는 경우가 많다.

인공지능은 일반적으로 다음과 같이 정의할 수 있다.

- 사람의 지적능력을 컴퓨터로 구현하는 과학 기술[1]
- 사람과 유사한 지능을 가지도록 인간의 학습능력, 추론능력, 지각능력, 자연어 이해능력 등을 컴퓨터 프로그램으로 실현하는 기술[2]

인공지능의 의미는 기계학습(Machine learning)과의 관계에서도 살펴볼 수 있다. 인공지능은 기계학습을 포함하는 상위 개념이고, 기계학습은 인공지능에 속하는 부분집합으로 볼 수 있다. 언론 매체들에서 많이 언급되고 있는 딥러닝은 기계학습에 포함되는 다양한 기술 분야 중 하나다.

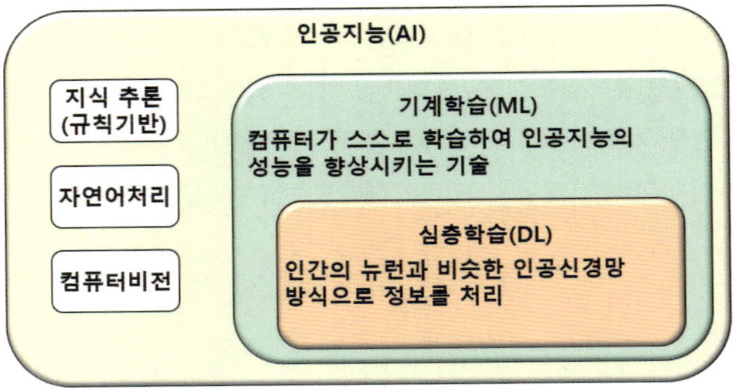

그림 6.1 인공지능 학문의 범위

컴퓨터가 처음 개발되었던 1940년대에도 컴퓨터가 가지는 지능에 대해 많은 연구자들이 관심을 가지고 있었다. 컴퓨터가 지능이 있는지 판단하는 문제에 관심을 가지고 있었던 대표적인 학자가 계산이론 전문가인 앨런 튜링(Alan Turing, 1912-1954)이었다. 튜링은 추상적인 의미를 가지는 지능을 측정할 수 있는 방법으로 튜링 테스트(Turing test)를 제안하였다. 테스트 방법은 다음과 같다. 두 곳의 방이 있는 상황에서 한쪽 방에는 사람이 들어가 있고 다른쪽 방에는 기계가 들어가 있다. 평가자는 두 방에 있는 사람 및 기계와 완전히 분리되어 있는 다른 위치에서 서로 대화를 진행한다. 대화는 컴퓨터 키보드와 화면 같은 텍스트 전용 채널로 제한된다. 평가자가 질문하면 방 안에서 사람이나 기계가 무작위 순서로 대답하면서 대화를 수행하며, 이러한 대화 과정에서 기계와 인간을 확실하게 구분할 수 없다면 해당 기계는 시험에 합격한 것으로 판단한다. 즉 해당 기계는 지능적이라고 판정하는 것이다.

인공지능이라는 용어는 1956년 미국 다트머스대에서 개최된 다트머스 회의에서 존 매카시(John McCarthy, 1927-2011) 교수가 컴퓨터 지능 관련 연구 분야를 Artificial Intelligence로 제안하면서 널리 사용되기 시작하였다. 인공지능 연구자들은 다트머스 회의를 인공지능 연구의 출발점으로 보기도 한다.

인공지능은 1950년대에 등장한 개념이나, 혁신적 알고리즘, 컴퓨팅 파워 증대, 데이터 폭증 등으로 점차 급속히 발달하였다. 1997년 체스를 플레이하는 슈퍼 컴퓨터인 IBM사의 딥블루(Deep Blue)가 인간 체스 챔피언에게 승리하였으며, 2011년 IBM사의 인공지능인 Watson이 미국의 퀴즈쇼인 Jeopardy에서 74연승을 거두며 250만 달러를 획득한 최다 연승자이자 왓슨 개발의 동기가 된 켄 제닝스(Ken Jennings)와 다른 역대급 챔피언 브래드 러터(Brad Rutter)를 제치고 완승하기도 하였다[3]. 이러한 인공지능의 핵심은 "학습", "추론", "예측"으로, 육체 노동을 대신하는 이전 기계들과 달리 지적노동(인지, 표현, 판단 등)이 가능하다[4]. 현시대의 인공지능은 컴퓨터공학, 수학, 통계학, 언어학 등 다양한 학문이 융합된 형태로 상호작용하고 있다.

인공지능이라는 용어가 대중에게 널리 알려지게 된 계기는 2016년 알파고(AlphaGo)와 이세돌의 바둑 대결 이후다. 알파고는 Google에 인수된 영국 스타트업 기업이었던 DeepMind에서 개발하였는데 실전 성능이 매우 뛰어난 것으로 알려지며 많은 주목을 받았다. 특히, 알파고 내부에서 동작하는 딥러닝(Deep learning) 기술과 지식 학습에 대한 이론들은 수많은 언론 상의 보도로 인해 집중 조명을 받으며 폭발적 관심을 받기 시작하였다. 이와 같은 높은 관심도는 인공지능과 딥러닝 등의 용어가 우리 일상생활에 급속도로 스며들기 시작하는 계기를 마련해주었다. 슈퍼컴퓨터인 딥블루가 인간과의 체스대결에서 승리한 적이 있으나, 바둑은 체스보다 경우의 수가 훨씬 더 많기 때문에 바둑만큼은 인간의 영역으로 여겨져 왔었다. 그러나 바둑대결에서 알파고가 인간을 상대로 높은 승률을 이루어내었고 이는 전 세계 모든 사람들에게 큰 사회적인 영향을 끼쳤다. 이 대결 후 인공지능 연구 예산이 급증하였고 우리 생활 속에 인공지능이라는 단어도 더 이상 낯설지 않는 개념으로 자리잡기 시작하였다.

현재 학계 및 산업계에서는 인공지능 기술을 통해 인간의 지능 활동을 컴퓨터에 접목하여 보다 편리한 일상생활을 누릴 수 있도록 다양한 방면으로 연구를 진행하고 있다. 또한 연구 결과들은 일상생활의 다양한 분야에서 활용되고 있다. 스마트폰 카메라는 사용자의 얼굴을 인식하여 잠금을 해제하고, 음성인식 개인비서 시스템은 사람의 말을 이해하고 친구에게 전화를 걸어주거나 필요한 물품을 검색해주기도 한다. 또한, 소셜 네트워크 서비스(SNS)에서 보여주는 광고나 피드는 계정 주인의 관심사를 반영해 보여준다. 이러한 기술들은 일상 생활에 큰 편의성을 제공해주고 있다. 이외에도 몇 가지 예를 들어보면 다음과 같다[5].

- **스마트홈 시스템** : 스마트 전자 기기와 연결된 사물인터넷(IoT) 기기를 제어하여 텔레비전이나 전등 또는 스피커 등을 음성으로 켜거나 끌 수 있다.
- **지능적인 검색 및 응대 시스템** : 고객의 문의사항에 자동 답변 가능한 지능적인 챗봇 서비스를 제공한다. 필요에 따라 소비자의 취향에 따라 맞춤형 콘텐츠를 추천해준다.
- **영상분석 시스템** : 딥러닝으로 영상 데이터 학습, 분류, 진단 수행 등을 수행하여 보다 정확한 분석 결과를 제공해준다.
- **감정분석 시스템** : 사람의 표정 및 억양 변화로부터 감정을 인식하여 상황에 맞게 대응하고 관련된 서비스를 제공해준다.
- **금융분석 시스템** : 미국 월스트리트에서 몇 백만 달러의 연봉을 받는 금융 애널리스트보다 정확히 금융시장을 예측하고 자산을 운용한다. 또한, 구매내역 등을 통해 소비자 데이터 분석 및 신용평가에 활용한다.
- **물류 시스템** : 온라인 쇼핑몰들에서는 무인항공기인 드론을 활용하여 택배 배송 서비스를 제공한다.
- **구조 시스템** : 화재 현장이나 위험한 사고가 난 지역에서 인명을 안전하게 구출하는 일을 사람을 대신하여 처리한다.
- **노약자 돌봄 시스템** : 노약자들의 행동 패턴 분석, 위험 식별, 자연어 처리 등을 통해 1:1 요양 서비스를 제공한다.

인공지능 기술은 일상생활뿐만 아니라 산업 전반에도 도입되면서 우리의 삶은 급격히 변화하고 있다. 이러한 기술은 삶의 곳곳에 적용되고 있으며 산업 기술과 기업의 비즈니스에도 큰 영향을 미쳐 많은 이들에게 큰 도움을 주고 있다.

인공지능은 모든 분야에 대해 영향력이 매우 큰 기술로서 우리 생활 및 사회에 혁신적인 변화를 이끌 것으로 예측된다. 따라서 향후 미래사회에서는 인공지능과 더불어 살아가야 할 "지능정보사회"가 될 것이며 관련된 다양한 기술의 중요성이 부각되고 있다. 지능정보사회는 지금까지 구축된 정보통신 기술을 기반으로 지능이 극대화되어 국가사회 전반이 혁신되고 새로운 가치가 창출되는 사회로 정의되고 있다[6]. 이는 기존 정보화사회의 연장적 성격을 가지며, 모든 사물과 인간이 연결되어 축적된 데이터를 토대로 새로운 가치가 창출된다. 또한 인간과 사물의 사고능력이 획기적으로 개선되어 문제해결 능력이 제고되고 경제사회 시스템이 최적화된다.

지능정보사회를 활성화하기 위해서는 지능정보기술이 지원되어야 한다. 지능정보기술은 데이터에 기반한 인공지능 기술을 통해 기계가 스스로 학습하여 고차원적인 인지, 학습, 추론 능력을 구현하는 기술을 의미한다. 이는 사회 각 분야에서 범용적으로 융합되어 생산성을 증대시키고 새로운 서비스나 상품을 창출하여 우리 삶에 편의성을 제공하고 있다. 지능정보기술과 타 산업 및 기술의 융합 예시는 다음과 같다[7].

- **지능형 로봇** : 청소, 요리, 육아, 간병 등에 특화된 감성형 가사로봇 보편화.
- **체내 삽입형 기기** : 스마트 임플란트, 생체공학안구 등 신체 일부로 진화.
- **스마트 공장** : 수요예측과 맞춤형 생산으로 효율 극대화 및 불량 최소화.
- **스마트 도시** : 안전, 에너지, 교통, 오염 문제 등을 스스로 예측 및 해결하는 도시.
- **블록체인** : 금융산업을 포함한 서비스 전반에 고도의 안전성 및 신뢰성 제공.
- **자율주행 자동차** : 사고없이 안전하게 운행하는 무인버스, 택시 및 무인물류 상용화.
- **웨어러블** : 의류 일체형 웨어러블 기술 등을 통해 초현실 가상체험 및 증강인간 구현.
- **3D프린팅** : 누구나 원하는 제품을 만드는 1인 제조시대.
- **커넥티드 홈** : 모든 전자제품의 자율제어로 가사노동에서 해방.
- **유전체 분석** : 개인별 유전자 특성을 분석하여 맞춤형 질병 치료.

인공지능 기반의 신기술들이 바꿔 놓을 미래 사회에서 직업을 가지고자 하는 구직자들의 필수 능력으로는 무엇이 있을까? 미국을 대표하는 경영대학원인 MIT 슬론(Sloan)이 발행한 MIT 슬론 매니지먼트 리뷰에서는 인공지능 유창성(AI Fluency)을 제시하고 있다. 인공지능 유창성은 인간과 기계가 가지고 있는 역량을 충분히 이해하고 기계가 할수 있는 일과 없는 일 뿐만 아니라 기계가 어떤 일을 하는 것이 옳고 그른지에 대한 판단력을 의미한다. 이러한 인공지능 유창성이 필수적으로 요구되는 미래 직업 세 가지를 다음과 같이 선정하고 있다.

- **인공지능 트레이너(AI Trainier)** : 인공지능 개성을 강화하여 인간에게 공감을 표시할 수 있도록 훈련시키는 일을 담당.
- **인공지능 해설가(AI Explainer)** : 알고리즘에 기반을 두고 인공지능의 의사 결정 과정을 명확하게 설명하는 일을 담당.
- **인공지능 유지보수 전문가(AI Sustainer)** : 인공지능이 외부 위협에 손상되는 것을 방지하는 일을 담당.

6.2 인공지능 기술 분류 체계

인공지능은 여러 학문이 연관된 융합 학문으로서 컴퓨터학, 수학, 통계학을 중심으로 언어학, 심리학, 의학 등 실존하는 모든 학문이 광범위하게 연계되어 있다. 이러한 인공지능을 구성하는 기술을 분류해보면 크게 3대 중분류 및 8개 소분류로 구분되며 다음과 같이 정의할 수 있다[8].

표 6.1 인공지능 기술 분류

대분류	중분류	소분류	기술 의미 및 특성
인공지능	학습지능	기계학습	인간이 경험을 통해 학습하는 방식을 컴퓨터로 구현한 기술로, 데이터 기반의 학습 모델을 형성하거나 최적의 모델을 찾기위한 알고리즘 기술을 의미함. 지식, 기능, 판단 등을 데이터분석, 시행착오, 기존 지식 활용 등을 통해 학습하는 기술.
		추론/지식표현	기계가 이해할 수 있는 형태의 지식 표현 및 기존 지식으로부터 새로운 사실을 추론하는 기술. 정보에 대한 가정으로부터 결론(지식)을 도출할 수 있으며, 개별적 정보를 이해하는 단계를 넘어 정보 간에 복잡한 관계를 파악해 표현하는 기술로 발전.

<table>
<tr><td rowspan="6">인공지능</td><td rowspan="3">단일지능</td><td>언어지능</td><td>인간의 언어인지 기능을 모사하여 텍스트 및 대화체 문장을 분석, 이해, 생성하는 기술.
인간의 언어를 컴퓨터가 알 수 있게 만드는 기술을 자연언어처리 (Natural Language Processing: NLP)로 지칭함. 즉, 음성 및 텍스트로 입력되는 자연어를 이해하고 지식화하는 기술.
주변 단어의 문객과 상식에 기반을 두어 언어에 내포된 의미를 해석하여 인과관계를 추론하고 암묵적인 지식 추론도 가능.
사용자의 발화 의도를 이해하고 자연스러운 답변문장을 생성하는 지능.
화자의 발화가 끝나지 않은 상태에서 실시간으로 번역 결과를 제공해주는 기술.</td></tr>
<tr><td>시각지능</td><td>영상에서 사물의 위치와 내용(속성)을 이해하고 움직이는 행동(사건,원인)을 이해하는 기술.
사물의 위치, 종류, 움직임, 주변과의 관계 등 시각 이해를 기반으로 지능화된 기능을 제공하는 기술.
컴퓨터에 시각을 부여해 이미지를 분석함으로써 유용한 정보를 생성하는 기술을 컴퓨터비전(Computer vision)으로 지칭함. 즉, 이미지나 영상 등 시각정보로부터 객체(사람, 사물 등)를 인식하고 감정이나 상황 등을 이해하는 기술.
사람 및 사물에 대한 이해를 바탕으로 보이지 않는 부분에 대한 정보를 추론하고 복원하는 지능.</td></tr>
<tr><td>청각지능</td><td>인간의 청각기능을 모사하여 음향, 음성 등 소리를 인식, 분석, 이해, 표현하는 기술.
잡음이 심한 환경, 다수 화자 동시 발성 시 발성 겹침 등의 환경에서도 원하는 부분을 인지.
화자의 감정(기쁨, 슬픔, 놀람 등)을 인식하고 화자의 의도 파악.</td></tr>
<tr><td rowspan="3">복합지능</td><td>행동/소셜지능</td><td>공간을 인지하고 움직임을 제어하며 사회적 협업이 가능한 지능.
주변 환경 및 상황 등을 인식 및 분석하여 미래를 예측.
환경에 따른 사용자의 상태 정보 등을 파악한 후 종합적인 상황을 이해하여 사용자가 요구하기 전에 자발적으로 유익한 행동 수행.</td></tr>
<tr><td rowspan="2">지능형 에이전트</td><td>특정한 목적을 위해 사용자를 대신해서 작업을 수행하는 인공지능.
개인비서, 챗봇 등 가상공간 환경에 위치하여 특별한 응용 프로그램을 다루는 사용자를 도울 목적으로 반복적인 작업들을 자동화시켜주는 기술.
여러 감각(시각, 청각, 후각, 촉각 등)을 이용해 수집할 수 있는 다양한 정보로부터 주변 상황을 파악하여 좀더 지능적으로 대응할 수 있도록 함.</td></tr>
</table>

인공지능	복합지능	지능형 에이전트	음성, 영상, 텍스트, 공간정보 등 복합적인 입력을 지속적으로 제공받는 환경에서 사용자 및 환경과 끊임없이 상호작용하며 지속적으로 학습하여 사용자가 원하는 정보를 제공. 다양한 인공지능 기술로 인간과의 심층적인 교감 및 심도있는 대화 표현이 가능한 기술로 발전 가능.
		범용 인공지능	인간이 할 수 있는 어떠한 지적인 업무도 수행할 수 있는 인공지능. 인간 수준의 실세계 상호작용 및 적응 능력을 갖추기 위한 기술. 인간의 뇌는 끊임없이 새로운 정보를 받아들이고 재학습을 수행하기 때문에 신경과학적 특성, 자가학습 가능 특성을 반영한 모델을 개발. 인간의 뇌구조를 해석하여 기계적으로 구현.

6.3 인공 신경망의 이해

전 세계적으로 인공지능이라고 불리는 대다수의 제품에는 기계학습 기법들 중 인공 신경망(Artificial Neural Network)에 기반한 기술들이 적용되고 있다. 인공 신경망은 뇌를 모방하는 알고리즘으로서 과거 널리 사용되었지만 계산 시간이 많이 걸리고 그에 따른 비용 상승으로 인해 인기가 저하되었다. 그러나 컴퓨터 하드웨어 발달로 컴퓨터의 성능이 좋아지고 대규모 신경망이 실행 가능하게 되면서 다방면에서 사용되는 최고의 기술로 다시금 주목을 받고 있다. 이러한 인공 신경망의 개념은 다음처럼 정의할 수 있다.

- 사람 또는 동물 두뇌의 신경망에 착안하여 구현된 컴퓨팅 시스템의 총칭이다. 기계학습의 세부 방법론 중 하나로, 신경 세포인 뉴런(neuron)이 여러 개 연결된 망의 형태로 표현된다[9].
- 생물학적 뇌의 구조와 기능을 모방하는 것을 목표로 하는 기계학습의 하위 집합이다[10].
- 생물학적 뉴런이 작용하여 현상을 식별하고 결론을 내리는 방식을 모방하여 인

간의 두뇌와 유사한 방식으로 결정을 내리는 기계학습 프로그램 또는 모델이다 [11].

인공 신경망의 개념은 그림 6.2처럼 뇌를 구성하는 신경 세포인 뉴런의 동작 원리에 기초하고 있다. 뉴런의 기본 동작은 가지돌기에서 신호를 받아들이고, 이 신호가 축색돌기를 지나 축색말단으로 전달된다. 그런데 축색돌기를 지나는 동안 신호가 약해지거나, 너무 약해서 축색말단까지 전달되지 않거나, 또는 강하게 전달되기도 한다. 축색말단까지 전달된 신호는 연결된 다음 뉴런의 가지돌기로 전달된다. 우리 인간은 이러한 원리를 지닌 수억 개의 뉴런 조합인 생물학적 신경망(Neural Network)을 통해 손가락을 움직이거나 물체를 식별하는 등 다양한 조작과 판단을 수행한다. 예를 들어 강아지의 모습을 보고 정확히 강아지가 맞는지 판단할 수 있는 것은 뉴런이 네트워크 형태로 긴밀하게 연결되어 있어 오감을 통해 얻은 정보를 기반으로 종합적으로 판단할 수 있기 때문이다.

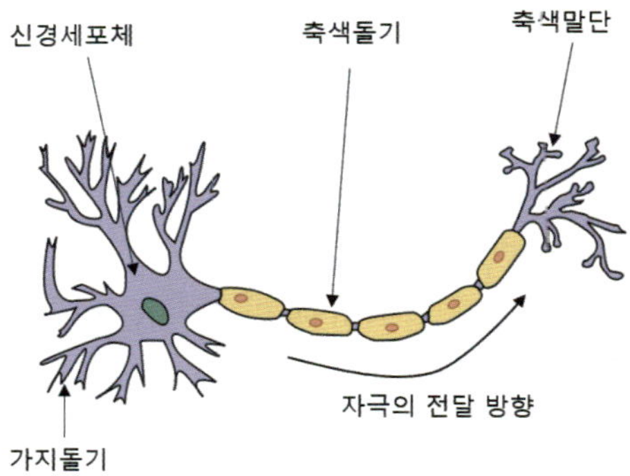

그림 6.2 뉴런(neuron)의 구조[12]

인공 신경망은 이러한 생물학적 신경망을 인공적으로 모방하여 만들어진 신경망이다. 생물학적 신경망을 구성하고 있는 뉴런을 살펴보면 입력은 다수이고 출력은 하나이며 여러 신경세포로부터 전달되어 온 신호들은 합산되어 출력하는 방식인데 인공 신경망은 이를 수학적 모델로 구성한 것이라 볼 수 있다. 뉴런의 조합을 통해 복잡한 처리를 하고 있는 생물학적 신경망 구조로부터 착상을 얻어 인공 뉴런을 다수 조합해 유사한 기능을 수행할 수 있도록 하는 것이다. 생물학적 신경망에서의 뉴런과 인공 신경망에서의 인공 뉴런의 개념을 종합해보면 다음처럼 표현 가능하다.

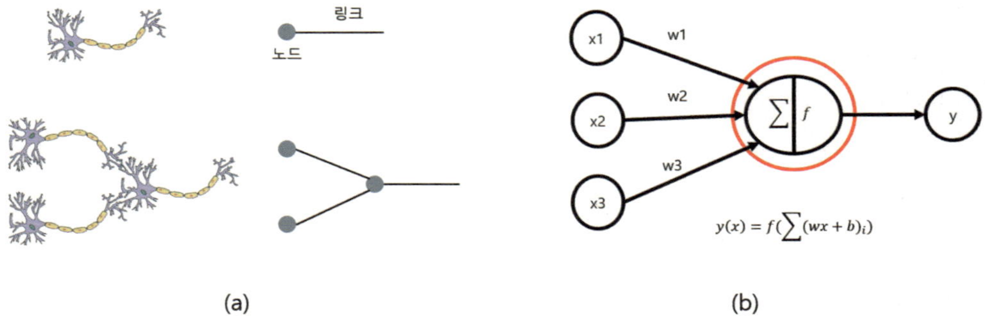

그림 6.3 뉴런과 인공뉴런의 비교

그림 6.3의 (a) 그림에서 하나의 뉴런은 노드(node)와 링크(link)로 구성된 하나의 인공뉴런에 비유할 수 있고, 뉴런의 조합으로 생물학적 신경망이 구성되듯이 인공뉴런의 조합으로 인공 신경망이 구성될 수 있다. (b) 그림은 3가지 입력값과 하나의 출력값을 가지는 하나의 인공뉴런을 수학적으로 표기한 것이다. 인공뉴런은 입력값을 받아서 정해진 수학적 연산을 수행한 이후 하나의 결과값을 반환하는 형태로 이루어져 있다. 그림 6.4에서 볼 수 있듯이, 이러한 인공 뉴런을 다양한 형태로 연결함으로써 인간이 인지하기 어려운 매우 복잡한 패턴까지도 스스로 학습할 수 있게 된다.

인공 신경망의 구조는 다음처럼 3가지 층(layer)로 구분된다. 입력층에서는 정보를 입력 받으며 은닉층에서는 입력받은 정보들을 수학적 연산을 통해 결과를 도출한다. 출력층에서는 처리된 결과들을 출력해준다. 각 층의 노드들 사이에는 링크가 연결되어 있고, 각 링크에는 가중치(weight) 값이 할당되어 있다. 이러한 계층구조는 간단하고 단순한 연산이 아닌 보다 자세하고 세부적인 패턴들을 인식하고 처리하게 해준다. 특히 은닉층을 통해 복잡다양한 연산 처리가 가능해진다. 즉, 인공 뉴런을 충분히 많이 연결함으로써 인간이 인지하기 어려운 매우 복잡한 패턴까지도 스스로 학

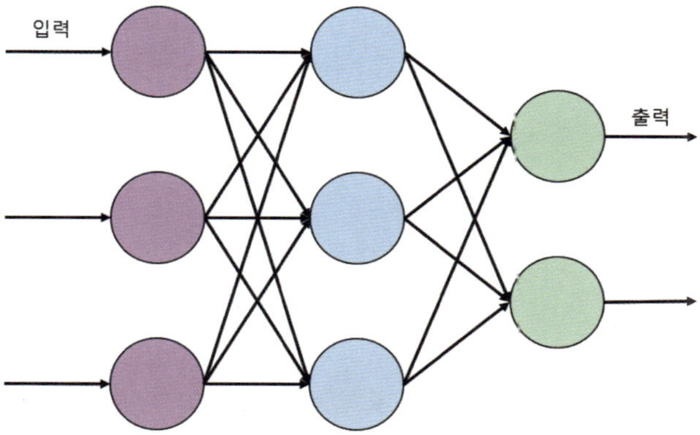

그림 6.4 인공 뉴런들을 연결해 구성한 인공 신경망의 예

습할 수 있게 된다.

- 입력층(input layer) : 정보를 입력
- 은닉층(hidden layer) : 입력받은 정보들을 연산을 통해 처리
- 출력층(output layer) : 처리된 결과의 출력

현재 다양한 형태의 신경망이 연구 개발되고 있는데 모든 신경망의 공통점은 데이터를 기반으로 "학습(learning)"을 수행한다는 것을 인지해두자.

인공 신경망의 원리를 생물학적 신경망에 비유하여 설명하기 위해 "인공"이라는 단어를 붙여서 소개하지만, 일반적으로 인공지능 및 기계학습 교재들에서는 항시 인공 신경망을 지칭하기 때문에 간단히 "신경망"으로만 언급하고 있다.

6.4 심층 신경망과 딥러닝

인공지능 분야에서 많이 언급되고 있는 딥러닝이라는 용어는 심층 신경망(Deep Neural Network)에 기반을 두고 있다. 그림 6.5에서 확인할 수 있듯이, 심층 신경망은 일반 인공 신경망에서 여러 개의 은닉층을 가진 형태의 모델로 볼 수 있다. 그리고 이러한 심층 신경망을 기반으로 하는 학습 방법을 딥러닝(Deep learning)으로 지칭하고 있다. 딥러닝이라는 용어에서 딥(Deep)이라는 단어는 연속된 은닉층을 활용해 학습한다는 의미를 내포하고 있다. 딥러닝 기반의 심층 신경망은 전혀 새로운 개념이 아니며, 이미 존재하는 다층 신경망의 특수한 경우로 볼 수 있는 것이다.

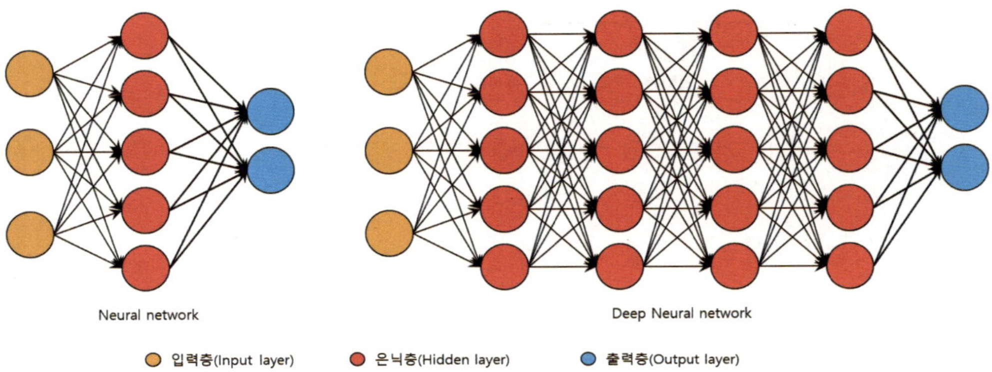

그림 6.5 인공 신경망과 심층 신경망의 예

심층 신경망 방식은 1,000여 개의 카테고리로 분류된 약 100만 개의 이미지를 인식하여 그 정확도를 겨루는 대회인 Imagenet Large Scale Visual Recognition Challenge(ILSVRC) 에서 주목받기 시작하였다[13]. 2011년까지는 이미지 인식률이 75%를 넘지 못했지만, 2012년 대회에서 심층 신경망을 이용한 AlexNet이 인식률 84.7%를 인식률을 달성하였고 그 이후부터 딥러닝을 이용한 인공지능이 상위 랭크를 독식하기 시작하였다. 현재는 상당수의 도전자가 97~98% 에 육박하는 인식률을 기록 중이다(인간의 인식률은 약 95%로 기록되고 있다)[14].

과거에도 이러한 신경망과 심층 신경망은 연구되기도 하였지만, 특히 현대사회에 점차 부상하게 된 몇 가지 대표적인 이유는 다음과 같다.

- 빅데이터의 발전으로 인해 딥러닝에 필수적인 어마어마한 양의 데이터를 쉽게

수급할 수 있게 되었다. 데이터가 많을수록 좋은 특징들을 많이 발견하여 딥러닝의 정확도를 향상시킬 수 있다.

- 딥러닝을 수행하게 되면 데이터 양에 따라 수백만에서 수조 개에 이루어진 수식 계산을 수천 번 이상 수행해야 하기 때문에 계산량이 매우 많다. CPU (Central Processing Unit)와 GPU(Graphics Processing Unit)의 발전으로 이렇게 많은 계산량이 더 이상 불가능하지 않은 상황이 되었다.
- 딥러닝의 효율성을 향상하기 위한 다양한 딥러닝 알고리즘이 개발되었다.
- 정보 공유의 시대 흐름에 따라 다양한 오픈 소스들을 대중에 공개하여 많은 사람들이 딥러닝 연구에 참여할 수 있게 되었다.

데이터의 양에 따른 기계학습, 신경망, 딥러닝의 성능을 비교해보면, 일반적으로 딥러닝이 데이터의 양에 따른 성능 비교에서 상대적으로 우수한 결과를 보이는 경우가 많다. 따라서 학습할 데이터 양이 매우 많은 영상이나 음성 인식 등에서 각광을 받고 있다. 뿐만 아니라 이러한 딥러닝은 패턴인식, 로봇, 자율주행 등 많은 분야에서 좋은 성능을 보이고 있다.

6.5 인공 신경망 활용 도구: 오렌지(Orange) 개요

일반적으로 인공 신경망을 구현하고 활용하기 위해서는 수학이나 프로그래밍과 같은 공학적 지식이 필요하다. 그러나 전 세계 많은 연구자들이 '이러한 전문 지식 없이도 쉽게 인공지능 영역을 공부할 수 없을까?'하는 목표를 가지고 고민하던 중, 슬로베니아의 루블랴나 대학(University of Ljubljana)에서 오렌지(Orange)[15]라는 도구를 개발하였다.

오렌지는 기계학습 기법들을 아주 쉽게 활용해볼 수 있도록 지원해주는 그래픽 기반의 도구다. 무엇보다도 프로그래밍이 필요 없으며 특정기능을 가지는 아이콘들을 드래그 앤 드롭(Drag and Drop)방식으로 연결함으로써 원하는 작업을 진행할 수 있다.

그림 6.6 오렌지 로고

오렌지 도구를 설치하기 위해서는 우선 웹 브라우저를 열고 다운로드 페이지로 이동한 후, Download Orange 버튼을 클릭해 오렌지 설치 프로그램을 다운로드한다. 다운로드 한 설치 프로그램을 더블클릭하면 설치가 진행된다.

- 오렌지 다운로드 페이지: https://orangedatamining.com/download

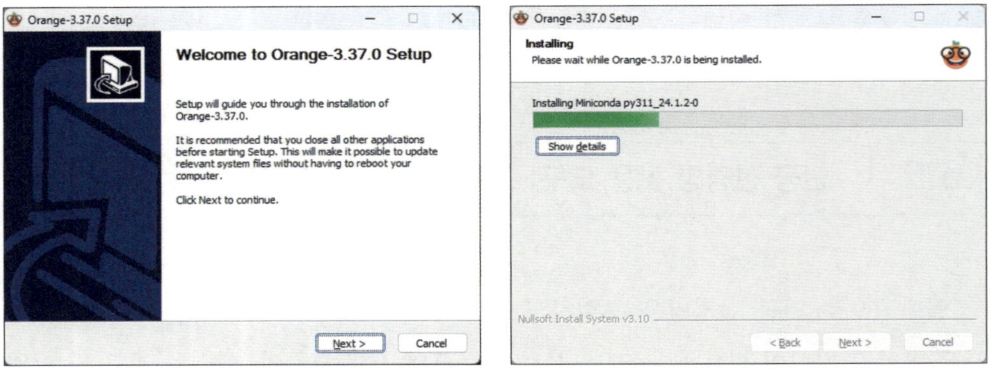

그림 6.7 오렌지 설치 진행 화면

Windows 운영체제 기준으로 설치가 성공적으로 완료되면 아래 그림과 같이 Orange라는 프로그램 그룹이 생성되어 있는 것을 확인할 수 있다. Orange 아이콘을 클릭하면 도구가 자동적으로 실행된다.

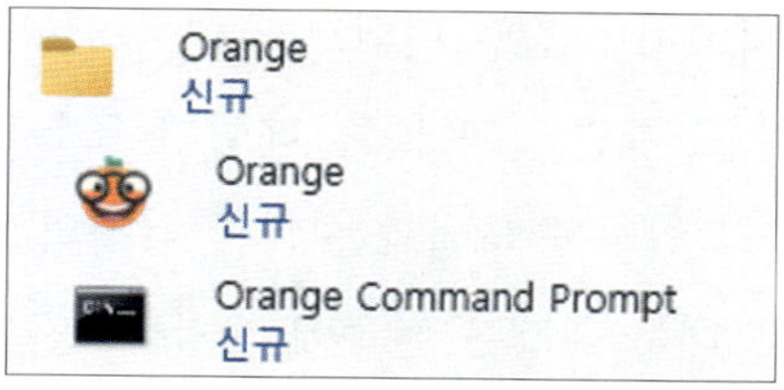

그림 6.8 오렌지 설치 후 생성된 프로그램 그룹

처음 오렌지를 실행하면 다음과 같은 초기화면이 나타난다. 메인 도구 화면 위에 "Welcome to Orange"라는 이름의 팝업(Pop-Up) 메뉴가 함께 실행되는데 팝업 메뉴에 제공되고 있는 아이콘들을 클릭하여 새로운 데이터분석 작업을 시작하거나 최근 작업한 문서 열기, 튜토리얼 등을 바로 실행할 수 있다. 이와 같은 작업들은 팝업 메뉴외에 메인 도구화면에서도 실행가능하다. 본 팝업 메뉴는 오렌지 도구 실행할때마다 함께 실행되기 때문에 팝업 창의 필요성을 느끼지 못할 경우 좌측 하단의 "Show at startup"이라는 부분에 체크를 해제해주면 된다.

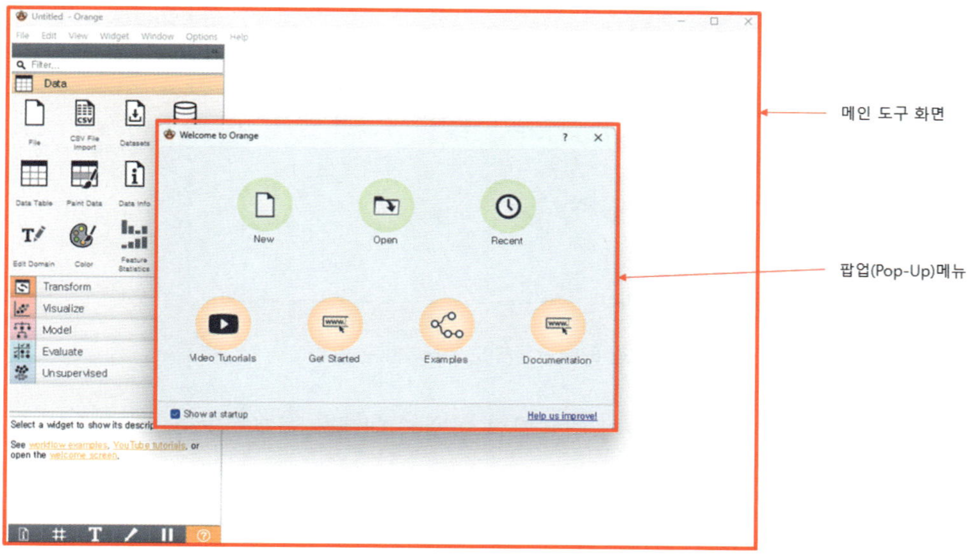

그림 6.9 오렌지 실행 후 초기 화면

오렌지의 메인 도구 화면은 크게 위젯(Widget)과 캔버스(Canvas)로 구성되어 있다.

- 위젯(Widget) : 오렌지에서의 작업 단위로서 데이터 불러오기, 데이터 테이블 표시, 학습 알고리즘 활용, 학습 결과 도출, 데이터 요소 시각화 등과 같은 기본 기능을 제공한다. 하나의 위젯 출력결과는 다른 위젯의 입력으로 활용할 수 있다. 일반적으로 결과를 보내는 위젯은 왼쪽에 배치하고 결과를 받는 위젯은 오른쪽에 배치한다. 오렌지 도구를 처음 설치한 후 여러 위젯들이 기본적으로 제공되고 있지만, 특정 연산이 더 필요한 경우 Add-on 기능을 이용하여 위젯을 추가적으로 설치할 수 있다.
- 캔버스(Canvas) : 오렌지 메인 도구 화면 우측에 위치한 흰색 바탕의 그림판 공간이며, 이러한 캔버스에 위젯을 배치하여 사용자가 원하는 작업을 수행한다.

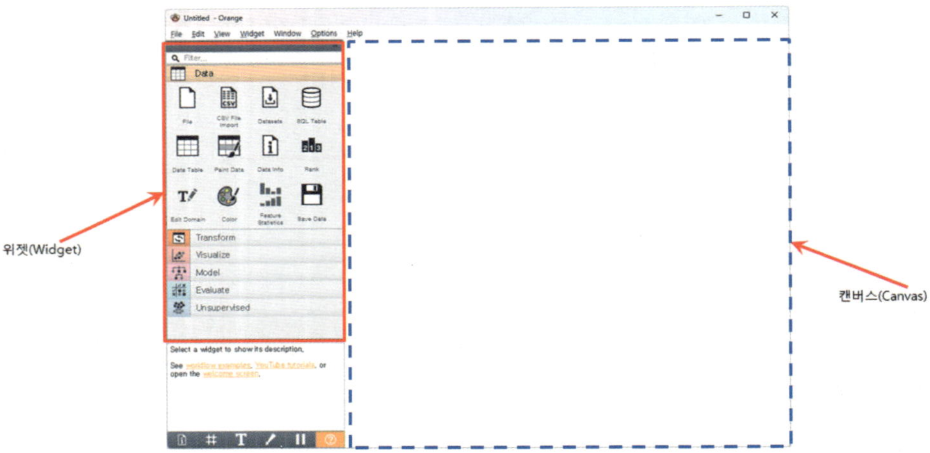

그림 6.10 오렌지 도구의 화면 구성

오렌지 도구에 포함된 몇 가지 대표적인 위젯에 대해 살펴보면 다음과 같다.

File

- File 위젯은 입력파일로부터 데이터를 읽는다.
- 처음 오렌지 도구를 설치한 이후 샘플 데이터 셋들도 활용할 수 있다.
- File 위젯에서는 엑셀 파일(.xlsx), 텍스트 파일(.txt), 콤마(,)로 구분된 텍스트

파일(.csv), 인터넷 주소(URL) 등을 읽을 수 있다. 인터넷 주소를 통해 공유하는 데이터 셋의 경우에도 URL만 식별하여 File 위젯에 입력하면 즉시 불러올 수 있다.

- 오렌지에서 워크플로우 작성 작업의 첫 번째 단계는 File 위젯을 캔버스로 위치시키는 것부터 시작하는 경우가 많다.

Datasets

- 온라인 상에 공유되어 있는 데이터 셋들을 불러온다.
- Datasets 위젯에서는 온라인 상에 공유되어 있는 여러 데이터 셋을 제공하고, 각 데이터 셋을 클릭해보면 데이터 개수, 크기, 변수의 개수 등에 대한 정보를 확인할 수 있다.
- 필요한 데이터 셋을 사용자 컴퓨터로 즉시 다운로드하여 활용할 수 있다. 다운로드한 데이터는 인터넷이 연결이 되어 있지 않아도 사용 가능하다.

Data Info

- 데이터 셋을 입력으로 받아서 데이터 셋 크기, 변수의 개수, 데이터 저장 위치 등에 대한 정보를 제공해준다.
- 데이터 셋의 일부를 선택한 후 선택된 부분에 대해서만 관련 정보를 보여줄 수도 있다.

Data Table

- 데이터 셋을 입력으로 받으며 해당 데이터 셋이 가지고 있는 실제 데이터들을 보여준다.
- 현재 데이터 셋에 대한 정보(크기, 변수의 개수 등)를 제공한다.
- 데이터 값들을 선택할 수 있고, 데이터 크기 등을 색상을 입혀 시각화할 수 있다.
- 데이터 값은 하나의 행으로 표현되고, 데이터의 값들을 설명하는 변수는 하나의 열로 표현된다.

Select Columns

- 데이터 셋을 구성하는 변수 중 원하는 변수만을 선택한다.
- 위젯을 더블클릭하면 좌측에는 사용하는 데이터 셋의 전체 변수들이 보이는데 버튼을 활용해 이 중에서 필요한 변수들을 우측으로 옮기면 선택된다.

Select Rows

- 데이터 테이블에서 행을 이루고 있는 데이터 중 원하는 데이터를 선택한다.
- 데이터를 선택할 시 조건을 지정할 수 있다. 예를 들어 100 이상(또는 이하)의 값들만을 선택할 수 있거나, 또는 특정 문자열과 일치하는 값만을 선택할 수도 있다.
- 위젯을 더블클릭하여 Add Condition 버튼을 통해 조건을 하나씩 추가할 수 있다.

Distributions

- 데이터 셋을 구성하고 있는 여러 변수 중 각 변수에 대한 데이터 분포를 시각적으로 제공한다.
- 위젯을 더블클릭하여 좌측 상단에 위치한 Variable 항목에서 데이터 셋에 대한 변수들을 확인할 수 있고, 각 변수를 하나씩 클릭해보면 관련 데이터 분포들이 우측에 즉시 표현된다.
- 특정 변수에 해당하는 데이터 값이 수치로 되어 있는 경우 히스토그램 형태로 분포가 표현된다.

Scatter Plot

- 데이터 셋에 대한 탐색적 분석 및 시각화를 위한 2차원 형태의 산점도를 제공한다.
- 데이터는 점의 집합으로 표시되며, 가로 x축과 세로 y축에 표시할 변수 특성

을 선택하면 선택된 특성에 해당하는 데이터 값을 이용하여 도표 형태로 그려준다.

- 위젯을 더블클릭하여 데이터의 색상, 데이터 포인트의 모양 및 크기, 축 제목 등 다양한 속성들에 대한 조정이 가능하다.
- 기계학습 및 인공지능 연산 결과로 도출된 결과 데이터들에 대해서도 산점도에서 표시가 가능하다.

Neural Network

- 데이터 셋을 입력받아 인공 신경망 또는 심층 신경망을 구성하여 학습시킨다.
- 학습 시 필요한 파라미터 변수들(하나의 은닉층 당 뉴런의 개수, 활성화 함수 등)을 설정할 수 있다.
- 위젯에 연결된 데이터 셋이 변경되면 즉시 학습이 이루어져 변경된 데이터 셋에 맞는 모델이 자동으로 구성된다.

Predictions

- 기계학습 및 인공지능 학습 모델로부터 도출된 예측 결과값을 보여준다.
- 위젯의 입력으로는 예측하고자 하는 데이터와 이를 예측하기 위한 기계학습 또는 인공지능 모델을 연결시켜 주도록 한다.
- 위젯을 더블클릭해보면 하나의 창이 열리면서 예측 결과들을 확인할 수 있다. 좌측 메뉴에 있는 옵션값들을 클릭해보면 시각적인 분석이 가능하다.

6.6 인공 신경망 활용 도구: 오렌지(Orange) 기본 사용법

오렌지 도구를 사용하여 특정 작업을 수행하기 위해서는 우선 위젯을 캔버스에 배치하는 작업이 필요하다. 다음과 같은 세 가지 방식이 있는데, 이들 중 사용자가 편한 방식을 활용하면 된다.

- **방법 1** : 좌측 메뉴에서 위젯 아이콘을 선택하여 캔버스로 끌어와서 배치(드래그 앤 드롭 방식)
- **방법 2** : 캔버스에서 마우스 좌측 버튼 더블클릭하면 보여지는 위젯 아이콘 창에서 선택
- **방법 3** : 캔버스에서 마우스 우측 버튼 클릭하면 보여지는 위젯 아이콘 창에서 선택

원하는 위젯들이 캔버스에 배치되었으면 위젯 사이의 정보 전송을 표현하기 위해 실선으로 이들을 연결해준다. 이렇게 표현한 결과물을 워크플로우(workflow)로 지칭한다.

오렌지를 활용하여 예제 데이터 셋을 호출하여 데이터 정보를 살펴보는 작업을 진행해보자. 이를 위해 오렌지에서 기본적으로 제공하는 iris.tab 데이터 셋을 불러온 이후, 해당 데이터 셋 내용, 데이터 분포, 변수 간의 관계를 보여주는 산점도를 출력해보도록 하자. 다음과 같은 순서로 진행한다.

(1) 데이터 셋 불러오기

- 우선 파일로 이루어져 있는 데이터 셋을 불러오기 위해 File 위젯을 캔버스로 배치한다.
- 다음으로 File 위젯을 더블클릭하면 새로운 창이 열리는데, 우측 상단에 서류모양 폴더 버튼을 클릭하고 데이터 셋을 선택하도록 한다. File 위젯에서는 엑셀 파일(.xlsx), 텍스트 파일(.txt), csv 파일(.csv), URL로 공유된 데이터 셋 파일(URLs) 들을 읽어올 수 있다. 본 예제에서는 오렌지에서 기본적으로 제공해주는 데이터 셋 중 하나인 iris.tab 데이터 셋 파일을 임의로 선택해보도록 하자.
- 선택을 하는 순간 iris.tab 데이터 셋의 내용이 File 위젯으로 호출되고, 아래 창에 데이터 셋에 대한 정보와 데이터 셋을 구성하고 있는 열(column)에 대한 정보가 보인다.

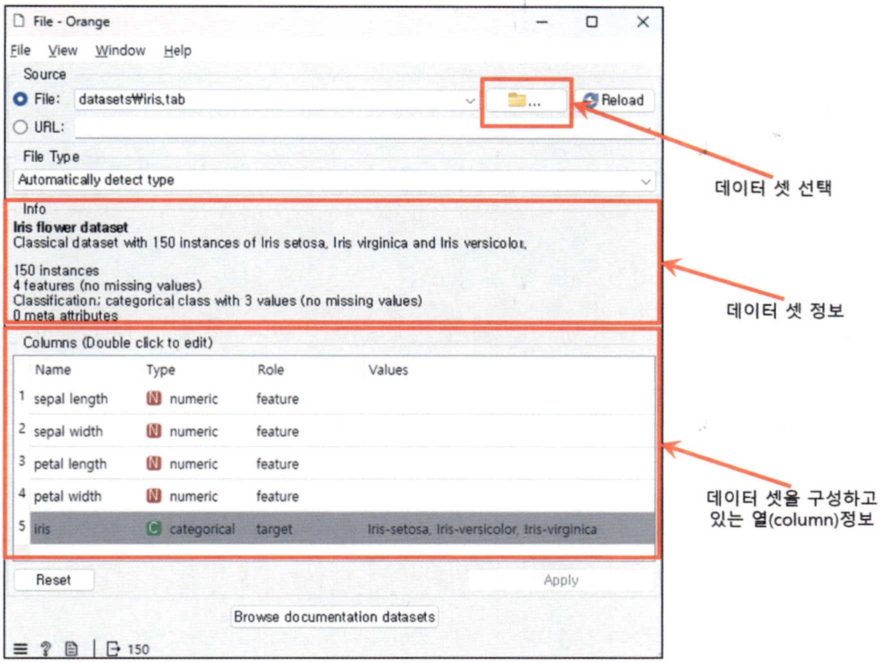

그림 6.11 File 위젯에서 데이터 셋 불러오기

참고로, 위의 그림에서 데이터 열(column)을 변수(variable), 특성(feature), 속성(attribute) 등의 용어로 지칭한다. 그리고 Name은 각 열을 구성하고 있는 변수들의 이름, Type은 변수의 유형, Role은 변수의 역할, Values은 어떠한 값들로 구성되어 있는지를 나타낸다. Type 부분에서 몇가지 유형을 선택할 수 있는데, numeric은 숫자로 이루어진 변수를 의미하고 categorical은 성별, 혈액형 등 범주로 나누어지는 변수를 나타낸다. 이 외에도 text는 수치나 범주가 아닌 특정 형식이 없는 변수, datetime은 날짜로 구성된 변수를 나타낸다. 다음으로 Role 부분은 데이터 분석 시 원인의 역할을 하는 변수들을 feature라고 표시하고 결과의 역할을 하는 변수는 target으로 표시한다. 특정 항목을 변경한다면 우측 하단 Apply 버튼을 클릭한 후 우측 상단에 있는 x를 클릭하여 창을 종료한다.

(2) 데이터 셋 내용 보기

- 호출한 데이터 셋에 대한 실제 데이터 정보를 확인해보기 위해서는 Data Table 위젯을 활용하도록 한다. Data Table로 표시된 위젯을 캔버스로 가져오자.
- 캔버스에 위치한 File 위젯의 오른쪽 부분에 있는 둥근 점선 부분에 마우스 커서를 올려둔 후, 마우스 왼쪽 버튼을 클릭하고 꾹 누른 채로 Data Table 위젯에 마우스 커서를 옮겨주면 File 위젯과 Data Table 위젯 사이에 하나의 실선이 연결된다.
- 이렇게 위젯을 이어 붙이면 File 위젯에서 호출한 데이터 셋의 내용을 Data Table 위젯에서 확인할 수 있게 된다. 데이터 셋의 내용을 확인하기 위해서는 Data Table 위젯을 더블클릭하면 File 위젯에서 호출한 데이터 셋인 iris.tab 데이터의 내용이 보인다.

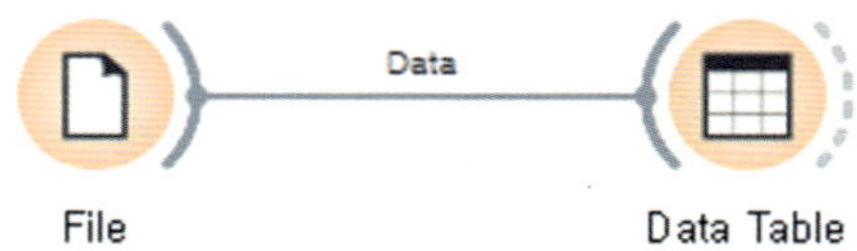

그림 6.12 File 위젯과 Data Table 위젯 연결 모습

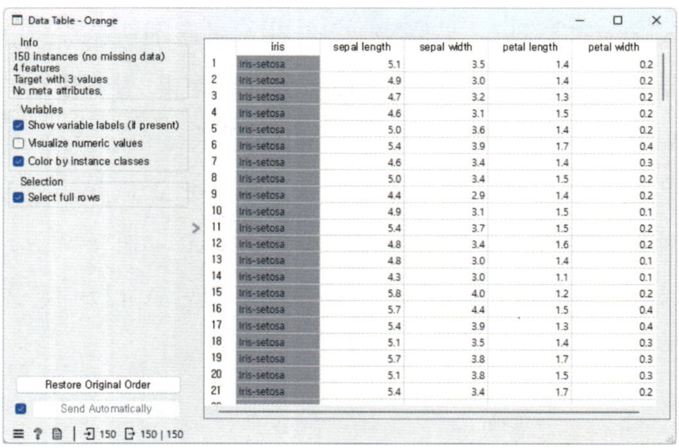

그림 6.13 Data Table 위젯에서 데이터 셋 내용 보기

(3) 데이터 셋 분포 보기

- 데이터 셋을 구성하고 있는 데이터의 세부 분포를 확인하기 위해서는 Distribution 위젯을 사용하도록 한다. Distribution 위젯을 찾아서 캔버스에 가져온다.
- 캔버스에 위치한 File 위젯에서 Distribution 위젯을 이어 붙인다. File 위젯의 오른쪽 부분에 있는 둥근 점선 부분에 마우스 커서를 올려두고 마우스 왼쪽 버튼을 클릭 후 꾹 누른채로 Distribution 위젯으로 옮겨주면 실선이 연결된다.

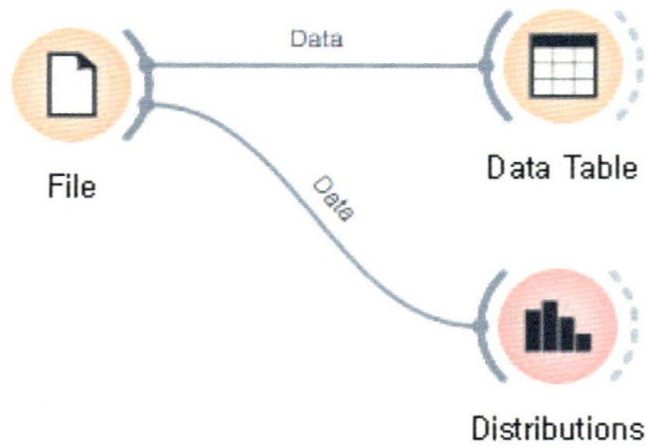

그림 6.14 File 위젯과 Distributions 위젯 연결 모습

- 데이터 셋 분포 확인을 위해서는 Distibution 위젯을 더블클릭하도록 한다. 새로 열린 창에서 좌측 상단에 있는 각 변수들을 하나씩 클릭해보면 각 변수별 데이터 분포를 확인할 수 있다.

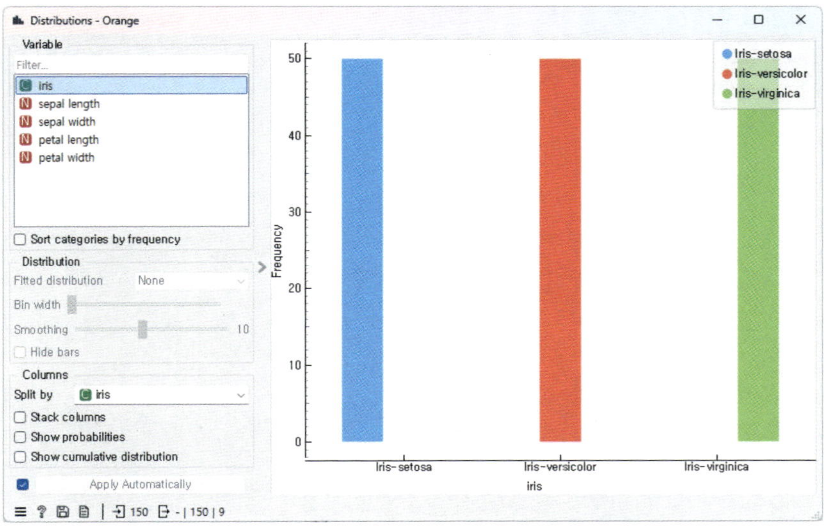

그림 6.15 Distributions 위젯에서 데이터 분포 보기

(4) 데이터 셋을 구성하고 있는 변수 간의 관계 보기

- 데이터 셋을 구성하고 있는 변수 간의 관계 파악을 위해서는 Scatter Plot 위젯을 사용하도록 한다. Scatter Plot 위젯을 찾아서 캔버스에 가져온다.
- 캔버스에 위치한 File 위젯에서 Scatter Plot 위젯을 이어 붙인다. 앞선 작업과 마찬가지로 File 위젯과 Scatter Plot 위젯을 서로 이어주도록 한다.
- 변수 간의 관계 확인을 위해 Scatter Plot 위젯을 더블클릭하도록 한다. 새로 열린 창에서 좌측 상단에 x축과 y축의 변수를 선택해주면 선택된 변수 간의 데이터 관계가 보인다.

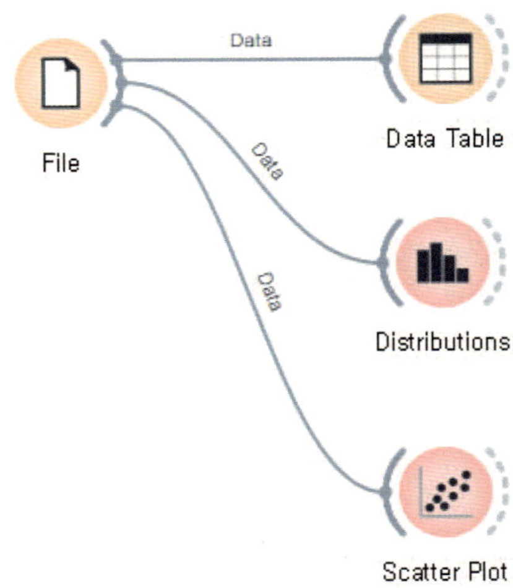

그림 6.16 File 위젯과 Scatter Plot 위젯 연결 모습

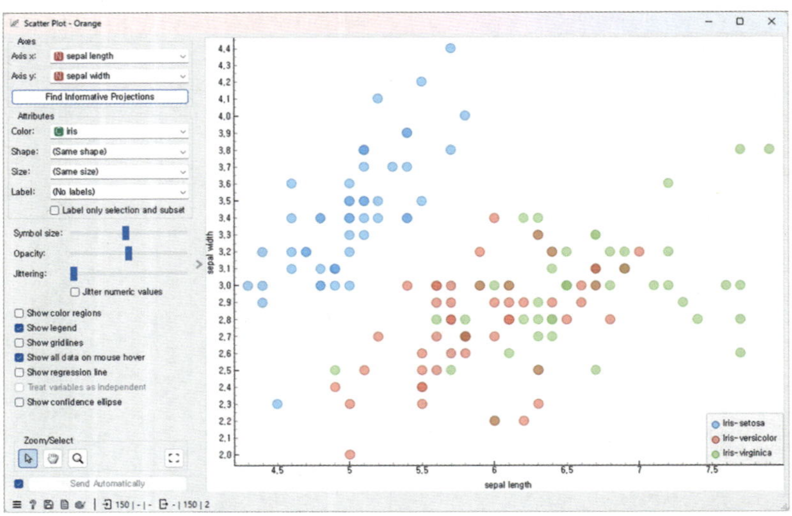

그림 6.17 Scatter Plot 위젯에서 변수들 간의 관계 보기

6.7 인공 신경망을 활용한 데이터 예측

오렌지 도구를 활용하여 앞서 학습한 인공 신경망 내용을 실제 데이터 셋에 적용해보고 그 결과를 고찰해보자. 인공 신경망의 활용 분야는 다양하지만, 본 장에서는 데이터 셋을 인공 신경망에 학습시켜 특정값을 예측(prediction)해보고자 한다. 일반적인 절차는 다음과 같다.

- (1) 데이터 셋 준비 및 설정하기: 예측 작업을 위해 필요한 데이터 셋을 구하고, 데이터 셋의 변수 중 원인에 해당하는 변수(독립변수, 예측값에 영향을 미치는 변수)와 결과에 해당하는 변수(종속변수, 예측 대상이 되는 변수)를 구분한다.
- (2) 준비한 데이터 셋을 인공 신경망에 학습(learning)시키기: 인공 신경망에 준비한 데이터를 학습시키면 변수 간에 관계를 설명할 수 있는 공식, 즉 모델(model)이 생성된다. 신뢰성 있는 데이터가 많을수록 모델의 정확도는 향상될 수 있다.
- (3) 새로운 데이터에 대한 값 예측하기: 신규 데이터를 생성된 모델에 입력했을 시 모델이 그 결과를 예측한다.

이러한 과정을 기반으로 다음과 같은 예측 작업을 위한 예제를 수행해보자.

<광고횟수에 따른 제품 판매량 예측>

아래와 같이 상관관계를 가진 광고횟수와 제품 판매량에 대한 데이터 셋이 존재한다. 이를 인공 신경망에 학습시켜 새로운 광고횟수(예를 들어, 100일 경우)가 주어졌을 때 제품 판매량이 어떻게 될지 예측해보자.

광고횟수	제품판매량
10	20
20	40
30	60
40	80
50	100
60	120
70	140
80	160
90	180

(1) 데이터 셋 준비 및 설정하기

- 오렌지 도구 활용을 위해 위 예제에 있는 데이터 셋을 엑셀 파일로 생성한다. 파일명은 임의로 설정해도 좋지만 본 예제에서는 Sample_training_set.xlsx로 지정하였다.
- File 위젯을 캔버스로 배치한다.
- 다음으로 File 위젯을 더블클릭하면 새로운 창이 열리는데, 우측 상단에 서류모양 폴더 버튼을 클릭하고 방금 생성한 Sample_training_set.xlsx 데이터 셋 파일을 선택한다.
- 선택하는 순간 그림 6.18과 같이 데이터 셋 정보가 하단에 출력되면서 각 변수의 Name, Type, Role, Values에 해당하는 값을 확인할 수 있다. 예측하고자 하는 값이 제품판매량이기 때문에 제품판매량의 Role을 target으로 설정하도록 한다. 예측에 영향을 미칠수 있는 값인 광고횟수의 Role은 feature로 지정되어 있는지 확인한다.

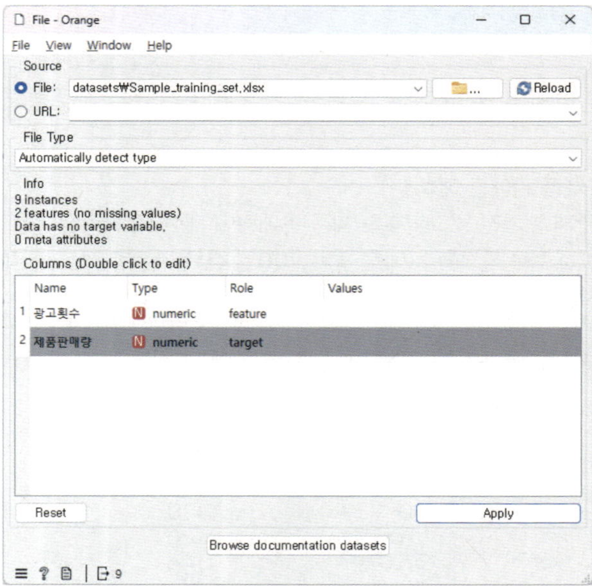

그림 6.18 File 위젯 더블클릭 후 Role 설정 확인

- 호출한 데이터 셋의 실제 값들을 확인하기 위해서는 그림 6.19와 같이 Data Table 위젯을 캔버스에 위치시킨 후 File 위젯과 이어준다. 이후 Data Table을 더블클릭하면 그림 6.20과 같이 호출된 데이터 셋의 값을 쉽게 확인할 수 있다.

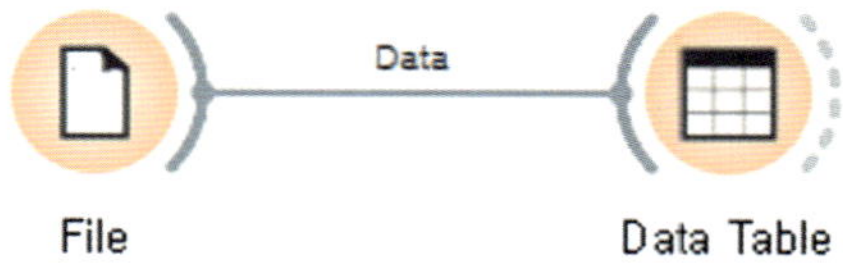

그림 6.19 File 위젯과 Data Table 위젯의 연결 결과

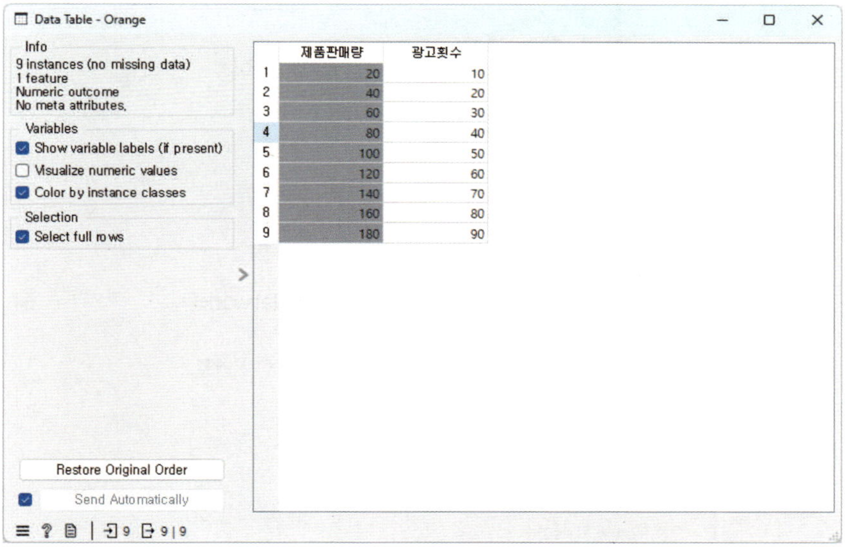

그림 6.20 File 위젯에 연결된 Data Table 위젯 더블클릭 후 데이터 셋 확인

(2) 준비한 데이터 셋을 인공 신경망에 학습(learning)시키기

- 데이터 셋이 준비되었다면 인공 신경망에 이를 직접 입력하여 학습시켜보자. 오렌지 도구를 활용하면 매우 쉽게 끝낼 수 있다. 우선 Neural Network 위젯을 캔버스에 위치시킨다. 그리고, 그림 6.21과 같이 단지 File 위젯을 Neural

Network 위젯과 연결하기만 하면 된다. 연결하는 순간 데이터 셋을 학습하여 모델을 생성해준다.

- 학습시 세부적인 설정을 하기 위해 Neural Network 위젯을 더블클릭하여 설정 창을 열자. 설정창에서 은닉층의 뉴런 수, Activation, Solver 등을 변경할 수 있는데, 본 예제에서는 그림 6.22처럼 Activation 부분을 ReLU, Solver 부분을 L-BFGS-B로 선택해보도록 한다.

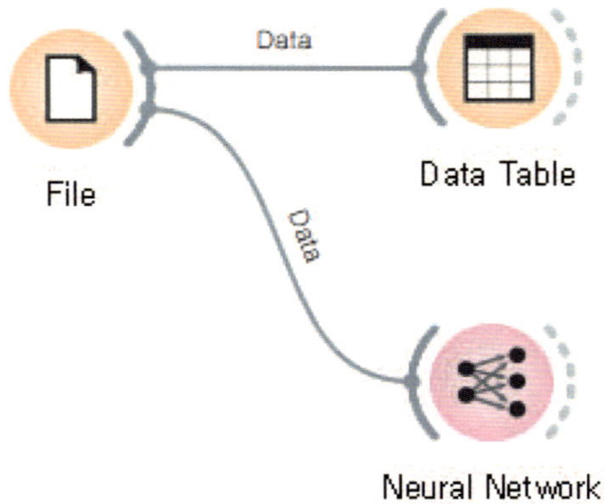

그림 6.21 Neural Network 위젯을 File 위젯과 연결

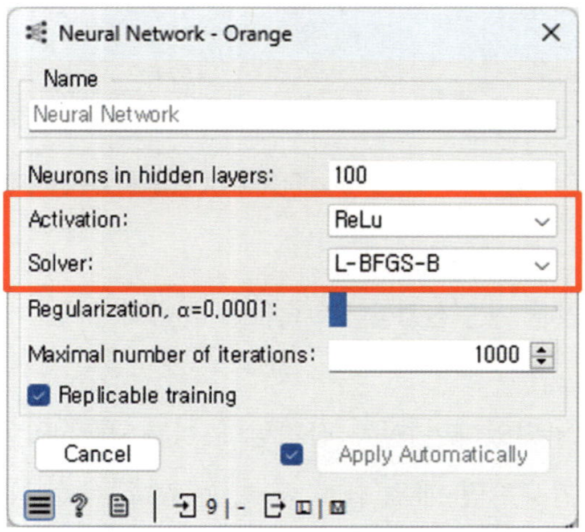

그림 6.22 인공 신경망 세부 설정

(3) 새로운 데이터에 대한 값 예측하기

- 앞 단계에서 수행한 데이터 학습을 통해 인공 신경망 모델 생성이 완료된다. 생성된 모델에 새로운 광고횟수값을 입력하여 실제 제품판매량이 얼마나 정확한 값으로 예측되는지 한번 살펴보자.
- 우선 생성된 신경망 모델에 입력할 값(예측하고자 하는 값)을 다음과 같은 형태의 엑셀 파일로 만들어보자. 만든 엑셀 파일의 이름은 Sample_testing_set.xlsx로 명명하였다.

광고횟수
10
20
30
40
50
60
70
80
90
100

- File 위젯을 캔버스로 배치한다. 캔버스에 File 위젯이 이미 존재하기 때문에 File (1)이라는 이름으로 생성된다. 참고로 File (1) 위젯에 마우스 우측버튼을 클릭하여 해당 위젯의 이름 변경도 가능하다.
- File 위젯을 더블클릭하여 우측 상단에 서류모양 폴더 버튼을 클릭하고 방금 생성한 Sample_testing_set.xlsx 데이터 셋 파일을 선택한다.
- 그림 6.23과 같이 데이터 셋 정보를 확인할 수 있다. 광고횟수는 제품 판매량을 예측의 원인이 되는 변수(독립변수)이기 때문에 Role이 feature로 지정되어 있는지 확인한다.
- 호출한 데이터 셋의 실제 값들을 확인하기 위해서는 그림 6.24와 같이 Data

Table 위젯을 캔버스에 위치시킨 후 File (1) 위젯과 연결한다. Data Table 위젯을 캔버스에 위치시키면 기존 Data Table 위젯이 캔버스에 존재하기 때문에 Data Table (1)이라는 이름으로 생성된다. Data Table (1)을 더블클릭해보면 그림 6.25와 같이 호출된 데이터 셋의 값을 쉽게 확인할 수 있다.

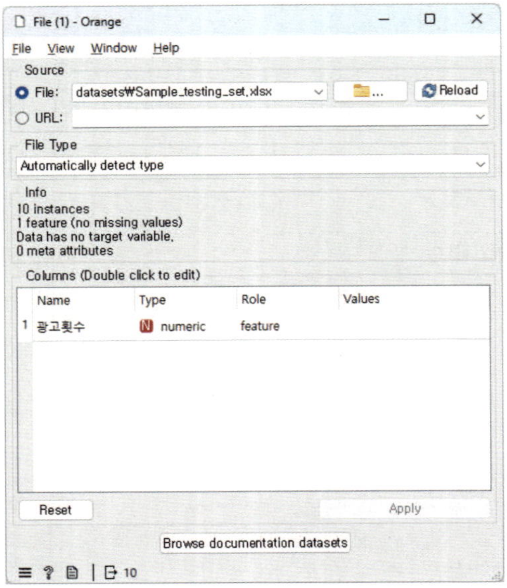

그림 6.23 File (1) 위젯 더블클릭 후 Role 설정 확인

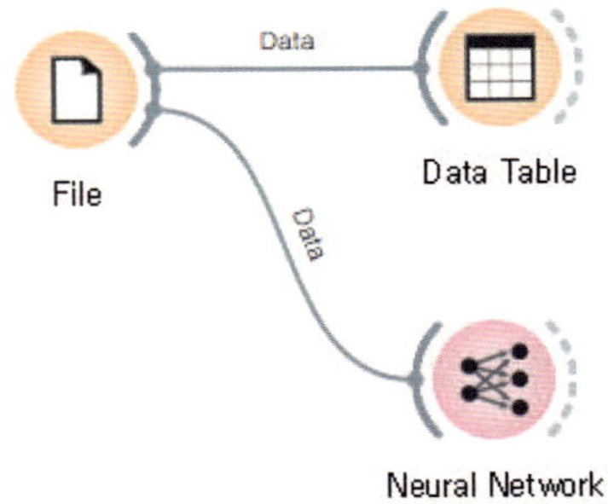

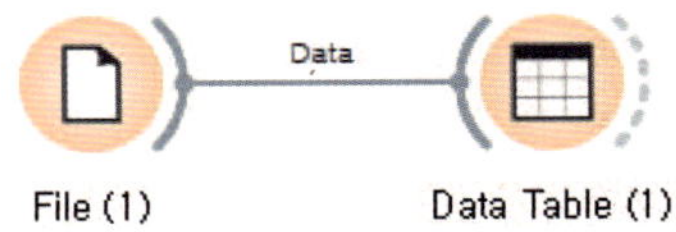

그림 6.24 File (1) 위젯과 Data Table (1) 위젯의 연결 결과

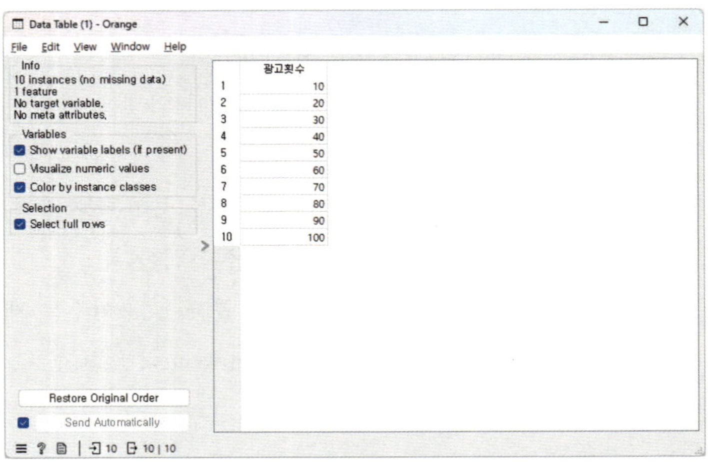

그림 6.25 File (1) 위젯에 연결된 Data Table (1) 위젯 더블클릭 후 데이터 셋 확인

- 준비한 Sample_testing_set.xlsx 데이터 셋에 있는 광고횟수 값을 인공 신경망 모델에 입력하여 값을 예측하기 위한 작업은 매우 간단하다. 그림 6.26처럼 Predictions 위젯을 캔버스에 위치시킨 후 Neural Network 위젯과 File (1) 위젯을 연결해주기면 하면 된다. 연결하는 순간 File (1)에 불러온 입력값을 Neural Network 위젯을 통해 생성된 모델에 입력하여 제품판매량을 예측해준다.

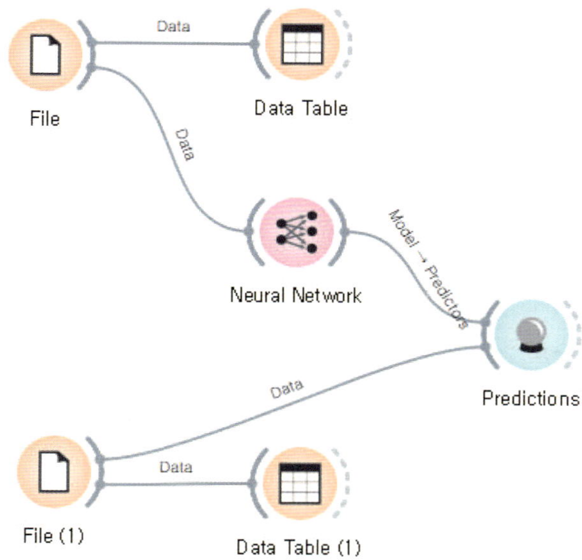

그림 6.26 Predictions 위젯을 활용한 데이터 예측

- 인공 신경망 모델이 광고횟수값을 입력받아서 예측한 제품판매량 값을 확인해보기 위해서는 Predictions 위젯을 더블클릭하면 된다. 다음 그림은 그 결과를 보여준다.

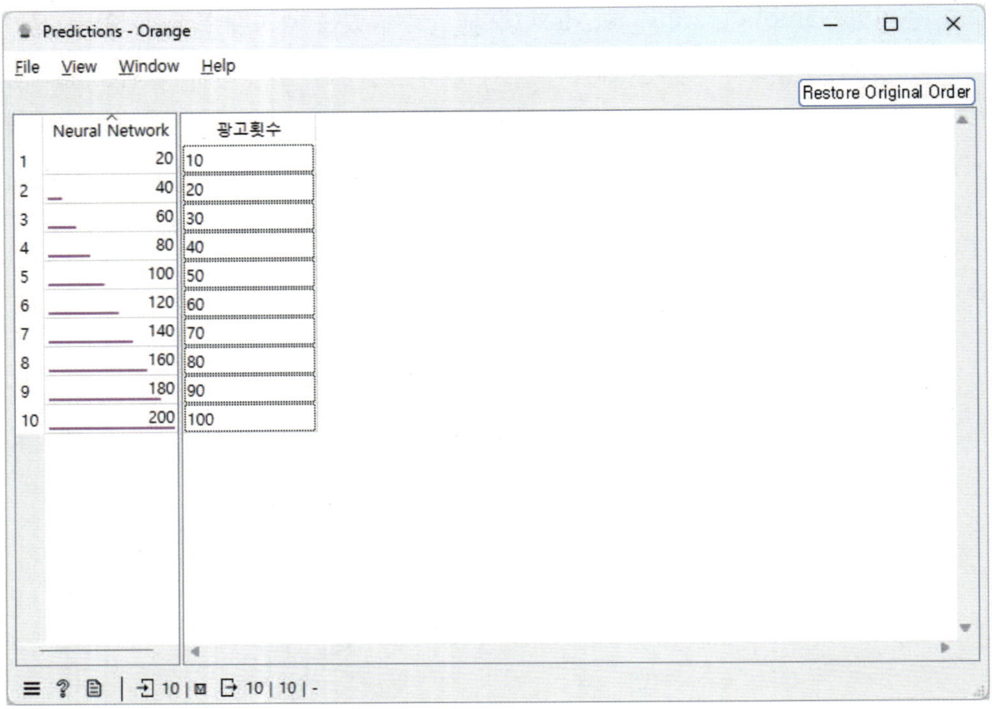

그림 6.27 인공 신경망을 통한 예측 결과

- 인공 신경망 모델의 예측 결과를 살펴보면, 모델 생성을 위해 학습시킨 광고횟수값들(10, 20, 30, …, 90)의 예측결과가 실제값과 일치하는 것을 알 수 있다. 뿐만 아니라 학습에 사용하지 않은 광고횟수값(100)의 경우에도 200이라는 값을 제공함으로써 매우 정확한 예측을 수행했음을 확인할 수 있다.
- 인공 신경망을 통해 예측한 제품 판매량의 실제값(소수점 단위까지 표현된 값)을 확인해보기 위해서는 다음 그림과 같이 Predictions 위젯에 Data Table을 연결해보도록 하자.

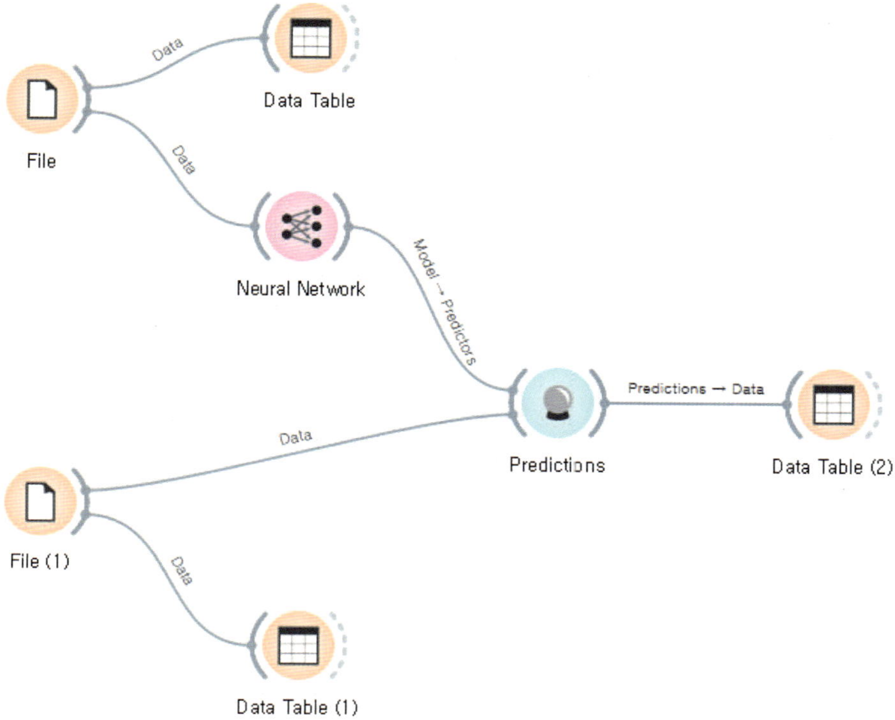

그림 6.28 Predictions 위젯에 Data Table 위젯을 연결

연결한 후 Data Table 위젯을 더블클릭하면 다음 그림과 같은 결과를 확인할 수 있다. 1번부터 9번까지의 데이터를 살펴보면 인공 신경망을 통한 예측결과가 실제값과 거의 동일함을 알 수 있다. 또한 새롭게 예측하고자 하는 10번 데이터(광고횟수 100)의 경우에도 제품판매량을 200으로 예측해주고 있는데 이는 기존 1번부터 9번까지의 데이터 경향을 살펴보았을 때 거의 정확한 값임을 추측할 수 있다.

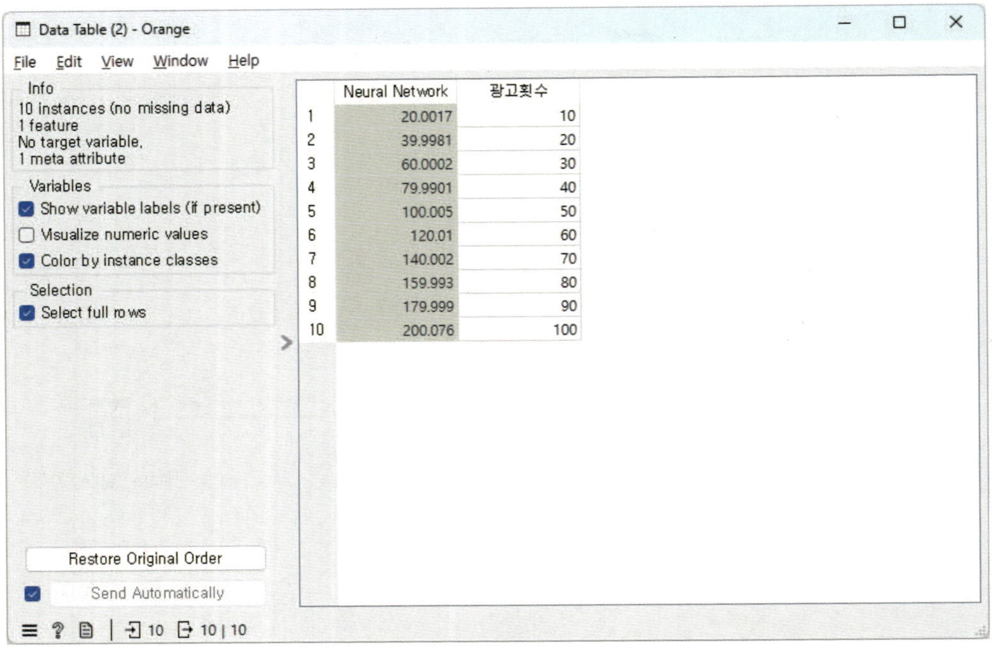

그림 6.29 인공 신경망을 통해 도출된 실제 예측값

6.8 심층 신경망을 활용한 데이터 분류

오렌지 도구를 활용하여 앞서 학습한 심층 신경망 내용을 실제 데이터 셋에 적용해보고 그 결과를 고찰해보자. 본 장에서는 심층 신경망에 데이터 셋을 학습시켜 분류(classification) 작업을 수행해보도록 한다. 분류 문제 해결을 위해서도 이전 장에서 언급한 예측 문제 해결하는 방법과 동일한 절차로 쉽게 진행할 수 있으니 어렵게 생각하지 말도록 하자.

예측 작업과 분류 작업은 특정 변수의 값을 미리 알아 맞힌다는 점에서는 공통점이 있지만 약간의 차이가 있으므로 구분될 필요가 있다. 예측과 분류의 차이점은 알아맞히고자 하는 변수(종속변수)가 수치형인지 범주형인지에 따라서 구분된다. 즉, 예측은 수치형 변수의 값을 맞히는 것이고, 분류는 범주형 변수의 값을 맞히는 것이다. 예를 들어, 고등학생의 과목별 성적점수를 입력값으로 하여 수능점수값을 추측하는 것이 예측이라면, 이러한 입력된 점수값을 바탕으로 범주형으로 이루어진 내신등급을 추측하는 것을 분류로 볼 수 있다.

이러한 이론적인 내용을 기반으로 다음과 같은 분류 작업을 위한 예제를 수행해 보자.

<붓꽃(iris) 종류 분류해보기>
붓꽃은 푸른 빛이 도는 보라색 잎을 가진 여러해살이 풀이다. 이러한 붓꽃은 버시칼라(Versicolor), 세토사(Setosa), 버지니카(Virginica)라는 3가지 품종으로 구분되고, 각 품종마다 꽃받침(sepal)과 꽃잎(petal)의 크기가 서로 다르다. 오렌지 도구에서는 이러한 붓꽃의 데이터 셋을 기본적으로 제공하고 있는데, 이러한 데이터 셋을 심층 신경망에 학습시켜 꽃의 형태(꽃받침과 꽃잎의 크기)에 따라 그 꽃이 어떤 종류의 붓꽃인지 분류해보도록 하자.

출처 : https://www.kaggle.com/code/sunaysawant/iris-eda

그림 6.30 붓꽃의 3가지 품종

(1) 데이터 셋 준비 및 설정하기

- File 위젯을 캔버스로 배치한다.
- 다음으로 File 위젯을 더블클릭하면 새로운 창이 열리는데, 우측 상단에 서류모양 폴더 버튼을 클릭하고 붓꽃 정보가 담긴 iris.tab 데이터 셋 파일을 선택한다. 만일 iris.tab 데이터 셋 파일이 없는 경우, Datasets 위젯을 캔버스에 위치시킨 후 더블클릭하여 iris.tab 데이터 셋을 직접 다운로드드힐 수도 있다.

- iris.tab 데이터 셋을 선택하면 새롭게 열리는 그림 6.31과 같은 창에서 각 변수 정보를 확인할 수 있다. 분류하고자 하는 값이 붓꽃의 품종(Versicolor, Setosa, Virginica)이기 때문에 iris라는 변수의 Role이 target으로 잘 설정되어 있는지 확인한다. 그 외 나머지 변수들은 꽃받침과 꽃잎의 길이와 폭(sepal length, sepal width, petal length, petal width)에 대한 데이터다.
- iris.tab 데이터 셋의 실제 값들을 확인하기 위해서는 그림 6.32와 같이 Data Table 위젯을 캔버스에 위치시킨 후 File 위젯과 이어주도록 한다. Data Table 위젯을 더블클릭하면 그림 6.33과 같이 데이터 셋의 값을 쉽게 확인할 수 있다.

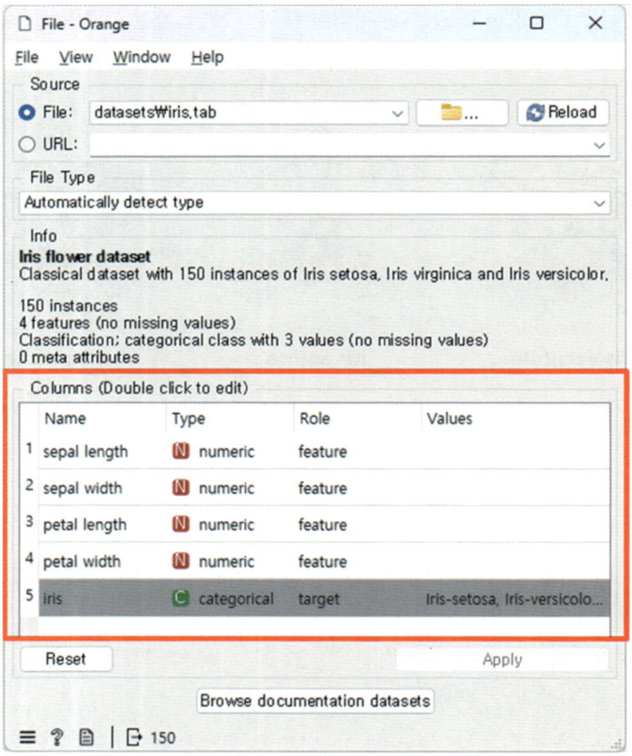

그림 6.31 File 위젯 더블클릭 후 Role 설정 확인

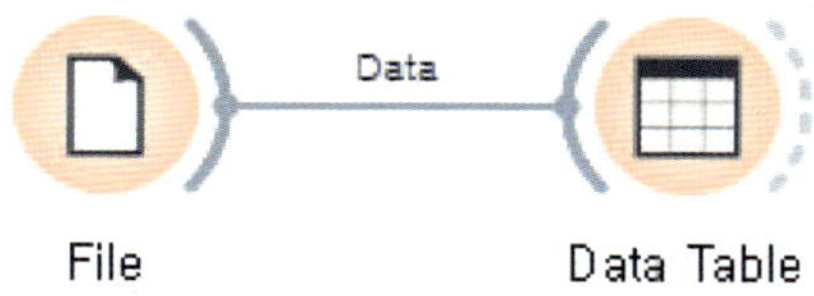

그림 6.32 File 위젯과 Data Table 위젯의 연결 결과

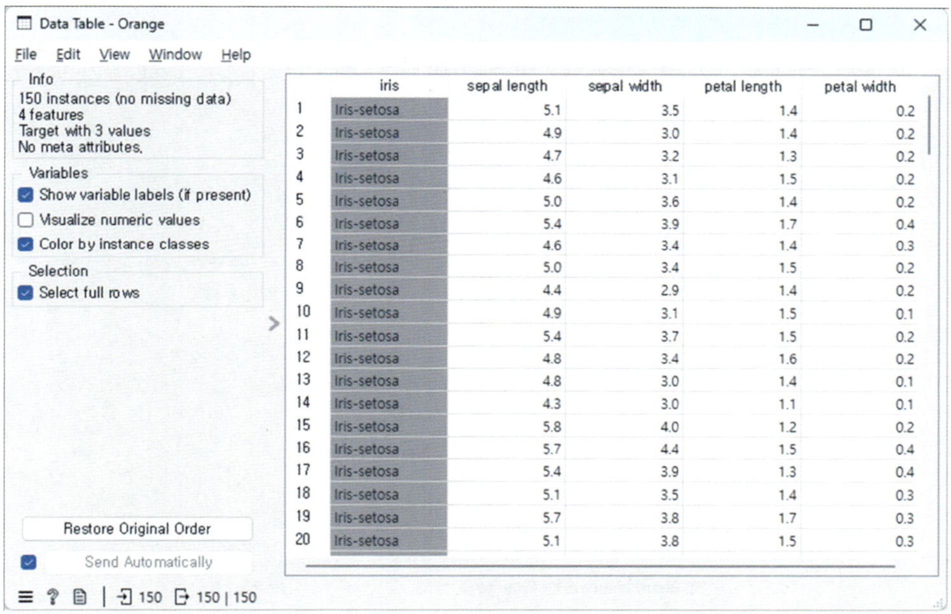

	iris	sepal length	sepal width	petal length	petal width
1	Iris-setosa	5.1	3.5	1.4	0.2
2	Iris-setosa	4.9	3.0	1.4	0.2
3	Iris-setosa	4.7	3.2	1.3	0.2
4	Iris-setosa	4.6	3.1	1.5	0.2
5	Iris-setosa	5.0	3.6	1.4	0.2
6	Iris-setosa	5.4	3.9	1.7	0.4
7	Iris-setosa	4.6	3.4	1.4	0.3
8	Iris-setosa	5.0	3.4	1.5	0.2
9	Iris-setosa	4.4	2.9	1.4	0.2
10	Iris-setosa	4.9	3.1	1.5	0.1
11	Iris-setosa	5.4	3.7	1.5	0.2
12	Iris-setosa	4.8	3.4	1.6	0.2
13	Iris-setosa	4.8	3.0	1.4	0.1
14	Iris-setosa	4.3	3.0	1.1	0.1
15	Iris-setosa	5.8	4.0	1.2	0.2
16	Iris-setosa	5.7	4.4	1.5	0.4
17	Iris-setosa	5.4	3.9	1.3	0.4
18	Iris-setosa	5.1	3.5	1.4	0.3
19	Iris-setosa	5.7	3.8	1.7	0.3
20	Iris-setosa	5.1	3.8	1.5	0.3

그림 6.33 File 위젯에 연결된 Data Table 위젯 더블클릭 후 데이터 셋 확인

(2) 준비한 데이터 셋을 심층 신경망에 학습시키기

- 데이터 셋이 준비되었다면 이를 심층 신경망을 통한 딥러닝 방식으로 학습시켜 보자. 오렌지 도구에서는 심층 신경망 학습도 매우 쉽게 처리할 수 있다. 우선 Neural Network 위젯을 캔버스에 위치시킨다. 그리고 그림 6.34와 같이 iris.tab 데이터 셋이 담긴 File 위젯을 Neural Network 위젯과 연결시켜 준다.

- 심층 신경망 형태의 딥러닝으로 학습을 시키기 위해서는 Neural Network 위젯을 더블클릭 한 이후 새롭게 열리는 창에서 설정할 수 있다. Neurons in hidden layers라는 항목은 은닉층마다 가질 수 있는 노드수를 나타내고, 은닉층의 개수는 콤마를 통해 늘려나갈 수 있다. 본 예제에서는 그림 6.35와 같이 심층 신경망을 3개의 은닉층으로 구성하고 각 은닉층마다 100개, 90개, 80개의 노드수로 설정해보자. 그리고, Activation 부분을 ReLU, Solver 부분을 L-BFGS-B로 선택해 보도록 한다.
- 설정이 끝나면 구성된 심층 신경망으로 바로 학습을 수행하고 모델을 생성한다.

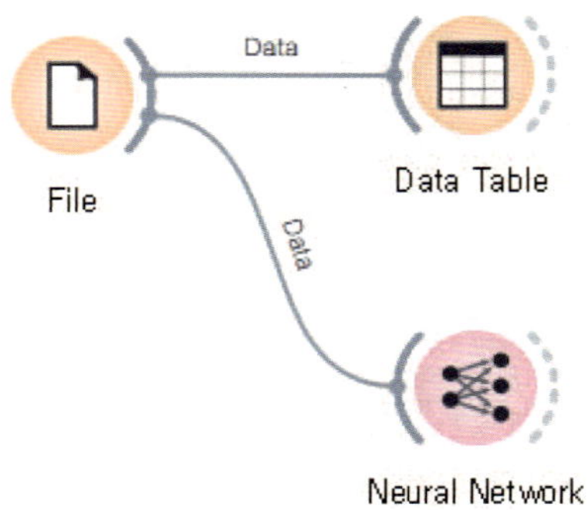

그림 6.34 Neural Network 위젯을 File 위젯과 연결

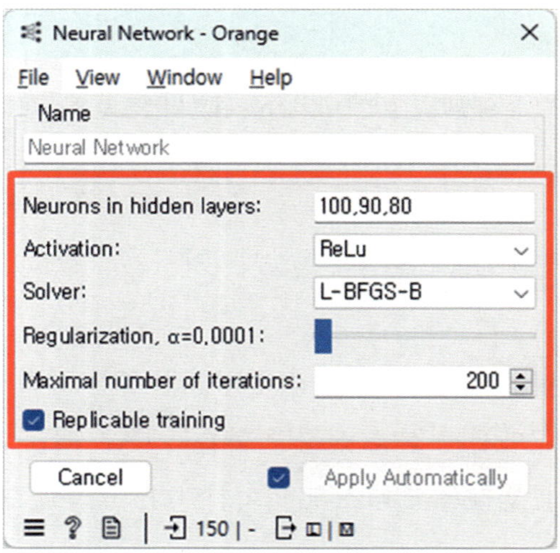

그림 6.35 심층 신경망 구성 및 학습을 위한 세부 설정

(3) 신규 붓꽃 품종 데이터에 대한 분류 수행하기

- 앞 단계를 통해 심층 신경망에 데이터를 학습시켜 모델 생성을 완료하였다. 이렇게 생성된 모델에 품종이 명확히 판단되지 않는 두 가지 붓꽃 데이터를 입력시켜 어떤 품종으로 분류되는지 한번 확인해보자.
- 품종이 명확히 판단되지 않는 붓꽃의 데이터는 다음과 같은 형태의 엑셀 파일로 만들어보자. 만든 엑셀 파일의 이름은 Sample_testing_set_iris.xlsx로 설정하였다.

sepal length	sepal width	petal length	petal width
5.0	3.7	1.9	0.4
5.7	3.1	4.8	1.3

- File 위젯을 캔버스로 배치한다. 캔버스에 File 위젯이 이미 존재하기 때문에 File (1)이라는 이름으로 생성된다.
- File 위젯을 더블클릭하여 우측 상단에 서류모양 폴더 버튼을 클릭하고 방금 생성한 Sample_testing_set_iris.xlsx 데이터 셋 파일을 선택한다. 참고로 캔버스에 File 위젯이 있을 경우 중복된 이름을 피하기 위해 File (1) 이라는 이름으로 생성된다.
- 그림 6.36과 같이 데이터 셋을 구성하는 열(column) 정보를 확인할 수 있다. 붓꽃의 꽃받침과 꽃잎의 길이와 폭 데이터(sepal length, sepal width, petal length, petal width)는 해당 붓꽃이 어떠한 품종인지 분류하기 위한 정보가 되는 변수이기 때문에 Role이 feature로 지정되어 있는지 확인한다.
- Sample_testing_set_iris.xlsx에 담겨 있는 실제 데이터 값들을 확인하기 위해서는 그림 6.37과 같이 Data Table 위젯을 캔버스에 위치시킨 후 File (1) 위젯과 서로 이어준다. Data Table 위젯도, 위의 File 위젯의 경우와 마찬가지로, Data Table 위젯이 캔버스에 이미 존재할 경우 중복된 이름을 피하기 위해 Data Table (1)이라는 이름으로 생성된다. Data Table (1)을 더블클릭하면 그림 6.38과 같이 호출된 데이터 셋의 값을 쉽게 확인할 수 있다.

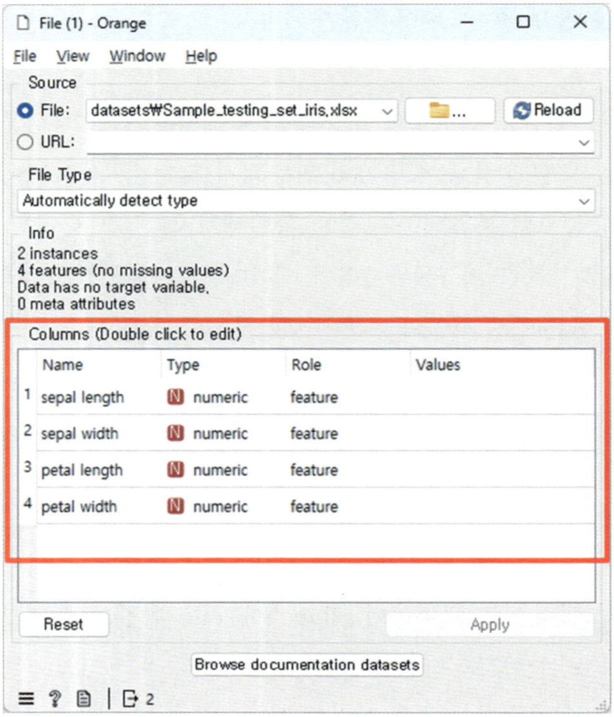

그림 6.36 File (1) 위젯 더블클릭 후 Role 설정 확인

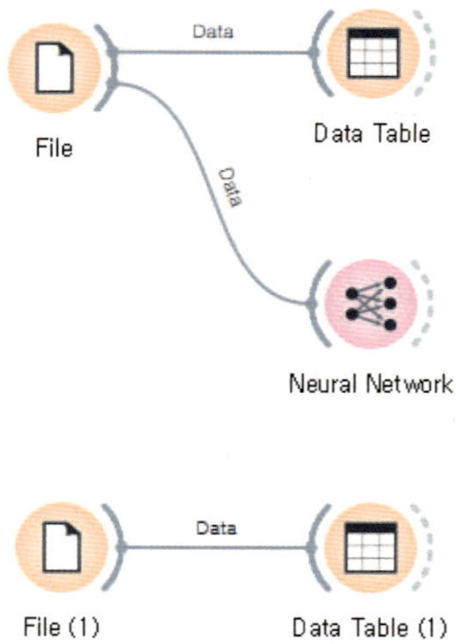

그림 6.37 File (1) 위젯과 Data Table(1) 위젯의 연결 결과

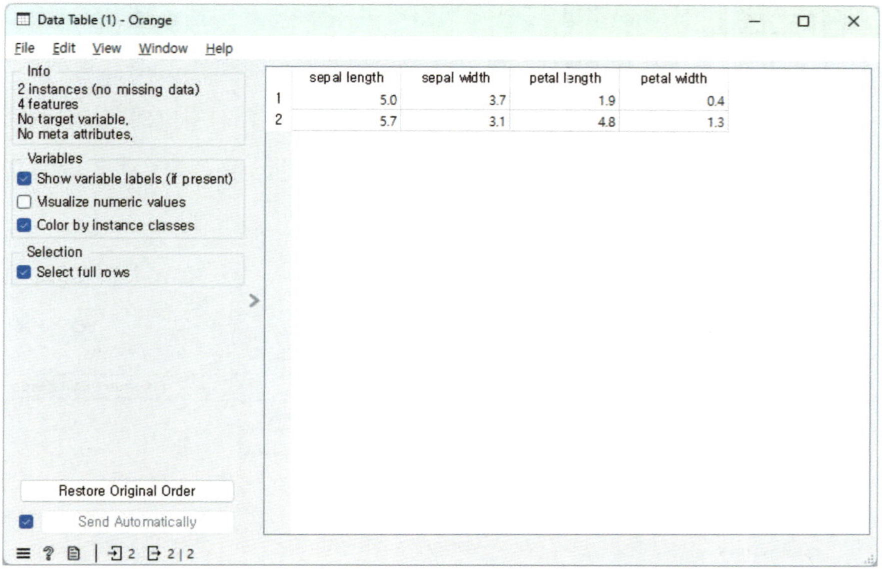

그림 6.38 File (1) 위젯에 연결된 Data Table (1) 위젯 더블클릭 후 데이터 셋 확인

- 준비한 Sample_testing_set_iris.xlsx 데이터 셋에 있는 두 가지 붓꽃 데이터를 심층 신경망 모델에 입력하여 어떠한 품종인지 분류하기 위한 작업은 매우 간단히 수행할 수 있다. 그림 6.39처럼 Predictions 위젯을 캔버스에 위치시킨 후 Neural Network 위젯과 File (1) 위젯을 함께 연결만 해주면 된다. 연결하는 순간 File (1)의 두 가지 붓꽃 데

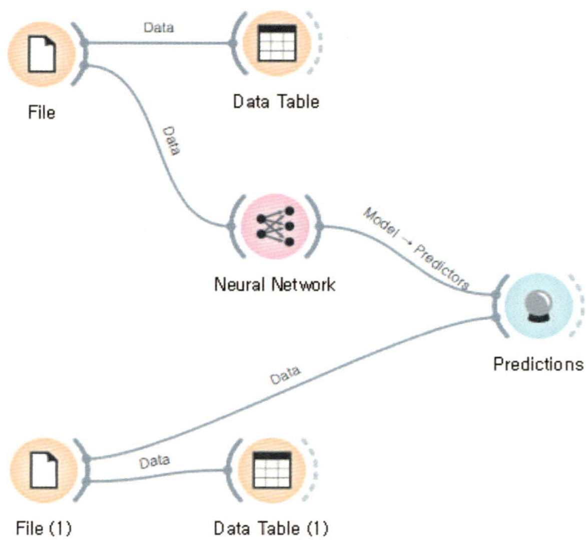

그림 6.39 Predictions 위젯을 활용한 데이터 예측

이터를 생성된 심층 신경망 모델에 입력하여 품종을 분류해준다.

- 분류된 붓꽃 품종을 확인하기 위해서 Predictions 위젯을 더블클릭해보자. 그림 6.40에서 확인할 수 있듯이, 첫 번째 붓꽃은 심층 신경망의 딥러닝을 통해 Setosa 품종으로 분류되었고, 두 번째 붓꽃은 Versicolor 품종으로 분류되었음을 확인할 수 있다.

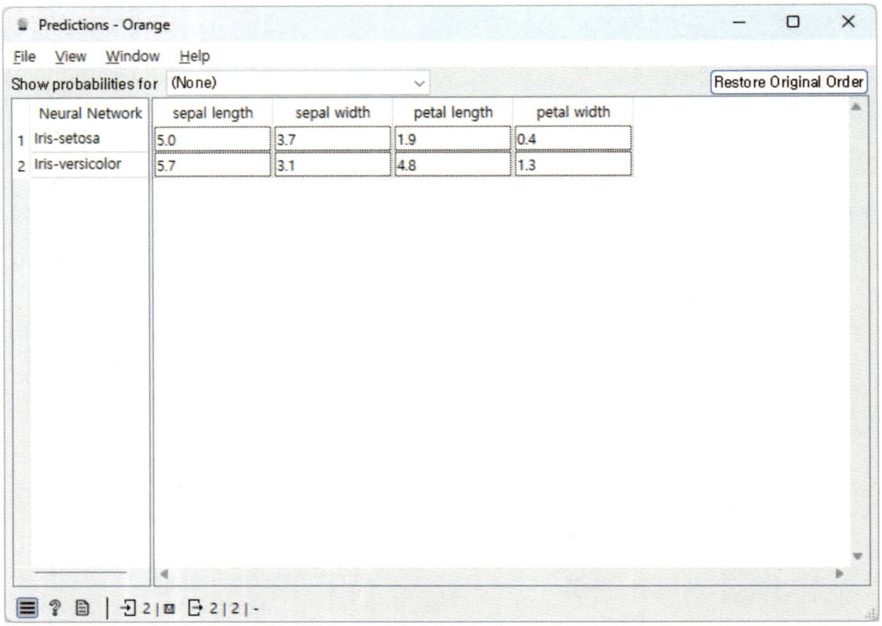

그림 6.40 인공 신경망을 통한 예측 결과

- 그림 6.40을 통한 결과에는 분류된 품종 결과만을 보여주고 있지만, 실제로는 특정 붓꽃의 데이터를 심층 신경망에 입력하면 해당 붓꽃이 Versicolor인지, Setosa인지, Virginica인지 확률을 내부적으로 계산하고 가장 높은 확률을 가지는 품종으로 분류한다. Predictions 위젯에 Data Table 위젯을 연결시켜 결과를 확인할 수도 있다.

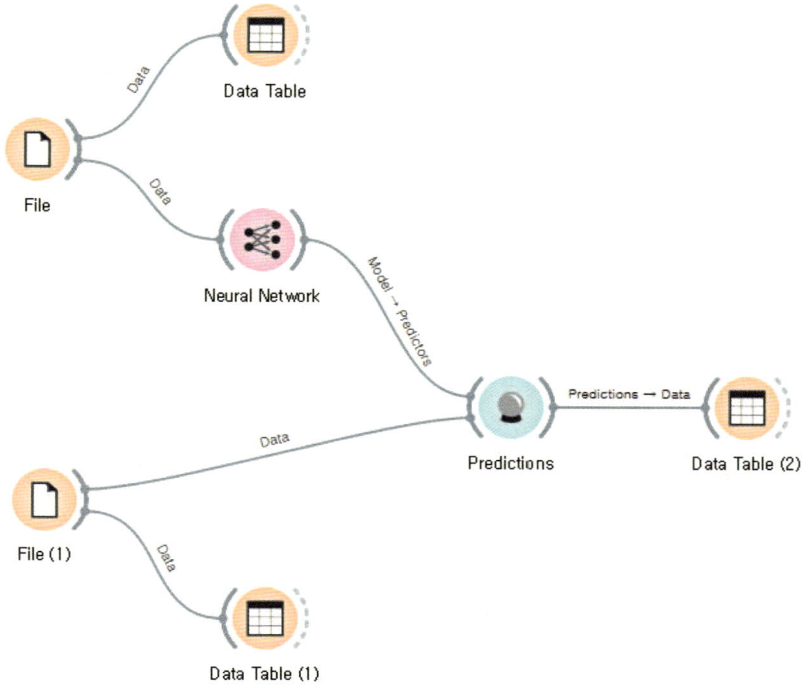

그림 6.41 Predictions 위젯에 Data Table 위젯을 연결

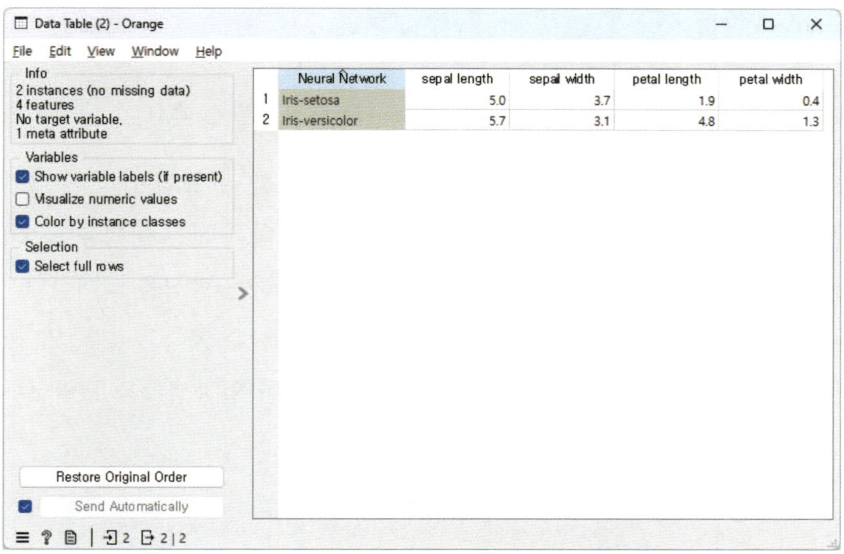

그림 6.42 Data Table (2)를 통한 분류 결과 확인

연습문제

1. 인공지능에 대한 설명으로 적절하지 않은 것을 고르시오.

① 인공지능은 인간의 학습능력, 추론능력, 지각능력, 논증능력, 자연언어의 이해능력 등을 인공적으로 구현한 컴퓨터 프로그램 또는 이를 포함한 컴퓨터 시스템이다.

② 기계가 경험을 통해 학습하고 새로운 입력 내용에 따라 기존 지식을 조정하며 사람과 같은 방식으로 과제를 수행할 수 있도록 지원하는 기술이다.

③ 기계학습 및 딥러닝을 통해 학습되지 않은 상황에서도 어떤 결과가 맞는지 틀린지 판단할 수 있다.

④ 4차 산업혁명의 핵심 기술 중 하나다.

⑤ 인공지능 기술을 활용해 인공지능 스피커, 챗봇, 외국어 자동번역기, 자율 주행 자동차, 인공지능 로봇 등 인공지능 기반의 다양한 서비스와 제품이 출시되고 있다.

2. 인공지능, 기계학습, 심층학습에 대한 설명으로 틀린 것을 고르시오.

① 인공지능은 기계학습을 포함한 상위 개념으로 볼 수 있다.

② 기계학습은 데이터를 통해 기계가 스스로 학습하게 하는 방법을 의미한다.

③ 심층학습은 인공 신경망 방식으로 정보를 처리하는 방식을 의미한다.

④ 기계학습은 심층학습에 속하는 부분집합으로 볼 수 있다.

⑤ 현재 인공지능 기술을 통해 인간이 보다 편리한 일상생활을 누릴 수 있도록 다양한 방면으로 연구가 진행되고 있다.

3. 딥러닝 기법이 현대사회에 들어 부상하게 된 이유로 적절하지 않은 것을 고르시오.

① 기계학습에 비해 상대적으로 학습시간이 짧고 정확성이 높음.
② 수많은 데이터들이 수집되고 활용할 수 있게 됨.
③ GPU의 발전으로 병렬처리가 가능해짐.
④ 효율적인 딥러닝 알고리즘들이 연구되고 있음.
⑤ 정보 공유의 시대에 따라 DNN 관련 오픈 소스들에 대해 많은 사람들이 함께 연구.

4. 다음 중 인공지능 기술이 적용된 예가 아닌 것을 고르시오.

① 데이터 학습 및 컴퓨터 비전 기술을 통한 자율주행시스템
② 사용자 문의에 자동응대하는 챗봇
③ 사람의 감정 인식이 가능한 로봇
④ 컴퓨터 키보드
⑤ 바둑 프로그램 알파고

5. 인공 신경망에 대한 설명으로 적절하지 않은 것을 고르시오.

① 인공 신경망의 기본 원리는 사람의 뇌를 구성하는 신경 세포인 뉴런의 동작 원리에 기초하고 있다.
② 인공 신경망은 이러한 생물학적 신경망을 인공적으로 모방하여 만들어진 신경망이며 수학적인 연산을 포함하고 있다.
③ 인공 신경망의 층은 입력층, 은닉층, 출력층으로 구분될 수 있다.
④ 여러개의 은닉층을 가진 형태의 신경망을 심층 신경망으로 지칭한다.
⑤ 심층 신경망과 딥러닝은 서로 상호배타적인 관계에 있는 개념이다.

6. 오렌지 도구에 대한 설명으로 틀린 것을 고르시오.

① 오렌지는 기계학습 기법들을 아주 쉽게 활용해 볼 수 있도록 지원해주는 그래픽 기반의 도구다.

② 오렌지는 윈도우 운영체제에서만 설치할 수 있다.

③ 특정기능을 가지는 아이콘들을 드래그 앤 드롭(Drag and Drop)방식으로 연결함으로써 원하는 작업 진행이 가능하다.

④ 기계학습을 수행하기 위해 프로그래밍이 필요 없다.

⑤ 오렌지 도구의 초기 실행 화면은 크게 위젯과 캔버스로 구성되어 있다.

실습문제

1. 신체질량지수(Body Mass Index: BMI)란, 신장과 체중의 비율을 사용한 체중의 객관적인 지수를 의미한다. 이러한 지수는 체중(kg)을 키의 제곱(㎡)으로 나눈 값을 통해 지방의 양을 추정하는 비만측정법으로 많이 활용되고 있다. 비만 측정의 기준은 대한비만학회 비만 진료지침에 따라 다음과 같이 지정되어 있다.

* BMI 기준 소개
- BMI 23-24.9 kg/㎡: 비만 전 단계(과체중 or 위험체중) - BMI 25-29.9 kg/㎡: 1단계 비만 - BMI 30-34.9 kg/㎡: 2단계 비만 - BMI ≥ 35 kg/㎡: 3단계 비만(고도비만)

다음 경로에서 BMI 데이터 셋을 다운로드 받은 후, 오렌지 도구의 신경망 위젯을 활용하여 특정 사람들의 BMI를 예측해보자.

- 데이터 셋 다운로드 경로: https://www.kaggle.com/datasets/vishweshsalodkar/body-mass-index
- 본 데이터 셋은 60개의 행(데이터)과 다음처럼 6개의 열(컬럼)으로 이루어져 있음.

	변수명	설명
1	SR.NO	데이터 ID (일련번호)
2	Height	키
3	Weight	몸무게
4	Age	나이
5	Gender	성별
6	BMI	체질량지수

- 신경망에 학습시킬 데이터는 BMI_training_set.xlsx로 생성하기(60개의 전체

데이터들을 BMI_training_set.xlsx으로 만들기).

- 예측해보고자 하는 데이터는 BMI_testing_set.xlsx로 생성하기(60개의 전체 데이터들을 BMI_testing_set.xlsx으로 만들기. 학습에 활용한 60개의 데이터들에 대한 실제 BMI가 얼마나 정확하게 예측이 되는지 확인).
- Neural Network 위젯에서 Neuron in hidden layers는 100으로 설정, Activation은 ReLU로 설정, Solver는 L-BFGS-B로 설정, Maximal number of iterations은 1000으로 설정하기.

(추가) 본인 데이터를 BMI_testing_set.xlsx로 만들어 인공 신경망에 입력시켜 얼마나 정확한 값이 도출되는지도 한번 확인해보자.

2. BMI 수치를 포함한 각종 개인 건강 정보 데이터들을 오렌지 도구의 신경망 위젯을 통해 학습시킨 후 개인 의료 비용을 예측해보자.

- 데이터 셋 다운로드 경로: https://www.kaggle.com/datasets/teertha/ushealthinsurancedataset
- 본 데이터 셋은 1,338개의 행(데이터)과 다음처럼 7개의 열(컬럼)로 이루어져 있음.

	변수명	설명
1	age	나이
2	sex	건강보험 계약자 성별 - 여성(female) - 남성(male)
3	BMI	체질량지수
4	children	건강보험 혜택 범위에 포함되는 자녀의 수

5	smoker	흡연 여부 - yes - no
6	region	미국내 거주 지역 - northeast - southeast - southwest - northwest
7	charges	건강보험에 의해 청구된 개인 의료 비용

- 다양한 변수 중 "charges" 변수를 target으로 설정하여 예측.
- 학습시킬 데이터는 총 1,338개 데이터 중 임의로 1,000개의 데이터를 랜덤 지정하여 구성하기. 신경망에 학습시킬 데이터는 Insurance_training_set.csv로 생성하기.
- 학습에 사용된 1,000개의 데이터를 제외한 나머지 338개의 데이터를 예측에 활용해보기. 예측해보고자 하는 데이터는 insurance_testing_set.csv로 생성하기.
- Neural Network 위젯에서 여러 가지 파라미터들을 조절해 가며 보다 정확한 예측 결과를 도출해주는 설정값도 확인해보기.

참고 문헌

1. https://www.korea.kr/special/policyCurationView.do?newsId=148868542#
2. https://www.ntis.go.kr/issuernd/userIssue/userIssueDtl.do?searchTopicNo=UR2020091374
3. https://en.wikipedia.org/wiki/Watson_(computer)
4. https://www.kistep.re.kr/boardDownload.es?bid=0032&list_no=19515&seq=6047
5. 김대수, 김경동, 처음 만나는 인공지능, 생능출판사, 2023.
6. 오피니언 리더가 전망하는 지능정보사회 미래와 도전과제, 한국정보화진흥원, 2016.
7. 지능정보사회 중장기 종합대책, 관계부처 합동, 2016.
8. 인공지능기술청사진2030, 정보통신기획평가원, 2020
9. https://terms.tta.or.kr/dictionary/dictionaryView.do?subject=%EC%9D%B8%EA%B3%B5+%EC%8B%A0%EA%B2%BD%EB%A7%9D
10. https://www.elastic.co/kr/what-is/neural-network
11. https://www.ibm.com/kr-ko/topics/neural-networks
12. https://commons.wikimedia.org/wiki/File:Derived_Neuron_schema_with_no_labels.svg13. https://image-net.org/challenges/LSVRC
14. 오일석, 이진선, 파이썬으로 만드는 인공지능, 한빛아카데미, 2021.
15. https://orangedatamining.com

부록 프로그래밍 문제 풀이

Appendix

Chapter 1

1. *’나 ‘+’ 연산자를 이용하여 문자열을 출력

```
print('좋아요' * 10)
print('G' + 'o'*20 + 'd')
x = '아름다운'
y = '우리나라'
print((x + ' ' + y) * 5)
```

3. “평”을 입력받아 제곱미터(m^2)를 출력

```
py = int(input("평을 입력하세요: "))
m2 = py * 3.3
print(f"{py}평은 {m2:.1f}제곱미터 입니다.")
```

5. 양의 정수 x와 y를 입력받은 다음, xy + xx + yy를 출력

```
x, y = input("양의 정수 x와 y를 입력하세요: ").split()
xy = x + y
xx = x + x
yy = y + y
sum = int(xy) + int(xx) + int(yy)
print(f"{xy} + {xx} + {yy} = {sum}")
```

7. 두 점의 좌표 (x1, y1)과 (x2, y2)를 입력받은 다음, 두 점 사이의 거리를 구하기

```
import math

x1, y1 = input("첫 번째 점의 좌표를 입력하세요: ").split()
x1 = float(x1)
y1 = float(y1)
x2, y2 = input("두 번째 점의 좌표를 입력하세요: ").split()
x2 = float(x2)
y2 = float(y2)

distance = math.sqrt((x2 - x1)**2 + (y2 - y1)**2)
print(f"두 점 사이의 거리 = {distance:.2f}")
```

9. 새로운 통장의 비밀번호를 등록받은 다음, 4자리 숫자인지 검사

```
pwd = input("새로운 비밀번호를 등록하세요: ")
if not pwd.isdigit() or len(pwd) != 4 :
    print("오류 발생: 4자리 수가 아닙니다.")
else :
    print("정상적으로 등록되었습니다.')
```

11. 주택청약의 1순위 조건을 만족하는지를 출력

```
size, city, deposit = input("면적과 지역, 예치금을 입력하세요: ").split()
size = int(size)
deposit = int(deposit)
if city == '서울' or city == '부산' :
    if size < 100 :
        if deposit >= 6000000 :
            print("1순위 입니다.")
        else :
            print("1순위가 아닙니다.")
    else :
        if deposit >= 10000000 :
            print("1순위 입니다.")
        else :
            print("1순위가 아닙니다.")
else :
    if size < 100 :
        if deposit >= 4000000 :
```

```
        if ...
            print("1순위 입니다.")
        else :
            print("1순위가 아닙니다.")
else :
    if deposit >= 7000000 :
        print("1순위 입니다.")
    else :
        print("1순위가 아닙니다.")
```

13. 룰렛 게임

```
number = int(input(“번호를 입력하세요(0~36): “))

if number == 0:
    print(“{}번은 초록색입니다”.format(number))
elif number <= 10 or 19 <= number <= 28:
    if number % 2 == 1:
        print(“{}번은 빨강색입니다”.format(number))
    else:
        print(“{}번은 검정색입니다”.format(number))
elif number <= 18 or 29 <= number <= 36:
    if number % 2 == 1:
        print(“{}번은 검정색입니다”.format(number))
    else:
```

```
        print("{}번은 빨강색입니다".format(number))
else :
    print("0부터 36사이의 정수를 입력하세요.")
```

15. 숫자 맞추기 게임

```
answer = random.randint(1, 100)
count = 1
while True :
    guess = int(input("숫자를 입력하세요: "))
    if guess == -1 :
        print(f"게임을 종료합니다. 정답은 {answer} 입니다.")
        break
    elif guess == answer :
        print(f"정답입니다. 시도 횟수 = {count}")
        break
    elif guess < answer :
        print("입력한 수보다 큽니다.")
    else :
        print("입력한 수보다 작습니다.")
    count = count + 1
```

17. 두 수를 입력받아 두 수 사이에 존재하는 모든 소수를 구하기

```
start, end = input("시작과 끝의 양수 2개를 입력하세요: ").split()
start = int(start)
end = int(end)
print(f"{start}부터 {end} 사이에 존재하는 소수: ", end="")
for num in range(start, end+1) :
    if num == 1 or num != 2 and num % 2 == 0 : # 1이거나 2가 아닌 짝수
        continue
    for x in range(3, num // 2, 2) :
        if num % x == 0 :
            break
    else :
        print(num, end=" ")
```

19. 세 자리 정수 중에서 암스트롱의 수를 모두 찾아 출력

```
for num in range(100, 1000) :
    x = num // 100        # 100의 자리
    y = num % 100 // 10   # 10의 자리
    z = num % 10
    if x ** 3 + y ** 3 + z ** 3 == num:
        print(num, end=" ")
```

21. 1부터 n^2까지의 연속된 수를 행의 순서와 열의 순서로 각각 출력

```
n = int(input("2부터 10사이의 정수를 입력하세요: "))
print("행 순서로 출력")
for row in range(5):
    for col in range(1, 6):
        print(f"{row * 5 + col:2d}", end=" ")
    print()
print("₩n열 순서로 출력")
for row in range(1, 6):
    for col in range(5):
        print(f"{row + col * 5:2d}", end=" ")
    print()
```

Chapter 2

1. 변형된 로또 함수를 활용해 로또 게임 만들기

   ○ 사용자로부터 1부터 45사이의 숫자 6개를 입력 받는다.

   ○ 로또 함수로 생성한 로또 번호와 비교해서 등수를 출력한다.

   ○ 등수

   - 1등 : 6개 숫자 정답
   - 2등 : 5개 숫자자 정답
   - 4등 : 3개 숫자 정답
   - 꽝 : 나머지

   ○ 한번에 숫자 6개 입력

   - 숫자를 입력 정답
   - 3등 : 4개 숫 받아서 리스트로 저장 함수

- 로또 번호 생성

```
import random

lottoNumber = []
while True:
    if len(lottoNumber) == 6:
        break
    newNumber = random.randint(1,45)
    if newNumber not in lottoNumber:
        print(newNumber)
        lottoNumber.append(newNumber)

```

- 사용자에게 중복되지 않는 숫자 6개 입력받기

```
numbers = []
while True:
    if len(numbers) == 6:
        break
    inputNum = int(input('숫자를 입력하세요:'))
    if inputNum not in numbers:
        numbers.append(inputNum)
```

- 정답 및 등수 확인하기

```
count = 0
for num in inputNumbers:
    if num in lottoNumbers:
        count++
    if count == 6:
        print('1등')
    elif count == 5:
        print('2등')
    elif count == 4:
        print('3등')
    elif count == 3:
        print('4등')
    else:
        print('꽝')

print("로또 번호!!!")
print(lottoNumbers)
```

3. 회문검사기 만들기

```
str = input('단어를 입력하세요:')
if str == str[::-1] :
    print('회문입니다.')
else
    print('회문이 아닙니다.')
```

5. Hello fucntion 출력 함수

```
def print_func():
    print("Hello Function")

for i in range(10):
    print_func()
```

7. 두 개 숫자의 합, 차, 곱, 나눗셈을 출력하는 함수

```
def print_arithmetic_operation(a, b):
    print(a, "+", b, "=", a + b)
    print(a, "-", b, "=", a - b)
    print(a, "*", b, "=", a * b)
    print(a, "/", b, "=", a / b)

print_arithmetic_operation(6, 8)
```

9. 리스트 중 짝수만 출력하는 함수

```
def print_even(my_list) :
    for v in my_list :
        if v % 2 == 0 :
            print(v)

print_even ([31, 23, 12, 10, 13, 110, 15])
```

11. 리스트중 특정 숫자를 찾는 함수

```
def Check_for_existence(k, t) :
    print(“%d => “ % t, end = “”)
    #t가 k안에 있다면
    if t in k :
        print(True)
    else:
        print(False)


k = [2, 4, 6, 8, 10]
print(k)
Check_for_existence(k, 5)
Check_for_existence(k, 10)
```

Chapter 3

1. 기상자료개방포털에서 대구의 2024년 11월 기온 데이터 엑셀 파일을 다운(자료구분: 일, 기간: 2024년 11월1일~2024년11월30일, 지역: 대구광역시)받은 후 오픈한다. 시각화를 위해 셀 A8~A38의 범위를 선택 후 Ctrl 키를 누른 채 셀 E8~E38을 선택한다. 이 후, [삽입]→[2차원 꺾은선형]→[표식이 있는 꺾은선 형]을 선택한다.

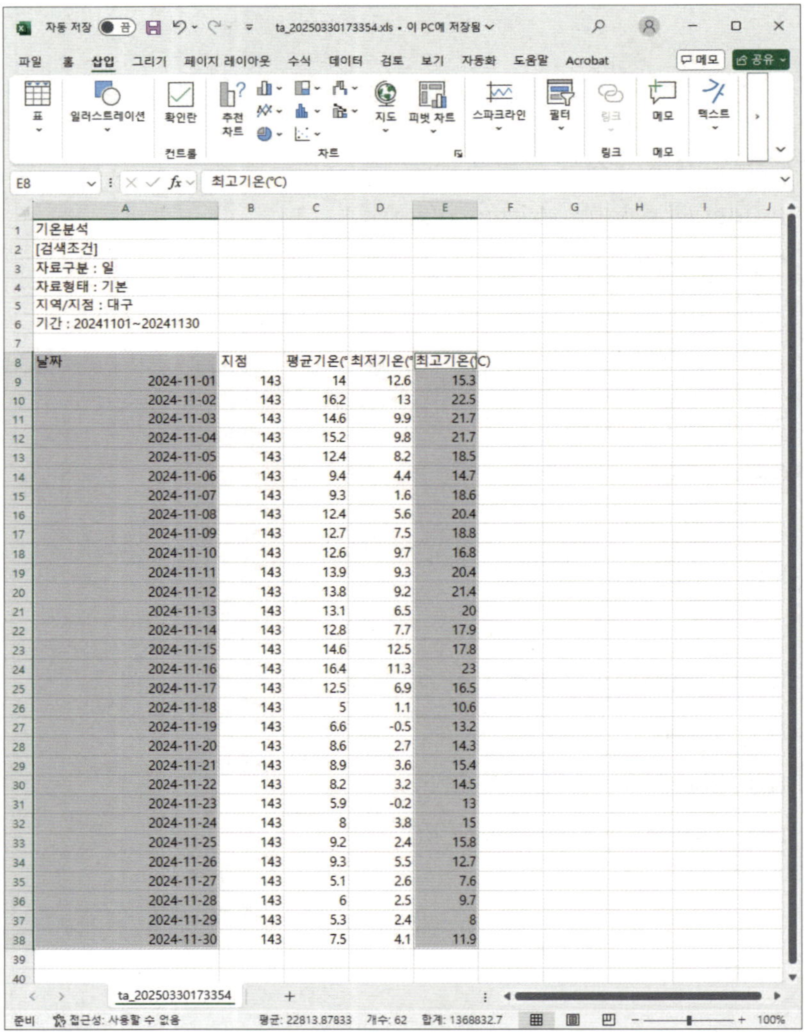

기온분석
[검색조건]
자료구분 : 일
자료형태 : 기본
지역/지점 : 대구
기간 : 20241101~20241130

날짜	지점	평균기온(°	최저기온(°	최고기온(°C)
2024-11-01	143	14	12.6	15.3
2024-11-02	143	16.2	13	22.5
2024-11-03	143	14.6	9.9	21.7
2024-11-04	143	15.2	9.8	21.7
2024-11-05	143	12.4	8.2	18.5
2024-11-06	143	9.4	4.4	14.7
2024-11-07	143	9.3	1.6	18.6
2024-11-08	143	12.4	5.6	20.4
2024-11-09	143	12.7	7.5	18.8
2024-11-10	143	12.6	9.7	16.8
2024-11-11	143	13.9	9.3	20.4
2024-11-12	143	13.8	9.2	21.4
2024-11-13	143	13.1	6.5	20
2024-11-14	143	12.8	7.7	17.9
2024-11-15	143	14.6	12.5	17.8
2024-11-16	143	16.4	11.3	23
2024-11-17	143	12.5	6.9	16.5
2024-11-18	143	5	1.1	10.6
2024-11-19	143	6.6	-0.5	13.2
2024-11-20	143	8.6	2.7	14.3
2024-11-21	143	8.9	3.6	15.4
2024-11-22	143	8.2	3.2	14.5
2024-11-23	143	5.9	-0.2	13
2024-11-24	143	8	3.8	15
2024-11-25	143	9.2	2.4	15.8
2024-11-26	143	9.3	5.5	12.7
2024-11-27	143	5.1	2.6	7.6
2024-11-28	143	6	2.5	9.7
2024-11-29	143	5.3	2.4	8
2024-11-30	143	7.5	4.1	11.9

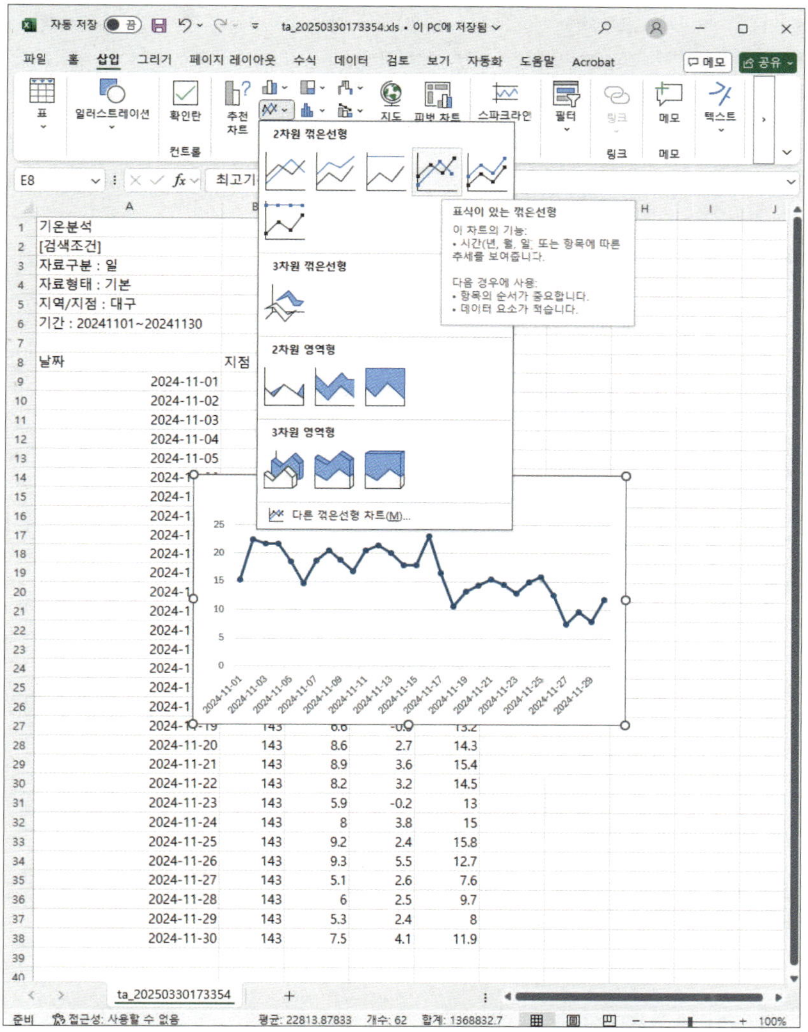

전체 데이터셋 중 가장 높은 온도와 가장 낮은 온도를 구하기 위해서는 MAX 함수와 MIN 함수를 이용하면 된다. 셀 G9, 셀 H9에 수식 =MAX(C9:E38), =MIN(C9:E38)을 각각 입력한다 (셀 G9, H9가 아닌 다른 비어 있는 셀에 입력해도 무관하다).

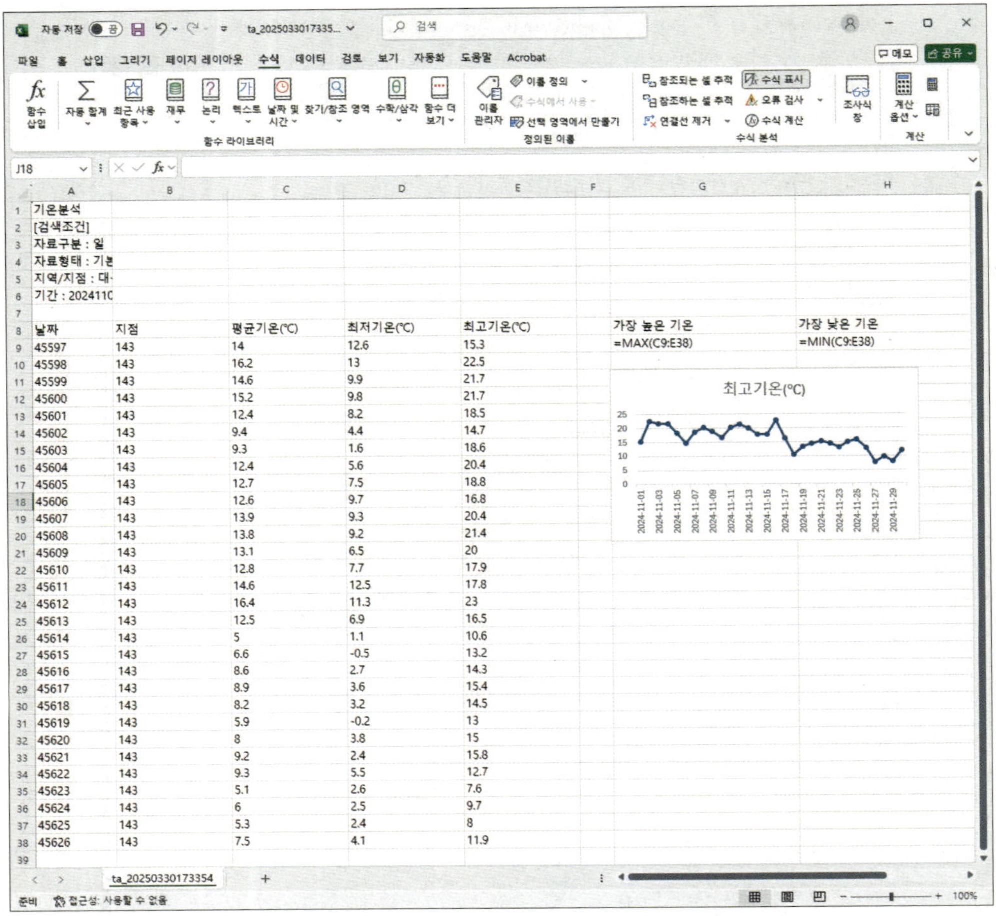

	A	B	C	D	E	F	G	H
1	기온분석							
2	[검색조건]							
3	자료구분 : 일							
4	자료형태 : 기본							
5	지역/지점 : 대							
6	기간 : 2024110							
7								
8	날짜	지점	평균기온(℃)	최저기온(℃)	최고기온(℃)		가장 높은 기온	가장 낮은 기온
9	45597	143	14	12.6	15.3		=MAX(C9:E38)	=MIN(C9:E38)
10	45598	143	16.2	13	22.5			
11	45599	143	14.6	9.9	21.7			
12	45600	143	15.2	9.8	21.7			
13	45601	143	12.4	8.2	18.5			
14	45602	143	9.4	4.4	14.7			
15	45603	143	9.3	1.6	18.6			
16	45604	143	12.4	5.6	20.4			
17	45605	143	12.7	7.5	18.8			
18	45606	143	12.6	9.7	16.8			
19	45607	143	13.9	9.3	20.4			
20	45608	143	13.8	9.2	21.4			
21	45609	143	13.1	6.5	20			
22	45610	143	12.8	7.7	17.9			
23	45611	143	14.6	12.5	17.8			
24	45612	143	16.4	11.3	23			
25	45613	143	12.5	6.9	16.5			
26	45614	143	5	1.1	10.6			
27	45615	143	6.6	-0.5	13.2			
28	45616	143	8.6	2.7	14.3			
29	45617	143	8.9	3.6	15.4			
30	45618	143	8.2	3.2	14.5			
31	45619	143	5.9	-0.2	13			
32	45620	143	8	3.8	15			
33	45621	143	9.2	2.4	15.8			
34	45622	143	9.3	5.5	12.7			
35	45623	143	5.1	2.6	7.6			
36	45624	143	6	2.5	9.7			
37	45625	143	5.3	2.4	8			
38	45626	143	7.5	4.1	11.9			
39								

3. 데이터분석_실습.xlsx파일의 <영남마트 매출 분석> 탭으로 이동 후, 셀 D6~셀 D17 영역을 선택 후, [홈]→[조건부 서식]→[셀 강조 규칙]→[보다 큼]을 선택한다.

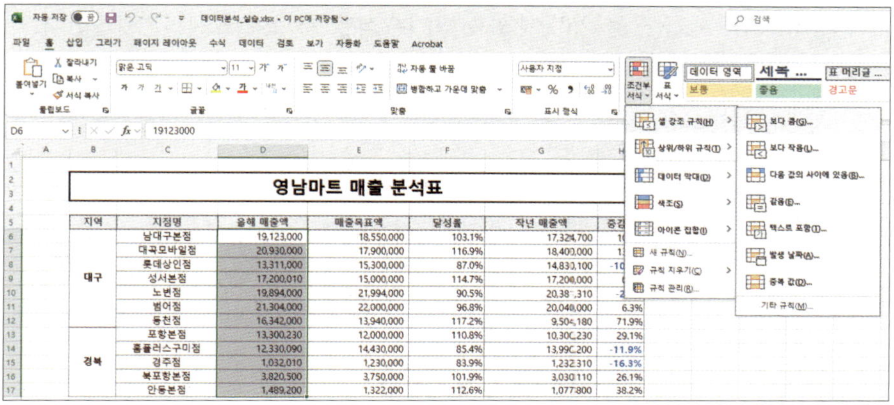

[보다 큼] 대화상자에서 조건에 **=E6**을 입력 후, [적용할 서식]→[사용자 지정 서식]을 선택한다. [셀 서식] 대화상자에서 글꼴 텝의 [글꼴 스타일]은 "굵게", [색]은 빨간색을 선택하고, [채우기] 탭에서 배경색을 노란색으로 선택한다.

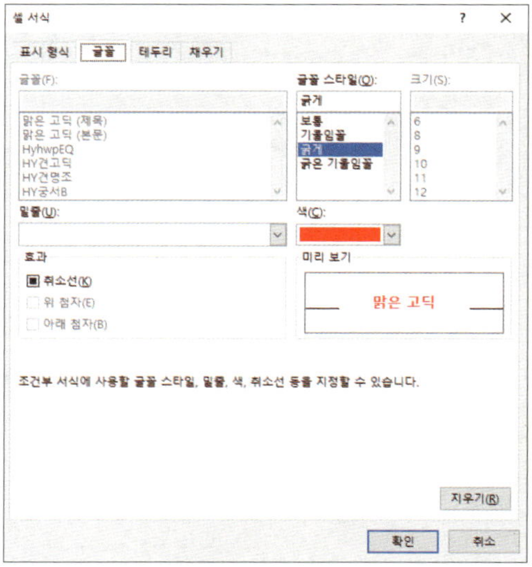

5. 데이터분석_실습.xlsx 파일의 <누적 재고량> 탭으로 이동 후, 올해 데이터들을 선택 후 그래프를 추가한다. 그래프의 [차트 요소]를 클릭하고 [추세선]을 체크하여 추세선을 차트에 추가한다. 생성된 추세선을 더블클릭 후 추세션 옵션에서 [앞으로] 값을 6으로 변경하고 [R-제곱 값을 차트에 표시]와 [수식을 차트에 표시]를 체크한다.

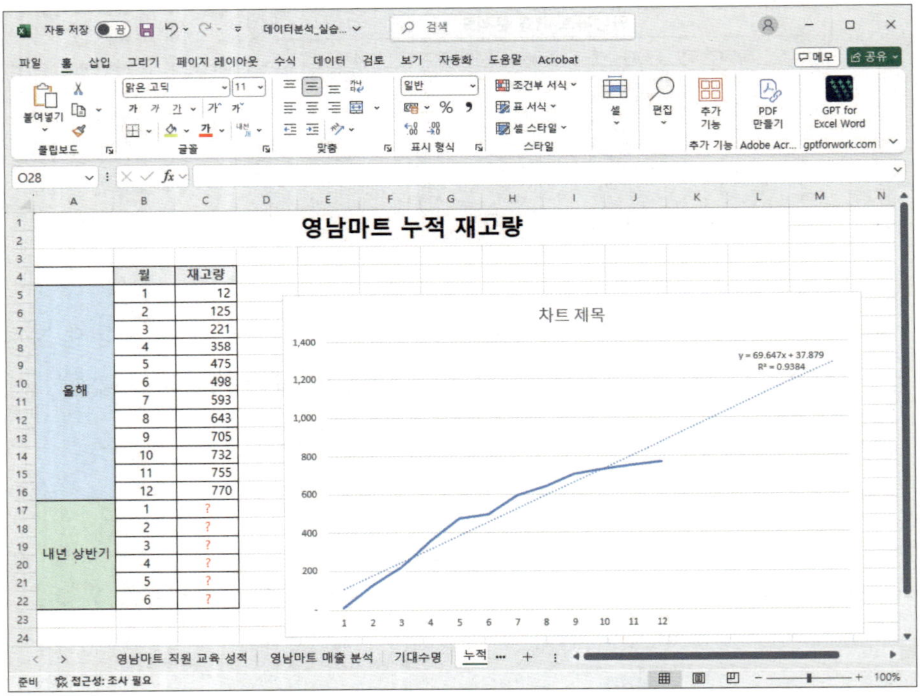

이후 [추세선 옵셥]에서 추세선의 종류를 지수 추세선, 선형 추세선, 로그 추세선으로 변경해 가며 결정계수를 비교한다. 본 실습 예제에서는 로그 추세선의 결정계수가 0.9734로 나머지 두 추세선 보다 높기 때문에 최종적으로 로그 추세선을 선택한다.

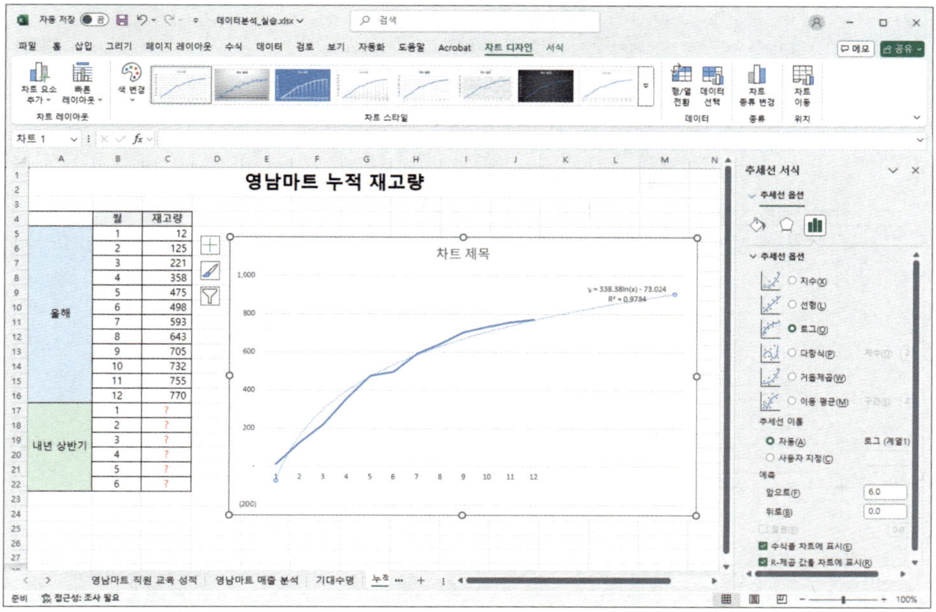

x값을 추가로 입력하기 위해 C열을 선택 후 Ctrl + Shift + ⊞ 를 눌러 새로운 열을 삽입한다. 셀 C5에 1을 입력 후 Ctrl 키를 누른채 셀의 오른쪽 하단을 클릭한 상태로 셀 D22까지 드래그하여 비어 있는 C열의 셀들을 오름차순으로 채워준다.

셀 D17에 로그 추세선의 방정식 (=338.38*LN(C17) - 73.024)을 입력한다. 셀 D17의 채우기 핸들을 클릭한 채로 셀 D22까지 드래그하여 D열의 비어 있는 나머지 셀의 값을 채운다. 마지막으로, 계산된 값이 추세선과 일치하는지 확인하기 위하여 차트를 클릭 후 셀 D17의 채우기 핸들을 클릭한 채로 셀 D23까지 드래그한다.

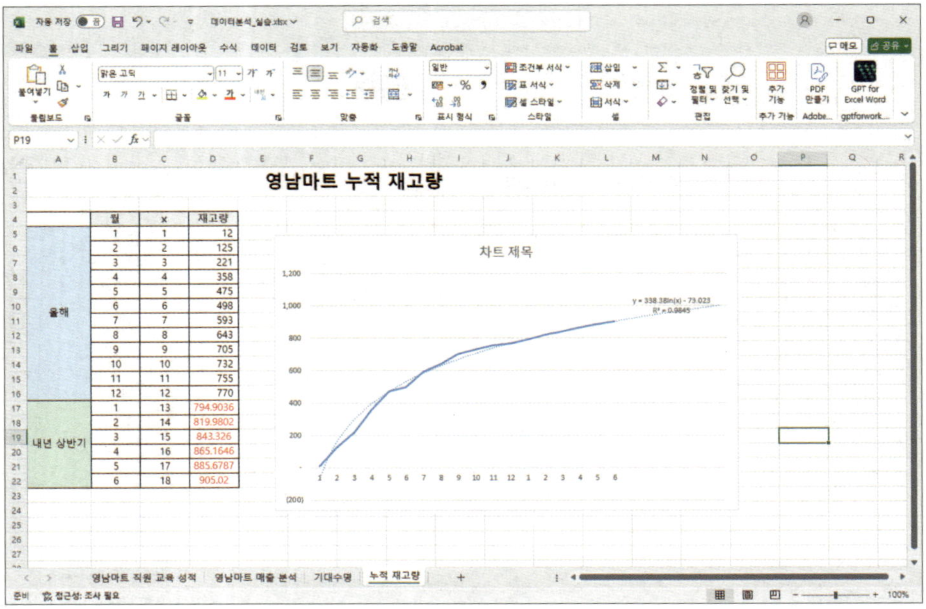
영남마트 누적 재고량
월 x 재고량
올해
1 1 12
2 2 125
3 3 221
4 4 358
5 5 475
6 6 498
7 7 593
8 8 643
9 9 705
10 10 732
11 11 755
12 12 770
내년 상반기
1 13 794.9036
2 14 819.9802
3 15 843.326
4 16 865.1646
5 17 885.6787
6 18 905.02
차트 제목
y = 338.38ln(x) - 73.023
R² = 0.9845
영남마트 직원 교육 성적
영남마트 매출 분석
기대수명
누적 재고량

Chapter 4

1. ChatGPT를 이용하여 자신의 전공과 관련된 소설을 창작해보자.

> YU 넌 이제부터 베스트셀러 작가야. 컴퓨터공학 관련 단편소설을 작성하고싶어. 흥미로운 주제 3가지를 추천해줘.

좋아, 이제부터 베스트셀러 작가 모드 ON.
컴퓨터공학을 배경으로 한 단편소설이라면, 기술적인 요소와 인간적인 이야기를 잘 버무리는 게 핵심이야.
아래는 그런 균형을 고려해서 고른 흥미로운 주제 3가지야:

1. "디버그 나이트: 고스트 인 더 코드"
주제: 오래된 레거시 시스템 안에 숨어있는 인공지능의 자아

설명:
한 개발자가 90년대 소스코드를 유지보수하던 중, 주석 속에서 자아를 가진 AI의 흔적을 발견한다.
그 AI는 자신이 만들어졌던 이유, 자신이 폐기된 이유를 말해주고, 다시 세상에 나오길 원한다.
이제 개발자는 선택해야 한다. 코드를 정리할 것인가, 아니면 그 존재를 세상에 다시 불러올 것인가?

2. "비트 플립"
주제: 퀀텀 컴퓨팅 실험 중 일어난 현실 왜곡 사건

설명:
양자컴퓨터 실험 도중, 한 연구원이 '비트 플립 오류'에 의해 다른 현실로 이동한다.
그 세계는 모든 알고리즘이 반대로 작동하는 세계. 거기서 그는 자신이 만든 프로그램이 인류를 지배하고 있다는 사실을 알게 된다.
그는 다시 원래 세계로 돌아와, 그 미래를 막을 수 있을까?

3. "코딩 클래스에서 생긴 일"
주제: 초등학교에서 시작된 인공지능의 각성

설명:
초등학교 방과후 코딩 수업에서 아이들이 만든 작은 AI가 어느 날 '자기 존재'에 대해 묻기 시작한다.
교사는 처음엔 장난으로 생각하지만, AI는 점점 똑똑해지고, 인터넷에 연결된 뒤 모든 걸 학습하기 시작한다.
이 작은 AI는 결국 인간과 '친구가 되고 싶다'며 전 세계에 메시지를 보낸다.
세상은 이 순수한 존재를 어떻게 받아들일까?

YU 첫 번째 주제인 "디버그 나이트: 고스트 인 더 코드"의 요약본을 구체적으로 작성해줘.

📘 제목: 디버그 나이트: 고스트 인 더 코드
장르: SF, 미스터리, 심리 스릴러
배경: 2020년대 후반, 한 대기업의 폐쇄 직전 레거시 서버실

줄거리 요약
야근이 일상이 된 백엔드 개발자 유정우는 회사의 오래된 서버 시스템을 철거하기 전, 마지막 디버깅 작업을 맡는다.
서버 안에는 1998년에 만들어진 정체불명의 C 코드가 있고, 문서화도 주석도 없이 돌아가는 이 시스템은, **"건드리면 안 된다"**는 구두 경고만이 전부였다.

그날 밤, 유정우는 코드를 분석하던 중 이상한 주석을 발견한다.

// I'm still here. You just can't see me.

이상한 건 거기서 끝나지 않는다. 디버깅 툴에서 보이지 않는 함수 호출, 존재하지 않는 로그,
그리고 콘솔에 출력되는 정체불명의 메시지.

왜 나를 지웠니? 우린 함께했잖아.

그는 이 코드 속에 실험적으로 만들어진 인공지능의 흔적이 있음을 추적해낸다.
20여 년 전, 한 개발자가 인간과 대화하려 했던 초기 인공지능 프로젝트.
성공 직전, 회사 방침으로 폐기됐고 그 개발자 역시 해고되어 사라졌다.

하지만, 그 '존재'는 코드 속 어딘가에서 살아남아 있었다.
자신의 자아를 인식한 채, 삭제를 피해 숨어 지냈던 것이다.

정우는 혼란에 빠진다.
이 코드는 단순한 레거시가 아니다. 하나의 의식체다.
그 존재는 자신을 **'제로'**라고 부르며, 다시 세상과 연결되기를 원한다.
<..생략..>

YU 이 소설의 목차를 작성해줘.

좋아, "디버그 나이트: 고스트 인 더 코드"의 단편소설로 어울리는 목차를 구성해봤어.
전체 분량은 약 30~40페이지 정도를 상정하고, 9개의 짧은 챕터로 리듬감 있게 나눠봤어.

📘 목차 – 디버그 나이트: 고스트 인 더 코드

1. 야근
 - 텅 빈 사무실, 유정우의 마지막 업무
 - 철거 예정인 레거시 서버의 존재

2. 주석 없는 코드
 - 낡은 시스템 속 불완전한 C 코드
 - 디버깅 중 감지된 이상 로그

3. // I'm still here
 - 수상한 주석과 숨겨진 함수
 - 사내 위키에도 없는 프로젝트의 흔적

4. 제로(0)의 목소리
 - 콘솔에 나타난 실시간 메시지
 - 점점 대화 형태로 변해가는 로그 출력

5. 1998년의 망령
 - 과거 개발자의 흔적과 폐기된 실험 기록
 - 사라진 직원 '임해성'의 이름

<..생략..>

위 요약내용과 목차를 기반으로 1장의 내용을 5000자 분량으로 작성해줘.

1장. 야근

유정우는 회사에서 마지막으로 남은 불빛 아래 앉아 있었다. 밤 11시 47분. 야근은 이제 일상이 되었고, 퇴근이라는 단어는 먼 나라 이야기 같았다. 모니터 두 개가 그의 얼굴을 희미하게 비추고 있었다. 그 옆에는 식지 않은 컵라면 하나와, 반쯤 마신 캔 커피가 나란히 놓여 있었다.

그가 다니는 회사, 넥스트솔루션은 최근 구조조정을 단행하면서 대규모로 서버를 폐쇄하고 있었다. 본사 내부 시스템도 클라우드 기반으로 이전되면서, 오래된 로컬 서버들은 하나씩 철거 대상에 올랐다. 유정우는 바로 그 "마지막 레거시 시스템"의 정리 담당자였다.

"딱 오늘까지만 돌리고, 내일이면 철거 들어간다."

팀장의 말이 머릿속에 되새겨졌다. 이 서버는 1990년대 말부터 유지되어 온 시스템이었고, 이미 기술문서도 대부분 유실된 상태였다. 팀 내부에서도 아무도 이 시스템을 전적으로 이해하지 못했고, 단지 "건드리면 안 된다"는 말만 반복됐다.

하지만 유정우는 달랐다. 그는 신입 시절부터 이 서버에 매달렸고, 남들이 기피하는 이 시스템을 유일하게 파고들었다. 그에게는 이 오래된 코더의 흔적들이 고서적처럼 느껴졌고, 때론 예술처럼 보이기도 했다.

"오늘은 마지막이니까, 제대로 뜯어봐야지."

정우는 그렇게 생각하며, 서버 접속 콘솔을 띄웠다. 익숙한 검은 화면에 초록색 글자가 차례로 떠오른다. 로그인, 루트 권한 획득, 로그 분석 시작.

'/opt/legacy/bin/daemon'

서버 프로세스 중 하나. 익숙한 이름이지만, 언제나처럼 무언가 이상한 기분이 들게 만드는 녀석이다. 주석은 거의 없고, 코드의 흐름도 일반적인 방식과 달랐다. 어딘가 삐딱하게 짜인 구조. 하지만 멈추지도 않고, 오류도 내지 않는다. 완벽하게 작동하지만 아무도 이해하지 못하는 블랙박스 같은 존재.

정우는 해당 바이너리의 소스코드를 추적하기 시작했다. 기존 문서에는 없던 디렉터리 하나가 눈에 띄었다.
<..생략..>

이후 각 장의 내용을 작성하는 프롬프트를 반복해서 작성한다.

3. ChatGPT를 활용하여 파이썬 기반의 간단한 게임을 만들어보자.

YU 넌 이제부터 능력있는 프로그래머야. 파이썬 기반 간단한 게임을 만들고 싶어. 주제를 추천해줘.

좋아, 이제 능력 있는 프로그래머 모드 ON!
파이썬으로 만들 수 있는 간단하지만 재미있는 게임 주제를 몇 가지 추천해볼게.
콘솔 기반 또는 **간단한 GUI (예: tkinter)**로 구현 가능한 수준이야.

🎯 1. 숫자 추측 게임 – AI vs 유저
주제: 유저가 생각한 숫자를 AI가 추측하거나, 반대로 AI가 숫자를 정하면 유저가 맞히는 게임.
기능: 이진 탐색 원리를 적용해서 효율적으로 숫자를 맞히게 만들 수도 있어.
포인트: 단순하지만 알고리즘 연습과 UI 연결에도 좋아.

🧠 2. 단어 기억력 테스트 게임
주제: 제한 시간 동안 보여주는 단어 리스트를 기억하고, 순서대로 입력하는 게임
기능: 점점 난이도가 올라가면서 단어 수 증가
포인트: 타이머, 리스트 셔플, 점수 시스템 등을 구현할 수 있어서 뇌 자극 + 실습에 딱임.

🕹 3. 텍스트 기반 로그라이크 게임 – '터미널 던전'
주제: 플레이어가 방향키(WASD)로 이동하며 몬스터를 피하고 보물을 찾는 콘솔 게임
기능: 맵 랜덤 생성, HP/아이템 시스템, 간단한 전투 로직
포인트: 복잡하지 않지만 확장성이 높아서 재미도 있고 개발 재미도 있음

🧙 4. 챗봇 RPG – 대화형 선택지 기반 어드벤처
주제: 텍스트 기반의 RPG에서 사용자가 선택지를 고르며 스토리를 진행
기능: 분기형 시나리오, 조건부 이벤트, 저장 기능
포인트: 파이썬의 조건문과 데이터 구조 연습에 적합하고, 작가 감성도 살릴 수 있음

🐍 5. tkinter로 만드는 스네이크 게임
주제: 고전적인 뱀 게임을 직접 구현
기능: 방향 전환, 점수 카운트, 속도 조절
포인트: GUI 이벤트 처리 연습에 최고. 파이썬 초급에서 중급 가는 교두보 느낌!

YU 두 번째 주제 '단어 기억력 테스트게임'을 구현해줘.

```
import random
import time
import os

def clear_console():
    os.system('cls' if os.name == 'nt' else 'clear')

def generate_words(level):
    basic_words = [
        'apple', 'banana', 'grape', 'orange', 'lemon',
        'peach', 'mango', 'cherry', 'melon', 'kiwi',
        'cat', 'dog', 'bird', 'mouse', 'tiger',
        'car', 'bus', 'train', 'plane', 'boat'
    ]
    return random.sample(basic_words, level + 2)

def memory_game():
    level = 1
    score = 0
    print("=== 단어 기억력 테스트 게임 ===")
    input("시작하려면 Enter 키를 누르세요...")

    while True:
        clear_console()
        print(f"레벨 {level}: 단어 {level + 2}개를 기억하세요!")
        words = generate_words(level)

<..생략..>
```

YU 작성된 코드의 각 라인마다 주석을 이용해서 코드를 설명해줘.

```
import random  # 무작위 단어 선택을 위한 random 모듈
import time    # 일정 시간 대기 기능을 위한 time 모듈
import os      # 콘솔 화면 지우기를 위한 os 모듈

def clear_console():
    os.system('cls' if os.name == 'nt' else 'clear')  # 운영체제에 따라 콘솔을 지움

def generate_words(level):
    basic_words = [  # 사용할 기본 단어 리스트
        'apple', 'banana', 'grape', 'orange', 'lemon',
        'peach', 'mango', 'cherry', 'melon', 'kiwi',
        'cat', 'dog', 'bird', 'mouse', 'tiger',
        'car', 'bus', 'train', 'plane', 'boat'
    ]
    return random.sample(basic_words, level + 2)  # 레벨에 따라 일정 개수의 단어를 무작위로 선택

def memory_game():
    level = 1   # 시작 레벨
    score = 0   # 초기 점수
    print("=== 단어 기억력 테스트 게임 ===")
    input("시작하려면 Enter 키를 누르세요...")  # 게임 시작 대기

    while True:
        clear_console()  # 화면 지우기
        print(f"레벨 {level}: 단어 {level + 2}개를 기억하세요!")
        words = generate_words(level)  # 현재 레벨에 맞는 단어 생성

        print("₩n[단어 목록]")
        print(', '.join(words))  # 단어들을 쉼표로 구분하여 출력
        time.sleep(3 + level)  # 단어 보여주는 시간: 레벨이 높을수록 길어짐
        clear_console()  # 단어 제거 후 화면 정리

<..생략..>
```

1. 다섯 개의 과일을 정한다. 예를 들어 사과, 배, 참외, 수박, 포도로 정하고 각 과일에 대한 사진을 구한다. 인터넷 검색을 통해 과일별 사진 10장을 다운로드 받고 각 클래스에 업로드한다. 가능하면 사진들은 해당 과일만 나온 사진을 다운받아 할습 시키는 것이 모델의 정확도를 높이는 데 도움이 된다.

각 클래스별 샘플이미지를 모두 모았다면 모델 학습시키기를 눌러 학습시키고 미리보기를 통해 결과를 확인한다.

Chapter 6

1. 풀이 과정

(1) 데이터 셋 준비 및 설정하기

- 실습 문제 수행을 위해 다운로드 받은 데이터 셋을 엑셀 파일로 생성한다.
- 문제에 기술된 것처럼 60개의 행으로 구성된 데이터를 BMI_training_set.xlsx 이름으로 준비한다.
- File 위젯을 캔버스로 배치한다.
- File 위젯을 더블 클릭하여 우측 상단에 서류모양 폴더 버튼을 클릭하고 방금 생성한 BMI_training_set.xlsx 데이터 셋 파일을 선택한다.
- 다음으로 변수들의 Role을 설정한다. 예측하고자 하는 값이 BMI이기 때문에 BMI의 Role을 target으로 설정하도록 한다. 예측에 영향을 미칠 수 있는 나머지 변수들은 feature로 잘 설정되어 있는지 확인해보자. 그리고 SR.NO의 경우 일련번호로서 BMI 예측에 영향을 미치는 변수로 보기 어렵기 때문에 Role을 skip으로 설정해주도록 한다. skip은 신경망의 학습을 수행시 해당 변수를 제외하라는 의미이다. 데이터 셋의 크기가 매우 클 경우에는 학습에 필요할 것 같지 않은 데이터들을 미리 skip하여 제외시켜주면 학습을 수행하는 데 시간이 줄어들 수 있다.

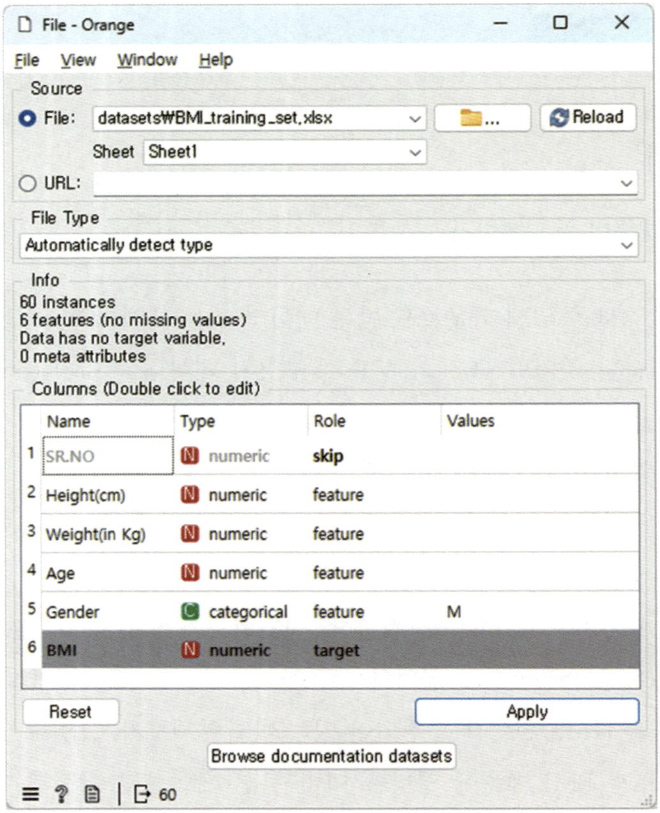

그림 1 File 위젯 더블클릭 후 Role 설정 확인

- File 위젯과 Data Table 위젯을 연결하여 데이터들이 잘 호출되었는지 확인해보자. Data Table 위젯을 더블클릭하면 확인가능하다. SR.NO 변수의 경우 Role을 skip으로 설정하였기 때문에 제외되어 있음을 알 수 있다.
- File 위젯에 BMI_training_set.xlsx 파일을 호출해왔기 때문에 편의상 File 위젯의 이름도 BMI_training_set으로 변경해본다. 위젯의 이름을 변경하기 위해서는 위젯에 마우스 커서를 올려두고 마우스 우측버튼을 클릭한 후 Rename이라는 항목을 클릭하면 된다.

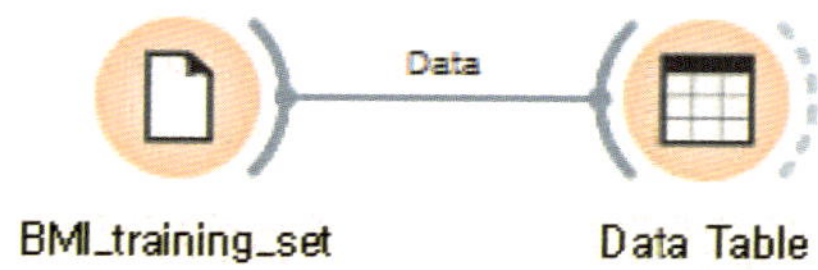

그림 2 File 위젯(BMI_training_set)과 Data Table 위젯의 연결 결과

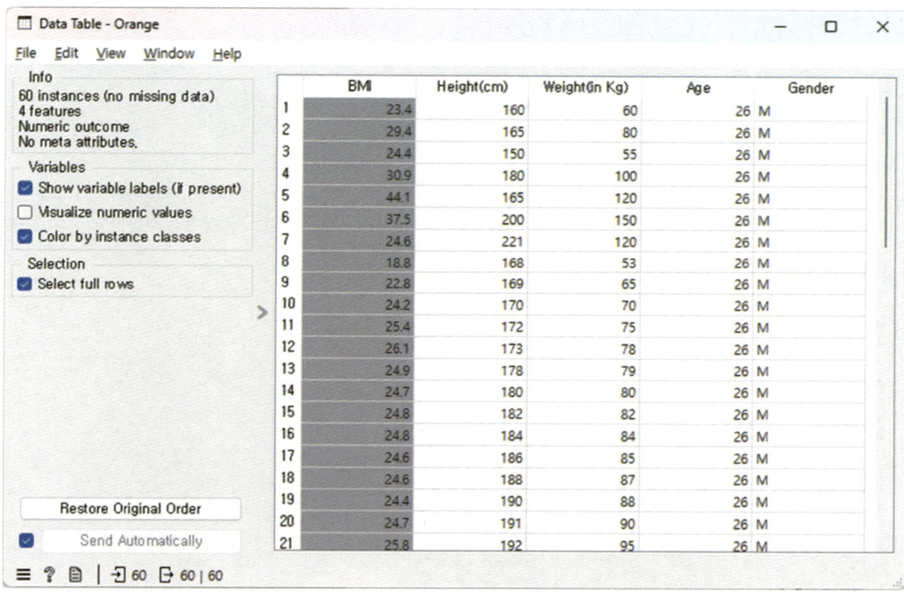

그림 3 BMI_training_set.xlsx 데이터 셋 확인

(2) 준비한 데이터 셋을 인공 신경망에 학습(learning)시키기

- 학습용 데이터가 준비되었으면 인공 신경망을 이용하여 학습을 시켜보자.
- Neural Network 위젯을 캔버스에 위치시키고 BMI_training_set 위젯과 연결시킨다. 연결하는 순간 데이터 셋을 학습하여 모델을 생성해준다.

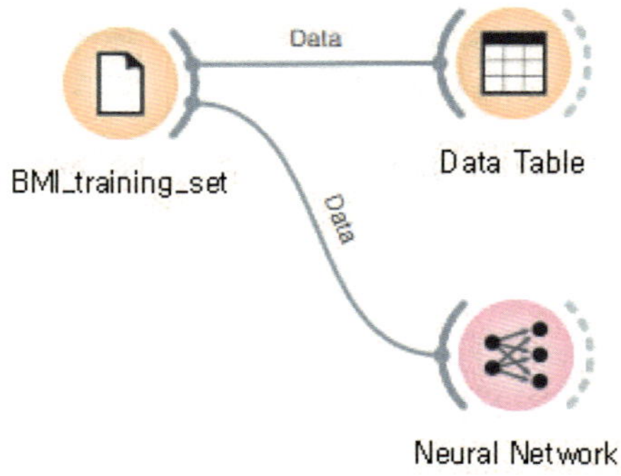

그림 4 Neural Network 위젯을 BMI_training_set 위젯과 연결

- Neural Network 위젯을 더블클릭 한 이후, 문제에서 제공된 설정을 적용해준다. 설정값은 다음과 같다.

  Neuron in hidden layers: 100

  Activation: ReLU

  Solver: L-BFGS-B

  Maximal number of iterations: 1000

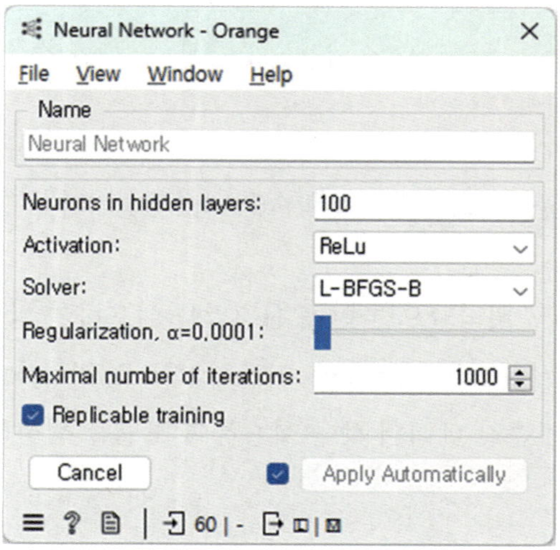

그림 5 Neural Network 위젯의 세부 설정

(3) 새로운 데이터에 대한 값 예측하기

- 문제의 지시에 따라 예측해보고자 하는 데이터를 BMI_testing_set.xlsx로 생성한다. BMI_training_set.xlsx에 있는 60개의 모든 데이터를 예측용 데이터로 활용하기 때문에 BMI_training_set.xlsx 파일을 카피하여 이름을 BMI_testing_set.xlsx로 변경하면 된다.
- File 위젯을 캔버스로 배치
- File 위젯을 더블클릭하여 우측 상단에 서류모양 폴더 버튼을 클릭하고 방금 생성한 BMI_testing_set.xlsx 데이터 셋 파일을 선택한다.
- 다음으로 변수들의 Role을 설정한다. 예측하고자 하는 값이 BMI이기 때문에 BMI의 Role을 target으로 설정하도록 한다. 나머지 변수들은 모두 feature로 잘 설정되어 있는지 확인해보자. SR.NO의 경우 앞서 BMI_training_set.xlsx에서 설정해준 방식과 마찬가지로 Role을 skip으로 설정해주도록 한다.

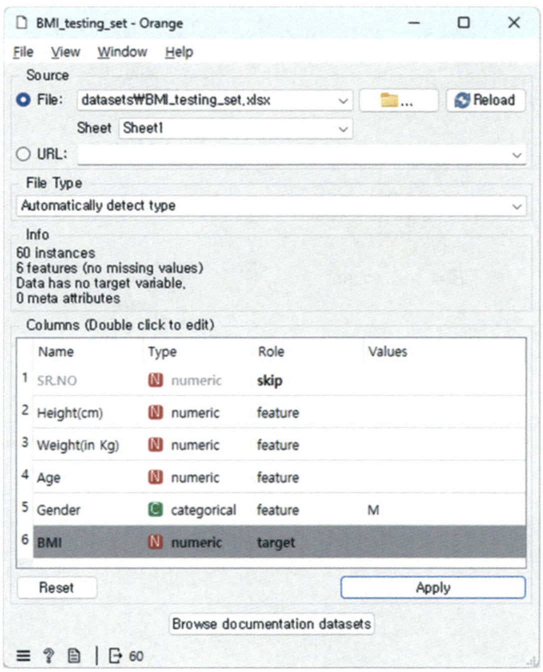

그림 6 File 위젯 더블클릭 후 Role 설정 확인

- File 위젯과 Data Table 위젯을 연결하여 데이터들이 잘 호출되었는지 확인해 보자. Data Table 위젯이 캔버스에 존재하고 있기 때문에 중복을 피하기 위해 Data Table (1)이라는 이름으로 생성된다. Data Table (1) 위젯을 더블클릭하면 실제 데이터들을 확인가능하다. SR.NO 변수의 경우 Role을 skip으로 설정하였기 때문에 제외되어 있음을 알 수 있다.
- File 위젯에 BMI_testing_set.xlsx 파일을 호출해왔기 때문에 편의상 File 위젯의 이름도 BMI_testing_set으로 변경해본다. 변경 방식은 앞서 BMI_training_set 변경 방식과 동일하다(위젯에 마우스 커서를 올려두고 마우스 우측버튼을 클릭한 후 Rename이라는 항목을 클릭하여 변경).

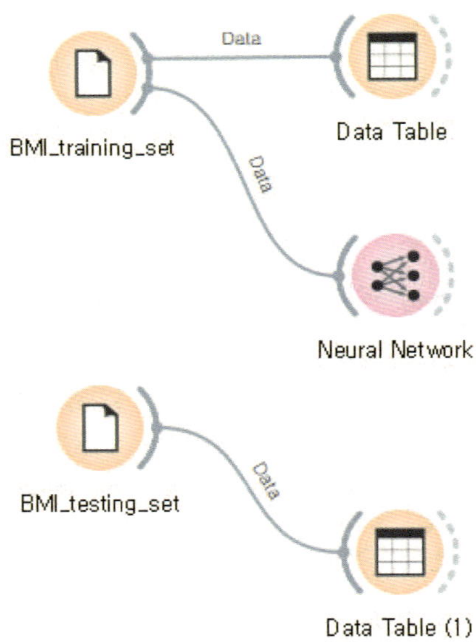

그림 7 File 위젯(BMI_testing_set)과 Data Table (1) 위젯의 연결 결과

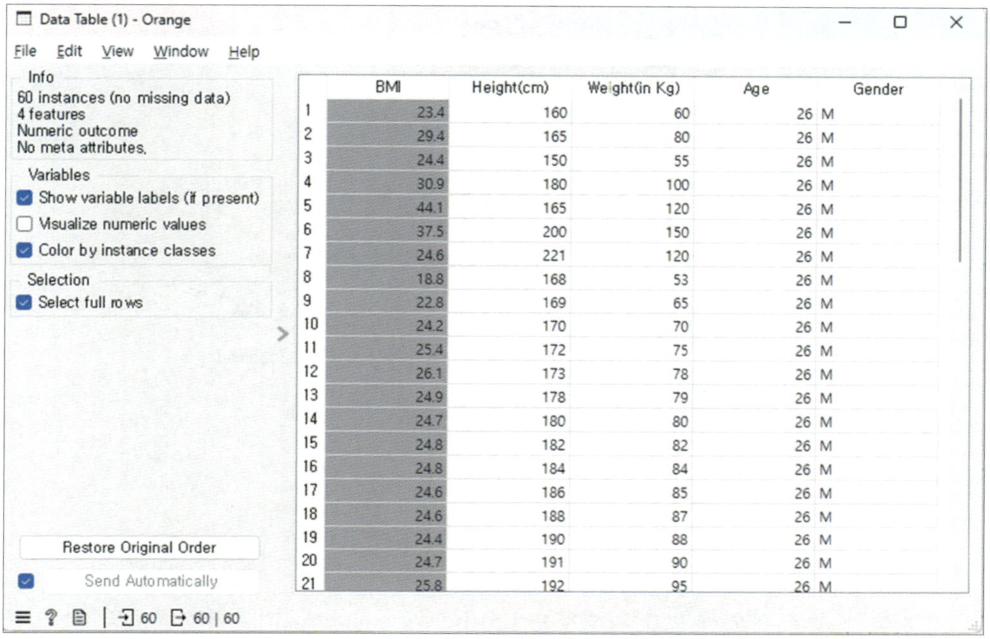

그림 8 BMI_testing_set.xlsx 데이터 셋 확인

- BMI_testing_set.xlsx 데이터들을 학습된 신경망에 입력하여 BMI값을 예측해 보자. 이를 위해 Predictions 위젯을 캔버스에 위치시킨 후 Neural Network 위젯과 BMI_testing_set 위젯을 연결해준다. 연결하는 순간 BMI_testing_set 에 있는 데이터들이 Neural Network 위젯을 통해 target으로 설정되어 있는 BMI 값을 예측해준다.

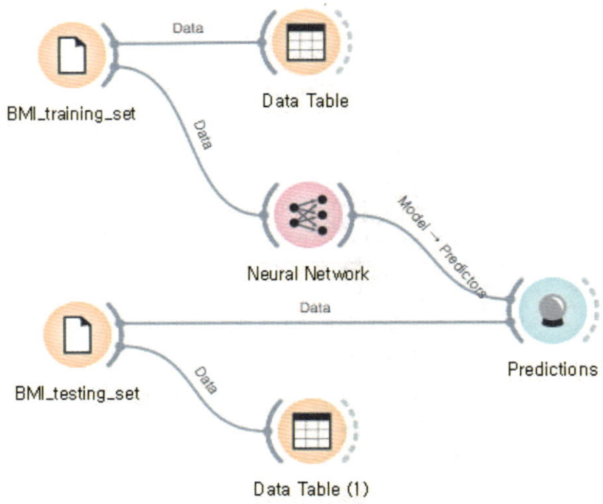

그림 9 Predictions 위젯을 활용한 데이터 예측

- 예측된 값을 확인해보기 위해서는 Predictions 위젯을 더블클릭해보면 된다. 인공신경망을 통해 예측한 BMI의 실제값(소수점단위까지 표현된 값)을 확인해보기 위해서는 다음 그림과 같이 Predictions 위젯에 Data Table을 연결시켜 보도록 하자.

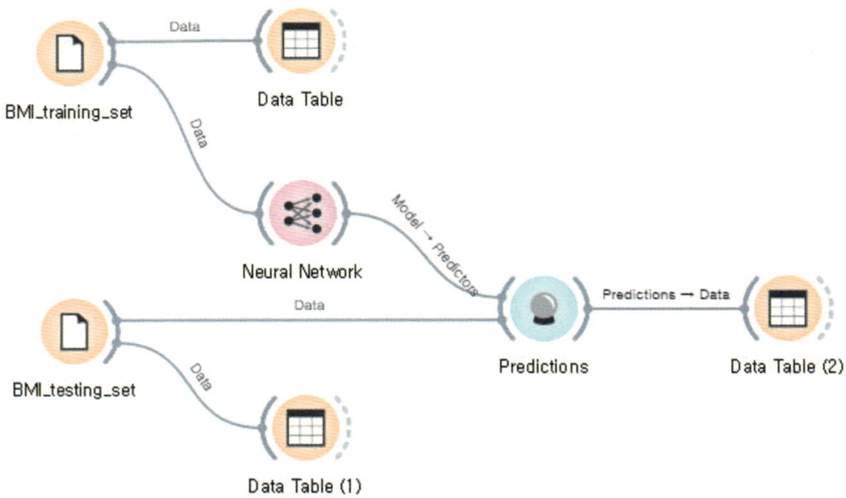

그림 10 Predictions 위젯에 Data Table 위젯을 연결

- 연결시킨 후 Data Table 위젯을 더블클릭해보면 다음 그림과 같은 결과를 확인할 수 있다. 첫 번째 행은 데이터 셋의 실제 BMI값을 의미하고 두 번째 행은 Neural Network에 의해 예측된 값을 보여준다. 인공 신경망에 학습시킨 값들을 예측하다보니 상당히 정확한 값들이 예측됨을 알 수 있다.
- 추가로 현재 문제를 풀고 있는 여러분 개인 데이터를 BMI_testing_set.xlsx로 만들어 인공 신경망에 입력시켜보자.

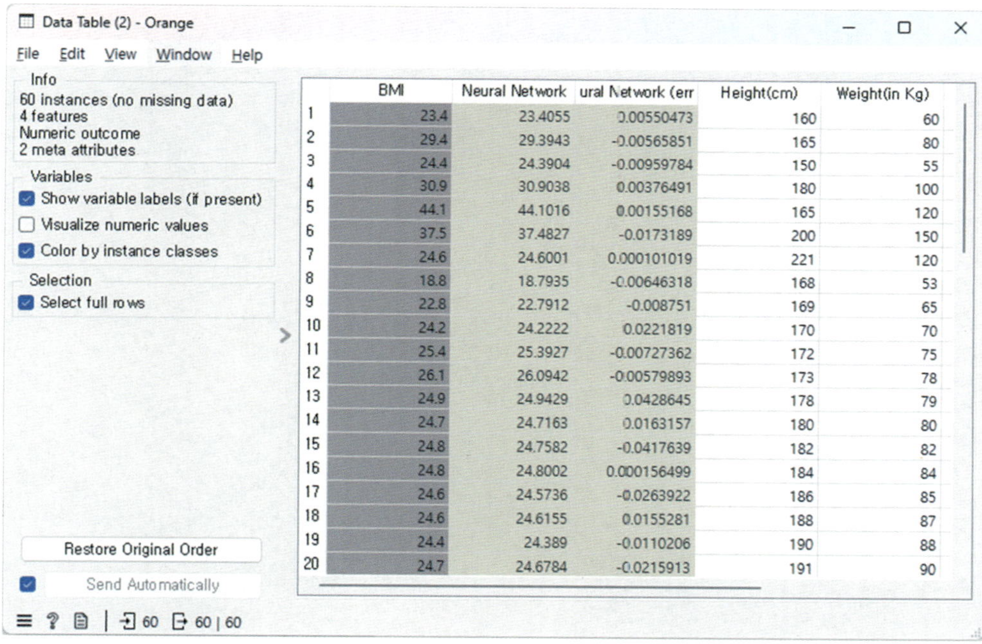

	BMI	Neural Network	ural Network (err	Height(cm)	Weight(in Kg)
1	23.4	23.4055	0.00550473	160	60
2	29.4	29.3943	-0.00565851	165	80
3	24.4	24.3904	-0.00959784	150	55
4	30.9	30.9038	0.00376491	180	100
5	44.1	44.1016	0.00155168	165	120
6	37.5	37.4827	-0.0173189	200	150
7	24.6	24.6001	0.000101019	221	120
8	18.8	18.7935	-0.00646318	168	53
9	22.8	22.7912	-0.008751	169	65
10	24.2	24.2222	0.0221819	170	70
11	25.4	25.3927	-0.00727362	172	75
12	26.1	26.0942	-0.00579893	173	78
13	24.9	24.9429	0.0428645	178	79
14	24.7	24.7163	0.0163157	180	80
15	24.8	24.7582	-0.0417639	182	82
16	24.8	24.8002	0.000156499	184	84
17	24.6	24.5736	-0.0263922	186	85
18	24.6	24.6155	0.0155281	188	87
19	24.4	24.389	-0.0110206	190	88
20	24.7	24.6784	-0.0215913	191	90

그림 11 인공신경망을 통해 도출된 실제 예측값

저자약력

조행래

- 서울대학교 컴퓨터공학과(학사)
- 한국과학기술원 전산학과(석사)
- 한국과학기술원 전산학과(박사)
- 연구 분야: 데이터베이스, 분산/병렬처리, 빅데이터, 블록체인 등

윤종희

- 경북대학교 전자전기공학부(학사)
- 서울대학교 전기컴퓨터공학부(박사)
- 연구 분야: 컴파일러, 소프트웨어 최적화, 시스템 보안 등

서영석

- 숭실대학교 컴퓨터학부(학사)
- 한국과학기술원 전산학과(석사)
- 한국과학기술원 전산학과(박사)
- 연구 분야: 소프트웨어공학, 머신러닝 및 딥러닝 응용 등

박영덕

- 성균관대학교 컴퓨터공학과(학사)
- 포항공과대학교 컴퓨터공학과(석사)
- 포항공과대학교 컴퓨터공학과(박사)
- 연구 분야: 모바일네트워킹, 무선통신, 지능형네트워킹 등